Jubel ohne Grenzen: Italiens Kapitän Giorgio Chiellini reckt im Konfettiregen den EM-Pokal in die Höhe. Vorne in der Mitte feiert Trainer Roberto Mancini. Im Londoner Wembley-Stadion gewinnt die „Squadra Azzurra“ mit 4:3 nach Elfmeterschießen gegen England den zweiten EM-Titel nach 1968

EURO 2020

Italiens Spieler fallen Gianluigi Donnarumma um den Hals. Der Torhüter war der Held des Endspiels, hielt zwei Elfmeter der Engländer. Die Uefa zeichnete Donnarumma zum besten Spieler der EM aus

STONES
5
SANCHO

So sehen Verlierer aus (v. l.): John Stones, Jadon Sancho, Harry Maguire und Raheem Sterling nach der bitteren Finalniederlage gegen Italien

KROOS
8
1
RESPECT

Auf dem Boden der Tatsachen: Toni Kroos, Manuel Neuer und Mats Hummels (v.l.) nach dem 1:0 für England durch Raheem Sterling. Am Ende verliert die DFB-Elf im Londoner Wembley-Stadion mit 0:2 und scheidet im Achtelfinale aus

11
VERTHO
3
DEN
11

Des einen Leid ist des anderen Freude: Während Belgien in Sevilla den Einzug ins Viertelfinale feiert, ärgert sich Cristiano Ronaldo (r.) über das Aus von Titelverteidiger Portugal

Schockmoment in Kopenhagen: Dänemarks Christian Eriksen hat auf dem Platz einen Herzstillstand erlitten, wird auf dem Rasen behandelt. Seine Mitspieler bilden ein Spalier, um Eriksen vor neugierigen Blicken zu schützen. Ihnen steht das Entsetzen ins Gesicht geschrieben. Rechts eilen Sanitäter mit einer Trage zur Hilfe. Eriksen wird ins Krankenhaus eingeliefert. Zum Glück überlebt er den Zusammenbruch

EURO2020
STEWARD
06-709
Hisens
PARAMEDICINER

Verlag und Herausgeber bedanken sich
bei folgenden Fotoagenturen und Urhebern:

Picture alliance (210), Getty Images (21), Imago Images (17), Witters (27), Magenta TV (2), ARD, Christian Eriksen/Instagram

Herausgeber: Matthias Brügelmann
Redaktionelle Leitung:
Dr. Achim Stecker, Volker Roggatz, Sven Beckedahl
Autoren: Phillip Arens, Lukas Dombrowski, Carsten Germann, Steven Jörgensen, Matthias Marburg, Michel Milewski, Dirk Schlickmann, Robert Schreier, Broder-Jürgen Trede, Christian Tuchtfeldt, Arsenij Zakharov
Layout & Produktion:
Markus Klotmann; Vivian Gödicke
Fotoredaktion: Nicolas Vetter; Bill Menzer, Henning Bangen
Schlussredaktion: Victor Althammer, Dr. Udo Lindner
Dokumentation: Jörg Hobusch; Thomas Wiedenhöfer, Jakob Drügemöller, Dennis Robitzer, Lukas Stockhofe, Alexander Wiedmann
Statistiken: Sportec Solutions AG
Repro: Imagepool
Druck und Bindung:
Grafisches Centrum Cuno GmbH & Co. KG, Calbe
ISBN 978-3-667-12002-1

Im Buchhandelsvertrieb:
Delius Klasing & Co. KG, Bielefeld
www.delius-klasing.de

Liebe Leser, selten passte Englands Kult-Song „Football's coming home" so gut wie zu dieser EM. Auch, weil die Engländer im Wembley-Stadion groß aufspielten und ihr erstes Finale seit 1966 erreichten. Vor allem aber, weil die Fans wieder in die Stadien durften. Es endlich wieder Stimmung auf den Rängen gab, und wir die Begeisterung vor dem TV spüren konnten. Fußball war wieder so, wie wir ihn kennen und lieben.

Besondere Emotionen riefen die dänischen Nationalspieler hervor, die für ihren Spielmacher Christian Eriksen, der auf dem Platz mit einem Herzstillstand zusammengebrochen war, kämpften. Selten hat sich ein Team so leidenschaftlich präsentiert und die Herzen der Fans im Sturm erobert.

Das gelang der deutschen Nationalmannschaft leider nicht, die im Achtelfinale gegen England aus dem Turnier flog. Nicht so blamabel wie das Scheitern bei der WM 2018 als Gruppenletzter, aber trotzdem eine große Enttäuschung. Auch für Jogi Löw, der nach 15 Jahren als Bundestrainer mit einem Misserfolg abtrat.

Wie man nach einem Tief zurück in die Spitze kommt, haben die Italiener gezeigt. 2018 konnte sich die Squadra Azzurra nicht einmal für die WM qualifizieren. Nur drei Jahre später zeigte die Mannschaft von Roberto Mancini sehenswerten Offensiv-Fußball und viel Charakter. Der Lohn: Italien gewann nach einem dramatischen Endspiel verdient zum zweiten Mal nach 1968 den EM-Titel.

Für die großen Stars war es ein Turnier zum Vergessen. Cristiano Ronaldo mit Portugal und Kylian Mbappé mit Frankreich scheiterten ebenso wie Deutschland im Achtelfinale.

Diese EM wird in Erinnerung bleiben. Auch, weil erstmals in elf Ländern gespielt wurde. Wegen der Pandemie musste die Jubiläums-EM von 2020 um ein Jahr verschoben werden. Es hat sich gelohnt. Der Fußball zeigte seinen Zauber. Es gab Traumtore, wie das von Patrik Schick aus 48 Metern. Es gab kuriose Treffer (alleine elf Eigentore). Es gab große Gefühle, wie die Freudentränen der Italiener nach dem EM-Triumph

Alle diese besonderen Momente haben unsere Reporter in diesem Buch zusammengetragen. Ich wünsche Ihnen viel Spaß beim Lesen!

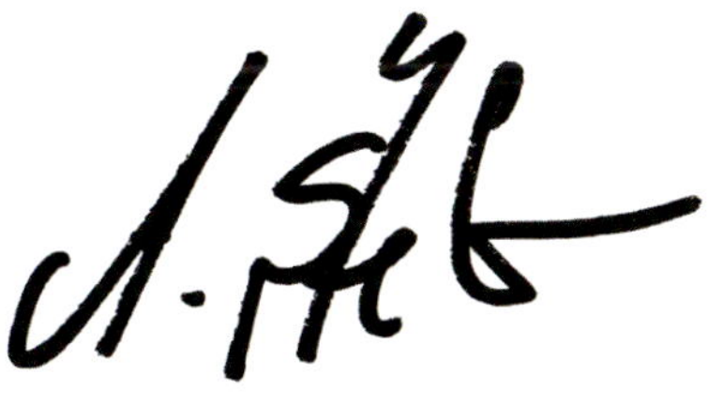

Achim Stecker,
Leitender Redakteur SPORT BILD

30

86

190

146

150

134

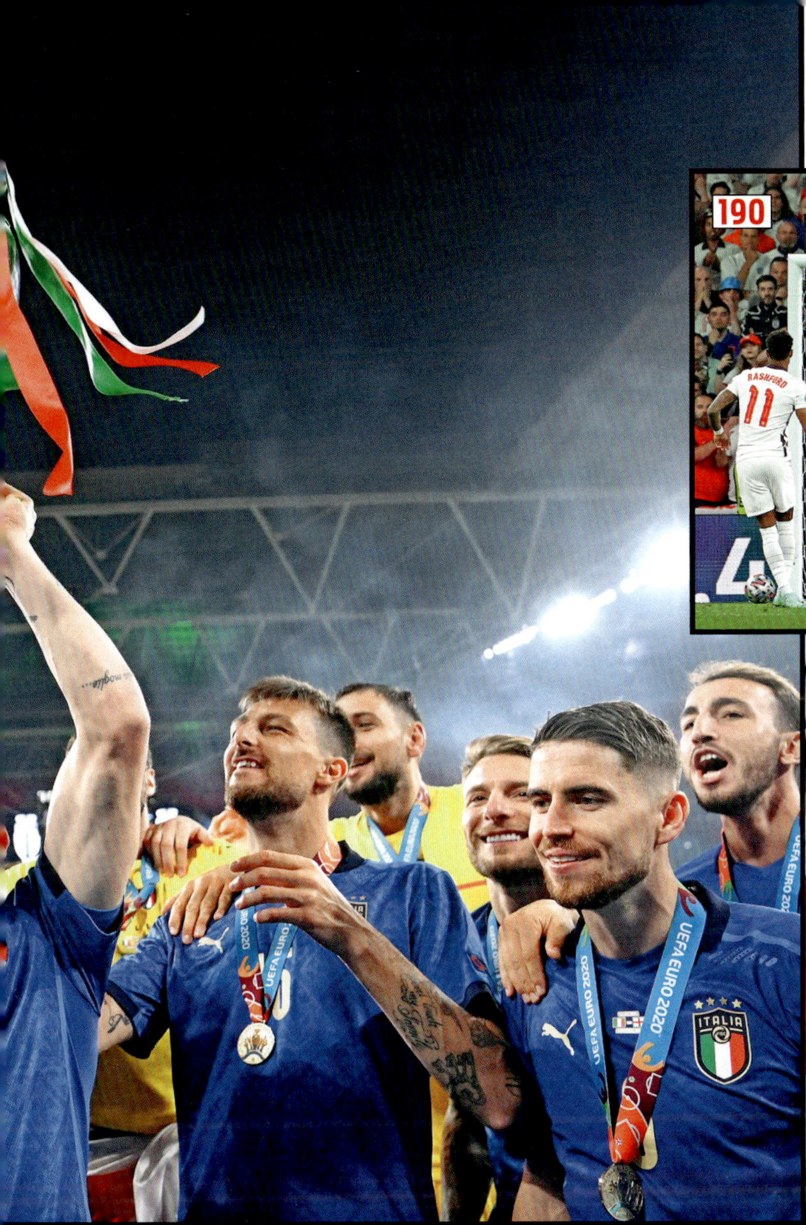

ACHTELFINALE

Achtelfinal-Spiele

VIERTELFINALE

Viertelfinal-Spiele

HALBFINALE

Halbfinal-Spiele

FINALE

Das Finale

Statistik

VORRUNDE

GRUPPE A

Türkei – Italien	0:3 (0:0)	Freitag, 11. Juni, 21 Uhr, Rom
Wales – Schweiz	1:1 (0:0)	Samstag, 12. Juni, 15 Uhr, Baku
Türkei – Wales	0:2 (0:1)	Mittwoch, 16. Juni, 18 Uhr, Baku
Italien – Schweiz	3:0 (1:0)	Mittwoch, 16. Juni, 21 Uhr, Rom
Schweiz – Türkei	3:1 (2:0)	Sonntag, 20. Juni, 18 Uhr, Baku
Italien – Wales	1:0 (1:0)	Sonntag, 20. Juni, 18 Uhr, Rom

GRUPPE D

England – Kroatien	1:0 (0:0)	Sonntag, 13. Juni, 15 Uhr, London
Schottland – Tschechien	0:2 (0:1)	Montag, 14. Juni, 15 Uhr, Glasgow
Kroatien – Tschechien	1:1 (0:1)	Freitag, 18. Juni, 18 Uhr, Glasgow
England – Schottland	0:0	Freitag, 18. Juni, 21 Uhr, London
Kroatien – Schottland	3:1 (1:1)	Dienstag, 22. Juni, 21 Uhr, Glasgow
Tschechien – England	0:1 (0:1)	Dienstag, 22. Juni, 21 Uhr, London

GRUPPE B

Dänemark – Finnland	0:1 (0:0)	Samstag, 12. Juni, 18 Uhr, Kopenhagen
Belgien – Russland	3:0 (2:0)	Samstag, 12. Juni, 21 Uhr, St. Petersburg
Finnland – Russland	0:1 (0:1)	Mittwoch, 16. Juni, 15 Uhr, St. Petersburg
Dänemark – Belgien	1:2 (1:0)	Donnerstag, 17. Juni, 18 Uhr, Kopenhagen
Russland – Dänemark	1:4 (0:1)	Montag, 21. Juni, 21 Uhr, Kopenhagen
Finnland – Belgien	0:2 (0:0)	Montag, 21. Juni, 21 Uhr, St. Petersburg

GRUPPE E

Polen – Slowakei	1:2 (0:1)	Montag, 14. Juni, 18 Uhr, St. Petersburg
Spanien – Schweden	0:0	Montag, 14. Juni, 21 Uhr, Sevilla
Schweden – Slowakei	1:0 (0:0)	Freitag, 18. Juni, 15 Uhr, St. Petersburg
Spanien – Polen	1:1 (1:0)	Samstag, 19. Juni, 21 Uhr, Sevilla
Slowakei – Spanien	0:5 (0:2)	Mittwoch, 23. Juni, 18 Uhr, Sevilla
Schweden – Polen	3:2 (1:0)	Mittwoch, 23. Juni, 18 Uhr, St. Petersburg

GRUPPE C

Österreich – Nordmazedonien	3:1 (1:1)	Sonntag, 13. Juni, 18 Uhr, Bukarest
Niederlande – Ukraine	3:2 (0:0)	Sonntag, 13. Juni, 21 Uhr, Amsterdam
Ukraine – Nordmazedonien	2:1 (2:0)	Donnerstag, 17. Juni, 15 Uhr, Bukarest
Niederlande – Österreich	2:0 (1:0)	Donnerstag, 17. Juni, 21 Uhr, Amsterdam
Nordmazedonien – Niederlande	0:3 (0:1)	Montag, 21. Juni, 18 Uhr, Amsterdam
Ukraine – Österreich	0:1 (0:1)	Montag, 21. Juni, 18 Uhr, Bukarest

GRUPPE F

Ungarn – Portugal	0:3 (0:0)	Dienstag, 15. Juni, 18 Uhr, Budapest
Frankreich – Deutschland	1:0 (1:0)	Dienstag, 15. Juni, 21 Uhr, München
Ungarn – Frankreich	1:1 (1:0)	Samstag, 19. Juni, 15 Uhr, Budapest
Portugal – Deutschland	2:4 (1:2)	Samstag, 19. Juni, 18 Uhr, München
Portugal – Frankreich	2:2 (1:1)	Mittwoch, 23. Juni, 21 Uhr, Budapest
Deutschland – Ungarn	2:2 (0:1)	Mittwoch, 23. Juni, 21 Uhr, München

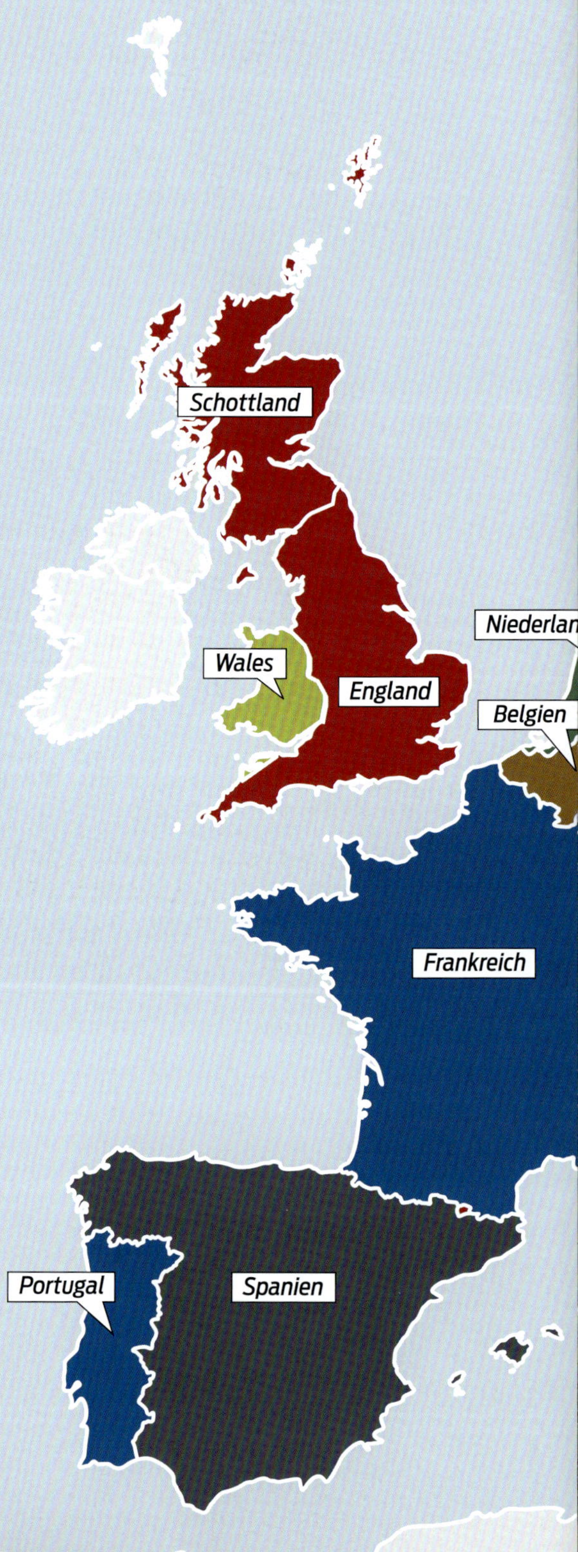

ACHTELFINALE

SPIEL 37	Wales – Dänemark	0:4 (0:1)	Samstag, 26. Juni, 18 Uhr, Amsterdam
SPIEL 38	Italien – Österreich	2:1 (0:0, 0:0) n. V.	Samstag, 26. Juni, 21 Uhr, London
SPIEL 39	Niederlande – Tschechien	0:2 (0:0)	Sonntag, 27. Juni, 18 Uhr, Budapest
SPIEL 40	Belgien – Portugal	1:0 (1:0)	Sonntag, 27. Juni, 21 Uhr, Sevilla
SPIEL 41	Kroatien – Spanien	3:5 (1:1, 3:3) n. V.	Montag, 28. Juni, 18 Uhr, Kopenhagen
SPIEL 42	Frankreich – Schweiz	3:3 (0:1, 3:3) n. V., 4:5 i. E.	Montag, 28. Juni, 21 Uhr, Bukarest
SPIEL 43	England – Deutschland	2:0 (0:0)	Dienstag, 29. Juni, 18 Uhr, London
SPIEL 44	Schweden – Ukraine	1:2 (1:1, 1:1) n. V.	Dienstag, 29. Juni, 21 Uhr, Glasgow

VIERTE

SPIEL 45	Schweiz – Spanien	1:1 (0:1, 1:1) n. V., 1:3 i. E.	Freitag, 2. Juli, 18 Uhr, St. Petersburg
SPIEL 46	Belgien – Italien	1:2 (1:2)	Freitag, 2. Juli, 21 Uhr, München

INALE

SPIEL 47

Tschechien – Dänemark	1:2 (0:2)

Samstag, 3. Juli, 18 Uhr, Baku

SPIEL 48

Ukraine – England	0:4 (0:1)

Samstag, 3. Juli, 21 Uhr, Rom

HALBFINALE

SPIEL 49

Italien – Spanien	1:1 (0:0, 1:1) n. V., 4:2 i. E.

Dienstag, 6. Juli, 21 Uhr, London

SPIEL 50

England – Dänemark	2:1 (1:1, 1:1) n. V.

Mittwoch, 7. Juli, 21 Uhr, London

FINALE

SPIEL 51

Italien – England	1:1 (0:1, 1:1) n. V., 3:2 i. E

Sonntag, 11. Juli, 21 Uhr, London

Statt eines ruhmvollen Abschieds bleibt ein Makel

Die Bundestrainer-Karriere von Jogi Löw endet mit einer Enttäuschung. Schon im Achtelfinale kam das Aus. Hätte er früher zurücktreten sollen?

Fast 30 Millionen sahen am TV-Gerät das EM-Aus im Achtelfinale gegen England. Dementsprechend groß war die Enttäuschung in Deutschland nach dem 0:2. In einer repräsentativen BILD-Umfrage sagten 37 Prozent, dass Bundestrainer Jogi Löw die Hauptschuld trage. Danach die Mannschaft (27,4) und der DFB (10,1). 63 Prozent fanden, dass Löw schon vor dem Turnier hätte aufhören sollen.

Fakt ist: Löw hat es nicht geschafft, seine Ära mit einem Erfolgserlebnis zu beenden. Statt eines ruhmvollen Abschieds bleibt ein Makel. Nach dem historischen Gruppen-Aus bei der WM 2018 war es schon der zweite herbe Nackenschlag für die Fußball-Nation Deutschland.

Dabei war der Bundestrainer vor der EM über seinen Schatten gesprungen, hatte die aussortierten Thomas Müller und Mats Hummels zurückgeholt. Doch auch die beiden Weltmeister von 2014 konnten die schwankenden Leistungen nicht stabilisieren. Oft wirkte die Mannschaft zu vorsichtig, fast schon gehemmt. Gegen Weltmeister Frankreich ging nach vorne nichts. Das Eigentor von Hummels besiegelte die 0:1-Auftaktniederlage in der Todesgruppe. Entfesselt dann der Auftritt gegen Europameister Portugal. Das 4:2 zeigte, was für eine Offensivkraft die Nationalmannschaft hat, wenn sie mutig nach vorne spielt. Beim 2:2 gegen die defensiven, aber konterstarken Ungarn war davon nichts zu sehen. Und auch im Achtelfinale gegen England nicht. Wieder agierte das DFB-Team zögerlich.

> *„Nach 15 Jahren an der Front bin ich froh, dass ich mich zurückziehen kann“*

Lag es an der Taktik-Diskussion? Dreier- oder Viererkette war das Dauerthema während der EM, auch innerhalb der Mannschaft. „Natürlich muss man über das System diskutieren, weil die Spieler das System nicht spielen wollten“, sagte Rekordnationalspieler Lothar Matthäus und fügte an: „Jogi Löw ist stur gewesen und hat wieder an etwas festgehalten, was im Endeffekt keinen Erfolg gebracht hat.“

Hinzu kamen schwache Leistungen von hochbegabten Spielern wie Leroy Sané und Serge Gnabry. Und die Erkenntnis, dass wir keinen Stürmer mit Weltklasse-Format haben. Zu viele Chancen blieben ungenutzt. Nicht nur die von Müller zum Ausgleich gegen England.

Wer Löw an der Seitenlinie beobachtete, mag verwundert gewesen sein. Es gab im Vergleich zu seinen früheren Jahren nur selten Emotionen, nur wenig Impulse von außen. Der Bundestrainer wirkte ein wenig entrückt, als schwebe er über dem Geschehen und wäre nicht Teil dessen.

Vielleicht war Löw auch ein wenig froh, dass es vorbei war. Nach der Niederlage von Wembley sagte er: „Jetzt nach 15 Jahren an der Front bin ich auf jeden Fall froh, dass ich mich einmal zurückziehen kann. Sicher wird es eine Zeit brauchen, diese Emotionen und Enttäuschungen einzuordnen und zu verarbeiten.“

Für die deutsche Nationalmannschaft beginnt eine neue Ära, die Hansi Flick gestalten soll. Viel Zeit bleibt dem neuen Bundestrainer nicht. In eineinhalb Jahren beginnt die Winter-WM in Katar. ●

DIE DEUTSCHEN NATIONALTRAINER

	Otto Nerz	Sepp Herberger	Helmut Schön	Jupp Derwall	Franz Beckenbauer	Berti Vogts	Erich Ribbeck	Rudi Völler	Jürgen Klinsmann	Jogi Löw
Zeitraum	1926-36	1936-64	1964-78	1978-84	1984-90	1990-98	1998-00	2000-04	2004-06	2006-2021
Spiele	75	162	139	67	66	102	24	53	34	198
Siege	44	92	87	44	34	66	10	29	20	125
Remis	11	26	31	12	20	24	6	11	8	39
Niederlagen	20	44	21	11	12	12	8	13	6	34
Punkte/Spiel	1,91	1,86	2,10	2,15	1,85	2,18	1,50	1,85	2,00	2,09
Tore	204:124	423:239	292:107	144:60	107:61	206:86	42:31	109:57	81:43	473:205
Diff.	80	184	185	84	46	120	11	52	38	268
Tore / Spiel	2,72	2,61	2,10	2,15	1,62	2,02	1,75	2,06	2,38	2,39
Gegentore /Spiel	1,65	1,48	0,77	0,90	0,92	0,84	1,29	1,08	1,26	1,04
WM-Titel	–	1	1	–	1	–	–	–	–	1
EM-Titel	–	–	1	1	–	1	–	–	–	–

Nur Helmut Schön wurde Welt- und Europameister. Sechs der zehn Trainer holten mindestens einen großen Titel. Sepp Herberger war am längsten im Amt – 28 Jahre

Ärgerlich! Jogi Löw beim 0:2 im Achtelfinale gegen England. Kein Bundestrainer hat die deutsche Nationalmannschaft bei mehr Turnieren betreut als er. Nach drei Weltmeisterschaften, vier Europameisterschaften und dem Confederations Cup 2017 ist Schluss

Frustriert! Mats Hummels nimmt den schwer enttäuschten Joshua Kimmich nach dem Achtelfinal-Aus in den Arm. Die deutsche Mannschaft konnte von vier Turnierspielen nur eins gewinnen (4:2 gegen Portugal)

15 Jahre Bundestrainer

Die Ära Löw

Am 12. Juli 2006 übernimmt Jogi Löw den Bundestrainer-Job von Jürgen Klinsmann. Es folgt eine Zeit, in der die WM 2014 den Höhepunkt und das WM-Aus 2018 den Tiefpunkt darstellen.

16. August 2006: Premieren-Sieg in Gelsenkirchen mit 3:0 gegen Schweden.

29. Juni 2008: Geplatzter Titeltraum. Spanien gewinnt durch ein Tor von Torres das EM-Finale in Wien mit 1:0.

7. Juli 2010: Löw ist „traurig und enttäuscht". Wieder ein 0:1 gegen Spanien. Aus im WM-Halbfinale.

28. Juni 2012: Der Schock von Warschau. Löw vercoacht sich. 1:2 im EM-Halbfinale gegen Italien.

8. Juli 2014: Sensationell besiegt die DFB-Elf in Brasilien den WM-Gastgeber im Halbfinale mit 7:1.

13. Juli 2014: Die Krönung: 1:0 n.V. gegen Argentinien, Deutschlands vierter Weltmeistertitel.

7. Juli 2016: Wieder nichts mit dem EM-Titel. Gastgeber Frankreich ist beim 0:2 im Halbfinale nicht besser, aber effizienter.

27. Juni 2018: Historische Blamage. Das 0:2 gegen Südkorea besiegelt das erste deutsche Aus in einer WM-Gruppenphase.

5. März 2019: Löw sortiert Müller, Hummels und Boateng aus.

17. November 2020: Deutschland geht in Spanien mit 0:6 unter.

9. März 2021: Löw erklärt seinen Rücktritt nach der EM 2021.

31. März 2021: Nächste Blamage: 1:2 in der WM-Quali gegen Nordmazedonien.

19. Mai 2021: Löw holt Hummels und Müller für die EM zurück.

29. Juni 2021: Deutschland verliert in Wembley das EM-Achtelfinale gegen England mit 0:2. Es ist Löws 198. und letztes Länderspiel als Bundestrainer.

GRUPPE A

TÜRKEI
ITALIEN
WALES
SCHWEIZ

Freitag, 11. Juni, Rom	
Türkei	0 : 3
Italien	

Samstag, 12. Juni, Baku	
Wales	1 : 1
Schweiz	

Mittwoch, 16. Juni, Baku	
Türkei	0 : 2
Wales	

Mittwoch, 16. Juni, Rom	
Italien	3 : 0
Schweiz	

Sonntag, 20. Juni, Baku	
Schweiz	3 : 1
Türkei	

Sonntag, 20. Juni, Rom	
Italien	1 : 0
Wales	

	Türkei	Italien	Wales	Schweiz
Türkei		0:3	0:2	1:3
Italien	3:0		1:0	3:0
Wales	2:0	0:1		1:1
Schweiz	3:1	0:3	1:1	

Mannschaft	G	U	V	Tore	Pkte
1. Italien	3	0	0	7:0	9
2. Wales	1	1	1	3:2	4
3. Schweiz	1	1	1	4:5	4
4. Türkei	0	0	3	1:8	0

Endlich wieder Fans! Endlich wieder Stimmung! Zum EM-Eröffnungsspiel durften 12 916 Zuschauer ins Olympiastadion von Rom. Sie machten Stimmung wie 80 000. Die Tifosi hatten auch allen Grund zur Freude. Italien spielte groß auf, schlug die Türkei mit 3:0

ANALYSE GRUPPE A

Mancini lässt Italien glänzen

„Bella Italia!" Selten waren diese emotionalen Worte so passend, selten trafen sie so gut zu wie auf die Squadra Azzurra in der Vorrunde. Sie gewann nicht nur alle ihre Gruppenspiele, sie spielte auch schönen Fußball. Vorbei die Zeit des berühmt-berüchtigten Catenaccio. Trainer Roberto Mancini formte eine Mannschaft, die nach der Gruppenphase zu den Top-Favoriten gehörte. Die Zahlen sind beeindruckend: Selbst mit einer B-Elf langte es zu einem Sieg gegen Wales.

Das Team von Gareth Bale erreichte immerhin Platz 2. Beim wichtigen Sieg gegen die Türkei zeigte Wales' Superstar Charakter. Trotz eines verschossenen Elfmeters bereitete Bale beide Tore zum 2:0 vor. Mit viel Kampf und gutem Konterspiel qualifizierte sich Wales knapp vor der Schweiz, die als einer der besten vier Gruppendritten ebenfalls ins Achtelfinale einzog.

Bei den Eidgenossen dauerte es lange, bis sie auf Touren kamen, im letzten Spiel gegen die Türkei war Xherdan Shaqiri mit zwei Toren der gefeierte Mann.

Die größte Enttäuschung waren die Türken. Mit großen Ambitionen in die EM gestartet, scheiterte die junge Mannschaft krachend. Die magere Ausbeute: nur ein Tor, kein Punkt, Gruppenletzter.

Pechvogel: Der Türke Merih Demiral lenkt den Ball im Eröffnungsspiel gegen Italien ins eigene Tor

CIRO IMMOBILE

Der Durchbruch von Ciro d'Italia

Italiens Stürmer widerlegt seine größten Kritiker und ist jetzt auch in der Nationalmannschaft erfolgreich

Die „Ciro, Ciro"-Gesänge kamen aus der Curva Sud. Das ist die Heimkurve der Ultras der AS Roma.

Besungen wurde ausgerechnet ein Lazio-Profi, der der herausragende Spieler in der Gruppe A und ein Garant für Italiens Gruppensieg mit neun Punkten und 7:0 Toren aus drei Spielen werden sollte: Ciro Immobile.

Die „Nazionale" verbindet in Italien eben verfeindete Lager. Und so bekam der Mittelstürmer aus Torre Annunziata Standing Ovations, als er im Eröffnungsspiel gegen die Türkei in der 81. Minute ausgewechselt wurde.

„Wir sind superglücklich. Es kann kaum besser werden"

Beim 3:0-Sieg hatte der römische Lokalheld das 2:0 erzielt und das 3:0 seines kongenialen Offensivpartners Lorenzo Insigne aus Neapel vorbereitet.

„Es war ein tolles Spiel, wir sind superglücklich. So zu starten und vor den eigenen Fans ein Tor zu schießen – es kann kaum besser werden", sagte der Torjäger nach seinem ersten EM-Heimspiel. „Wenn man hier in diesem Stadion spielt, ist das wirklich Adrenalin pur."

Dabei hatte Immobile wenige Tage vor dem Eröffnungsspiel noch einen harten Wirkungstreffer kassieren müssen: Beim beliebten Kreisspiel mit seinen Kollegen im Verbands-Trainingszentrum Coverciano in Florenz knallte ein Ball aus kurzer Distanz an Immobiles Schläfe. Der Stürmer hielt sich erst das Gesicht, sackte dann zu Boden. Zunächst lachten die Mitspieler, ehe die Betreuer sich um den leicht benommenen Immobile kümmern mussten.

Auf den Schreck folgte der Traum-Start für „Ciro d'Italia", wie Immobile in Anlehnung an die legendäre Radrundfahrt Giro d'Italia genannt wird. Ein fantastischer EM-Auftakt für die „Squadra Azzurra", die gleich die nächste Gala folgen ließ und die Schweiz im Stadio Olimpico ebenfalls 3:0 besiegte.

Dabei traf wieder Immobile, diesmal setzte der Lazio-Star den Schlusspunkt. Aber in die große Freude mischte sich ganz viel Wehmut. Immobile wurde vor den TV-Kameras sentimental. „Diesen Sieg möchte ich zusammen mit all meinen Teamkollegen den beiden Engeln von Ardea, Daniel und David, widmen", erklärte der Nationalspieler.

Was war geschehen?

Zwei Tage nach dem Eröffnungsspiel waren zwei Kinder getötet worden, als ein bewaffneter Mann in einer kleinen Stadt in der Nähe von Rom das Feuer eröffnete. Die Jungen, die nur als David und Daniel identifiziert wurden, spielten in einer Straße in Ardea, 32 Kilometer von der Hauptstadt entfernt, als sie vom 35-jährigen Andrea Pignani erschossen wurden. Eine Wahnsinnstat, die auch die italienische Nationalelf tief erschütterte.

Immobile sagte nach der Partie gegen die Schweiz: „Das sind Dinge, die nicht passieren sollten. Wir haben heute Abend auch für sie gespielt, und es ist richtig, eine Umarmung zu senden, wo immer sie sind. Wir wollten auch an der Beerdigung teilnehmen, aber es war nicht möglich, weil wir in einer Blase sind. Wir haben getan, was wir tun konnten, ihnen den Sieg gewidmet und sind stolz darauf."

Beim abschließenden Gruppenspiel gegen Wales (1:0) wurde Immobile geschont, er hatte seinen Job bereits erledigt.

Der imponierende Start in die EM bedeutete für Immobile den langersehnten Durchbruch im blauen Trikot des viermaligen Weltmeisters. In der Nationalelf sah sich Europas bester Torjäger und Gewinner des „Goldenen Schuhs" der Saison 2019/20 (36 Liga-Tore für Lazio) lange heftiger Kritik ausgesetzt. Seine Treffer gegen die Türkei und die Schweiz waren historisch: Nur Christian Vieri war es zuvor bei einem Turnier gelungen, bei der WM 2002, in den ersten beiden Spielen Italiens zu treffen.

Anerkennend lobte Sturm-Legende Filippo Inzaghi, dessen Bruder Simone als Trainer bei Lazio der große Fürsprecher Immobiles war, nach der Partie gegen die Schweiz: „Mein Bruder Simone sagt mir seit Jahren, dass Ciro stark ist, und bei der EM beweist er es, indem er selbst die Skeptiker überzeugt. Ich freue mich sehr für ihn, er ist ein ernsthafter Junge, der diese Genugtuungen verdient."

Der Ex-Dortmunder, der in der Bundesliga nie Fuß fassen konnte und danach über die Stationen FC Sevilla und FC Turin bei Lazio landete, hat jetzt einen festen Platz in der Geschichte der „Squadra Azzurra". Mehr hat er nie gewollt. ●

Strahlemann: Italiens Ciro Immobilie nach seinem Tor zum 2:0 gegen die Türkei

SCORER-LISTE GRUPPE A

	Tore	Torvorlagen	Scorer-Punkte	gespielte Minuten
Zuber (Schweiz)	–	3	3	118
Immobile (Italien)	2	1	3	171
Shaqiri (Schweiz)	2	1	3	217
Berardi (Italien)	–	2	2	155
Locatelli (Italien)	2	–	2	160
Bale (Wales)	–	2	2	266
Verratti (Italien)	–	1	1	90
Pessina (Italien)	1	–	1	91
Tolói (Italien)	–	1	1	110
Kahveci (Türkei)	1	–	1	112
Insigne (Italien)	1	–	1	150
Barella (Italien)	–	1	1	176
Spinazzola (Italien)	–	1	1	180
Seferovic (Schweiz)	1	–	1	204
Moore (Wales)	1	–	1	210
Morrell (Wales)	–	1	1	240
Ramsey (Wales)	1	–	1	264
Embolo (Schweiz)	1	–	1	265
Calhanoglu (Türkei)	–	1	1	266
C. Roberts (Wales)	1	–	1	270

Gute Quote: Xherdan Shaqiri (Schweiz) holte drei Scorerpunkte. Hier feiert er sein 3:1 gegen die Türkei

Blaues Glück! Manuel Locatelli liegt auf dem Rasen des Olympiastadions in Rom, seine Mitspieler stapeln sich über ihm. Der Italiener traf gegen die Schweiz doppelt, schoss sein Team ins Achtelfinale und sich in die Herzen der Tifosi. Der Profi von Sassuolo Calcio überglücklich: „Es ist wirklich emotional für mich, hier zu sein. Ich habe schon als Kind von so einer Gelegenheit geträumt: Auf dem Platz alle Italiener zu vertreten, das macht mich sehr stolz. Das ist etwas, was man seinen eigenen Kindern erzählen kann"

ITALIA
RESPECT
4
4

Fans und Italien machen Spaß

Bocelli sorgte mit „Nessun dorma" für Gänsehaut

Sänger Andrea Bocelli

Mit einem Jahr Verspätung wegen der Corona-Pandemie begann die paneuropäische EM angemessen bescheiden. Die Eröffnungsfeier dauerte 14 Minuten.
Für einen Gänsehaut-Moment sorgte Tenor Andrea Bocelli. Aus der Puccini-Oper „Turandot" sang er die Arie „Nessun dorma", niemand schlafe. Die Italiener, klar, verstanden ihren Landsmann. Die Squadra Azzurra war hellwach, siegte 3:0 gegen schwache Türken. Nie zuvor hatte ein Team in einem Eröffnungsspiel drei Tore oder mehr erzielt, selten war die Überlegenheit (24:3 Torschüsse) so deutlich. Gleich zu Beginn schoss sich Italien in die Rolle des Turnier-Favoriten.
Die größten Stars des Abends aber waren die 12 916 Zuschauer im Olympiastadion von Rom. Sie sendeten ein Signal der Hoffnung, machten den Abend zu einem ganz besonderen. Endlich wieder Fans!

Die EM-Eröffnungsspiele
1980: Bundesrepublik Deutschland – Tschechoslowakei 1:0
1984: Frankreich – Dänemark 1:0
1988: BR Deutschland – Italien 1:1
1992: Schweden – Frankreich 1:1
1996: England – Schweiz 1:1
2000: Belgien – Schweden 2:1
2004: Portugal – Griechenland 1:2
2008: Schweiz – Tschechien 0:1
2012: Polen – Griechenland 1:1
2016: Frankreich – Rumänien 2:1
2021: Türkei – Italien 0:3

12 916 dürfen zum Eröffnungsspiel und sehen einen klaren Sieg der „Squadra Azzurra"

Einen Tag vor dem EM-Auftakt gegen die Türkei bündelte Italiens Nationaltrainer Roberto Mancini noch einmal alle Kräfte und wendete sich per offenem Brief an das italienische Volk. In seinem Schreiben, das er mit den Worten „Liebes Italien" begann, reflektierte Mancini die harte Corona-Zeit und betrauerte alle Landsleute, die dem Virus zum Opfer gefallen waren. Mancini sprach davon, dass der Sport die Kraft besäße, alle Sorgen und Ängste für einen kurzen Moment vergessen zu lassen, und schwor, dass das Nationalteam „jede Minute des Turniers nutzen" werde, um Italien, „eines der stärksten und schönsten Länder der Welt", zu ehren.

„Die Vorstellung war großartig. Meine Spieler verdienen Lob"

Der Auftritt seines Teams im Eröffnungsspiel einen Tag später offenbarte, dass der Coach nicht zu viel versprochen hatte. Im Olympiastadion von Rom lieferten seine Spieler eine mehr als beeindruckende Leistung ab. Die „Squadra Azzurra", die mit einer Serie von 27 ungeschlagenen Partien in Folge zur EM angetreten war, dominierte die Partie auf heimischen Grund über die gesamte Spieldauer und gewann gegen äußerst harmlose Türken, die in der ersten Halbzeit keinen einzigen Torschuss zustande brachten, auch in der Höhe verdient mit 3:0.

Wichtiger noch: 12 916 Zuschauer (die Behörden hatten eine Auslastung von 25 Prozent erlaubt) waren beim Eröffnungsspiel dabei und machten Stimmung wie 70 000. Die Gesänge der Fans sorgte für Gänsehaut. Endlich ist der Fußball mit Fans zurück.

Und auch Italien machte gleich richtig Lust auf diese Europameisterschaft. Mancini: „Die Vorstellung war großartig. Meine Spieler verdienen Lob dafür, wie wir gespielt haben. Die Zuschauer haben uns sehr geholfen. Wir sind glücklich, dass wir ihnen ein Lächeln ins Gesicht zaubern konnten."

Schon in der ersten Halbzeit erspielte sich der viermalige Weltmeister (1934, 1938, 1982, 2006) gute Chancen, alle drei Treffer fielen aber erst nach der Pause. Zum ersten Mal im türkischen Kasten lag der Ball in der 53. Minute. Domenico Berardi zog an Umut Meras vorbei und brachte das Leder in den Fünfmeterraum. Merih Demiral lenkte die Hereingabe mit der Brust ins eigene Tor. Damit sorgte der türkische Innenverteidiger für ein Novum: Erstmals fiel in einem EM-Eröffnungsspiel ein Eigentor.

Nicht der einzige historische Treffer an diesem Abend. Auch das 3:0 von Lorenzo Insigne (79.) war geschichtsträchtig, denn zum ersten Mal überhaupt hatte Italien es in einem EM-Spiel geschafft, drei Tore zu erzielen.

„Das war Adrenalin pur", freute sich Torjäger Ciro Immobile, der in der 66. Minute das 2:0 erzielt hatte. „Wir sind super glücklich, vor unseren Fans so gestartet zu sein." Senol Günes, Coach der überforderten Türkei, gratulierte Italien: „Es war nicht unser Tag. Italien war besser."

Endlich wieder Fans! Endlich wieder Stimmung! Die italienischen Fans hatte gegen die Türkei viel Grund zum Jubeln

Die Vorentscheidung: Der Ex-Dortmunder Ciro Immobile (r.) trifft zum 2:0 für Italien. Türkei-Torwart Ugurcan Cakir ist ohne Chance

TÜRKEI – ITALIEN

0:3 (0:0)

TÜRKEI-DATEN

Torhüter	Min.	Schüsse gehalten (von)	Flanken/Ecken abgefangen	Glanztaten	Schwere Fehler	Lange Pässe angekommen (von)	Note
Cakir	90	67% (9)	1	0	0	39% (18)	4

Spieler	Ballkontakte in Min.	Zweikämpfe gewonnen (von)	Fouls/gefoult worden	Pässe angek. (von)	Schüsse/Schussvorlagen	Tore/Torvorlagen	Note
Celik	50 in 90	59% (17)	0/0	76% (29)	0/0	0/0	4
Demiral	65 in 90	71% (14)	0/0	84% (43)	1/0	0/0	4
Söyüncü 1	55 in 90	38% (8)	4/0	83% (48)	0/0	0/0	5
Meras	37 in 90	40% (10)	2/0	86% (22)	0/0	0/0	5
Yokuslu	34 in 64	67% (15)	0/1	89% (19)	0/0	0/0	3
Kahveci	13 in 26	50% (4)	0/1	90% (10)	0/0	0/0	4
Yazici	18 in 45	42% (12)	0/1	93% (14)	0/0	0/0	4
Ünder	15 in 45	67% (9)	1/0	63% (8)	1/1	0/0	3
Tufan	25 in 63	63% (8)	0/1	87% (15)	0/0	0/0	4
Ayhan	19 in 27	50% (2)	0/0	95% (19)	0/0	0/0	4
Karaman	27 in 75	42% (19)	0/0	53% (19)	0/0	0/0	4
Dervisoglu 1	0 in 15	0% (3)	1/0	0% (0)	0/0	0/0	–
Calhanoglu	42 in 90	58% (12)	1/3	83% (35)	0/1	0/0	3
B. Yilmaz	19 in 90	25% (16)	1/1	100% (6)	1/0	0/0	5

11. JUNI, 21 UHR, ROM

Schiedsrichter: *Danny Makkelie (Niederlande).* ***Assistenten:*** *Hessel Steegstra und Jan de Vries (beide Niederlande).* ***Tore:*** *0:1 Demiral (53./Eigentor), 0:2 Immobile (66.), 0:3 Insigne (79.).* ***Wechsel:*** *Ünder für Yazici (46.), Ayhan für Tufan (64.), Kahveci für Yokuslu (65.), Dervisoglu für Karaman (76.) – Di Lorenzo für Florenzi (46.), Cristante für Locatelli (74.), Belotti für Immobile (81.), Chiesa für Insigne (81.), Bernardeschi für Berardi (85.).* ***Zuschauer:*** *12 916.* ***Wetter:*** *24 Grad, bewölkt.*

ITALIEN-DATEN

Torhüter	Min.	Schüsse gehalten (von)	Flanken/Ecken abgefangen	Glanztaten	Schwere Fehler	Lange Pässe angekommen (von)	Note
Donnarumma	90	100% (1)	0	0	0	0% (3)	3

Spieler	Ballkontakte in Min.	Zweikämpfe gewonnen (von)	Fouls/gefoult worden	Pässe angek. (von)	Schüsse/Schussvorlagen	Tore/Torvorlagen	Note
Florenzi	54 in 45	60% (5)	2/0	90% (41)	0/0	0/0	3
Di Lorenzo	25 in 45	33% (6)	2/1	94% (18)	0/1	0/0	3
Bonucci	67 in 90	100% (7)	0/0	94% (53)	2/0	0/0	2
Chiellini	94 in 90	55% (11)	0/0	90% (77)	1/2	0/0	3
Spinazzola	75 in 90	53% (19)	0/0	91% (43)	2/3	0/1	2
Jorginho	82 in 90	71% (14)	0/0	94% (71)	0/2	0/0	2
Barella	78 in 90	58% (19)	1/3	90% (61)	2/2	0/0	3
Locatelli	52 in 73	36% (14)	3/0	91% (46)	1/0	0/0	4
Cristante	12 in 17	50% (2)	0/0	91% (11)	0/0	0/0	4
Berardi	56 in 84	22% (18)	0/2	82% (38)	4/8	0/1	2
Bernardeschi	7 in 6	100% (1)	0/1	75% (4)	0/0	0/0	–
Immobile	26 in 80	54% (13)	0/1	88% (16)	6/2	1/1	2
Belotti	7 in 10	33% (3)	0/1	100% (4)	0/0	0/0	–
Insigne	71 in 80	29% (14)	0/0	71% (52)	5/3	1/0	2
Chiesa	3 in 10	67% (3)	0/1	100% (2)	0/0	0/0	–

Ein Turban-Tor bestraft Schweizer

MagentaTV: Debüt mit Problemen

Während Moderator Kerner (l.) und Experte Ballack diskutierten, sahen viele Zuschauer ... nichts

Das Spiel schrieb deutsche TV-Geschichte: Erstmals wurde mit Wales gegen die Schweiz eine EM-Begegnung nicht im frei empfangbaren Fernsehen gezeigt. Stattdessen übertrug die Telekom auf ihrer TV-Plattform „MagentaTV". Doch das Ganze wurde für den Telekommunikationskonzern zum Desaster. Rund um den Spielbeginn 15 Uhr beschwerten sich Fans, dass sie nicht zum Internet-Stream kamen. In den sozialen Netzwerken hagelte es Kritik und Spott („Peinlich!", „Frechheit!"). Erst um 16.09 Uhr gab es eine offizielle Erklärung zu den Gründen: „Die Buchungsstrecke auf unserem System für MagentaTV ist aktuell überlastet." Das bedeutete: Zu viele Fans wollten gleichzeitig ein Abonnement abschließen. Damit kam der Online-Shop der Telekom nicht zurecht und brach zusammen. Das Kuriose: Die Internet-Streams liefen glatt, nur kamen User nicht dorthin. Daher suchten sich frustrierte Fans technische Umwege und guckten zum Beispiel Streams des Schweizer oder österreichischen Fernsehens – in der juristischen Grauzone. Insgesamt wurden während der EM zehn Partien nur von MagentaTV gezeigt – und liefen nicht bei ARD und ZDF.

Trotz Platzwunde köpft Moore die Waliser zum Remis. Schweizer vergeben viele Möglichkeiten

Wer ein echter Kerl ist, lässt sich von etwas Blut nicht aufhalten. Schon gar nicht im ersten EM-Spiel der Karriere. Nach einer guten Viertelstunde sah der Waliser Kieffer Moore bereits aus wie ein Boxer, der Mittelstürmer war mit dem Schweizer Kevin Mbabu zusammengeprallt. Die Wunde über dem rechten Auge wurde mit Vaseline versorgt, ein Wattestäbchen auf die Wunde gedrückt.

„Der Verband hat mir ein bisschen Grip für den Kopfball gegeben"

Am Ende der Behandlung trug Moore in bester Tradition von Dieter Hoeneß einen „Turban". Trotz dieses roten Verbands um den Schädel setzte Moore seinen Kopf weiter erfolgreich ein – und rettete Wales einen Punkt. In der 74. Minute köpfte er eine Flanke von Joe Morrell zum 1:1 ins Tor. Yann Sommer war machtlos. „Der Verband hat mir ein bisschen Grip für den Kopfball gegeben", scherzte Moore später.

Die Rolle des Retters kennt Moore bestens: Als er noch in den Niederungen des englischen Fußballs kickte, arbeitete er als Rettungsschwimmer. Allerdings gibt der Profi von Zweitligist Cardiff City zu: „Zum Glück musste ich damals niemanden vor dem Ertrinken bewahren. Der Job bestand hauptsächlich darin, dass ich auf einem Stuhl saß und Leuten beim Schwimmen zuguckte."

Das 1:1 war schmeichelhaft für Wales, denn die Schweizer dominierten. 62 Prozent Ballbesitz und 528 zu 309 Pässe zeigten, dass die Eidgenossen alles unter Kontrolle hatten – und jede Menge Chancen. Dabei stand ein Mann im Mittelpunkt: Der Gladbacher Breel Embolo war der mit Abstand beste Mann der Partie. Mit seinem bulligen Körper setzte er sich immer wieder durch. So auch beim Führungstreffer in der 49. Minute. Nach einer Ecke von der rechten Seite, die Xherdan Shaqiri trat, behauptete sich Embolo am Fünf-Meter-Raum gegen Connor Roberts, stieg hoch und bezwang Torhüter Danny Ward per Kopf.

Schon zuvor war er mit einem Rechtsschuss an Ward gescheitert, nach 65 Minuten schlenzte er den Ball knapp am Tor vorbei, und in der 90. Minute zog er nach einer Ecke per Kopf erneut den Kürzeren gegen den walisischen Torwart. Insgesamt hatte die Schweiz zwölf Ecken und 18 Torversuche auf dem Konto, die effizienteren Waliser kamen nur auf vier Ecken und neun Torschüsse. „Wir haben unsere Gelegenheiten nicht genutzt", bilanzierte der Schweizer Trainer Vladimir Petkovic.

Dabei hätte sich für die Schweiz fast alles noch zum Guten gewendet. Joker Mario Gavranovic kam in der 84. Minute für Haris Seferovic ins Spiel – und traf wenige Sekunden später. Die Freude währte indes nur kurz: Videobeweis, Abseits! So blieb es beim 1:1 im mit 8782 Zuschauern besetzten Olympiastadion in Baku. Es war das erste Remis im direkten Vergleich beider Länder. Zuvor hatte die Schweiz fünf der Duelle gewonnen, Wales zwei.

Turban-Tor: Früh im Spiel zog sich Wales-Stürmer Kieffer Moore eine Platzwunde zu, in der 74. Minute erzielte er das 1:1. Schweiz-Kapitän Granit Xhaka hat das Nachsehen

WALES – SCHWEIZ

1:1 (0:0)

WALES-DATEN

Torhüter	Min.	Schüsse gehalten (von)	Flanken/Ecken abgefangen	Glanztaten	Schwere Fehler	Lange Pässe angekommen (von)	Note
Ward	90	75% (4)	2	0	0	60% (5)	3

Spieler	Gelbe Karte	Ballkontakte in Min.	Zweikämpfe gewonnen (von)	Fouls/gefoult worden	Pässe angek. (von)	Schüsse/Schussvorlagen	Tore/Torvorlagen	Note
C. Roberts		36 in 90	50% (8)	0/0	77% (26)	1/0	0/0	4
Mepham		34 in 90	60% (15)	0/1	84% (19)	0/0	0/0	3
Rodon		38 in 90	71% (14)	0/1	92% (24)	0/0	0/0	3
B. Davies		56 in 90	63% (19)	1/0	87% (31)	2/0	0/0	3
Allen		40 in 90	35% (17)	0/1	93% (27)	0/0	0/0	4
Morrell		33 in 90	0% (10)	1/0	93% (27)	1/2	0/1	3
Ramsey		48 in 89	37% (19)	1/2	90% (31)	0/2	0/0	4
Ampadu		0 in 1	0% (0)	0/0	0% (0)	0/0	0/0	–
Bale		37 in 90	24% (21)	1/0	76% (21)	1/1	0/0	3
Moore	1	31 in 90	43% (14)	2/1	73% (11)	3/0	1/0	3
James		24 in 74	73% (11)	0/3	89% (9)	1/4	0/0	3
Brooks		6 in 16	0% (1)	0/0	75% (4)	0/0	0/0	4

12. JUNI, 15 UHR, BAKU

Schiedsrichter: *Clément Turpin (Frankreich).*
Assistenten: *Nicolas Danos und Cyril Gringore (beide Frankreich).*
Tore: *0:1 Embolo (49.), 1:1 Moore (74.).*
Wechsel: *Brooks für James (75.), Ampadu für Ramsey (90.+3) – Zakaria für Shaqiri (66.), Gavranovic für Seferovic (84.).*
Zuschauer: *8782.*
Wetter: *29 Grad, sonnig.*

SCHWEIZ-DATEN

Torhüter	Min.	Schüsse gehalten (von)	Flanken/Ecken abgefangen	Glanztaten	Schwere Fehler	Lange Pässe angekommen (von)	Note
Sommer	90	50% (2)	2	0	0	0% (2)	3

Spieler	Gelbe Karte	Ballkontakte in Min.	Zweikämpfe gewonnen (von)	Fouls/gefoult worden	Pässe angek. (von)	Schüsse/Schussvorlagen	Tore/Torvorlagen	Note
Elvedi		78 in 90	69% (13)	0/1	97% (61)	1/0	0/0	3
Schär	1	81 in 90	50% (8)	2/1	91% (75)	2/0	0/0	3
Akanji		85 in 90	64% (11)	0/0	92% (73)	0/0	0/0	3
Mbabu	1	57 in 90	48% (23)	2/2	77% (35)	2/2	0/0	3
Freuler		70 in 90	47% (17)	2/0	93% (57)	0/3	0/0	3
Xhaka		72 in 90	56% (9)	1/0	95% (61)	2/0	0/0	3
Rodríguez		51 in 90	57% (7)	0/0	82% (34)	0/5	0/0	3
Shaqiri		32 in 65	63% (8)	1/0	80% (15)	0/3	0/1	2
Zakaria		13 in 25	0% (3)	1/0	88% (8)	1/0	0/0	4
Seferovic		36 in 83	64% (14)	0/1	63% (24)	4/3	0/0	3
Gavranovic		1 in 7	100% (1)	0/0	0% (0)	0/0	0/0	–
Embolo		37 in 90	54% (35)	0/1	90% (20)	6/2	1/0	2

Bale verspottet, dann gefeiert

„Die schlechteste Mannschaft des Turniers"

In der Kritik: Türkei-Trainer Senol Günes

Der türkische Staatspräsident Recep Tayyip Erdogan und Ehefrau Emine saßen in Baku auf der Ehrentribüne. Die Mehrzahl der 30 000 Fans stand im Olympiastadion hinter dem türkischen Team. Trotzdem spielte die Mannschaft schwach – und erntete anschließend deftige Kritik von den Medien.

Daily Sabah: „Wales versenkt die Türkei mit 2:0. Die Türkei hatte große Unterstützung von den einheimischen Zuschauern in Aserbaidschan. Trainer Senol Günes warf seinem Team Konzentrationsschwächen vor. Kapitän Burak Yilmaz hatte fünf Torschüsse, konnte aber keinen davon nutzen."

Fanatik: „Ein Turnier mit unserer besten Generation. Zwei Spiele, null Tore und null Punkte. Das Weiterkommen ist jetzt ein Wunder."

Milliyet: „Große Wut auf Senol Günes! Die Türkei wurde mit 2:0 besiegt, und Senol Günes erhielt am Ende des Spiels die Quittung."

Posta: „Die Türkei ist die schlechteste Mannschaft des Turniers! Das Team, das vor dem Start als ‚heimlicher Favorit' bezeichnet wurde, blieb so geheim, dass niemand es mitbekam."

Sözcü: „Wales-Schock für die Türkei! Unsere Hoffnungen sind Wundern überlassen. Die Türkei spielte auf Sparflamme und hatte Schwierigkeiten, das Tempo zu erhöhen."

Der Superstar verschießt erst einen Elfmeter und führt Wales dann zum Sieg gegen die Türkei

Gary Lineker reagierte spontan. Und gewitzt. Englands Fußball-Idol veröffentlichte während der Partie ein kurzes Video bei Twitter, bei dem ein Fußball in einen Garten flog. „Sicher gelandet, Gareth Bale. Ich denke, du kannst von hier immer noch das Grün erreichen", so Linekers bissige Spitze gegen den passionierten Golfspieler Bale. Das Video wurde mit über 600 000 Klicks binnen weniger Stunden zum Hit.

„Bale hat das Tor und die Entscheidung gewollt!"

„Das ist Bales Chris-Waddle-Moment, der Elfmeterball ist immer noch auf dem Weg zum Mond", ätzte man auch bei *BBC Sport*. Eine Anspielung auf die Elfmeter-Fahrkarte des englischen Nationalspielers Chris Waddle im WM-Halbfinale 1990 gegen Deutschland.

Gareth Bale zeigte nach 61 Minuten Nerven. Der Kapitän der Waliser verschoss einen von Zeki Celik gegen ihn verursachten Foul-Elfmeter. Bale zögerte beim Anlauf sehr lange und jagte den Ball mit links über das Tor von Keeper Ugurcan Cakir. „Der Elfmeter war eine große Sache, aber wir sind nicht in Panik verfallen", sagte Aaron Ramsey nach der mit 2:0 gewonnenen Partie.

Wales gefiel durch Kampfgeist und schnörkelloses Konterspiel. Ramsey profitierte in der 42. Minute vom überragenden Augenmaß des Gareth Bale. Der Flügelstürmer setzte Ramsey mit einem weiten Ball von der rechten Seite brillant in Szene. Ramsey ließ das Leder von der Brust abtropfen und schoss dann aus fünf Metern zur 1:0-Führung ein. Er wurde damit zum ersten Spieler in der walisischen Verbandsgeschichte, der bei zwei aufeinanderfolgenden Europameisterschaften traf.

Der türkische Nationaltrainer Senol Günes hatte sein Team nach dem schwachen Start gegen Italien (0:3) nur auf zwei Positionen verändert. Merih Demiral und Yusuf Yazici blieben zunächst auf der Bank. Kaan Ayhan und Cengiz Ünder rotierten in die erste Elf. Das Team vom Bosporus spielte engagierter. Gefährliche Momente blieben aber die Ausnahme. Zu selten war das türkische Spiel druckvoll, zu oft blieben die Abschlüsse ungenau. Kapitän Burak Yilmaz (54.) vergab nach einer Ecke völlig frei aus fünf Metern die Riesen-Ausgleichschance. „Wir müssen uns entschuldigen, das war nicht genug", erklärte der türkische Abwehrspieler Umut Meras enttäuscht.

Ganz anders Gareth Bale. In der Schlussphase tat der Waliser alles, um seinen Fehlschuss vergessen zu machen. Er half in der Defensive aus und hatte den entscheidenden Geistesblitz. Nach kurz ausgeführter Ecke auf der rechten Seite kam die Kugel zu Bale, der zwei Gegenspieler abschüttelte und von der Grundlinie Connor Roberts anspielte. Der traf aus wenigen Metern zum 2:0 (90.+5). Ashley Williams, früherer Kapitän der Waliser, war begeistert: „Gareth Bale hatte den Mut, zur Eckfahne zu gehen und dann zu dribbeln. Er hat das Tor und die Entscheidung gewollt!"

Yes! Gareth Bale feiert den Sieg gegen die Türkei. Für ihn war es ein Spiel mit Höhen und Tiefen

TÜRKEI – WALES

0:2 (0:1)

TÜRKEI-DATEN

Torhüter	Min.	Schüsse gehalten (von)	Flanken/Ecken abgefangen	Glanztaten	Schwere Fehler	Lange Pässe angekommen (von)	Note
Cakir	90	71% (7)	1	0	0	33% (3)	3

Spieler	Ballkontakte in Min.	Zweikämpfe gewonnen (von)	Fouls/gefoult worden	Pässe angek. (von)	Schüsse/Schussvorlagen	Tore/Torvorlagen	Note
Celik	69 in 90	41% (17)	2/1	74% (47)	0/2	0/0	4
Ayhan	77 in 90	33% (15)	1/0	93% (59)	2/1	0/0	5
Söyüncü	77 in 90	76% (17)	1/0	95% (60)	1/0	0/0	3
Meras	46 in 71	54% (13)	0/0	85% (34)	1/0	0/0	4
Müldür	15 in 19	0% (3)	0/0	90% (10)	0/0	0/0	4
Yokuslu	37 in 45	43% (7)	1/1	93% (29)	0/0	0/0	4
Demiral	41 in 45	50% (8)	0/0	94% (33)	1/1	0/0	4
Tufan	19 in 45	33% (6)	1/0	81% (16)	0/0	0/0	4
Yazici	32 in 45	63% (8)	0/1	88% (24)	0/3	0/0	4
Calhanoglu 1	77 in 90	46% (24)	3/1	77% (60)	1/4	0/0	3
Ünder	43 in 82	65% (20)	1/1	83% (23)	3/2	0/0	3
Kahveci	7 in 8	0% (3)	1/0	86% (7)	0/0	0/0	–
Karaman	18 in 74	35% (17)	2/1	92% (12)	1/0	0/0	4
Dervisoglu	9 in 16	0% (5)	0/0	60% (5)	1/0	0/0	4
B. Yilmaz 1	39 in 90	27% (22)	4/1	73% (22)	5/3	0/0	3

16. JUNI, 18 UHR, BAKU

Schiedsrichter: *Artur Soares Dias (Portugal).* ***Assistenten:*** *Rui Tavares und Paolo Soares (beide Portugal).* ***Tore:*** *0:1 Ramsey (42.), 0:2 C. Roberts (90.+5).* ***Wechsel:*** *Yazici für Tufan (46.), Demiral für Yokuslu (46.), Müldür für Meras (72.), Dervisoglu für Karaman (75.), Kahveci für Ünder (83.) – Ampadu für Allen (73.), Wilson für Ramsey (85.), N. Williams für James (90.+4).* ***Besonderes Vorkommnis:*** *Bale verschießt Foulelfmeter (61.).* ***Zuschauer:*** *19 762.* ***Wetter:*** *27 Grad, wolkenlos.*

WALES-DATEN

Torhüter	Min.	Schüsse gehalten (von)	Flanken/Ecken abgefangen	Glanztaten	Schwere Fehler	Lange Pässe angekommen (von)	Note
Ward	90	100% (5)	1	0	0	33% (3)	3

Spieler	Ballkontakte in Min.	Zweikämpfe gewonnen (von)	Fouls/gefoult worden	Pässe angek. (von)	Schüsse/Schussvorlagen	Tore/Torvorlagen	Note
C. Roberts	43 in 90	80% (10)	0/4	81% (26)	1/1	1/0	2
Mepham 1	33 in 90	65% (20)	1/0	94% (16)	0/0	0/0	2
Rodon	33 in 90	53% (15)	1/2	78% (23)	0/0	0/0	3
B. Davies 1	48 in 90	60% (15)	1/0	86% (21)	1/0	0/0	3
Allen	34 in 72	43% (14)	1/1	88% (26)	0/0	0/0	4
Ampadu	8 in 18	67% (3)	0/0	100% (4)	0/1	0/0	3
Morrell	47 in 90	48% (21)	2/1	86% (29)	0/0	0/0	3
Ramsey	57 in 84	67% (18)	0/3	76% (37)	4/2	1/0	2
Wilson	4 in 6	0% (1)	0/0	0% (0)	1/1	0/0	–
Bale	44 in 90	60% (20)	0/2	86% (21)	4/6	0/2	2
Moore	31 in 90	48% (33)	1/3	69% (16)	2/0	0/0	3
James	35 in 89	50% (16)	0/1	77% (13)	1/2	0/0	3
N. Williams	0 in 1	0% (0)	0/0	0% (0)	0/0	0/0	–

Locatelli schießt Italien weiter

„Vor einem Jahr wäre ich vielleicht nicht hier gewesen"

Locatelli formt mit seinen Händen ein T – ein Gruß an seine Verlobte Tessa

Ohne die Corona-Pandemie wäre Manuel Locatelli nicht zum EM-Helden geworden. Denn zum geplanten Turnierzeitpunkt im Juni 2020 gehörte der Mittelfeldspieler von Sassuolo Calcio gar nicht zum Aufgebot von Nationaltrainer Roberto Mancini. Erst im September rutschte der 23-Jährige in den Kreis der Erlauchten und gab sein Länderspiel-Debüt. Das Spiel gegen die Schweiz wurde zu seiner großen Bühne. Zwei schöne Tore – eines mit rechts, eines mit links – machten ihn zum „Man of the Match". Als er wenige Minuten vor Spielende ausgewechselt und von den Zuschauern gefeiert wurde, formte er mit seinen Händen den Buchstaben T – ein Gruß an seine Verlobte Tessa. „Sie war immer bei mir und hat mich unterstützt", bedankte sich Locatelli. Sein Glück konnte er immer noch nicht so richtig fassen: „Das war eine fantastische Partie. Ich kann es noch gar nicht glauben. Vor einem Jahr wäre ich vielleicht nicht hier gewesen. Ich bin wirklich glücklich und stolz." Locatelli, geboren in Lecco in der Lombardei, ist ein bescheidener Mensch. Daher bedankte er sich mit der Trophäe für den Spieler des Spiels in den Händen: „Ich habe das Gefühl, dass ich den Pokal der Mannschaft übergeben sollte. Ich bin einer der Jüngsten, aber sie haben mich sehr gut aufgenommen."

Das Mancini-Team überrennt auch die Schweiz und steht als erste Mannschaft im Achtelfinale

Vier Minuten vor Abpfiff bekam der Mann des Abends seinen großen Abgang. Italiens Trainer Roberto Mancini wechselte den Zweifach-Torschützen Manuel Locatelli aus. Der Mittelfeldspieler von Sassuolo Calcio trabte vom Feld, winkte ins Publikum. Die meisten der rund 15 000 Zuschauer im Römer Olympiastadion erhoben sich von ihren Plätzen und spendeten Beifall.

Der zehnte Sieg in Serie für Italien – allesamt ohne Gegentor

Es war eine klare Angelegenheit an diesem Abend. Das quirlige Italien schlug die überforderte Schweiz mit 3:0 – so wie zuvor die Türkei. Damit zog die Squadra Azzurra als erstes Team bei dieser EM ins Achtelfinale ein.

Von Beginn an tasteten sich die Italiener konsequent an ihren ersten Treffer heran. In der zehnten Minute setzte sich der starke Leonardo Spinazzola auf der linken Seite gegen Nico Elvedi durch, flankte in die Mitte, wo Ciro Immobile den Kopfball knapp über das Schweizer Tor setzte. Neun Minuten später jubelten die Spieler in den blauen Trikots, als Kapitän Giorgio Chiellini sich nach einer Ecke im Luftduell gegen Granit Xhaka und Manuel Akanji behauptete und den Nachschuss ins Tor knallte. Doch der Rostocker Video-Schiedsrichter Bastian Dankert revidierte den Treffer – der Ball war Chiellini an die Hand gesprungen.

In der 26. Minute half auch die digitale Technik den Schweizern nicht mehr: Locatelli spielte aus dem Zentrum einen Volleypass auf die rechte Seite, wo Vereinskollege Domenico Berardi Fahrt aufnahm. Seine flache Hereingabe musste der durchgelaufene Locatelli nur noch über die Linie schieben – 1:0. Kapitän Chiellini jubelte auf der Auswechselbank. Wegen einer Wadenverletzung war er zwei Minuten zuvor ausgewechselt worden.

Ein ums andere Mal initiierte 1,63-Meter-Wirbelwind Lorenzo Insigne gefährliche Angriffe. Doch weitere Großchancen durch Spinazzola (37.) und Immobile (42.) ließen die Italiener ungenutzt. In der 52. Minute legte Nicolò Barella quer auf für Locatelli, der aus 18 Metern trocken abzog und ins untere rechte Eck traf – die frühe Vorentscheidung zum 2:0. Zur ersten echten Torchance kamen die Schweizer erst in der 64. Minute: Zuber zog von der linken Strafraumseite ab, doch der italienische Torwart Gianluigi Donnarumma parierte mit dem Fuß.

Eine weniger gute Figur machte Yann Sommer im Schweizer Tor, als Immobile in der 89. Minute aus 20 Metern abzog und der Ball im Eck einschlug – 3:0. Dennoch hatte Sommer noch Grund zur Freude. Weil seine Frau das zweite Kind erwartete, reiste er unmittelbar nach dem Spiel ab. Glücklich waren auch die italienischen Fans, die Zeitungen schwärmten. „Du bist wunderschön. Dieses Italien ist immer großartiger", titelte die „Gazzetta dello Sport".

Trainer Roberto Mancini bremste die Euphorie: „Bei dieser EM gibt es Mannschaften wie Frankreich, Portugal, Belgien, die sind Weltmeister, Europameister oder Weltranglisten-Erster. Sie haben sich über die Jahre entwickelt und uns einiges voraus."

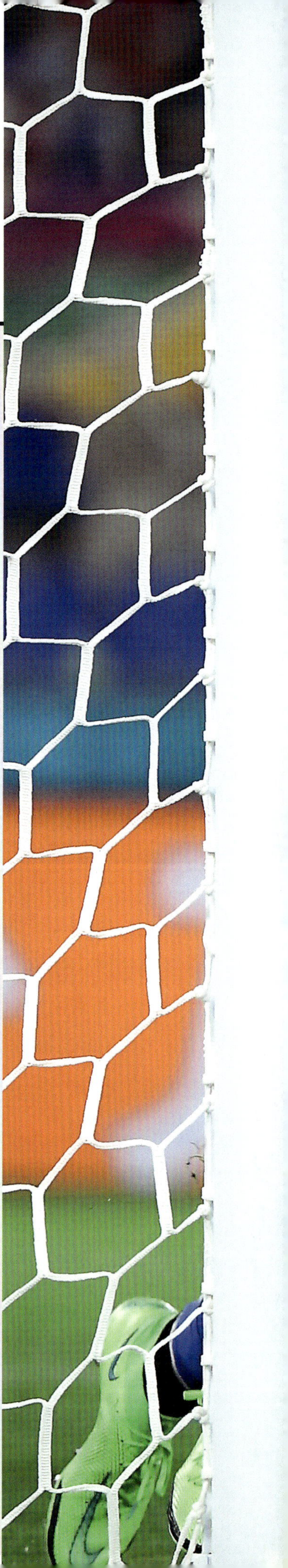

Der Held aus der Provinz: Mittelfeldspieler Manuel Locatelli vom kleinen Klub US Sassuolo Calcio bejubelt den ersten seiner beiden Treffer gegen die Schweiz

ITALIEN – SCHWEIZ

3:0 (1:0)

ITALIEN-DATEN

Torhüter	Min.	Schüsse gehalten (von)	Flanken/Ecken abgefangen	Glanztaten	Schwere Fehler	Lange Pässe angekommen (von)	Note
Donnarumma	90	100% (1)	1	0	0	36% (11)	3

Spieler	Ballkontakte in Min.	Zweikämpfe gewonnen (von)	Fouls/gefoult worden	Pässe angek. (von)	Schüsse/Schussvorlagen	Tore/Torvorlagen	Note
Di Lorenzo	62 in 90	56% (18)	0/1	98% (41)	1/1	0/0	2
Bonucci	59 in 90	67% (3)	0/1	86% (49)	0/1	0/0	3
Chiellini	17 in 23	75% (4)	0/0	100% (11)	0/0	0/0	3
Acerbi	41 in 67	57% (7)	0/1	87% (31)	0/0	0/0	3
Spinazzola	47 in 90	47% (15)	1/0	78% (27)	1/1	0/0	3
Jorginho	79 in 90	72% (18)	1/5	94% (67)	0/1	0/0	2
Barella	58 in 85	39% (18)	1/0	85% (48)	0/2	0/1	3
Cristante	5 in 5	50% (6)	0/0	67% (3)	0/0	0/0	–
Locatelli	54 in 85	36% (11)	1/0	90% (48)	2/1	2/0	2
Pessina	3 in 5	0% (1)	0/0	50% (2)	0/0	0/0	–
Berardi	39 in 69	32% (19)	3/1	83% (23)	3/1	0/1	2
Tolói	11 in 21	100% (5)	0/0	83% (6)	0/1	0/1	2
Immobile	42 in 90	35% (23)	1/1	89% (27)	4/2	1/0	2
Insigne	58 in 68	50% (14)	0/0	80% (49)	2/1	0/0	3
Chiesa	11 in 22	25% (8)	1/1	86% (7)	0/1	0/0	3

16. JUNI, 21 UHR, ROM

Schiedsrichter: *Sergey Karasev (Russland).* ***Assistenten:*** *Igor Demeshko und Maksim Gavrilin (beide Russland).* **Tore:** *1:0 Locatelli (26.), 2:0 Locatelli (52.), 3:0 Immobile (89.).* **Wechsel:** *Acerbi für Chiellini (24.), Chiesa für Insigne (69.), Tolói für Berardi (70.), Pessina für Locatelli (86.), Cristante für Barella (86.) – Gavranovic für Seferovic (46.), Zuber für Schär (57.), Widmer für Mbabu (58.), Vargas für Shaqiri (76.), Sow für Freuler (84.).* ***Zuschauer:*** *12 445.* **Wetter:** *25 Grad, bewölkt.*

SCHWEIZ-DATEN

Torhüter	Min.	Schüsse gehalten (von)	Flanken/Ecken abgefangen	Glanztaten	Schwere Fehler	Lange Pässe angekommen (von)	Note
Sommer	90	0% (3)	1	0	0	100% (4)	4

Spieler	Ballkontakte in Min.	Zweikämpfe gewonnen (von)	Fouls/gefoult worden	Pässe angek. (von)	Schüsse/Schussvorlagen	Tore/Torvorlagen	Note
Elvedi	65 in 90	57% (14)	1/0	91% (56)	1/0	0/0	4
Schär	42 in 56	60% (10)	1/1	91% (32)	0/0	0/0	4
Zuber	15 in 34	33% (3)	1/0	75% (8)	1/0	0/0	4
Akanji	76 in 90	65% (20)	0/1	89% (53)	0/0	0/0	3
Mbabu	36 in 57	50% (16)	0/1	76% (17)	0/0	0/0	4
Widmer	37 in 33	100% (8)	0/1	97% (29)	0/0	0/0	3
Freuler	50 in 83	38% (16)	1/1	93% (44)	0/0	0/0	4
Sow	10 in 7	57% (7)	0/0	100% (3)	1/0	0/0	–
Xhaka	98 in 90	67% (12)	0/0	90% (86)	0/0	0/0	3
Rodríguez	75 in 90	75% (16)	1/2	84% (51)	1/1	0/0	3
Shaqiri	45 in 75	50% (10)	1/2	91% (32)	2/0	0/0	4
Vargas	13 in 15	67% (3)	0/0	100% (11)	0/0	0/0	–
Seferovic	11 in 45	17% (12)	2/0	100% (8)	0/1	0/0	4
Gavranovic 1	15 in 45	14% (7)	1/0	70% (10)	0/2	0/0	5
Embolo 1	35 in 90	27% (15)	2/0	83% (23)	0/1	0/0	4

Eine B-Elf mit purer Spielfreude

Italien ist in Rom unbezwingbar

EM 1980, Rom: Italiens Dino Zoff hält sein Tor beim 0:0 gegen Belgien sauber

Auch Wales konnte das Olympiastadion von Rom nicht stürmen. Italien blieb in der großen Arena seiner Hauptstadt, seit 1953 gemeinsame Heimat der großen Klubs AS und Lazio, beim elften Turnier-Auftritt zum elften Mal unbesiegt.
Mehr noch: Zum zehnten Mal in Folge kassierten die Azzurri dabei kein Gegentor. Lediglich dem Jugoslawen Dragan Dzajic gelang es im EM-Finale 1968, einen italienischen Torhüter im „Olimpico" zu überwinden. Seither hielten die Torhüter Dino Zoff (1968 und 1980), Walter Zenga (1990) sowie Gianluigi Donnarumma und ganz kurz auch Salvatore Sirigu (2021) und ihre jeweiligen Vorderleute die „Null". Jetzt schon seit offiziell 981 Spielminuten! Selbst in der „ewigen Stadt" ist das eine fußballerische Ewigkeit.

Italiens Turnierspiele im Olympiastadion

EM 1968

Finale vs. Jugoslawien 1:1 n.V. Finale (Wdh.) vs. Jugoslawien 2:0

EM 1980

Vorrunde vs. Belgien 0:0

WM 1990

Vorrunde vs. Österreich 1:0, Vorrunde vs. USA 1:0, Vorrunde vs. Tschechoslowakei 2:0, Achtelfinale vs. Uruguay 2:0, Viertelfinale vs. Irland 1:0

EM 2021

Vorrunde vs. Türkei 3:0, Vorrunde vs. Schweiz 3:0, Vorrunde vs. Wales 1:0

Gesamtbilanz

11 Spiele; 9 Siege, 2 Remis; 17:1 Tore

Gruppensieger Italien präsentiert sich als Einheit. Auch Wales zieht ins Achtelfinale ein

Beschwingt schunkelnd, die marmorgrauen Mannschaftssakkos lässig über blauen T-Shirts, gaben die italienischen Spieler bei ihrer Rückkehr ins Teamhotel eine spontane Gesangseinlage. Sie schmetterten „Un' Estate Italiana" (Ein italienischer Sommer), den offiziellen WM-Hit 1990 von Gianna Nannini & Edoardo Bennato. Enthusiasmus pur. Auch zuvor auf dem Rasen hatte sich die „Squadra Azzurra" gegen Wales als verschworene Gemeinschaft gezeigt.

Fast jeder durfte spielen, auch Torwart-Veteran Sirigu

Italien begann nach dem 3:0-Sieg gegen die Schweiz mit einer auf acht Positionen veränderten Elf. Marco Verratti bekam im zentralen Mittelfeld seine Chance von Beginn an. Die Stürmerstars Ciro Immobile und Lorenzo Insigne blieben auf der Bank. Abwehrchef Giorgio Chiellini war nicht im Kader. Nach 88 Minuten wechselte Nationaltrainer Roberto Mancini unter dem Applaus der Fans im Stadio Olimpico Salvatore Sirigu ein. Der 34-jährige Torwart-Veteran kam für Stammkeeper Gianluigi Donnarumma. Damit belohnte Mancini nach dem feststehenden Gruppensieg fast jeden seiner Spieler. Auch Gaetano Castrovilli, Giacomo Raspadori oder Bryan Cristante, allesamt keine Stammkräfte, kamen zu Kurzeinsätzen.

Wie eine B-Elf trat das umformierte Team allerdings zu keinem Zeitpunkt auf. Der Europameister von 1968 verkörperte die reine Lust am Spiel. Italien agierte mit hoher Passsicherheit und Laufbereitschaft. „Jeder Spieler hat bewiesen, dass er erste Wahl ist", freute sich Mancini. „Sie wussten alle, was sie zu tun hatten, und am Ende hat sich das Produkt nicht verändert." Und wohl auch die Einstellung nicht. „Wenn wir sagen, dass dieses Team für jeden in Italien spielt, meinen wir das auch so", betonte Verratti. „Wir alle repräsentieren unser Land und sind bereit, unser Bestes zu geben." Das tat Italien in jeder Spielphase. Der Waliser Ethan Ampadu, der in der 55. Minute nach hartem Einsteigen gegen Federico Bernardeschi die Rote Karte sah, musste einen Schuss des gut aufgelegten Federico Chiesa vor der Linie retten (29.). Ein Foul von Joe Allen an Verratti leitete die Entscheidung ein. Verrattis Freistoß aus 20 Metern halbrechter Position landete punktgenau vor dem Tor von Danny Ward. Matteo Pessina traf mit rechts aus sechs Metern ins lange Eck – 1:0. (39.) Der ebenfalls neu aufgebotene Bernardeschi zielte später per Freistoß zu genau: Pfosten (53.). Bei den lange zu respektvoll auftretenden Walisern hatte Gareth Bale die Riesenchance zum Ausgleich (75.). Der aufgerückte Joe Rodon legte am Fünfer quer auf Bale, doch der Superstar verzog freistehend. Ein Fauxpas, der nicht mehr ins Gewicht fiel. Wales schaffte hauchdünn den direkten Achtelfinal-Einzug. „Glückwunsch an die Jungs, Zweiter in dieser Gruppe ist eine wundervolle Leistung", gratulierte Wales-Legende Mark Hughes. ⬢

39. Minute: Matteo Pessina (vorn) von Atalanta Bergamo trifft zum 1:0 der Italiener, Wales-Keeper Danny Ward streckt sich vergebens. Noch vor dem Spiel hatte der Torschütze seinem deutschen Teamkollegen Robin Gosens zu dessen Treffer gegen Portugal gratuliert ...

... jetzt hatte er selbst Grund zum Jubeln. Auch Rafael Tolói (l.) und Kapitän Leonardo Bonucci schreien ihre Freude über den Treffer heraus

ITALIEN – WALES

1:0 (1:0)

ITALIEN-DATEN

Torhüter	Min.	Schüsse gehalten (von)	Flanken/Ecken abgefangen	Glanztaten	Schwere Fehler	Lange Pässe angekommen (von)	Note
Donnarumma	88	100% (1)	0	0	0	67% (3)	3
Sirigu	2	0% (0)	0	0	0	0% (0)	–

Spieler	Ballkontakte in Min.	Zweikämpfe gewonnen (von)	Fouls/gefoult worden	Pässe angek. (von)	Schüsse/Schussvorlagen	Tore/Torvorlagen	Note
Tolói	72 in 90	23% (13)	2/0	93% (57)	2/2	0/0	4
Bonucci	59 in 45	100% (1)	0/0	89% (55)	0/0	0/0	3
Acerbi	55 in 45	67% (3)	0/1	98% (51)	0/1	0/0	3
Bastoni	87 in 90	45% (20)	5/0	95% (73)	0/3	0/0	3
Emerson	52 in 90	29% (7)	1/0	95% (37)	2/1	0/0	3
Jorginho	55 in 74	67% (12)	2/2	96% (50)	0/2	0/0	3
Cristante	19 in 16	0% (0)	0/0	100% (17)	1/0	0/0	3
Pessina 1	44 in 86	50% (12)	1/1	83% (30)	2/1	1/0	2
Castrovilli	4 in 4	0% (1)	0/0	100% (3)	0/0	0/0	–
Verratti	128 in 90	58% (24)	2/2	96% (101)	2/5	0/1	2
Chiesa	42 in 90	61% (18)	0/0	79% (28)	4/2	0/0	3
Belotti	19 in 90	47% (17)	0/4	50% (8)	5/1	0/0	3
Bernardeschi	41 in 74	46% (13)	0/1	74% (27)	3/3	0/0	3
Raspadori	9 in 16	0% (4)	1/0	75% (4)	1/1	0/0	4

20. JUNI, 18 UHR, ROM

Schiedsrichter: *Ovidiu Hategan (Rumänien).* ***Assistenten:*** *Radu Ghinguleac und Sebastian Gheorghe (beide Rumänien).* ***Tor:*** *1:0 Pessina (39.).* ***Wechsel:*** *Acerbi für Bonucci (46.), Cristante für Jorginho (75.), Raspadori für Bernardeschi (75.), Castrovilli für Pessina (87.), Sirigu für Donnarumma (89.) – Moore für Morrell (60.), Wilson für James (74.), Brooks für Bale (86.), B. Davies für N. Williams (86.), Levitt für Allen (86.).* ***Zuschauer:*** *11 541.* ***Wetter:*** *29 Grad, teils bewölkt.*

WALES-DATEN

Torhüter	Min.	Schüsse gehalten (von)	Flanken/Ecken abgefangen	Glanztaten	Schwere Fehler	Lange Pässe angekommen (von)	Note
Ward	90	83% (6)	1	0	0	31% (13)	2

Spieler	Ballkontakte in Min.	Zweikämpfe gewonnen (von)	Fouls/gefoult worden	Pässe angek. (von)	Schüsse/Schussvorlagen	Tore/Torvorlagen	Note
Rodon	37 in 90	82% (11)	0/0	86% (22)	1/1	0/0	3
Ampadu 1	33 in 55	60% (10)	2/0	86% (22)	0/0	0/0	4
Gunter 1	33 in 90	33% (9)	2/0	88% (26)	1/0	0/0	4
C. Roberts	38 in 90	71% (7)	0/1	78% (23)	0/0	0/0	3
Morrell	23 in 59	18% (11)	0/0	84% (19)	0/0	0/0	4
Moore	8 in 31	33% (12)	1/2	67% (3)	0/0	0/0	4
Allen 1	29 in 85	53% (17)	3/1	100% (15)	0/1	0/0	4
Levitt	1 in 5	100% (1)	0/0	0% (0)	0/0	0/0	–
N. Williams	36 in 85	57% (14)	0/1	76% (21)	0/0	0/0	3
B. Davies	0 in 5	0% (0)	0/0	0% (0)	0/0	0/0	–
Ramsey	36 in 90	35% (20)	2/2	75% (20)	0/0	0/0	4
Bale	22 in 85	50% (20)	0/4	70% (10)	1/0	0/0	4
Brooks	2 in 5	100% (2)	0/0	0% (0)	0/0	0/0	–
James	16 in 73	75% (8)	1/3	75% (8)	0/1	0/0	4
Wilson	6 in 17	100% (3)	0/0	50% (2)	0/0	0/0	4

Heftige Kritik nach Türkei-Blamage

Wirbel um Finger-Jubel von Shaqiri und Seferovic

Xherdan Shaqiri nach seinem 2:0 mit einer Geste Richtung Kritiker

Zwei Tore, eine Geste. Nach dem 3:1 gegen die Türkei wurde vor allem über die Tore gesprochen. Doch dabei stand auch der Jubel von Haris Seferovic und Xherdan Shaqiri im Mittelpunkt.

Die beiden Offensiv-Stars hatten nach ihrem jeweils ersten Treffer bei der laufenden EM den Finger auf den Mund gelegt. Gemeint waren mit der Geste nicht die rund 17 000 Fans, die im Stadion sein durften, sondern die vielen Kritiker im eigenen Land.

Hintergrund: Mehrere Profis produzierten bereits vor Turnierbeginn negative Schlagzeilen. Kapitän Granit Xhaka sorgte für Entsetzen, weil er sich ein Tattoo stechen ließ und eine mögliche Infektion oder Corona-Ansteckung riskierte. Nicht der einzige Fauxpas. Xhaka, Nico Elvedi und Manuel Akanji ließen sich die Haare von einem Friseur blondieren, der ins Teamhotel kam.

Bereits bei der Abreise wurde dem Team mangelnder Fokus vorgeworfen, als mehrere Spieler mit besonders teuren Autos erschienen. Der eine Punkt, den die Schweiz aus den ersten beiden Spielen holte, ließ die Kritik lauter werden.

Durch das 3:1 soll alles vergessen sein. Das signalisierte Seferovic, der auch eine Geste der Versöhnung zeigte, als er auf das Schweiz-Logo auf seiner Brust klopfte.

Die Elf von Senol Günes wird mit null Punkten Letzter. Aber der Trainer denkt nicht an Rücktritt

Der Frust musste raus. Als Schiedsrichter Slavko Vincic die Partie zwischen der Schweiz und der Türkei abpfiff, drosch Orkun Kökcü den Ball in den Nachthimmel von Baku (Aserbaidschan). Zu groß war die Enttäuschung über die Leistung, die er und seine Teamkollegen beim 1:3 abgeliefert hatten. Dabei hatten sie sich vor dem Turnier noch zum Geheimfavoriten ausgerufen.

Statt Anerkennung und Beifall für tollen Fußball gab es für die Türken indes nur Häme. Verständlich, denn mit null Punkten, acht Gegentreffern und einer Tordifferenz von –7 waren die Halbmond-Spieler nicht nur mit Abstand Gruppenletzter geworden, sondern auch verantwortlich für das schlechteste Abschneiden der türkischen Nationalmannschaft bei einer Europameisterschaft.

Innenverteidiger Merih Demiral: „Wir sind wirklich sehr enttäuscht. Die Erwartungshaltung unseres Landes war riesig. So ist die Trauer nun umso größer. Wir sind die jüngste Mannschaft der EM. In den nächsten Turnieren werden wir unsere Stärken zeigen. Wir werden das alles wiedergutmachen. Ich vertraue und glaube an meine Teamkollegen. Dies ist eine große Erfahrung für uns. Wir entschuldigen uns."

„Du hast kein Recht, so schlechten Fußball zu spielen"

Bereits nach dem zweiten Gruppenspiel gegen Wales (0:2) hatte Linksverteidiger Umut Meras um Verzeihung gebeten: „Wir können uns nur entschuldigen. Wir konnten die Erwartungen nicht erfüllen."

Das Echo der heimischen Presse war heftig. „Wir sind nicht traurig, wir schämen uns", schrieb die „Milliyet" zum Aus. Die „Aksam" titelte: „Es ist ein Turnier. Es kann sein, dass du nicht über die Gruppe hinauskommst. Aber du hast kein Recht, so schlechten Fußball zu spielen." Für die „Fotomac" war der Schuldige schnell gefunden: Trainer Senol Günes (69)!

„Blamage. Senol Günes ist mit einer falschen Kaderauswahl, schlechtem Fußball, den er hat spielen lassen, und seiner Unfähigkeit, den Gegner zu entziffern, sitzen geblieben", analysierte das Blatt. Sitzen bleiben will Günes in der Tat. Der Übungsleiter hat aller Kritik zum Trotz vor, in Amt und Würden zu bleiben.

Günes: „Aktuell denke ich nicht an einen Rücktritt. Ich vertraue dieser Mannschaft und glaube daran, dass sie es in der Zukunft noch besser machen wird. Diese Truppe wird die nächsten zehn Jahre dominieren und Erfolge verbuchen."

Ganz anders war die Gefühlslage bei den Schweizern, die klar besser waren und verdient ihren ersten Sieg bei dieser EM verbuchten. Haris Seferovic (6.) brachte die Eidgenossen in Führung, Xherdan Shaqiri (26. und 68.) legte nach. Irfan Can Kahveci (62.) verkürzte zwischenzeitlich auf 2:1. Shaqiri schrieb sogar Geschichte. Er löste mit sieben Toren bei EM und WM Josef Hügi († 65), der bei der WM 1954 sechsmal traf, als besten Torschützen der Verbandsgeschichte bei einem großen Turnier ab. ●

Der türkische Nationalspieler Mert Müldür würde sich am liebsten verstecken. Auch gegen die Schweiz war seine Mannschaft chancenlos

SCHWEIZ – TÜRKEI

3:1 (2:0)

SCHWEIZ-DATEN

Torhüter	Min.	Schüsse gehalten (von)	Flanken/Ecken abgefangen	Glanztaten	Schwere Fehler	Lange Pässe angekommen (von)	Note
Sommer	90	83% (6)	0	0	0	50% (4)	2

Spieler	Ballkontakte in Min.	Zweikämpfe gewonnen (von)	Fouls/gefoult worden	Pässe angek. (von)	Schüsse/Schussvorlagen	Tore/Torvorlagen	Note
Elvedi	50 in 90	63% (16)	0/2	95% (38)	0/0	0/0	3
Akanji	47 in 90	63% (8)	1/0	91% (35)	0/1	0/0	3
Rodríguez	71 in 90	55% (11)	0/1	89% (47)	0/3	0/0	3
Widmer	56 in 89	28% (18)	1/0	86% (35)	1/0	0/0	4
Mbabu	3 in 1	50% (2)	1/0	0% (0)	0/0	0/0	–
Freuler	77 in 90	78% (18)	0/3	91% (54)	0/2	0/0	2
Xhaka 1	81 in 90	58% (31)	5/4	92% (62)	1/3	0/0	2
Zuber	65 in 84	44% (27)	1/4	86% (42)	4/5	0/3	1
Benito	6 in 6	0% (3)	0/0	67% (3)	0/0	0/0	–
Embolo	55 in 84	69% (32)	1/4	82% (34)	4/2	0/0	2
Mehmedi	9 in 6	0% (2)	1/0	86% (7)	0/0	0/0	–
Shaqiri	47 in 74	50% (8)	1/0	80% (30)	7/2	2/0	2
Vargas	18 in 16	40% (10)	0/1	100% (10)	1/0	0/0	3
Seferovic	30 in 74	63% (16)	1/1	88% (16)	4/3	1/0	2
Gavranovic	4 in 16	33% (3)	0/0	100% (2)	0/0	0/0	4

20. JUNI, 18 UHR, BAKU

Schiedsrichter: *Slavko Vincic (Slowakei).* ***Assistenten:*** *Tomaz Klancnik und Andraz Kovacic (beide Slowakei).* ***Tore:*** *1:0 Seferovic (6.), 2:0 Shaqiri (26.), 2:1 Kahveci (62.), 3:1 Shaqiri (68.).* ***Wechsel:*** *Gavranovic für Seferovic (75.), Vargas für Shaqiri (75.), Benito für Zuber (85.), Mehmedi für Embolo (85.), Mbabu für Widmer (90.+2) – Yokuslu für Ayhan (63.), Yazici für Tufan (63.), Kökcü für Kahveci (80.), Karaman für Ünder (80.), Toköz für Calhanoglu (86.).* ***Zuschauer:*** *17 138.* ***Wetter:*** *28 Grad, wolkenlos.*

TÜRKEI-DATEN

Torhüter	Min.	Schüsse gehalten (von)	Flanken/Ecken abgefangen	Glanztaten	Schwere Fehler	Lange Pässe angekommen (von)	Note
Cakir	90	70% (10)	1	2	0	25% (8)	3

Spieler	Ballkontakte in Min.	Zweikämpfe gewonnen (von)	Fouls/gefoult worden	Pässe angek. (von)	Schüsse/Schussvorlagen	Tore/Torvorlagen	Note
Celik 1	62 in 90	50% (18)	4/1	88% (42)	1/0	0/0	4
Demiral	65 in 90	45% (20)	1/1	93% (44)	1/1	0/0	4
Söyüncü 2	66 in 90	45% (11)	1/0	94% (52)	0/0	0/0	4
Müldür	71 in 90	67% (27)	1/1	83% (36)	4/1	0/0	2
Ayhan	46 in 62	38% (8)	1/1	95% (41)	1/2	0/0	4
Yokuslu	19 in 28	43% (7)	0/1	100% (13)	0/0	0/0	4
Tufan	51 in 62	36% (11)	0/1	93% (41)	2/1	0/0	4
Yazici	15 in 28	20% (5)	1/0	100% (9)	1/3	0/0	4
Kahveci	57 in 79	43% (23)	4/2	80% (40)	2/4	1/0	2
Kökcü	12 in 11	100% (3)	0/2	75% (8)	0/1	0/0	–
Ünder	41 in 79	43% (23)	1/2	78% (23)	4/3	0/0	3
Karaman	7 in 11	57% (7)	1/1	67% (3)	1/0	0/0	–
Calhanoglu 2	53 in 85	24% (17)	3/0	88% (42)	0/2	0/1	4
Toköz	6 in 5	50% (6)	1/0	0% (1)	0/0	0/0	–
B. Yilmaz	28 in 90	32% (19)	1/0	80% (10)	3/2	0/0	3

GRUPPE B

DÄNEMARK
FINNLAND
BELGIEN
RUSSLAND

Samstag, 12. Juni, Kopenhagen	
Dänemark – **Finnland**	**0 : 1**
Samstag, 12. Juni, St. Petersburg	
Belgien – **Russland**	**3 : 0**
Mittwoch, 16. Juni, St. Petersburg	
Finnland – **Russland**	**0 : 1**
Donnerstag, 17. Juni, Kopenhagen	
Dänemark – **Belgien**	**1 : 2**
Montag, 21. Juni, Kopenhagen	
Russland – **Dänemark**	**1 : 4**
Montag, 21. Juni, St. Petersburg	
Finnland – **Belgien**	**0 : 2**

	Dänemark	Finnland	Belgien	Russland
Dänemark		0:1	1:2	4:1
Finnland	1:0		0:2	0:1
Belgien	2:1	2:0		3:0
Russland	1:4	1:0	0:3	

Mannschaft	G	U	V	Tore	Pkte
1. Belgien	3	0	0	7:1	9
2. Dänemark	1	0	2	5:4	3
3. Finnland	1	0	2	1:3	3
4. Russland	1	0	2	2:7	3

Kevin De Bruyne (l.) – hier im Zweikampf mit Finnlands Joni Kauko – kam nach seiner Gesichtsoperation stark zurück. Der Star von Manchester City hatte sich im Champions-League-Finale verletzt, die EM stand auf dem Spiel. In der Gruppenphase schoss er dann ein Tor und bereitete zwei Treffer vor. „Bisher war es okay. Ich bin froh, dass ich meinen Job gemacht habe", sagte De Bruyne nüchtern. In seiner Heimat waren die Reaktionen überschwänglicher. Der Offensivspieler wurde als „König von Belgien" gefeiert

ROMELU LUKAKU

Ein Kraftpaket mit feinem Charakter

Der Belgien-Stürmer beweist nicht nur seine Klasse vor dem gegnerischen Tor, sondern auch seine menschliche Größe

Romelu Lukaku gehört zu den besten Stürmern der Welt. In der Gruppenphase schoss der bullige Angreifer drei Tore, zog mit Belgien souverän ins Achtelfinale ein.

Seine Treffer waren aber nicht seine größte Leistung. Noch bemerkenswerter war seine Geste nach seinem 1:0 gegen Russland, als Lukaku Genesungswünsche für seinen Vereinskollegen Christian Eriksen in die TV-Kamera sprach. Der Däne war im Spiel gegen Finnland mit einem Herzstillstand auf dem Rasen zusammengebrochen. Ein Schock für Lukaku, der mit Eriksen bei Inter Mailand zusammenspielt.

„Ich weiß nicht, warum einige Leute in meinem Land mich scheitern sehen wollen"

Nach dem Gruppenspiel gegen Dänemark bedankte sich der Belgien-Stürmer beim dänischen Team, dass einem seiner besten Freunde das Leben gerettet wurde. Dänemarks Trainer Kasper Hjulmand: „Lukaku ist eine große Persönlichkeit." Die Geste des Belgiers wertete Hjulmand als Zeichen dafür, „dass wir alle eine große Fußball-Familie sind und der Fußball so viele Menschen verbindet".

Lukakus Verhalten zeigt: Er ist nicht nur sportlich top, sondern auch menschlich. Dabei war sein Weg zum Fußball-Star besonders schwer. Der Mittelstürmer wuchs in überaus ärmlichen Verhältnissen im belgischen Wintam zwischen Antwerpen und Brüssel auf. In seiner Kindheit fehlte es der Familie so gut wie an allem – Geld für Strom, Lebensmittel und Klamotten.

„Ich kann mich noch an den genauen Moment erinnern, an dem ich wusste, dass wir pleite waren. Ich sehe immer noch meine Mutter, wie sie mit diesem Ausdruck im Gesicht am Kühlschrank steht. Sie mischte meine Milch mit Wasser, weil es sonst nicht für die ganze Woche reichen würde", schildert Lukaku auf der Internet-Plattform „The Players' Tribune". „Ich konnte meine Mutter nicht so leben sehen".

In diesen traurigen Momenten muss sich der spätere Topstürmer geschworen haben, seine Familie aus dieser prekären Situation herauszuholen. Und womit ging es besser als mit seinen gesegneten Fähigkeiten auf dem Fußballplatz.

Allerdings war auch das nicht ganz einfach. Er erlebte rassistische Beleidigungen, spürte die Ablehnung, wurde gehänselt, weil er schon als Kind so groß gewachsen war. Lukaku: „Als ich elf Jahre alt war, spielte ich für die Jugendmannschaft von Lierse, und ein Elternteil eines Spielers der anderen Mannschaft versuchte buchstäblich, mich daran zu hindern, auf den Platz zu gehen. Er sagte: ‚Wie alt ist dieses Kind? Wo ist sein Pass? Von wo kommt er?'" Der junge Romelu konnte es nicht fassen, aufgewühlt rannte er in die Kabine, Tränen flossen. Er holte seinen Pass und zeigte ihn den Eltern.

Viel Wut steckte ihn ihm. Manchmal, wenn er ein Ventil suchte, trat er so fest gegen den Ball, als wolle er ihn kaputt treten. Er trainierte aggressiv, er spielte aggressiv. Und er schaffte es Stück für Stück nach oben.

Schon mit 16 Jahren stürmte er für den RSC Anderlecht, machte im Achtelfinale der Europa League beim 4:3 (Hinspiel 1:3) gegen den HSV einen viel beachteten Treffer. Europas Fußball-Fachleute schwärmten damals schon von einem Jahrhundert-Talent.

Robust wie ein Kleiderschrank, doch trotz seiner stattlichen 1,91 Meter schnell wie ein Intercity und leichtfüßig wie eine Primaballerina, war „Big Rom" auf dem Weg in die Beletage des Fußballs nicht zu stoppen. Auf seinen Stationen Chelsea, West Bromwich, Everton, Manchester United und Inter Mailand wurden in Summe rund 212 Millionen Euro Transfererlöse erzielt.

Und er machte Tore, Tore, Tore. 87 für Everton, 41 im Trikot von Anderlecht, 42 als Man-United-Stürmer und über 60 für Inter.

Der Rassismus folgte ihm mit jedem Wechsel und war auch in seinem Heimatland präsent. Lukaku: „Ich weiß nicht, warum einige Leute in meinem Land mich scheitern sehen wollen." Nach guten Spielen, so Lukaku, sei er der „belgische Stürmer" gewesen, nach schlechten der „belgische Stürmer kongolesischer Herkunft".

Aber Lukaku ließ sich nicht unterkriegen. Vielleicht erklärt das auch seine Motivation, nach ganz oben zu kommen. „Ich wollte der beste Fußballer in der belgischen Geschichte sein. Nicht gut. Nicht groß. Der Beste." ●

ANALYSE GRUPPE B

Belgien zeigte großes Potenzial

Vor der EM wurde Belgien als einer der Turnierfavoriten gehandelt. Der Auftritt von Kevin De Bruyne & Co. in der Gruppenphase bestätigte das. Die „Goldene Generation" kommt zwar langsam in die Jahre, zeigte jedoch ihr immenses Potenzial mit drei Siegen.
Die Herzen der Fans gehörten aber den Dänen, die für Christian Eriksen, der gegen Finnland auf dem Platz einen Herzstillstand erlitten hatte, kämpften. Selten hat eine Mannschaft mit so viel Leidenschaft aufgespielt. Beim 0:1 gegen Finnland standen die Dänen noch unter Schock. Beim 1:2 gegen den Weltranglistenersten Belgien zeigten sie schon, was sie können. Und mit dem sensationellen 4:1 gegen Russland schossen sich die Dänen doch noch ins Achtelfinale.
Den Sprung in die K.o.-Runde schafften die Finnen nicht. Aber sie spielten bei ihrer ersten EM-Teilnahme im Rahmen ihrer Möglichkeiten und schieden knapp als einer der zwei schlechtesten Gruppendritten aus. Trotzdem: Dass die Finnen am Ende vor den Russen landeten, dürfte für Genugtuung gesorgt haben.
Nachdem sie 2018 bei der WM im eigenen Land noch das Viertelfinale erreicht hatten, war das schwache Abschneiden eine herber Rückschlag für den russischen Fußball.

Jubel-Explosion: Dänemarks Mikkel Damsgaard nach seinem Tor zum 1:0 gegen Russland

Immer voller Einsatz: Romelu Lukaku schirmt den Ball gegen Dänemarks Simon Kjær ab. Der Belgien-Stürmer bereitete den 2:1-Siegtreffer durch Kevin De Bruyne vor

SCORER-LISTE GRUPPE B

	Tore	Torvorlagen	Scorer-Punkte	gespielte Minuten
De Bruyne (Belgien)	1	2	3	134
Lukaku (Belgien)	3	–	3	264
Højbjerg (Dänemark)	–	3	3	270
Meunier (Belgien)	1	1	2	168
T. Hazard (Belgien)	1	1	2	179
Poulsen (Dänemark)	2	–	2	211
Dzyuba (Russland)	1	1	2	265
Sobolev (Russland	–	1	1	36
Vermaelen (Belgien)	–	1	1	104
E. Hazard (Belgien)	–	1	1	139
Damsgaard (Dänemark)	1	–	1	144
Miranchuk (Russland)	1	–	1	173
Pohjanpalo (Finnland)	1	–	1	244
Uronen (Finnland)	–	1	1	250
Christensen (Dänemark)	1	–	1	270
Mæhle (Dänemark)	1	–	1	270

Joel Pohjanpalo erzielt per Kopfball den 1:0-Siegtreffer gegen Dänemark – das erste EM-Tor überhaupt für Finnland

Rot-Weißes Jubelmeer in Kopenhagen: Dänemarks Spieler begeisterten auf dem Rasen, die Fans auf den Rängen. Mit einem 4:1 gegen Russland qualifizierte sich das Team von Trainer Kasper Hjulmand fürs Achtelfinale. Das Drama um Christian Eriksen, der im Auftaktspiel gegen Finnland einen Herzstillstand erlitten hatte, schweißte die Mannschaft zusammen. Torwart Kasper Schmeichel: „Das hat gezeigt, was der Fußball leisten kann. Was der Fußball mit einer ganzen Nation machen kann“

DELANEY
8
EURO2020

Das Drama von Kopenhagen

„Wir hatten die Schuhe schon ausgezogen“

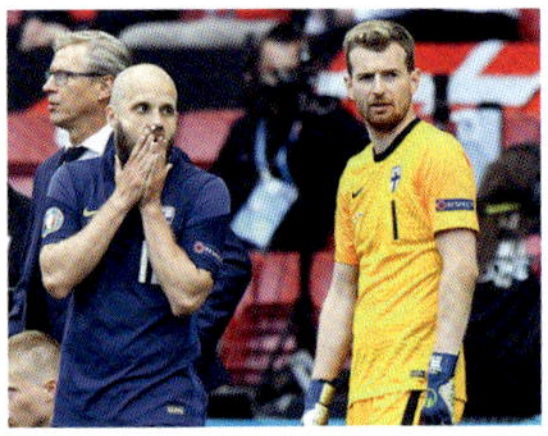

Entsetzte Gesichter bei den Finnen Pukki (l.) und Hradecky

Finnlands Nationaltorwart Lukas Hradecky von Bayer Leverkusen erlebte das Drama von Kopenhagen auf dem Platz und schildert, wie er die Ereignisse erlebt hat.
„Ich hatte es gar nicht direkt gesehen, aber dann war mir sofort klar, dass da etwas nicht normal ist und nicht gut aussieht. Es war wirklich schrecklich, einfach heftig, so etwas will man nicht miterleben.“
Lange war unklar, wie es weitergeht. Hradecky: „Wir wussten ja nicht, was passiert, was die Uefa macht. Der Schiri kam zu uns in die Kabine, wir hatten schon die Schuhe ausgezogen. Es war dann die Entscheidung der dänischen Mannschaft nach der Absprache mit Christian. Diese Entscheidung haben wir natürlich akzeptiert und respektiert, das war eine Ehrensache. Aber wir hätten jede andere Entscheidung auch mitgetragen.“
Trotz der schwierigen Umstände hielt Hradecky, nachdem das Spiel wieder angepfiffen wurde, einen Elfmeter von Pierre-Emile Højbjerg. Der Torwart: „Ich bin kein Held oder so was. Die wahren Helden sind die Ärzte, Simon Kjær, Kasper Schmeichel und alle Dänen, die dann weitergespielt haben. Ganz großen Respekt dafür.“

Dänen-Star Christian Eriksen kollabiert, muss reanimiert werden. Das Spiel wird unterbrochen

Ein größeres Schock-Erlebnis hatte die Fußball-Welt bei einem großen Turnier noch nie erlebt. Dänemark-Star Christian Eriksen erlitt beim Spiel gegen Finnland (0:1) einen Herzstillstand. Er kollabierte auf dem Platz und musste wiederbelebt werden.

„Wir haben es geschafft, ihn zurückzuholen“

Das Drama von Kopenhagen im Minuten-Protokoll:
18.43 Uhr: Einwurf für Dänemark. Es läuft die 43. Minute. Eriksen kommt dem Ball entgegen – und sackt plötzlich ohne Fremdeinwirkung zusammen. Verteidiger Joakim Mæhle erkennt die Situation und alarmiert die Bank. Kapitän Simon Kjær bringt Eriksen in die Seitenlage, überprüft, ob er seine Zunge verschluckt hat.
18.44 Uhr: Ärzte und Physios rennen auf den Platz. Die Spieler bilden einen Kreis um Eriksen. Später sagt Dänemarks Teamarzt Morten Boesen: „Christian lag auf der Seite, atmete und hatte auch Puls. Aber plötzlich änderte sich das. Er war schon von uns gegangen. Wir mussten mit Herzmassage und Schock beginnen, weil er weg war. Wir haben es geschafft, ihn zurückzuholen ...“
18.45 Uhr: Béla Réthy in seinem ZDF-Live-Kommentar: „Oh mein Gott, sie beginnen mit einer Herzdruck-Massage. Ich möchte an dieser Stelle nichts mehr sagen.“
18.47 Uhr: BVB-Star Thomas Delaney schlägt immer wieder die Hände vor das Gesicht. Spieler beginnen zu beten, Tränen fließen.
18.51 Uhr: Unter den 15 200 Zuschauern im Stadion ist es komplett still, Fans nehmen sich tröstend in den Arme, die TV-Kameras zeigen Eriksen nicht mehr.
18.52 Uhr: Kapitän Kjær und Torwart Kasper Schmeichel trösten Eriksens Freundin Sabrina Kvist Jensen auf dem Platz.
18.55 Uhr: Die finnische Mannschaft verlässt den Platz, das Spiel wird offiziell „unterbrochen.“
18.56 Uhr: Sportstudio-Mann Jochen Breyer moderiert die Sendung ab, das ZDF zeigt stattdessen den „Bergdoktor“!
19.04 Uhr: Nach über 20 Minuten der Behandlung wird Eriksen bei Bewusstsein vom Platz getragen, die Mannschaft begleitet ihn.
19.25 Uhr: Die Uefa twittert, dass Eriksen „stabil“ ist. Er ist ins 1,2 Kilometer entfernten Rigshospital von Kopenhagen gebracht worden, soll sogar schon wieder sprechen können.
19.38 Uhr: Dänische und finnische Fans im Stadion rufen im Wechselgesang Vor- und Nachnamen von Eriksen. Gänsehaut-Momente. In den Katakomben tagt der Uefa-Krisenstab.
19.44 Uhr: Das ZDF aktualisiert sein Laufband, zitiert die Uefa-Mitteilung. Der Bergdoktor läuft weiter.
20.05 Uhr: MagentaTV mit Moderator Johannes B. Kerner und ZDF sind wieder auf Sendung.
20.11 Uhr: Die dänische Mannschaft hat per „FaceTime“ >>

Dänemarks Kapitän Simon Kjær sorgt dafür, dass Christian Eriksen seine Zunge nicht verschluckt. Mit dabei (v. l.): Thomas Delaney, Martin Braithwaite, Joakim Mæhle und Andreas Christensen

Dänemarks Spieler haben ein Spalier gebildet, um Eriksen, der am Boden behandelt wird, vor neugierigen Blicken zu schützen. Von links: Yussuf Poulsen, Simon Kjær, Thomas Delaney, Andreas Christensen und Jonas Wind

DÄNEMARK – FINNLAND

0:1 (0:0)

DÄNEMARK-DATEN

Torhüter	Min.	Schüsse gehalten (von)	Flanken/Ecken abgefangen	Glanztaten	Schwere Fehler	Lange Pässe angekommen (von)	Note
Schmeichel	90	0% (1)	0	0	0	50% (4)	4

Spieler	Ballkontakte in Min.	Zweikämpfe gewonnen (von)	Fouls/gefoult worden	Pässe angek. (von)	Schüsse/Schussvorlagen	Tore/Torvorlagen	Note
Wass	80 in 75	75% (12)	1/2	77% (64)	2/3	0/0	3
Stryger Larsen	22 in 15	56% (9)	0/0	92% (13)	0/1	0/0	–
Kjær	51 in 62	78% (9)	0/1	84% (37)	0/0	0/0	3
Vestergaard	30 in 28	67% (6)	1/0	88% (26)	2/0	0/0	3
Christensen	85 in 90	54% (13)	0/1	99% (71)	0/0	0/0	4
Mæhle	102 in 90	44% (16)	0/1	90% (73)	2/1	0/0	4
Højbjerg	94 in 90	62% (13)	1/0	88% (82)	2/4	0/0	4
Eriksen	38 in 42	38% (8)	0/0	86% (22)	2/2	0/0	3
Jensen	56 in 48	11% (9)	1/0	93% (44)	1/0	0/0	4
Delaney	60 in 75	50% (16)	2/2	83% (48)	3/2	0/0	3
Cornelius	8 in 15	75% (4)	0/0	83% (6)	1/0	0/0	–
Poulsen	45 in 90	41% (27)	2/2	83% (23)	0/6	0/0	3
Braithwaite	55 in 90	58% (24)	1/3	76% (38)	2/1	0/0	3
Wind	21 in 62	40% (10)	0/0	89% (9)	4/1	0/0	3
Skov Olsen	18 in 28	60% (5)	0/1	100% (11)	0/0	0/0	4

12. JUNI, 18 UHR, KOPENHAGEN

Schiedsrichter: *Anthony Taylor (England).* ***Assistenten:*** *Gary Beswick und Adam Nunn (beide England).* ***Tor:*** *0:1 Pohjanpalo (60.).* ***Wechsel:*** *Jensen für Eriksen (43.), Vestergaard für Kjær (63.), Skov Olsen für Wind (63.), Stryger Larsen für Wass (76.), Cornelius für Delaney (76.) – Schüller für Sparv (77.), Kauko für Pukki (77.), Forss für Pohjanpalo (84.), Väisänen für Raitala (90.).* ***Besonderes Vorkommnis:*** *Hradecky hält Elfmeter von Højbjerg (74.).* ***Zuschauer:*** *15 200.* ***Wetter:*** *17 Grad, bewölkt.*

FINNLAND-DATEN

Torhüter	Min.	Schüsse gehalten (von)	Flanken/Ecken abgefangen	Glanztaten	Schwere Fehler	Lange Pässe angekommen (von)	Note
Hradecky	90	100% (6)	3	1	0	45% (11)	1

Spieler	Ballkontakte in Min.	Zweikämpfe gewonnen (von)	Fouls/gefoult worden	Pässe angek. (von)	Schüsse/Schussvorlagen	Tore/Torvorlagen	Note
Toivio	34 in 90	44% (9)	0/1	78% (18)	0/0	0/0	3
Arajuuri	38 in 90	58% (19)	1/1	100% (16)	0/0	0/0	3
O'Shaughnessy	58 in 90	88% (16)	0/0	76% (17)	0/0	0/0	2
Raitala	35 in 89	50% (18)	4/0	78% (18)	0/0	0/0	3
Väisänen	0 in 1	0% (0)	0/0	0% (0)	0/0	0/0	–
Sparv 1	37 in 76	83% (6)	1/0	96% (26)	0/0	0/0	3
Schüller	5 in 14	38% (8)	0/0	0% (1)	0/0	0/0	–
Uronen	35 in 90	44% (16)	1/2	52% (21)	0/1	0/1	3
Lod 1	35 in 90	36% (28)	1/2	74% (19)	0/0	0/0	4
Kamara	51 in 90	53% (17)	2/0	86% (35)	0/0	0/0	3
Pohjanpalo	22 in 83	27% (15)	1/1	54% (13)	1/0	1/0	2
Forss	4 in 7	33% (6)	1/0	0% (0)	0/0	0/0	–
Pukki	14 in 76	29% (14)	1/0	63% (8)	0/0	0/0	3
Kauko	9 in 14	43% (7)	0/0	80% (5)	0/0	0/0	–

Eriksen meldet sich aus dem Krankenhaus

„Ich möchte verstehen, was passiert ist"

Drei Tage nach seinem Kollaps im Spiel gegen Finnland schickte Christian Eriksen ein erstes Foto via Instagram aus der Klinik. Er lachte in die Kamera, hob den rechten Daumen und schrieb: „Mir geht es den Umständen entsprechend gut."
Über seinen Manager Martin Schoots ließ Eriksen ausrichten: „Ich werde nicht aufgeben. Ich fühle mich jetzt besser – aber ich möchte verstehen, was passiert ist." Die genaue Ursache für seinen Herzstillstand gab den Kardiologen Rätsel auf.
Schoots sagte in der „Gazzetta dello Sport" über Eriksen: „Er war glücklich, weil er gesehen hat, wie viel Liebe er um sich herum hat. Er hat Nachrichten aus aller Welt bekommen. Die halbe Welt hat sich gemeldet, alle waren besorgt."

>> Kontakt zu Eriksen im Krankenhaus aufgenommen. Peter Møller, Direktor des dänischen Verbandes bestätigt: „Die Spieler haben mit Christian gesprochen. Sie spielen die Begegnung für Christian weiter." Der Sprecher im Stadion verkündet, dass das Spiel um 20.30 Uhr fortgesetzt wird.
20.16 Uhr: Die Dänen kommen zum Aufwärmen zurück auf den Platz.
20.17 Uhr: MagentaTV-Experte Michael Ballack: „Ich könnte nicht weiterspielen. Das kannst du nicht abschütteln, wenn dein Kollege da hinter dir fast stirbt."
20.55 Uhr: Union-Berlin-Spieler Joel Pohjanpalo erzielt das 1:0 für Finnland.
21.09 Uhr: Finnen-Torwart Lukas Hradecky hält einen Elfmeter von Pierre Emile Højbjerg.
21.29 Uhr: Abpfiff. Dänemark verliert 0:1.
22.04 Uhr: 2014-Weltmeister Christoph Kramer im ZDF: „Es ist aller Ehren wert, dass Eriksen sich gewünscht hat, dass sie weiterspielen. Aber es ist absoluter Wahnsinn!"
22.15 Uhr: Dänemarks Ministerpräsidentin Mette Frederiksen: „Es ist die beste Nachricht, die je in einem Fußballstadion verkündet wurde. Ein nationaler Schock hat sich in nationale Erleichterung verwandelt."

„Absolut lächerlich von der Uefa, das Spiel fortzusetzen"

23 Uhr: Eriksen meldet sich in der WhatsApp-Gruppe seines Klubs Inter Mailand, schreibt: „Mir geht's gut!"
23.08 Uhr: Kramer: „Der Fehler liegt ganz klar bei der Uefa. Die müssen sagen: Es wird nicht mehr gespielt!"
23.12 Uhr: Dänemarks Trainer Kasper Hjulmand auf der Pressekonferenz: „Wir hatten zwei Optionen: Das Spiel fortzusetzen oder Sonntag um 12.00 Uhr zu spielen. Aber jeder wollte weiterspielen. Die Spieler waren sich sicher, heute nicht mehr schlafen zu können. Sonntag zu spielen, hätte die Situation noch schwerer gemacht. So haben sie beschlossen, es hinter sich zu bringen. Das war ihre Entscheidung."

Kritik über die Fortsetzung des Spiels gibt es von zwei Dänemark-Legenden. Peter Schmeichel, Europameister von 1992: „Ich möchte zu Protokoll geben, dass es absolut lächerlich war von der Uefa, das Spiel fortzusetzen. Es war nicht fair, die TV-Ansetzung über das Wohl meines Sohnes und seiner Teamkollegen zu stellen." Die Uefa hätte ein anderes Szenario finden und „ein bisschen mehr Mitgefühl" zeigen können. Auch Michael Laudrup hatte kein Verständnis: „Die Spieler wurden vor eine Wahl gestellt, die keine war. Es muss jemanden geben, der sagt: ‚Wir hören hier auf!'"
Sonntagfrüh 3.00 Uhr: Langsam kehrt Ruhe ein. Nur ein Polizeiwagen vor dem Rigshospital deutet an, dass ein prominenter Patient in der Klinik liegt.
Sonntagvormittag: Die dänische Mannschaft hat eine Videokonferenz mit Eriksen. Hjulmand: „Es war das Schönste für mich, Christian lächeln zu sehen." Sportdirektor Peter Møller: „Eine riesige Erleichterung für die Spieler, mit Christian zu sprechen. Wir wollen weitermachen. Wir wünschen uns, dieses Turnier fortzusetzen." ●

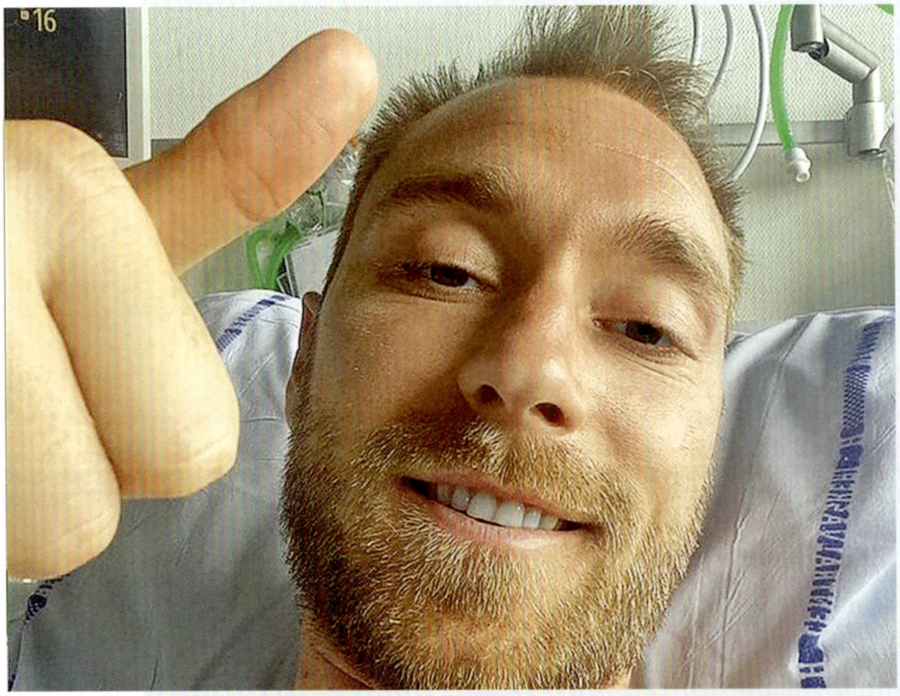

Daumen hoch! Eriksen bedankte sich aus dem Krankenhaus-Bett in Kopenhagen für die große Unterstützung

rgreifender Augenblick: imon Kjær versucht, abrina, die Freundin von hristian Eriksen, u beruhigen. echts: orwart asper chmeichel

Kjær leistet Erste Hilfe und tröstet Eriksens Freundin

Er hat seinem Freund das Leben gerettet. Als Christian Eriksen plötzlich am Boden lag, mit offenen Augen und leerem Blick, da erfasste Kapitän Simon Kjær die Lage als Erster. Er lief zu seinem reglosen Freund, brachte ihn in die stabile Seitenlage und stellte sicher, dass Eriksen seine Zunge nicht verschluckt. Dann winkte Kjær die Sanitäter herbei. Anschließend forderte Kjær seine Mitspieler auf, ein Spalier zu bilden, damit die Kameras den am Boden liegenden Eriksen nicht erfassen können. Die meisten Teamkollegen schauten weg, viele weinten, die Trikots vor den entsetzen Gesichtern. Kjær sah hin. Er wollte wissen, was mit seinem Freund geschieht.
Als Eriksens Freundin Sabrina Kvist Jensen weinend auf den Platz gelaufen kam, da ging Kjær zu ihr. Sabrina glaubte in dem Moment, ihr Christian sei tot. Kjær nahm sie in den Arm und tröstete sie. Auch Torwart Kasper Schmeichel beruhigt sie, sagte: „Er atmet."
Irgendwann verließ auch Kjær die Kraft. In der 63. Minute bat er laut Nationaltrainer Kasper Hjulmand um seine Auswechslung. „Simon war tief betroffen und zweifelte, ob er weitermachen konnte. Er hat es versucht, aber es war nicht möglich", erzählte Hjulmand später. Kjærs Verhalten macht ihn zum Helden. Die britische Zeitung Daily Mail schrieb: „Ein erstaunlicher Beweis von Tapferkeit und Führungsqualität." Und Italiens Corriere dello Sport titelte: „Wunder bei der EM. Eriksen bricht auf dem Platz zusammen: Der Einsatz von Kjær und der Defibrillator retten ihn."

„Chris, bleib stark, ich liebe dich“

Russen-Fans pfeifen kniende Belgier aus

Kniefall gegen Rassismus: Lukaku (r.) und die Belgier tun's, Russlands Dmitri Barinov bleibt stehen

Wenige Sekunden vor dem Anpfiff ertönten laute Pfiffe von den Tribünen. Der Grund: Die belgischen Spieler und der spanische Schiedsrichter Antonio Mateu Lahoz hatten sich hingekniet, um sich mit der „Black Lives Matter“-Bewegung zu solidarisieren und ein Zeichen gegen Rassismus zu setzen.
Das gefiel den russischen Fans überhaupt nicht. In Russland genießt die „BLM“-Bewegung einen schlechten Ruf, wird von Politikern regelmäßig verlacht und als westliche Propaganda verunglimpft. So zeigten sich die russischen Anhänger alles andere als erfreut darüber, die symbolische Geste in St. Petersburg zu sehen, und äußerten ihren Unmut.
Die Uefa verurteilte die Reaktion der Fans scharf. Der europäische Fußball-Verband unterstützt die Bewegung, sieht sie als wichtiges Zeichen im Kampf gegen den Rassismus. „Wir fordern die Besucher auf, Respekt vor Mannschaften und Spielern zu zeigen, die auf die Knie gehen“, bezog die Uefa noch am selben Abend Stellung. Im Vorfeld der EM hatten bereits ungarische und englische Fans gegen „BLM“ mit Pfiffen protestiert und damit eine Rassismus-Debatte ausgelöst.

Belgiens Romelu Lukaku widmet das erste Tor seinem Vereinskollegen Christian Eriksen

Die Nachricht vom tragischen Unglück um Christian Eriksen hatte auch St. Petersburg schnell erreicht. Vor der Arena, in der drei Stunden später die Partie zwischen Russland und Belgien steigen sollte, hatten sich bereits viele Fans versammelt. Als die Meldung vom Drama in Kopenhagen kam, wurde es vor dem Stadion schlagartig still, und die fröhliche Stimmung schlug in Entsetzen um. Eine gute Stunde später dann die große Erleichterung: Eriksen war erwacht und in stabilem Zustand.

Lukaku weinte und konnte sich nur schwer konzentrieren

Für die überwiegende Mehrheit der 26 264 Zuschauer wurde es ein trauriger Abend. Gastgeber Russland bot eine erschreckend schwache Leistung, lud EM-Mitfavorit Belgien regelrecht zum Toreschießen ein. Bereits in der 10. Minute gingen die „Roten Teufel“, die gegen Russland noch ohne ihren verletzten Superstar Kevin De Bruyne auskommen mussten, in Führung. Der russische Innenverteidiger Andrey Semenov hob eine Abseitsposition von Stürmerstar Romelu Lukaku auf, indem er bei einem halbhohen Zuspiel in die Spitze zum Ball ging und so eine neue Spielsituation schuf. Lukaku bedankte sich und verwandelte aus zehn Metern eiskalt. Seinen Treffer widmete der bullige Angreifer Eriksen, seinem Freund und Vereinskollegen von Inter Mailand, mit dem er wenige Wochen zuvor die italienische Meisterschaft gewonnen hatte. „Chris, bleib stark, ich liebe dich“, rief Lukaku nach seinem Tor in die Feldkamera.

In der 34. Minute leistete Russland sich den nächsten Bock: Keeper Anton Shunin verschätzte sich bei einer belgischen Flanke und klärte den Ball vor die Füße von Thomas Meunier. Der Rechtsverteidiger, der sieben Minuten zuvor für den verletzten Timothy Castagne ins Spiel gekommen war, hatte keine Mühe, den Ball aus wenigen Metern im leeren Tor zu versenken.

Ab da bot die Partie nur wenige Highlights. Ein limitiertes russisches Team, das in der ersten Halbzeit mit Yuri Zhirkov und Daler Kuzyaev zwei Akteure verletzungsbedingt verlor, versuchte zu verkürzen, kam gegen souveräne Belgier jedoch kein einziges Mal wirklich gefährlich vor das Tor.

Kurz vor Schluss erhöhte Lukaku nach feinem Steckpass des überragenden Meunier sogar noch auf 3:0 (88.). Nach dem Schlusspfiff erzählte der Doppeltorschütze, wie es ihm ging, als er vom schrecklichen Ereignis um seinen Freund hörte. „Ich habe vor dem Spiel viele Tränen für Christian vergossen. Es war schwer für mich, mich zu konzentrieren.“

Die Russen waren eher mit sich selbst beschäftigt. Kapitän Artem Dzyuba wurde nach der enttäuschenden Leistung der „Sbornaja“ deutlich. „Lukaku war vermutlich geschockt davon, wie schlecht wir verteidigen. Topteams wie Belgien verzeihen Fehler, wie wir sie gemacht haben, nicht.“ ⬢

Lukaku (r.) war der überragende Mann gegen Russland. Hier feiert er mit seinen Teamkollegen seinen Treffer zum 3:0-Endstand

Der sitzt! Romelu Lukaku zieht ab, trifft zum 1:0 für Belgien

Nach seinem Tor ging Lukaku zur Kamera und richtete aufmunternde Worte an seinen Freund Christian Eriksen

BELGIEN – RUSSLAND

3:0 (2:0)

BELGIEN-DATEN

Torhüter	Min.	Schüsse gehalten (von)	Flanken/Ecken abgefangen	Glanztaten	Schwere Fehler	Lange Pässe angekommen (von)	Note
Courtois	90	100% (2)	0	0	0	29% (7)	2

Spieler	Ballkontakte in Min.	Zweikämpfe gewonnen (von)	Fouls/gefoult worden	Pässe angek. (von)	Schüsse/Schussvorlagen	Tore/Torvorlagen	Note
Alderweireld	114 in 90	55% (11)	2/1	91% (100)	1/0	0/0	3
Boyata	101 in 90	88% (8)	1/0	100% (88)	0/1	0/0	2
Vertonghen	108 in 76	73% (15)	0/1	95% (94)	0/0	0/0	2
Vermaelen	22 in 14	83% (6)	0/0	100% (18)	0/0	0/0	–
Dendoncker	73 in 90	63% (16)	3/1	98% (49)	1/0	0/0	3
Tielemans	101 in 90	53% (15)	2/3	88% (86)	1/0	0/0	3
Castagne	10 in 26	50% (2)	0/1	100% (8)	0/0	0/0	4
Meunier	59 in 64	70% (10)	0/0	90% (39)	1/2	1/1	2
T. Hazard	106 in 90	55% (22)	0/0	94% (82)	1/2	0/1	2
Mertens	23 in 71	36% (14)	0/1	62% (13)	0/1	0/0	3
E. Hazard	14 in 19	70% (10)	0/1	73% (11)	0/0	0/0	3
Lukaku	31 in 90	40% (15)	0/0	80% (15)	3/1	2/0	1
Carrasco	41 in 76	44% (18)	0/0	81% (27)	1/1	0/0	3
Praet	9 in 14	20% (5)	0/0	100% (5)	0/0	0/0	–

12. JUNI, 21 UHR, ST. PETERSBURG

Schiedsrichter: *Antonio Mateu Lahoz (Spanien).* ***Assistenten:*** *Pau Cebrián und Roberto Díaz (beide Spanien).* ***Tore:*** *1:0 Lukaku (10.), 2:0 Meunier (34.), 3:0 Lukaku (88.).* ***Wechsel:*** *Meunier für Castagne (27.), E. Hazard für Mertens (72.), Vermaelen für Vertonghen (77.), Praet für Carrasco (77.) – Cheryshev für Kuzyaev (29.), Karavaev für Zhirkov (43.), Diveev für Barinov (46.), Mukhin für Zobnin (63.), Miranchuk für Cheryshev (63.).* ***Zuschauer:*** *26 264.* ***Wetter:*** *19 Grad, wolkenlos.*

RUSSLAND-DATEN

Torhüter	Min.	Schüsse gehalten (von)	Flanken/Ecken abgefangen	Glanztaten	Schwere Fehler	Lange Pässe angekommen (von)	Note
Shunin	90	25% (4)	1	0	1	29% (14)	4

Spieler	Ballkontakte in Min.	Zweikämpfe gewonnen (von)	Fouls/gefoult worden	Pässe angek. (von)	Schüsse/Schussvorlagen	Tore/Torvorlagen	Note
Fernandes	45 in 90	46% (13)	0/1	92% (25)	1/0	0/0	4
Semenov	55 in 90	25% (4)	0/0	80% (46)	0/0	0/0	5
Dzhikiya	54 in 90	83% (6)	0/0	86% (35)	0/0	0/0	4
Zhirkov	19 in 42	0% (1)	0/0	93% (15)	0/0	0/0	5
Karavaev	20 in 48	50% (4)	0/0	85% (13)	0/0	0/0	4
Barinov	21 in 45	55% (11)	0/0	60% (15)	0/0	0/0	4
Diveev	35 in 45	63% (8)	0/0	74% (27)	0/0	0/0	4
Ozdoev	45 in 90	38% (16)	2/1	67% (33)	1/1	0/0	4
Zobnin	28 in 62	37% (19)	1/0	67% (18)	1/0	0/0	4
Mukhin	11 in 28	67% (9)	1/1	67% (6)	0/0	0/0	4
Golovin	48 in 90	45% (22)	2/2	84% (25)	1/1	0/0	4
Kuzyaev	10 in 28	50% (4)	1/1	100% (7)	0/0	0/0	4
Cheryshev	11 in 34	30% (10)	0/0	67% (3)	0/1	0/0	4
Miranchuk	11 in 28	22% (9)	0/1	75% (4)	1/0	0/0	5
Dzyuba	36 in 90	39% (31)	2/1	72% (18)	1/2	0/0	3

Miranchuk erlöst die „Sbornaja“

„Wir haben 114 Jahre auf diesen Moment gewartet“

Stolz auf ihr Land: finnische Fans beim Spiel in St. Petersburg

Für die rund 3000 Finnen in der Gazprom Arena war es eine kurze Anreise gewesen. Nur drei Autostunden sind es von St. Petersburg bis zur finnischen Grenze, fünf bis zur Hauptstadt Helsinki. Schon einige Male hatten finnische Fans die Reise nach Russland angetreten, um ihr Eishockey-Nationalteam bei Weltmeisterschaften und Olympia zu unterstützen. Dieses Mal ging es zu einer Fußball-Europameisterschaft.

Eine ganz neue Erfahrung für die Finnen. Die paneuropäische EM war für das Land das erste große Turnier überhaupt. In der Vergangenheit brachte der finnische Fußball einige gute Spieler hervor, beispielsweise Jari Litmanen oder Liverpool-Legende Sami Hyypiä, für eine Teilnahme an einer EM oder WM hatte es dennoch nie gereicht. Einer der Gründe dafür: die große Dominanz des Eishockey.

Im letzten Jahrzehnt erlebte der Fußball in Finnland dann einen regelrechten Boom, die Strukturen wurden immer professioneller. Das Resultat: die erste EM-Teilnahme. „Wir haben ungefähr 114 Jahre auf diesen Moment gewartet“, verkündete Hannu Tihinen, Sportdirektor des finnischen Fußball-Verbandes (Gründung: 1907), vor Turnierbeginn euphorisch.

Mit einem schönen Schlenzer-Tor lässt der Offensivmann die vielen Kritiker verstummen

Die Kritiker waren mal wieder gnadenlos gewesen. Nach der klaren 0:3-Auftaktniederlage gegen Belgien ließ die russische Presse kein gutes Haar an der „Sbornaja“ und stellte ihr ein vernichtendes Urteil aus. Fast alle führenden Zeitungen sprachen von einer Blamage, und der ehemalige Nationaltrainer Valeri Gazzaev sagte: „Gegen Belgien brauchte es hundertprozentige Hingabe, Willen, Körperlichkeit und taktische Disziplin. Wir haben nichts davon gezeigt.“

Russlands Trainer tauschte den Torwart aus. Mit Erfolg

So galt es für die „Sbornaja“, gegen den EM-Neuling Finnland die eigene Ehre wiederherzustellen. Es sollte gelingen. In einem zerfahrenen Spiel siegte Russland vor heimischem Publikum mit 1:0. Matchwinner war Aleksey Miranchuk. Kurz vor der Halbzeit schlenzte der Offensivmann von Atalanta Bergamo – einer von nur vier Spielern im russischen Kader, die ihr Geld im Ausland verdienen – den Ball nach Doppelpass mit Kapitän Artem Dzyuba sehenswert aus zehn Metern ins finnische Tor. Keeper Lukas Hradecky, der überragende Mann beim Auftaktsieg gegen Dänemark, war chancenlos. Auf sein Traumtor nach dem Spiel angesprochen, reagierte Torschütze Miranchuk bescheiden: „Ja, ich habe ein gutes Tor erzielt, aber das ist nicht wichtig. Viel wichtiger ist, dass wir unsere Aufgabe erfüllt und das Spiel gewonnen haben.“

Russlands knurriger Nationaltrainer Stanislav Cherchesov lobte seine Mannschaft: „Heute waren meine Spieler ein echtes Team. Sie haben ihre Aufgaben auf dem Platz erfüllt und den Sieg geholt.“ Cherchesov hatte vor dem Spiel für eine Überraschung gesorgt, indem er mit Matvey Safonov einen neuen Torhüter brachte. Die richtige Entscheidung. Anders als Anton Shunin, der gegen Belgien patzte und große Unsicherheit ausstrahlte, trat Safonov sehr souverän auf. „Warum ich mich für Matvey entschieden habe? Nun, er ist Teil unserer Mannschaft. Ich habe ihn ja nicht von der Straße geholt“, kommentierte Cherchesov den Torwarttausch, ohne dabei genauere Gründe für seine Entscheidung zu nennen.

Getrübt wurde die Freude durch die Verletzung von Mário Fernandes. Der Verteidiger fiel unglücklich auf den Rücken (24.), musste auf einer Trage vom Platz gebracht werden. Schon gegen Belgien hatte Russland in der ersten Halbzeit zweimal verletzungsbedingt wechseln müssen.

Und die Finnen? Die kämpften wacker, offenbarten aber zu viele Mängel in ihrem Spiel. Beinahe hätten die „Uhus“ allerdings einen Traumstart erwischt: In der 3. Minute brachte Joel Pohjanpalo Finnland nach Flanke von Jukka Raitala in Front, wie schon gegen Dänemark per Kopf. Nach Videoüberprüfung wurde der Treffer aber zurückgenommen. Pohjanpalo hatte Zentimeter im Abseits gestanden. „Ich weiß nicht, wie weit Joel im Abseits stand, aber es war so knapp“, ärgerte sich Finnlands Kapitän Paulus Arajuuri. ●

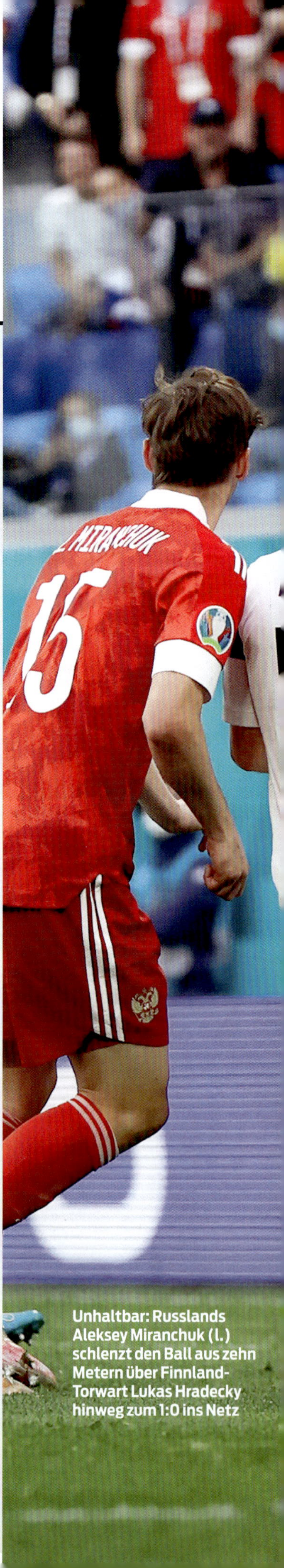

Unhaltbar: Russlands Aleksey Miranchuk (l.) schlenzt den Ball aus zehn Metern über Finnland-Torwart Lukas Hradecky hinweg zum 1:0 ins Netz

Torschütze Miranchuk, bei Atalanta Bergamo unter Vertrag, bejubelt seinen Treffer, Russland durfte wieder hoffen

FINNLAND – RUSSLAND

0:1 (0:1)

FINNLAND-DATEN

Torhüter	Min.	Schüsse gehalten (von)	Flanken/Ecken abgefangen	Glanztaten	Schwere Fehler	Lange Pässe angekommen (von)	Note
Hradecky	90	67% (3)	1	1	0	55% (11)	3

Spieler	Ballkontakte in Min.	Zweikämpfe gewonnen (von)	Fouls/gefoult worden	Pässe angek. (von)	Schüsse/Schussvorlagen	Tore/Torvorlagen	Note
Toivio	53 in 84	44% (16)	0/2	83% (36)	1/1	0/0	4
Jensen	0 in 6	0% (1)	0/0	0% (0)	0/0	0/0	–
Arajuuri	35 in 90	44% (18)	1/0	88% (17)	1/0	0/0	4
O'Shaughnessy 1	68 in 90	54% (24)	1/0	79% (39)	0/3	0/0	4
Raitala	41 in 74	58% (12)	0/1	92% (26)	0/0	0/0	4
Soiri	14 in 16	50% (10)	0/1	89% (9)	0/0	0/0	4
Schüller	31 in 66	50% (20)	1/1	86% (21)	0/0	0/0	4
Kauko	16 in 24	33% (9)	2/0	64% (11)	2/0	0/0	4
Uronen	58 in 90	71% (17)	0/0	97% (30)	0/1	0/0	3
Lod	57 in 90	48% (25)	1/1	91% (34)	1/2	0/0	3
Kamara 1	72 in 90	57% (21)	1/4	96% (57)	0/2	0/0	3
Pukki	26 in 74	57% (23)	2/2	83% (12)	2/1	0/0	3
Lappalainen	8 in 16	57% (7)	0/0	75% (4)	0/0	0/0	4
Pohjanpalo	32 in 90	40% (25)	2/0	71% (17)	4/1	0/0	3

16. JUNI, 15 UHR, ST. PETERSBURG

Schiedsrichter: *Danny Makkelie (Niederlande).*
Assistenten: *Hessel Steegstra und Jan de Vries (beide Niederlande).*
Tor: *0:1 Miranchuk (45.+2).*
Wechsel: *Kauko für Schüller (67.), Soiri für Raitala (75.), Lappalainen für Pukki (75.), Jensen für Toivio (85.) – Karavaev für Fernandes (26.), Zhemaletdinov für Ozdoev (61.), Sobolev für Dzyuba (85.), Mukhin für Miranchuk (85.).*
Zuschauer: *24 540.*
Wetter: *19 Grad, sonnig.*

RUSSLAND-DATEN

Torhüter	Min.	Schüsse gehalten (von)	Flanken/Ecken abgefangen	Glanztaten	Schwere Fehler	Lange Pässe angekommen (von)	Note
Safonov	90	100% (2)	0	0	0	67% (6)	2

Spieler	Ballkontakte in Min.	Zweikämpfe gewonnen (von)	Fouls/gefoult worden	Pässe angek. (von)	Schüsse/Schussvorlagen	Tore/Torvorlagen	Note
Barinov 1	91 in 90	30% (20)	3/2	83% (77)	0/1	0/0	4
Diveev	74 in 90	64% (14)	1/0	87% (55)	1/0	0/0	2
Dzhikiya 1	74 in 90	63% (16)	1/2	94% (64)	0/1	0/0	3
Fernandes	10 in 25	67% (3)	0/0	86% (7)	0/0	0/0	3
Karavaev	42 in 65	35% (20)	0/0	71% (28)	0/1	0/0	4
Zobnin	74 in 90	48% (23)	3/3	90% (62)	1/0	0/0	3
Kuzyaev	64 in 90	60% (15)	1/0	85% (48)	1/1	0/0	3
Ozdoev 1	49 in 60	36% (14)	1/0	88% (34)	3/1	0/0	3
Zhemaletdinov	19 in 30	50% (6)	0/0	75% (12)	2/0	0/0	3
Miranchuk	48 in 84	42% (19)	0/1	83% (36)	1/3	1/0	2
Mukhin	6 in 6	0% (3)	0/0	83% (6)	0/0	0/0	–
Golovin	77 in 90	47% (30)	1/1	88% (52)	2/2	0/0	3
Dzyuba	40 in 84	57% (35)	1/1	67% (24)	3/3	0/1	2
Sobolev	9 in 6	80% (10)	0/1	67% (6)	0/1	0/0	–

Spieler und Fans ehren Eriksen

De Bruyne hebt Belgien auf höheres Niveau

Drehte nach seiner Einwechslung das Spiel: Kevin De Bruyne

Belgiens Kapitän Jan Vertonghen brachte es nach dem Spiel gegen Dänemark (2:1) auf den Punkt: „Wir waren immer einen Schritt zu spät, aber als De Bruyne, Witsel und Eden Hazard kamen, hat sich das Spiel geändert. Sie bringen Extra-Qualität, darüber brauchen wir nicht zu reden." Dies trifft besonders auf Kevin De Bruyne zu. Der Profi von Manchester City, der zur Halbzeit eingewechselt wurde, nahm das Zepter auf Anhieb in die Hand, verbesserte die Roten Teufel in allen Belangen. Den Ausgleich durch Thorgan Hazard bereitete er vor, erzielte den Siegtreffer per Direktabnahme mit links aus rund 16 Metern vom linken Strafraumeck selbst. Eine beeindruckende Leistung – die in Anbetracht der Vorbereitung De Bruynes auf das Turnier noch mehr zum Staunen anregt.
Für den Spielmacher war die Partie gegen Dänemark die erste bei der EM. Grund: Im Champions-League-Finale gegen Chelsea (0:1) brach sich De Bruyne die Augenhöhle und das Nasenbein, verpasste nicht nur Teile der Vorbereitung auf die EM, sondern auch das erste Gruppenspiel gegen Russland (3:0). In Kopenhagen kehrte der frühere Wolfsburger auf den Rasen zurück – ohne schützende Gesichtsmaske. Aber dafür wieder mit dem Auge für die entscheidenden Situationen.

Großartige Unterstützung für den Dänen, dessen Herz fünf Tage zuvor stillstand

Es läuft die zehnte Minute, als Belgiens Thomas Meunier auf der Höhe der Mittellinie aufhört zu spielen. Sorgen um einen Ballverlust muss er sich aber keine machen. Die Unterbrechung ist geplant. Der Grund: Beide Teams verabredeten vor dem Spiel eine einminütige Pause, um Christian Eriksen zu ehren. Dänemarks Superstar war fünf Tage zuvor beim Spiel gegen Finnland (0:1) wegen eines Herzstillstandes zusammengebrochen und hatte wiederbelebt werden müssen.

„Ganz Dänemark ist bei dir, Christian"

Dabei sind die 22 Profis und das Schiedsrichter-Gespann an diesem denkwürdigen EM-Tag nicht alleine. Die 23 395 Zuschauer, die sich im Kopenhagener Stadion Parken befinden, klatschen und rufen den Namen des Fanlieblings. Auch Dänemarks Prinz Frederik ist mit seiner Frau Mary im Stadion. Auf der Tribüne entrollen die Fans ein Banner mit der Aufschrift „Ganz Dänemark ist bei dir, Christian". Dänen-Kapitän Simon Kjær und Belgiens Ausnahmestürmer Romelu Lukaku, der mit Eriksen zusammen bei Inter Mailand spielt, kämpfen mit den Tränen.

Die bewegenden Szenen sieht auch Eriksen, der 450 Meter entfernt im Krankenhaus liegt und das Spiel im Trikot verfolgt. Bereits vor Anpfiff war ihm eine besondere Anerkennung zuteil worden, eine Geste der Wertschätzung. Anstatt der sonst blanken XXL-Trikots beider Nationen, die vor Spielbeginn auf dem Rasen ausgebreitet werden, prangte auf dem dänischen die Nummer zehn, die Eriksen für sein Land trägt.

Er sah auch, wie mehrere seiner Teamkollegen bei der Nationalhymne feuchte Augen hatten, und wie Jan Vertonghen, Kapitän der Belgier, Kjær bei der Seitenwahl ein Trikot, das alle Spieler der Roten Teufel unterschrieben hatten, übergab.

Die größte Freude wurde Eriksen aber nur 99 Sekunden nach Anpfiff von Yussuf Poulsen gemacht. Der Leipzig-Stürmer brachte Dänemark mit dem ersten Torschuss in Führung – und einem ganzen Land nach fünf kräftezehrenden Tagen die Freude zurück. Der Parken, in den eigentlich 38 000 Zuschauer passen, explodierte. In der Arena war es so laut, dass ZDF-Kommentatorin Claudia Neumann kaum noch zu verstehen war und Eriksen den Jubel bis ins Krankenhaus-Bett der Kopenhagener Klinik hören konnte.

Für den Sieg reichte es indes nicht. Belgien drehte das Spiel durch Tore von Dortmunds Thorgan Hazard und Kevin De Bruyne in der zweiten Halbzeit. Sportlich ein Rückschlag für die Skandinavier. Doch an diesem Tag war das zweitrangig. An erster Stelle stand für alle im Stadion das Wohl von Eriksen. Wie auf dem Spruchband der Fans zu lesen war.

Eriksen selber meldete sich kurz nach einem der ungewöhnlichsten EM-Spiele bei der Mannschaft. „Christian hat uns eine Nachricht in die WhatsApp-Gruppe geschrieben. Er schrieb uns, dass wir unglaublich waren", berichtete Stürmer Martin Braithwaite.

Große Geste: Ein XXL-Trikot mit Eriksens Namen und seiner Nummer wird in Kopenhagen vor dem Anpfiff entrollt

DÄNEMARK – BELGIEN

1:2 (1:0)

DÄNEMARK-DATEN

Torhüter	Min.	Schüsse gehalten (von)	Flanken/Ecken abgefangen	Glanztaten	Schwere Fehler	Lange Pässe angekommen (von)	Note
Schmeichel	90	50% (4)	1	0	0	75% (4)	3

Spieler	Ballkontakte in Min.	Zweikämpfe gewonnen (von)	Fouls/gefoult worden	Pässe angek. (von)	Schüsse/Schussvorlagen	Tore/Torvorlagen	Note
Christensen	59 in 90	43% (7)	0/0	92% (52)	0/0	0/0	4
Kjær	46 in 90	52% (21)	2/0	94% (31)	0/0	0/0	4
Vestergaard	50 in 83	55% (11)	1/2	88% (40)	1/0	0/0	4
Skov Olsen	9 in 7	67% (3)	0/1	100% (6)	0/1	0/0	–
Wass 1	46 in 60	75% (20)	1/2	83% (24)	2/0	0/0	3
Stryger Larsen	12 in 30	50% (4)	0/0	80% (10)	0/0	0/0	4
Højbjerg	88 in 90	65% (20)	0/0	86% (76)	1/7	0/1	2
Delaney	57 in 71	64% (11)	0/0	83% (46)	2/2	0/0	3
Jensen 1	23 in 19	17% (6)	1/0	88% (17)	1/1	0/0	4
Mæhle	72 in 90	38% (24)	0/2	93% (41)	3/3	0/0	3
Braithwaite	36 in 90	55% (22)	0/3	76% (21)	7/3	0/0	3
Poulsen	23 in 60	41% (17)	0/2	69% (13)	1/1	1/0	3
Nørgaard	26 in 30	67% (3)	0/0	96% (24)	0/0	0/0	4
Damsgaard 1	50 in 71	81% (26)	0/2	77% (30)	3/2	0/0	2
Cornelius	10 in 19	22% (9)	1/0	60% (5)	1/1	0/0	4

17. JUNI, 18 UHR, KOPENHAGEN

Schiedsrichter: *Björn Kuipers (Niederlande).* ***Assistenten:*** *Sander van Roekel und Erwin Zeinstra (beide Niederlande).* ***Tore:*** *1:0 Poulsen (2.), 1:1 T. Hazard (55.), 1:2 De Bruyne (70.).* ***Wechsel:*** *Nørgaard für Poulsen (61.), Stryger Larsen für Wass (61.), Cornelius für Damsgaard (72.), Jensen für Delaney (72.), Skov Olsen für Vestergaard (84.) – De Bruyne für Mertens (46.), E. Hazard für Carrasco (59.), Witsel für Dendoncker (59.), Vermaelen für T. Hazard (90.+5).* ***Zuschauer:*** *23 395.* ***Wetter:*** *26 Grad, sonnig.*

BELGIEN-DATEN

Torhüter	Min.	Schüsse gehalten (von)	Flanken/Ecken abgefangen	Glanztaten	Schwere Fehler	Lange Pässe angekommen (von)	Note
Courtois	90	83% (6)	1	0	0	67% (6)	2

Spieler	Ballkontakte in Min.	Zweikämpfe gewonnen (von)	Fouls/gefoult worden	Pässe angek. (von)	Schüsse/Schussvorlagen	Tore/Torvorlagen	Note
Alderweireld	84 in 90	50% (14)	0/0	86% (65)	0/0	0/0	4
Denayer	79 in 90	35% (17)	1/0	96% (70)	0/0	0/0	5
Vertonghen	84 in 90	67% (18)	0/0	94% (64)	0/0	0/0	3
Dendoncker	32 in 58	40% (15)	1/0	91% (23)	0/0	0/0	3
Witsel	26 in 32	50% (6)	0/1	100% (23)	0/0	0/0	3
Tielemans	65 in 90	41% (17)	0/1	84% (55)	1/2	0/0	3
Meunier	73 in 90	45% (22)	1/2	80% (50)	2/0	0/0	3
T. Hazard 1	71 in 89	19% (27)	6/0	87% (53)	1/0	1/0	4
Vermaelen	1 in 1	0% (0)	0/0	100% (1)	0/0	0/0	–
Mertens	18 in 45	30% (10)	2/0	58% (12)	1/0	0/0	3
De Bruyne	31 in 45	44% (9)	1/0	73% (26)	2/2	1/1	2
Lukaku	29 in 90	60% (30)	2/1	60% (10)	0/0	0/0	3
Carrasco	26 in 58	36% (11)	0/0	86% (14)	0/1	0/0	3
E. Hazard	25 in 32	67% (6)	0/0	86% (22)	0/2	0/1	3

Ein Abend der großen Emotionen

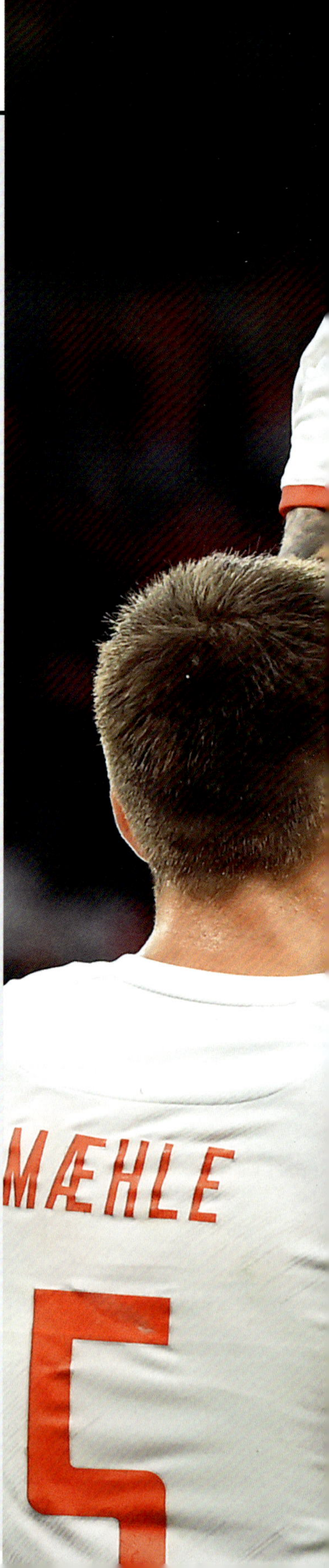

Daniel Wass schreit sein Glück heraus. Nach einer überragenden Teamleistung zogen die Dänen doch noch in die K.o.-Runde ein

Hjulmand: „Die Dänen haben uns Flügel verliehen"

Hand aufs Herz: Kasper Hjulmand bedankt sich bei den dänischen Fans

Die dänischen Spieler hatten ihre Ehrenrunden gedreht, dann war Kasper Hjulmand dran. Der Trainer verbeugte sich in alle vier Himmelsrichtungen vor den Zuschauern und bedankte sich für deren fantastische Unterstützung. „Die Dänen haben uns Flügel verliehen. Sie haben uns so viel Liebe gegeben. Ohne sie wäre das alles nicht möglich gewesen", sagte er.
Neun Tage lagen zwischen dem Drama um Christian Eriksen, der gegen Finnland (0:1) mit Herzstillstand zusammenbrach, und dem Spiel gegen Russland. Hjulmand hatte die schwere Aufgabe, die Spieler aus der Schockstarre zu holen – er meisterte sie mit Bravour.
Schon vor dem Spiel hatte er prophezeit: „Wir sind bereit für eine magische Nacht." Auf die Frage, wie er den schwersten Job seines Lebens meistern konnte, antwortete er bescheiden: „Weil ich ein großartiges Team, großartige Menschen und großartige Spieler um mich herum habe. Alleine kann ich das nicht. Ich kann nur eines sagen: Wir sind eine Einheit, wir helfen uns gegenseitig und stehen zusammen. Das sind die besten Werte, die Dänemark der Welt zeigen kann." Über seine Spieler sagte er: „Diese Fußballer haben sich in die Herzen der Dänen gespielt. Sie haben den Mädchen und Jungen zu Hause einige Idole gegeben."

Achtelfinale trotz Eriksen-Drama! Die tapferen Dänen begeistern die ganze Fußball-Welt

Es sollte ein magischer Abend werden in Kopenhagen. 23 644 Zuschauer waren voller Hoffnung ins Parken-Stadion gekommen – und sie verließen es nach einer Achterbahnfahrt der Gefühle voller Glückseligkeit. Das 4:1 gegen Russland war mehr als nur ein Fußballspiel.

Vor Anpfiff wurde erneut ein überdimensioniertes Eriksen-Trikot über den Platz getragen. Der am Herzen operierte Mittelfeldstar saß zu Hause in Odense auf dem Sofa und drückte seinen Mitspielern die Daumen.

„Wir sind rot, wir sind weiß, wir stehen zusammen, Seite an Seite"

Dänemark brauchte einen Sieg, doch die Russen verteidigten diszipliniert und hatten in der 18. Minute die erste Chance: Nach einem Ballverlust von Jannik Vestergaard dribbelte Aleksandr Golovin über das halbe Feld, aber Dänemarks Torwart Kasper Schmeichel konnte den Schuss abwehren. Erst in der 29. Minute kamen die Dänen trotz allen Engagements zu ihrer ersten Chance: Pierre Emile Højbjerg schoss aus 20 Metern knapp vorbei.

Jungstar Mikkel Damsgaard zielte in der 38. Minute genauer: Nach Pass von Andreas Christensen löste sich der Mittelfeldspieler mit einer raffinierten Bewegung und zirkelte den Ball aus 17 Metern zur 1:0-Führung in den rechten Torwinkel. Der Treffer wirkte wie eine Befreiung. Beseelt sangen die Fans: „Wir sind rot, wir sind weiß, wir stehen zusammen, Seite an Seite." Dann verteilten die Russen ein Geschenk: Roman Zobnin spielte einen Rückpass an Torwart Matvey Safonov vorbei in den Fuß von Yussuf Poulsen, der nur einschieben musste – 2:0 (59.).

Dänemark drückte weiter, ehe ihnen Schiedsrichter Clément Turpin (Frankreich) gleich zweimal einen Strich durch die Rechnung machte. In der 65. Minute zog der mit Gelb vorbelastete Kudryashov am Trikot von Kasper Dolberg, doch die fällige Ampelkarte blieb aus. Drei Minuten später ging Aleksandr Sobolev nach minimaler Berührung von Vestergaard zu Boden – Turpin entschied auf Elfmeter. Kapitän Artem Dzyuba verwandelte zum 1:2 (70.) – sein 30. Länderspieltor, mit dem er den Rekord von Aleksandr Kerzhakov einstellte.

Plötzlich wackelte Dänemarks Achtelfinal-Einzug. Sie rannten an und wurden in der 79. Minute belohnt: Erst scheiterten Dolberg und Simon Kjær mit Schüssen aus kurzer Distanz, dann ballerte Christensen den Ball aus 22 Metern ins Netz – 3:1. Drei Minuten später die nächste Gefühlsexplosion: Joakim Mæhle vollendete einen Konter mit einem Schuss von der Strafraumgrenze zum 4:1-Endstand (82.)

Nach dem Schlusspfiff bildeten die Dänen einen Kreis, warteten auf das Ergebnis des Parallelspiels Belgien gegen Finnland – dann hüpften sie freudetrunken über den Rasen. Christensen dachte in der Stunde des Sieges an Eriksen: „Wir tragen Christian immer im Herzen, er gehört zu unserem Team." Gleich nach dem Spiel schrieb Eriksen in die WhatsApp-Gruppe der Spieler und gratulierte. Es war ein Abend mit großen Emotionen.

RUSSLAND – DÄNEMARK

1:4 (0:1)

RUSSLAND-DATEN

Torhüter	Min.	Schüsse gehalten (von)	Flanken/Ecken abgefangen	Glanztaten	Schwere Fehler	Lange Pässe angekommen (von)	Note
Safonov	90	56% (9)	2	1	0	67% (9)	4

Spieler	Ballkontakte in Min.	Zweikämpfe gewonnen (von)	Fouls/gefoult worden	Pässe angek. (von)	Schüsse/Schussvorlagen	Tore/Torvorlagen	Note
Dzhikiya	23 in 90	40% (5)	1/0	91% (11)	0/0	0/0	4
Diveev 1	44 in 90	70% (20)	2/2	55% (20)	0/0	0/0	3
Kudryashov 1	31 in 66	46% (13)	3/0	71% (17)	0/0	0/0	4
Karavaev	13 in 24	100% (3)	0/0	38% (8)	0/0	0/0	4
Fernandes	29 in 90	70% (23)	0/3	69% (13)	1/0	0/0	3
Ozdoev	26 in 60	79% (14)	0/1	69% (16)	0/0	0/0	3
Zhemaletdinov	6 in 30	33% (3)	0/1	67% (3)	0/0	0/0	4
Zobnin	43 in 90	64% (22)	1/3	69% (26)	1/1	0/0	4
Kuzyaev	41 in 66	79% (19)	0/0	76% (25)	0/0	0/0	3
Mukhin	12 in 24	56% (9)	1/0	86% (7)	0/0	0/0	4
Miranchuk	19 in 60	57% (14)	0/2	71% (7)	0/1	0/0	4
Sobolev	6 in 30	43% (7)	1/1	75% (4)	0/1	0/1	3
Dzyuba	39 in 90	49% (45)	4/1	50% (24)	2/2	1/0	3
Golovin	28 in 90	45% (22)	1/2	89% (19)	2/1	0/0	3

21. JUNI, 21 UHR, KOPENHAGEN

SR: *Clément Turpin (FRA).* **Assistenten:** *Nicolas Danos und Cyril Gringore (beide FRA).* **Tore:** *0:1 Damsgaard (38.), 0:2 Poulsen (59.), 1:2 Dzyuba (70./Foulelfmeter), 1:3 Christensen (79.), 1:4 Mæhle (82.).* **Wechsel:** *Sobolev für Miranchuk (61.), Zhemaletdinov für Ozdoev (61.), Mukhin für Kuzyaev (67.), Karavaev für Kudryashov (67.) – Stryger Larsen für Wass (60.), Dolberg für Poulsen (60.), Nørgaard für Damsgaard (72.), Cornelius für Braithwaite (85.), Jensen für Delaney (85.).* **Zuschauer:** *23 644.* **Wetter:** *18 Grad, bewölkt.*

DÄNEMARK-DATEN

Torhüter	Min.	Schüsse gehalten (von)	Flanken/Ecken abgefangen	Glanztaten	Schwere Fehler	Lange Pässe angekommen (von)	Note
Schmeichel	90	50% (2)	0	0	0	18% (11)	3

Spieler	Ballkontakte in Min.	Zweikämpfe gewonnen (von)	Fouls/gefoult worden	Pässe angek. (von)	Schüsse/Schussvorlagen	Tore/Torvorlagen	Note
Christensen	71 in 90	72% (25)	0/3	92% (48)	2/0	1/0	1
Kjær	63 in 90	45% (20)	0/1	90% (49)	2/1	0/0	4
Vestergaard	74 in 90	45% (20)	2/0	88% (59)	3/0	0/0	4
Wass	50 in 59	40% (10)	0/2	90% (29)	0/2	0/0	3
Stryger Larsen	20 in 31	40% (5)	0/0	73% (11)	0/4	0/0	3
Højbjerg	63 in 90	53% (17)	0/1	85% (53)	3/2	0/2	2
Delaney 1	54 in 84	15% (20)	5/0	89% (45)	0/1	0/0	4
Jensen	11 in 6	50% (2)	1/0	83% (6)	0/1	0/0	–
Mæhle	72 in 90	34% (29)	2/1	76% (41)	2/0	1/0	3
Braithwaite	25 in 84	32% (19)	0/2	88% (16)	1/2	0/0	3
Cornelius	6 in 6	33% (3)	0/0	75% (4)	0/0	0/0	–
Poulsen	21 in 59	22% (18)	3/0	91% (11)	2/0	1/0	3
Dolberg	14 in 31	36% (11)	2/3	83% (6)	0/0	0/0	3
Damsgaard	44 in 71	37% (19)	1/1	71% (28)	1/0	1/0	2
Nørgaard	11 in 19	100% (2)	0/0	86% (7)	0/0	0/0	3

Tapfere Finnen raus mit Applaus

Die Kraft des Uhus half gegen Belgien diesmal nicht

Ein Uhu würde dem Spiel guttun – dachten sich die finnischen Fans gegen Belgien

Das 0:2 gegen Belgien war laut Trainer Markku Kanerva „das größte Spiel der finnischen Fußball-Geschichte", auch wenn die Nationalelf bei der ersten Endrunden-Teilnahme den Sprung ins Achtelfinale verpasste.

Das legendärste Länderspiel aber bleibt jenes vom 6. Juni 2007 gegen den gleichen Gegner. Im EM-Qualifikationsspiel gegen Belgien schwebte Mitte der ersten Halbzeit ein Uhu ins Olympiastadion von Helsinki, drehte eine Stadionrunde, landete auf der einen Torlatte, nach kurzer Pause und weiteren Runden unter dem Applaus der knapp 35 000 Zuschauer auch auf der anderen und sorgte für eine mehrminütige Spielunterbrechung. Nach Wiederanpfiff drehten die Finnen auf, bezwangen Belgien überraschend 2:0.

Seitdem trägt das Team den Kosenamen „Huuhkajat", die Uhus. Der Aberglaube an dieses Ereignis treibt sie an. Und mit eben den Fähigkeiten des Uhus, Beute zu erspähen und diese nach lautlosem Flug blitzschnell zu schlagen, überraschte das Team von Kanerva Griechenland und Bosnien-Herzegowina in der EM-Qualifikation und Dänemark bei der Endrunde.

Vor dem Spiel gegen Belgien sagte Torwart Lukas Hradecky: „Wir müssen den gleichen Uhu nach St. Petersburg einladen, damit er uns helfen kann." Leider kam er nicht ...

Belgien mit makelloser Vorrunden-Bilanz, Finnlands starker Torhüter Hradecky unglücklich

Müde sei er, sagte Kevin De Bruyne im ersten Interview nach Spielschluss, „richtig müde". Gut dreieinhalb Wochen nach seinen am 29. Mai im Champions-League-Finale erlittenen Gesichtsfrakturen hatte der Weltklassespieler zum ersten Mal wieder volle 90 Minuten plus Nachspielzeit bestritten – und war wie schon nach seiner Einwechslung und dem 2:1-Siegtor gegen Dänemark zum entscheidenden Mann geworden. De Bruyne war in beide Treffer zum 2:0 gegen Finnland involviert, Belgien zog mit dem Optimum von neun Punkten ins Achtelfinale ein.

„Kevin identifiziert sich mit dem Fußball, er arbeitet intensiv"

„Kevin identifiziert sich mit dem Fußball, er arbeitet intensiv, auch wenn das bei seiner Klasse nie so richtig auffällt", lobte Trainer Roberto Martínez. Gegen tapfere Finnen waren es aber vor allem die besonderen Momente, mit denen De Bruyne nach zuvor vielen guten Anspielen und Dribblings den späten, aber höchst verdienten Sieg einleitete.

In der 74. Minute bediente er per Eckball den freistehenden Thomas Vermaelen. Der Verteidiger köpfte ans Lattenkreuz, den Abpraller drückte Finnlands bester Akteur, Torwart Lukas Hradecky, unglücklich mit der Hand über die eigene Torlinie. Und in der 81. Minute spielte De Bruyne Romelu Lukaku mit einem Flachpass durch die Schnittstelle der Abwehr frei, den der Mittelstürmer nach Drehung um die Körperachse zum Endstand nutzte. „Es war ein schweres Spiel. Wir wussten, dass die Finnen wenig Raum zwischen den Linien bieten und sehr kompakt stehen. Aber wir wussten auch, dass wir nach einem 1:0 mehr Platz und Chancen bekommen", analysierte De Bruyne.

Sehr gut verteidigte an diesem heißen Abend in St. Petersburg aber vor allem die finnische Mannschaft. Beseelt von der Geschicklichkeit des Uhus (siehe Text links) und Sisu, einer den Finnen seit Jahrhunderten zugesprochenen mentalen Kraft der klaglosen Beharrlich- und Unnachgiebigkeit, sowie oftmals allen Feldspielern im und vor dem eigenen Strafraum, wehrten sie lange Zeit alle Angriffe ab. Joona Toivio, Paulus Arajuuri, Daniel O'Shaughnessy und Jere Uronen, international weithin unbekannte Spieler, und vor allem der mehrfach reaktionsschnelle Hradecky bildeten ein schier unüberwindliches Bollwerk. Im 50. Länderspiel unter Trainer Markku Kanerva demonstrierte die Mannschaft eindrucksvoll, wie sie es geschafft hatte, unter ihm 23 Partien ohne Gegentor zu überstehen.

Fast trotzig reckten die zahlreichen finnischen Fans nach Abpfiff ihre blau-weißen Schals in den Nachthimmel von St. Petersburg, feierten die Verlierer wie Helden und hofften da noch inständig auf den Einzug ihrer Mannschaft ins Achtelfinale. Auch 30 Minuten nach Ende des Spiels hatten sie ihre Tribünenplätze noch nicht verlassen. Sichtlich ergriffen sagte Kanerva: „Das sind Spiele, an die wir uns lange zurückerinnern werden."

Die 74. Minute war nicht die glücklichste im Torwartleben des Lukas Hradecky. Belgiens Thomas Vermaelen (hinten) hatte ans Lattenkreuz geköpft, den Abpraller drückte der ansonsten großartig haltende Finne mit der Hand über die Linie

FINNLAND – BELGIEN

0:2 (0:0)

FINNLAND-DATEN

Torhüter	Min.	Schüsse gehalten (von)	Flanken/Ecken abgefangen	Glanztaten	Schwere Fehler	Lange Pässe angekommen (von)	Note
Hradecky	90	75% (8)	0	0	0	23% (13)	3

Spieler	Ballkontakte in Min.	Zweikämpfe gewonnen (von)	Fouls/gefoult worden	Pässe angek. (von)	Schüsse/Schussvorlagen	Tore/Torvorlagen	Note
Toivio	64 in 90	70% (10)	0/0	88% (43)	0/0	0/0	4
Arajuuri	53 in 90	71% (7)	0/2	95% (40)	0/0	0/0	4
O'Shaughnessy	69 in 90	50% (8)	0/0	86% (50)	0/0	0/0	4
Raitala	36 in 90	44% (16)	1/0	76% (25)	0/0	0/0	4
Sparv	42 in 58	50% (8)	1/1	92% (36)	0/0	0/0	4
Schüller	28 in 32	67% (3)	0/0	90% (20)	0/1	0/0	4
Uronen	42 in 69	44% (16)	1/1	94% (32)	0/2	0/0	3
Alho	10 in 21	0% (0)	0/0	71% (7)	1/0	0/0	4
Lod	51 in 89	33% (24)	1/0	76% (34)	1/1	0/0	4
Forss	1 in 1	0% (1)	0/0	0% (1)	0/0	0/0	–
Kamara	68 in 90	55% (22)	0/3	93% (54)	1/0	0/0	3
Pohjanpalo	17 in 69	27% (26)	1/1	75% (12)	2/1	0/0	4
Kauko	14 in 21	50% (6)	0/2	82% (11)	0/0	0/0	4
Pukki	27 in 89	15% (20)	1/0	83% (18)	2/2	0/0	3
Jensen	1 in 1	0% (0)	0/0	100% (1)	0/0	0/0	–

21. JUNI, 21 UHR, ST. PETERSBURG

Schiedsrichter: *Felix Brych (Deutschland).*
Assistenten: *Mark Borsch und Stefan Lupp (beide Deutschland).*
Tore: *0:1 Hradecky (74./Eigentor), 0:2 Lukaku (81.).*
Wechsel: *Schüller für Sparv (59.), Kauko für Pohjanpalo (70.), Alho für Uronen (70.), Forss für Lod (90.+1), Jensen für Pukki (90.+1) – Batshuayi für Doku (75.), Meunier für Trossard (75.), Benteke für Lukaku (84.), Vanaken für De Bruyne (90.+1).*
Zuschauer: *18 545.*
Wetter: *29 Grad, wolkenlos.*

BELGIEN-DATEN

Torhüter	Min.	Schüsse gehalten (von)	Flanken/Ecken abgefangen	Glanztaten	Schwere Fehler	Lange Pässe angekommen (von)	Note
Courtois	90	100% (1)	0	0	0	50% (2)	3

Spieler	Ballkontakte in Min.	Zweikämpfe gewonnen (von)	Fouls/gefoult worden	Pässe angek. (von)	Schüsse/Schussvorlagen	Tore/Torvorlagen	Note
Denayer	98 in 90	73% (15)	1/0	96% (78)	1/0	0/0	2
Boyata	86 in 90	100% (10)	0/0	100% (73)	0/0	0/0	2
Vermaelen	90 in 90	64% (14)	0/0	99% (73)	1/1	0/1	2
De Bruyne	103 in 89	50% (16)	0/0	81% (86)	1/7	0/1	2
Vanaken	2 in 1	0% (0)	0/0	100% (1)	0/0	0/0	–
Witsel	90 in 90	83% (12)	0/1	98% (81)	2/3	0/0	2
Trossard	66 in 74	65% (20)	2/2	84% (44)	1/0	0/0	3
Meunier	16 in 16	40% (5)	0/0	85% (13)	0/0	0/0	4
Chadli	78 in 90	61% (18)	1/1	87% (55)	1/1	0/0	3
Doku	55 in 74	44% (25)	1/1	86% (36)	2/3	0/0	3
Batshuayi	14 in 16	17% (6)	2/0	82% (11)	0/0	0/0	4
Lukaku	20 in 83	31% (13)	3/0	60% (10)	4/2	1/0	2
Benteke	5 in 7	50% (2)	0/0	80% (5)	0/0	0/0	–
E. Hazard	75 in 90	64% (11)	0/1	90% (58)	4/1	0/0	3

GRUPPE C

ÖSTERREICH
NORDMAZEDONIEN
NIEDERLANDE
UKRAINE

Sonntag, 13. Juni, Bukarest
Österreich – Nordmazedonien 3 : 1

Sonntag, 13. Juni, Amsterdam
Niederlande – Ukraine 3 : 2

Donnerstag, 17. Juni, Bukarest
Ukraine – Nordmazedonien 2 : 1

Donnerstag, 17. Juni, Amsterdam
Niederlande – Österreich 2 : 0

Montag, 21. Juni, Amsterdam
Nordmazedonien – Niederlande 0 : 3

Montag, 21. Juni, Bukarest
Ukraine – Österreich 0 : 1

	Österreich	Nord-mazedonien	Niederlande	Ukraine
Österreich		3:1	0:2	1:0
Nordmazed.	1:3		0:3	1:2
Niederlande	2:0	3:0		3:2
Ukraine	0:1	2:1	2:3	

Mannschaft	G	U	V	Tore	Pkte
1. Niederlande	3	0	0	8:2	9
2. Österreich	2	0	1	4:3	6
3. Ukraine	1	0	2	4:5	3
4. Nordmazed.	0	0	3	2:8	0

Dieses Foto täuscht: Michael Gregoritsch gewinnt zwar das Kopfball-Duell gegen Daley Blind, aber am Ende gewinnen die Niederlande in Amsterdam mit 2:0 gegen Österreich das zweite Gruppenspiel

ANALYSE GRUPPE C

Niederlande hat die beste Offensive

Holland in Not? Von wegen! Oranje spielte groß auf. Mit Denzel Dumfries und Memphis Depay hatte das Team von Trainer Frank de Boer zwei Unterschiedsspieler im Team. Die Offensive funktioniert bestens. Keine Mannschaft schoss in der Vorrunde mehr Tore als die Niederlande (acht), die nur kurz gegen die Ukraine wackelten.
Österreich hatte mit David Alba einen starken Anführer und schaffte im entscheidenden Spiel gegen die Ukraine einen historischen Erfolg mit dem ersten K.o.-Einzug bei einer EM. Damit dürfte auch die Kritik an Trainer Franco Foda, der in Österreich einen schweren Stand hatte, vorbei sein.
Von der Ukraine hatten Experten mehr erwartet, spielte die Mannschaft doch eine starke Qualifikation (Erster vor Portugal). Nur hauchdünn reichte es für das Achtelfinale. Nordmazedonien stand am Ende dort, wo alle den EM-Neuling erwartet hatten. Aber: Angetrieben von Goran Pandev zeigte die Elf aus dem Zwei-Milllionen-Einwohner-Land, dass sie mit den Großen phasenweise mithalten kann.

Eins von acht Holland-Toren: Wout Weghorst trifft gegen die Ukraine zum 2:0

DENZEL DUMFRIES

Wie der Bitcoin

Hoch im Kurs: Der Eindhoven-Kapitän ist plötzlich der Star im Oranje-Team

Der Plan der PSV Eindhoven ging nicht auf. Und trotzdem kann der Verein der große Gewinner sein. Eigentlich wollte der Erstligist aus den Niederlanden seinen Kapitän Denzel Dumfries noch vor der EM verkaufen. Der FC Everton zeigte großes Interesse. Der dortige Manager Marcel Brands hatte Dumfries einst in Eindhoven gefördert. Aber der Transfer scheiterte. Und Dumfries startete durch, wurde vom Rechtsverteidiger, der nur Feinschmeckern ein Begriff war, zu einem der Stars bei der EM.

In den ersten beiden Gruppenspielen der Niederlande wurde er jeweils zum „Man of the Match" gewählt. Beim 3:2 gegen die Ukraine traf er spät zum Sieg, zum 2:0 gegen Österreich steuerte er ein Tor bei und zog das Foul vor dem Elfmeter zur Führung. Vor den Kameras gab sich Dumfries im Anschluss an seine Top-Leistungen eher wortkarg: „Ich bin sehr froh, dass ich dazu beitragen konnte, dass wir gut in dieses Turnier gestartet sind."

Seine Eltern benannten ihn nach Hollywood-Star Denzel Washington

Eine Aussage ohne viel Aussagekraft. Aber genug, um Nationaltrainer Frank de Boer zu begeistern: „Ich habe ihn gefragt, wie er das alles erlebt. Es stürmt gerade viel auf ihn ein, alle wollen etwas von ihm. Ich habe ein Interview gesehen, das er im Fernsehen gegeben hat, und das hat er fantastisch gemacht." Im letzten Gruppenspiel nahm de Boer seinen neuen Star zur Halbzeit runter.

Die Leistungen in der Vorrunde brachten Dumfries einen Vergleich ein, der für einen Fußballer neu sein dürfte. Die Zeitung „La Gazzetta dello Sport" schrieb: „Dumfries ist wie der Bitcoin. Erst traut ihm keiner irgendwas zu, und dann geht er durch die Decke!"

Dumfries schmunzelnd: „Ich besitze auch Bitcoins, weiß aber gar nicht wie viele. Im Moment fällt der Preis ja. Manche sagen sogar, dass der Bitcoin seinen Höhepunkt bereits überschritten hat. Hoffen wir mal, dass das bei mir nicht so ist." Der gebürtige Rotterdamer sieht bei sich selbst noch viel Luft nach oben: „Es gibt Bereiche, in denen ich mich noch stark verbessern kann. Mein Stellungsspiel zum Beispiel und mein Passspiel. Das muss effektiver werden. Daran arbeite ich."

Dumfries zieht seine Motivation und seine Energie daraus, für die Niederlande spielen zu dürfen: „Das war schon immer mein Traum." Ein Traum, der fast geplatzt wäre. 2014 fuhr er als Fan nach Amsterdam, schaute sich in einer riesigen Menschenmenge das erste WM-Spiel der Holländer in Brasilien an – ein 5:1 gegen Spanien. Zu dieser Zeit lief er noch für den BVV Barendrecht, eine Amateur-Mannschaft in der Nähe von Rotterdam, auf. Und war aktueller Nationalspieler Arubas, einer Karibik-Insel, von der die Familie seines Vater Boris stammt.

Zwei Spiele absolvierte er, beide gegen Guam, beides Freundschaftsspiele – nur deshalb konnte er sich später für den niederländischen Verband entscheiden. Der interessierte sich für ihn spätestens seit seinem Aufstieg mit Sparta Rotterdam in die Eredivisie 2016. In derselben Saison wurde Dumfries zum besten jungen Spieler der 2. Liga gewählt, erhielt dafür den „Bronzenen Stier".

2017 wechselte er für 750 000 Euro zum SC Heerenveen, nur

Freude pur: Denzel Dumfries jubelt über seinen Treffer zum 2:0 gegen Österreich. Der Rechtsverteidiger von PSV Eindhoven hatte vor der EM einen Marktwert von 16 Millionen Euro. Mit starken Leistungen in der Vorrunde tat er alles dafür, diesen erheblich zu steigern

ein Jahr später bezahlte Eindhoven 5,5 Mio Euro für den Rechtsverteidiger. Trainer Mark van Bommel machte ihn sogar zum Kapitän. In diesen Jahren führte Dumfries, der nach Hollywood-Star Denzel Washington benannt ist, Tagebuch, malte sich darin aus, wie seine Karriere verlaufen soll. Details verrät er bis heute nicht – aber viel besser als die Realität können seine Träume auch nicht gewesen sein.

Vom Amateurspieler zum EM-Helden innerhalb von acht Jahren. Das haben nur wenige vor ihm geschafft. Im Nationalteam läuft's, privat läuft's (ein Sohn mit Partnerin Jaimy Kenswiel), nur in Eindhoven lief es nicht so. Der Verein von Mario Götze wollte seinen Kapitän loswerden. Er galt nicht gerade als Liebling von Trainer Roger Schmidt. Vor der EM soll Eindhoven sogar bereit gewesen sein, ihn für eine Summe unter der festgeschriebenen Ablöse von 15 Mio Euro gehen zu lassen. Das hatte sich nach den starken Dumfries-Auftritten bei der EM erledigt ... ●

SCORER-LISTE GRUPPE C

	Tore	Torvorlagen	Scorer-Punkte	gespielte Minuten
Depay (Niederlande)	2	2	4	237
Dumfries (Niederlande)	2	2	4	225
Yaremchuk (Ukraine)	2	1	3	250
Yarmolenko (Ukraine)	2	1	3	250
Wijnaldum (Niederl.)	3	–	3	270
Malen (Niederlande)	–	2	2	93
Pandev (Nordmazed.)	1	1	2	248
Alaba (Österreich)	–	2	2	270
Aké (Niederlande)	–	1	1	52
Gregoritsch (Österreich)	1	–	1	93
Arnautovic (Österreich)	1	–	1	120
Baumgartner (Österr.)	1	–	1	161
Weghorst (Niederlande)	1	–	1	176
Trajkovski (Nordmazed.)	–	1	1	176
Laimer (Österreich)	–	1	1	222
Malinovskyi (Ukraine)	–	1	1	224
Alioski (Nordmazed.)	1	–	1	270
Lainer (Österreich)	1	–	1	270
Karavaev (Ukraine)	–	1	1	270
Sabitzer (Österreich)	–	1	1	270

Ukraine-Star Andriy Yarmolenko feiert sein 1:0 gegen Nordmazedonien

BUCHA
TikTok

Ein historischer Treffer: Ukraine-Torhüter Georgiy Bushchan liegt geschlagen am Boden. Christoph Baumgartner (rechts/Nr. 19) dreht zum Jubeln ab. Durch das Tor des Hoffenheim-Profis gewann Österreich mit 1:0 und qualifizierte sich zum ersten Mal für die Endrunde einer Europameisterschaft. Die „Kronen Zeitung" feierte Baumgartner als „Goldtorschützen"

Alaba hat alles fest im Griff

Erster Start-Sieg für Österreich nach 39 Jahren

Die Entscheidung: Arnautovic trifft zum 3:1

„Sieg für die Geschichte", titelte die Wiener Kronen-Zeitung nach dem 3:1 gegen Nordmazedonien. Mit diesem Erfolg gingen für die Österreicher bei der Europameisterschaft beziehungsweise bei großen Turnieren mehrere Negativserien zu Ende.

▶ Österreich konnte erst im siebten Spiel bei einer EM-Endrunde erstmals einen Sieg einfahren. Länger hatte kein EM-Teilnehmer auf ein Erfolgserlebnis warten müssen.

▶ Zudem beendete „Das Team" eine 31 Jahre anhaltende Durststrecke bei großen Turnieren. Letztmals hatten die Österreicher am 19. Juni 1990 in einer Vorrunde (WM) gejubelt – 2:1 in Florenz gegen die ebenfalls bereits ausgeschiedene Auswahl der USA.

▶ Nach 39 Jahren (!) landete Österreich zum Start in eine Turnier-Gruppenphase einen Sieg. Am 17. Juni 1982 gewannen Hans Krankl & Co. in Oviedo/Spanien den WM-Auftakt mit 1:0 gegen Chile.

Geschichte schrieb auch EM-Debütant Nordmazedonien. Fußball-Idol Goran Pandev wurde mit seinem zwischenzeitlichen Ausgleichstreffer mit 37 Jahren und 321 Tagen zum zweitältesten Torschützen der EM-Historie. Hinter Österreichs Ivica Vastic. Der Offensivspieler war bei seinem Treffer zum 1:1-Endstand gegen Polen am 12. Juni 2008 in Wien 38 Jahre und 257 Tage alt.

Österreichs Kapitän glänzt als Vorbereiter und Antreiber, stoppt auch den wilden Arnautovic

Die 89. Minute: Marko Arnautovic trifft zum 3:1-Endstand gegen Nordmazedonien – und pöbelt plötzlich gegen die gegnerischen Fans und Spieler des EM-Neuling. Bis ihn David Alaba stoppt. Der Ex-Bayern-Star, der ab der Saison 2021/22 für Real Madrid spielt, packt seinen Mannschaftskameraden am Kinn, rammt ihm den Finger in die Wange – und bringt ihn zum Schweigen.

„Es war ein Wortgefecht in der Emotion, von beiden Seiten"

Arnautovic hatte Gegenspieler Ezgjan Alioski beleidigt, sagte dazu: „Es war ein Wortgefecht in der Emotion, von beiden Seiten. Das gehört einfach nicht dazu, das müssen wir streichen. Ich will mich nur für das alles entschuldigen." Die Uefa sperrte den Stürmer für ein Spiel.

Anders als Arnautovic hatte Alaba alles fest im Griff. Österreichs Kapitän, der als Innenverteidiger das Spiel von hinten heraus organisierte, glänzte als Vorbereiter und Antreiber. Der Titel „Man of the Match" ging völlig zu Recht an ihn. Er trieb das Aufbauspiel klug an, schien omnipräsent zu sein. Ein Beleg für Alabas Extraklasse: 93 Prozent seiner 94 Pässe brachte er zum Mitspieler – Anzahl und Erfolgsquote waren überragend.

Alaba entwickelt immer mehr Führungsqualitäten. Nach 70 Minuten brüllte er Torhüter Daniel Bachmann regelrecht zusammen. Der Keeper hatte sich einen Abstimmungsfehler geleistet, den Alaba dank seiner Schnelligkeit gerade noch ausbügeln konnte.

Bei einer anderen Aktion sah Bachmann in seinem erst dritten Länderspiel unglücklich aus. Ausgangspunkt war eine Slapstick-Einlage. Martin Hinteregger schoss am Strafraum Marcel Sabitzer an. Bachmann rutschte in den heranstürmenden nordmazedonischen Angreifer Aleksandar Trajkovski, konnte den Ball aber nicht festhalten. Nordmazedoniens Sturm-Veteran Goran Pandev traf mühelos aus elf Metern zum 1:1 (28.).

Sehenswert war zuvor die Führung für die Österreicher. Stefan Lainer, einer von neun Deutschland-Legionären in Österreichs Startelf, traf nach einer Linksflanke von Sabitzer per Direktabnahme aus weniger als fünf Metern (18.). Vier Minuten später scheiterte Sasa Kalajdzic aus kurzer Distanz am nordmazedonischen Nationaltorhüter Stole Dimitrievski.

Kalajdzic und Sturm-Partner Christoph Baumgartner mussten nach 59 Minuten gehen. ÖFB-Teamchef Franco Foda wechselte den Sieg ein, brachte Arnautovic und Michael Gregoritsch. Eine Linksflanke von Alaba in den Fünfmeterraum lenkte Gregoritsch mit rechts zum 2:1 ein (78.).

„Das Tor ist für meine Familie und für alle, die immer an mich geglaubt haben", sagte Gregoritsch mit Tränen in den Augen. Und ergänzte: „Ich hab noch keine Kinder – aber ich stelle mir das gleich schön vor wie Kinder kriegen."

Für Österreich war es im siebten Versuch der erste Sieg bei einer Europameisterschaft. Die Kronen-Zeitung schrieb: „Episch", ein „Sieg für die Geschichte." ●

Der Kapitän greift durch! David Alaba packt Teamkollege Marko Arnautovic am Kinn, der zuvor wild losgepöbelt hatte

ÖSTERREICH – NORDMAZEDONIEN

3:1 (1:1)

ÖSTERREICH-DATEN

Torhüter	Min.	Schüsse gehalten (von)	Flanken/Ecken abgefangen	Glanztaten	Schwere Fehler	Lange Pässe angekommen (von)	Note
Bachmann	90	50% (2)	0	0	1	31% (13)	4

Spieler	Ballkontakte in Min.	Zweikämpfe gewonnen (von)	Fouls/gefoult worden	Pässe angek. (von)	Schüsse/Schussvorlagen	Tore/Torvorlagen	Note
Dragovic	50 in 45	78% (9)	0/1	92% (36)	0/0	0/0	3
Lienhart	37 in 45	100% (4)	0/2	93% (28)	0/0	0/0	3
Alaba	112 in 90	78% (9)	0/1	93% (94)	0/2	0/1	1
Hinteregger	78 in 90	46% (13)	3/0	88% (64)	0/0	0/0	4
X. Schlager	62 in 89	63% (16)	1/2	86% (50)	1/0	0/0	3
Ilsanker	1 in 1	0% (0)	0/0	100% (1)	0/0	0/0	–
Lainer 1	82 in 90	56% (34)	2/2	77% (30)	1/0	1/0	2
Laimer	42 in 89	29% (31)	2/1	71% (24)	0/2	0/1	3
Baumgartlinger	2 in 1	0% (0)	0/0	100% (2)	0/0	0/0	–
Sabitzer	80 in 90	41% (17)	2/1	92% (61)	2/2	0/1	2
Ulmer	46 in 90	55% (11)	0/1	80% (30)	0/0	0/0	3
Kalajdzic	24 in 58	23% (22)	1/0	90% (10)	2/0	0/0	3
Arnautovic	21 in 32	60% (10)	0/2	85% (13)	1/2	1/0	2
Baumgartner	31 in 57	44% (27)	2/1	75% (12)	0/0	0/0	3
Gregoritsch	12 in 33	56% (9)	0/2	100% (6)	2/0	1/0	2

13. JUNI, 18 UHR, BUKAREST

Schiedsrichter: Andreas Ekberg (Schweden). **Assistenten:** Mehmet Culum und Stefan Hallberg (beide Schweden). **Tore:** 1:0 Lainer (18.), 1:1 Pandev (28.), 2:1 Gregoritsch (78.), 3:1 Arnautovic (89.). **Wechsel:** Lienhart für Dragovic (46.), Baumgartlinger für Laimer (90.+3), Ilsanker für X. Schlager (90.+4), Gregoritsch für Baumgartner (58.), Arnautovic für Kalajdzic (59.) – Bejtulai für Nikolov (63.), M. Ristovski für Musliu (86.), Trickovski für Bardhi (82.), Kostadinov für Trajkovski (63.). **Zuschauer:** 9 082. **Wetter:** 19 Grad, bewölkt.

NORDMAZEDONIEN-DATEN

Torhüter	Min.	Schüsse gehalten (von)	Flanken/Ecken abgefangen	Glanztaten	Schwere Fehler	Lange Pässe angekommen (von)	Note
Dimitrievski	90	40% (5)	4	1	0	43% (7)	4

Spieler	Ballkontakte in Min.	Zweikämpfe gewonnen (von)	Fouls/gefoult worden	Pässe angek. (von)	Schüsse/Schussvorlagen	Tore/Torvorlagen	Note
S. Ristovski	55 in 90	48% (23)	2/1	82% (33)	1/0	0/0	4
Velkovski	48 in 90	76% (21)	1/1	76% (25)	0/0	0/0	3
Musliu	30 in 85	64% (14)	2/0	89% (18)	0/0	0/0	3
M. Ristovski	1 in 5	33% (3)	0/1	0% (0)	0/0	0/0	–
Nikolov	14 in 62	25% (8)	0/0	57% (7)	2/1	0/0	4
Bejtulai	14 in 28	50% (4)	0/0	78% (9)	0/1	0/0	4
Ademi	41 in 90	71% (24)	0/1	84% (25)	0/0	0/0	3
Alioski 1	90 in 90	45% (31)	3/3	60% (42)	1/2	0/0	3
Bardhi	41 in 81	80% (15)	1/5	69% (29)	0/1	0/0	3
Trickovski	1 in 9	0% (0)	0/0	0% (0)	0/0	0/0	–
Elmas	39 in 90	45% (22)	1/0	96% (25)	1/0	0/0	4
Pandev	36 in 90	28% (18)	1/1	76% (17)	2/0	1/0	3
Trajkovski 1	29 in 62	26% (19)	4/0	71% (17)	0/2	0/1	3
Kostadinov	14 in 28	25% (8)	1/0	75% (8)	0/0	0/0	4

Niederlande lassen den König jubeln

Jede Menge Zoff um ein kleines bisschen Stoff

Stoff des Anstoßes: das Ukraine-Trikot

Noch war bei dieser EM kein Spiel angepfiffen, da gab's schon mächtig Ärger. Stoff des Anstoßes: das Trikot der Ukraine. Auf dessen Vorderseite war der Umriss des Landes abgebildet – inklusive der von Russland annektierten Krim. Dazu prangte unter der Kragen-Rückseite der Slogan: „Den Helden Ruhm!" Der Kreml protestierte, die Uefa lenkte mit einem Kompromiss ein. Erstens: Die Karte bleibt, da international anerkannt. Zweitens: Der Slogan muss weg, weil „eindeutig politischer Natur". Der ukrainische Verband reagierte auf seine Art, erklärte den nationalistischen Gruß „Ruhm der Ukraine! – Den Helden Ruhm!" kurzerhand zur offiziellen Losung der Nationalelf.
Und es gab noch mehr Zoff um die Russen: Dem kritischen ARD-Sportjournalisten Robert Kempe wurde die Akkreditierung zum EM-Ort St. Petersburg versagt. Erst nach öffentlichen Protesten nahmen die russischen Behörden die Entscheidung zurück. Politik und Sport – das war schon früher meist wie Feuer und Wasser.

Willem-Alexander feiert das 3:2 von Dumfries und den ersten EM-Sieg seit 13 Jahren

Das Spiel in der Johan-Cruyff-Arena schien eine Viertelstunde vor Schluss schon gelaufen. Die Niederländer führten durch Tore von GeorginioWijnaldum (52.) und Wout Weghorst (58.) verdient mit 2:0, ließen den Ball vor euphorischen Fans in Orange, darunter auch das niederländische Königspaar Willem-Alexander und Máxima, souverän durch die eigenen Reihen laufen. Müde Ukrainer kamen kaum mehr zu geordneten Angriffen, schienen sich mit der Niederlage abgefunden zu haben.

Yarmolenko traf in bester Arjen-Robben-Manier

Dann allerdings kam plötzlich der ukrainische Angreifer Andriy Yarmolenko halbrechts vor dem Strafraum der Niederlande an den Ball. Der ehemalige Dortmunder nahm sich ein Herz, schlenzte das Leder unwiderstehlich in bester Arjen-Robben-Manier in den linken Knick, und eine spektakuläre Schlussphase nahm ihren Lauf. Vom „Thriller in Amsterdam" sprach die englische „Daily Mail" später.

Nur vier Minuten nach Yarmolenkos Traumtor bekam die Ukraine einen Freistoß im linken Halbfeld zugesprochen. Standardexperte Ruslan Malinovskyi trat an und fand im Strafraum Mittelstürmer Roman Yaremchuk, der sich davongeschlichen hatte und per wuchtigem Kopfball den Ausgleich besorgte. Die Ukraine war aus dem Nichts zurückgekommen.

Dass in der Johan-Cruyff-Arena am Ende doch noch gefeiert wurde, war das Verdienst von Denzel Dumfries. In der 85. Minute brachte der Rechtsverteidiger die Niederlande nach Flanke von Nathan Aké wieder in Führung, ebenfalls per Kopf. Auf der Tribüne jubelte König Willem-Alexander, der einen Oranje-Schal trug, ausgelassen und ballte die Fäuste.

Es blieb beim 3:2, und die Fans im Stadion durften den ersten EM-Sieg der „Elftal" seit sage und schreibe 13 Jahren bejubeln. Den letzten Erfolg hatte es 2008 beim Turnier in Österreich und der Schweiz gegen Rumänien gegeben (2:0 im dritten Vorrundenspiel). Anschließend begann eine lange Durststrecke. 2012 schieden die Niederlande punktlos in der Vorrunde aus. Für die letzte EM in Frankreich konnte sich der Europameister von 1988 nicht qualifizieren.

Umso besser fühlte sich jetzt der Sieg gegen die Ukraine an. Nach dem Schlusspfiff blieben die Spieler noch lange auf dem Rasen, feierten ausgiebig mit den Fans. „Ich konnte das Tor erzielen, weil wir weiter an uns geglaubt haben. Ich wusste, dass wir noch Chancen haben werden, und dann musst du zur Stelle sein", freute sich Matchwinner Dumfries, für den der 3:2-Siegtreffer sein erstes Länderspieltor war.

Ukraines Nationaltrainer Andriy Shevchenko war trotz der Niederlage stolz auf seine Spieler: „Ich muss mich bei meiner Mannschaft für die Reaktion, die sie heute nach dem 0:2-Rückstand gezeigt hat, bedanken. Das Gegentor am Ende müssen wir nicht kriegen." ●

Mit Köpfchen: Der Niederländer Denzel Dumfries setzt sich gegen Oleksandr Zinchenko durch und macht das entscheidende 3:2

Begeisterter Oranje-Fan: Der niederländische König Willem-Alexander jubelt auf der Tribüne in Amsterdam über das Tor kurz vor Schluss zum 3:2

NIEDERLANDE – UKRAINE

3:2 (0:0)

NIEDERLANDE-DATEN

Torhüter	Min.	Schüsse gehalten (von)	Flanken/Ecken abgefangen	Glanztaten	Schwere Fehler	Lange Pässe angekommen (von)	Note
Stekelenburg	90	60% (5)	0	0	0	40% (10)	3

Spieler	Ballkontakte in Min.	Zweikämpfe gewonnen (von)	Fouls/gefoult worden	Pässe angek. (von)	Schüsse/Schussvorlagen	Tore/Torvorlagen	Note
Timber	87 in 87	33% (9)	0/0	95% (78)	0/0	0/0	4
Veltman	8 in 3	0% (0)	0/0	100% (7)	0/0	0/0	–
de Vrij	84 in 90	54% (13)	1/0	97% (70)	0/0	0/0	3
Blind	77 in 63	50% (4)	1/0	94% (71)	0/0	0/0	3
Aké	23 in 27	100% (2)	0/1	100% (17)	1/1	0/1	3
de Roon	77 in 90	40% (10)	0/0	87% (70)	0/2	0/0	3
de Jong	105 in 90	83% (18)	1/3	92% (91)	0/3	0/0	2
Dumfries	64 in 90	24% (21)	0/1	81% (32)	4/2	1/1	2
van Aanholt	37 in 63	33% (6)	0/0	84% (25)	2/0	0/0	3
Wijndal	14 in 27	0% (4)	0/0	91% (11)	0/0	0/0	4
Wijnaldum	60 in 90	60% (20)	0/1	98% (44)	5/1	1/0	2
Weghorst	26 in 87	50% (16)	3/1	75% (16)	2/1	1/0	2
de Jong	7 in 3	100% (3)	0/1	75% (4)	0/0	0/0	–
Depay	70 in 89	29% (24)	0/0	84% (44)	2/4	0/0	3
Malen	2 in 1	0% (2)	0/0	0% (0)	0/0	0/0	–

13. JUNI, 21 UHR, AMSTERDAM

Schiedsrichter: *Felix Brych (Deutschland).* ***Assistenten:*** *Mark Borsch und Stefan Lupp (beide Deutschland).* ***Tore:*** *1:0 Wijnaldum (52.), 2:0 Weghorst (58.), 2:1 Yarmolenko (75.), 2:2 Yaremchuk (79.), 3:2 Dumfries (85.).* ***Wechsel:*** *Aké für Blind (64.), Wijndal für van Aanholt (64.), de Jong für Weghorst (88.), Veltman für Timber (88.) – Marlos für Zubkov (13.), Shaparenko für Marlos (64.).* ***Zuschauer:*** *15 837.* ***Wetter:*** *23 Grad, wolkenlos.*

UKRAINE-DATEN

Torhüter	Min.	Schüsse gehalten (von)	Flanken/Ecken abgefangen	Glanztaten	Schwere Fehler	Lange Pässe angekommen (von)	Note
Bushchan	90	57% (7)	0	1	1	33% (6)	4

Spieler	Ballkontakte in Min.	Zweikämpfe gewonnen (von)	Fouls/gefoult worden	Pässe angek. (von)	Schüsse/Schussvorlagen	Tore/Torvorlagen	Note
Karavaev	61 in 90	70% (10)	1/1	85% (46)	0/1	0/0	3
Zabarnyi	56 in 90	53% (15)	0/1	82% (34)	0/0	0/0	4
Matvienko	37 in 90	63% (8)	1/1	95% (20)	0/0	0/0	4
Mykolenko	53 in 90	83% (12)	0/0	77% (31)	0/1	0/0	3
Sydorchuk 1	38 in 90	50% (16)	2/0	97% (31)	0/0	0/0	4
Malinovskyi	43 in 90	23% (22)	1/0	87% (30)	1/2	0/1	4
Zinchenko	61 in 90	59% (22)	1/2	81% (48)	0/0	0/0	3
Yarmolenko	41 in 90	38% (13)	0/1	83% (29)	2/1	1/0	3
Yaremchuk	45 in 90	39% (18)	2/0	90% (29)	4/1	1/1	2
Zubkov	5 in 12	100% (2)	0/0	100% (4)	0/0	0/0	–
Marlos	29 in 51	86% (7)	0/0	80% (20)	0/0	0/0	4
Shaparenko	22 in 27	67% (6)	0/0	94% (18)	0/1	0/0	4

Nordmazedonien als Erster raus

Darum pfeift ein Argentinier bei der EM

EM-Premiere für Fernando Rapallini aus Buenos Aires

Mit dem Argentinier Fernando Rapallini leitete zum ersten Mal ein südamerikanischer Schiedsrichter ein Spiel bei einer EM. Die Möglichkeit dazu bekam er durch ein Austauschprogramm zwischen der Uefa und dem südamerikanischen Fußball-Verband Conmebol. Sein Austauschpartner, Jesus Gil Manzano aus Spanien, pfiff bei der parallel zur EM stattfindenden Copa América in Brasilien.
Rapallini ist der zweite nicht-europäische Unparteiische in der EM-Historie. Der erste war der Ägypter Gamal Al-Ghandour. Bei der EM 2000 in Belgien und den Niederlanden leitete Al-Ghandour zwei Partien: Spanien gegen Norwegen und Dänemark gegen Tschechien.

Diese Länder schieden als Erste aus
1980: Griechenland*
1984: Jugoslawien
1988: Dänemark
1992: Schottland
1996: Rumänien
2000: Tschechien
2004: Russland
2008: Schweiz
2012: Irland
2016: Ukraine
2021: Nordmazedonien

* seit Turnierformat mit Gruppenphase

Der Debütant scheiterte in der Vorrunde. Für die Ukraine war es erst der zweite EM-Sieg

Sechs Stunden später war die Gewissheit da: Das EM-Märchen würde schon bald zu Ende sein. Nach der eigenen Niederlage gegen die Ukraine und dem Sieg der Niederlande im Abendspiel gegen Österreich war Nordmazedonien als erste Mannschaft bei diesem Turnier ausgeschieden.

Yarmolenko und Yaremchuk trafen erneut für ihr Land

Wie schon gegen Österreich hatte der EM-Debütant auch gegen die Ukraine eine couragierte Leistung gezeigt, aufopferungsvoll gekämpft, doch am Ende sollte es wieder nicht für einen Punktgewinn reichen. Die Fans spendeten ihrer Mannschaft nach dem Spiel dennoch viel Applaus. Nordmazedoniens Cheftrainer Igor Angelovski war traurig und stolz zugleich: „In der zweiten Halbzeit haben wir gezeigt, dass wir würdig sind, bei dieser Europameisterschaft dabei zu sein. Wenn dich deine Fans mit Applaus verabschieden, bedeutet das, dass wir ein gutes Spiel gemacht haben. Es tut uns leid, dass wir kein positives Resultat erzielen konnten." Auch Superstar Goran Pandev bat die Fans um Entschuldigung: „Es tut uns leid, dass wir verloren haben, wir hätten zumindest ein Unentschieden erreichen können."

Verloren hatten die Südosteuropäer vor allem wegen einer sehr schwachen ersten Halbzeit, in der sie sich zu viele Fehler leisteten. In der 29. Minute sorgte Andriy Yarmolenko nach einer Ecke für die verdiente Führung der Ukraine. Nur fünf Minuten später blieb Mittelstürmer Roman Yaremchuk frei vor dem nordmazedonischen Tor eiskalt und erhöhte auf 2:0. Die beiden Torschützen hatten bereits beim unglücklichen 2:3 gegen die Niederlande getroffen.

Wie die Ukrainer im ersten Spiel bewiesen auch die Nordmazedonier in Rückstand liegend große Moral, kamen hoch motiviert aus der Halbzeit und erzielten in der 57. Minute den Anschlusstreffer: Nach einem Foul von Oleksandr Karavaev an Pandev entschied der argentinische Schiedsrichter Fernando Rapallini auf Elfmeter. Ezgjan Alioski trat an und scheiterte an Keeper Georgiy Bushchan, konnte anschließend aber den Nachschuss im Tor unterbringen.

Es entwickelte sich ein abwechslungsreiches Spiel mit Gelegenheiten auf beiden Seiten. Nach einem Handspiel von Daniel Avramovski (84.) bekam auch die Ukraine einen Elfmeter zugesprochen. Ruslan Malinovskyi scheiterte jedoch an Torwart Stole Dimitrievski. Nordmazedonien warf zum Schluss noch mal alles nach vorne, doch es blieb beim 2:1. Die Ukrainer holten damit den zweiten EM-Sieg ihrer Geschichte (erster Sieg: 2012 gegen Schweden) und beendeten einen historischen Negativlauf: Sechs EM-Spiele in Folge hatten die Osteuropäer zuvor verloren – trauriger Turnierrekord (Jugoslawien verlor zwischen 1968 und 1984 ebenfalls sechsmal in Serie). Matchwinner Yarmolenko: „Ich bin erfüllt von Stolz auf das Team und unser Land. Dieser Sieg ist für alle ukrainischen Fans!"

Ezgjan Alioski (Mitte) scheitert erst mit einem Elfmeter an Ukraine-Torhüter Georgiy Bushchan, verwandelt dann aber den Nachschuss zum 1:2

Andriy Yarmolenko (r.) erzielt aus kürzester Entfernung das 1:0 gegen Nordmazedonien. Torhüter Stole Dimitrievski und Stefan Ristovski können nichts mehr retten

UKRAINE – NORDMAZEDONIEN

2:1 (2:0)

UKRAINE-DATEN

Torhüter	Min.	Schüsse gehalten (von)	Flanken/Ecken abgefangen	Glanztaten	Schwere Fehler	Lange Pässe angekommen (von)	Note
Bushchan	90	80% (5)	1	2	0	17% (6)	2

Spieler	Ballkontakte in Min.	Zweikämpfe gewonnen (von)	Fouls/gefoult worden	Pässe angek. (von)	Schüsse/Schussvorlagen	Tore/Torvorlagen	Note
Karavaev	59 in 90	55% (11)	1/2	91% (35)	2/4	0/1	3
Zabarnyi	50 in 90	50% (8)	0/0	95% (37)	1/0	0/0	3
Matvienko	75 in 90	56% (16)	3/0	95% (58)	0/0	0/0	3
Mykolenko	60 in 90	50% (12)	0/0	95% (37)	0/0	0/0	3
Stepanenko	48 in 90	45% (22)	1/1	95% (37)	0/0	0/0	3
Shaparenko 1	73 in 77	42% (19)	0/0	93% (60)	0/0	0/0	4
Sydorchuk	5 in 13	67% (3)	0/0	75% (4)	0/0	0/0	–
Zinchenko	54 in 90	56% (18)	0/1	78% (40)	0/3	0/0	3
Yarmolenko	36 in 69	71% (14)	0/0	82% (22)	5/1	1/1	2
Tsygankov	15 in 21	33% (9)	0/2	60% (10)	1/1	0/0	4
Yaremchuk	22 in 69	47% (17)	1/0	85% (13)	1/0	1/0	2
Besedin	8 in 21	22% (9)	0/1	71% (7)	0/1	0/0	3
Malinovskyi	56 in 89	55% (20)	1/1	81% (36)	6/5	0/0	3
Sobol	0 in 1	0% (0)	0/0	0% (0)	0/0	0/0	–

17. JUNI, 15 UHR, BUKAREST

Schiedsr.: *Fernando Rapallini (ARG).* ***Assistenten:*** *Juan Pablo Belatti, Diego Bonfá (ARG).* ***Tore:*** *1:0 Yarmolenko (29.), 2:0 Yaremchuk (34.), 2:1 Alioski (57.).* ***Wechsel:*** *Tsygankov für Yarmolenko (70.), Besedin für Yaremchuk (70.), Sydorchuk für Shaparenko (78.), Sobol für Malinovskyi (90.+1) – Churlinov für Spirovski (46.), Trajkovski für Nikolov (46.), Avramovski für Bardhi (77.), Ristevski für Ademi (85.), Trickovski für Velkovski (86.).* ***Bes. Vork.:*** *Bushchan hält Elfmeter von Alioski (57.), Dimitrievski hält Elfmeter von Malinovskyi (84.).* ***Zuschauer:*** *10 001.* ***Wetter:*** *26 Grad, bewölkt.*

NORDMAZEDONIEN-DATEN

Torhüter	Min.	Schüsse gehalten (von)	Flanken/Ecken abgefangen	Glanztaten	Schwere Fehler	Lange Pässe angekommen (von)	Note
Dimitrievski	90	78% (9)	0	1	0	33% (6)	2

Spieler	Ballkontakte in Min.	Zweikämpfe gewonnen (von)	Fouls/gefoult worden	Pässe angek. (von)	Schüsse/Schussvorlagen	Tore/Torvorlagen	Note
S. Ristovski	62 in 90	50% (14)	0/1	78% (45)	0/0	0/0	4
Velkovski 1	61 in 85	62% (21)	2/0	93% (44)	0/0	0/0	3
Trickovski	0 in 5	0% (1)	0/0	0% (0)	0/0	0/0	–
Musliu	53 in 90	50% (18)	0/0	95% (40)	1/1	0/0	4
Nikolov	31 in 45	50% (6)	0/0	88% (16)	1/1	0/0	4
Trajkovski	17 in 45	57% (7)	2/0	90% (10)	3/1	0/0	3
Spirovski	16 in 45	40% (10)	1/0	92% (12)	0/0	0/0	4
Churlinov	15 in 45	56% (9)	0/0	67% (9)	0/1	0/0	4
Alioski	55 in 90	31% (13)	0/0	87% (30)	2/0	1/0	4
Ademi	38 in 84	50% (12)	1/0	93% (29)	1/1	0/0	4
Ristevski	7 in 6	50% (2)	0/0	100% (7)	0/0	0/0	–
Bardhi	49 in 76	43% (14)	0/0	84% (38)	2/3	0/0	4
Avramovski 1	9 in 14	75% (4)	1/1	75% (4)	1/0	0/0	–
Pandev	35 in 90	64% (25)	0/4	63% (16)	0/4	0/1	3
Elmas	49 in 90	33% (21)	1/0	87% (38)	2/0	0/0	4

Depay & Dumfries machen alles klar

So viele Spieler aus der Bundesliga wie noch nie

Österreichs Martin Hinteregger (r./ Eintracht Frankfurt) ist einer von 91 Bundesliga-Profis bei der EM

Neun Deutschland-Legionäre hatte Österreichs Teamchef Franco Foda gegen die Niederlande in der Startelf. Fünf wechselte er ein. Das ÖFB-Team hatte mit 21 Spielern im Kader die meisten Bundesliga-Profis. Drei Österreicher (Christoph Baumgartner, Florian Grillitsch und Stefan Posch) kamen allein von Hoffenheim.
Im Ranking der Bundesliga-Spieler (ohne Deutschland) folgte die Schweiz mit elf Spielern. Die stärkste Fraktion hatte Gladbach: Nico Elvedi, Breel Embolo, Yann Sommer und Denis Zakaria.
Weltmeister Frankreich bot fünf Stars auf, die in Deutschland spielten. Davon vier vom FC Bayern München (Kingsley Coman, Lucas Hernández, Benjamin Pavard, Corentin Tolisso). Ebenfalls bei „Les Bleus" dabei: Marcus Thuram (Gladbach).
Belgien, Dänemark, Tschechien und Ungarn gingen mit je vier BL-Spielern ins paneuropäische Turnier. Italien, Russland, Schottland, die Ukraine und Wales kamen ohne Bundesliga-Profis aus. Die deutsche Fußball-Eliteliga wies somit bei 91 Profis (inklusive DFB-Aufgebot, 17 Spieler) einen Gesamt-Anteil von 14,6 Prozent an EM-Fahrern vor, neuer EM-Rekord für die Bundesliga. Bei der EURO 2016 in Frankreich waren es „nur" 65 Bundesliga-Spieler (11,7 Prozent).

Die Niederlande erreichen das Achtelfinale. Alaba-Foul ist „Anfang vom Ende" für Österreich

Der 106-malige niederländische Nationalspieler Giovanni van Bronckhorst lehnte sich auf der Ehrentribüne nach 80 Minuten ermüdet zurück. „Gio" konnte sicher sein, in Amsterdam schon bessere Spiele in diesem Wettbewerb gesehen zu haben. Wie das legendäre 3:2 gegen Frankreich bei der Heim-EM am 21. Juni 2000.

„Hollands individuelle Klasse hat sich durchgesetzt"

Dieses Mal erledigte die „Elftal" nur ihre Pflicht. Den Schwung der Fußball-Gala gegen die Ukraine (3:2) wenige Tage zuvor konnte der Europameister von 1988 nicht mitnehmen. Das verhaltene Spiel brachte den Niederländern nach einer Stunde Pfiffe von den eigenen Fans ein. „Holland hat nicht klinisch genug abgeschlossen", kritisierte Ex-Nationalstürmer Jimmy Floyd Hasselbaink. Er meinte auch eine Szene aus der 61. Minute. Abwehrchef Matthijs de Ligt und Stefan de Vrij schafften es nicht, Österreichs Torhüter Daniel Bachmann und den in die Defensive geeilten Stürmer Michael Gregoritsch aus kurzer Distanz zu überwinden.

Keine Chance hatte Bachmann dagegen in der elften Minute. Den platzierten Foulelfmeter von Memphis Depay konnte er nicht halten. Zuvor war ÖFB-Kapitän David Alaba im Laufduell Denzel Dumfries auf den Fuß getreten, korrekte Entscheidung per Video-Assistent. „Der Anfang vom Ende", schrieb der „Wiener Kurier".

Seit der Berufung von Frank de Boer zum Bondscoach am 23. September 2020 hatte nur der Belgier Romelu Lukaku (zehn Treffer) mehr Tore für ein europäisches Land erzielt als Depay. Der niederländische Regisseur traf zum achten Mal.

Der Offensiv-Power hatten die Österreicher vornehmlich Kampfgeist entgegenzusetzen. In der Offensive enttäuschte die Mannschaft des deutschen Trainers Franco Foda. „Hollands individuelle Klasse hat sich durchgesetzt", sagte Abwehrspieler Martin Hinteregger. Eine gute Ausgleichschance hatte die ÖFB-Elf dann doch. De Ligt blockte einen Schuss von Christoph Baumgartner aus 14 Metern halblinks gerade noch ab (28. Spielminute). Auf der Tribüne sah der wegen beleidigendem Torjubel für ein Spiel gesperrte Marko Arnautovic beinahe entgeistert diese Aktion.

Holland ging schon vor der Pause sorglos mit seinen Torchancen um. Depay (24.) traf nach Laufduell gegen Alaba und Aleksandar Dragovic das Außennetz. Wout Weghorst (40.) stand am Strafraum komplett frei, spielte dann aber auf Depay, statt selbst den Abschluss zu suchen – und der verzog aus fünf Metern.

Trainer Frank de Boer nahm sein Team in Schutz. „Wir haben offensiv nicht unser bestes Spiel gemacht, aber wir haben dennoch dominiert." Nach 66 Minuten die Entscheidung: Der eingewechselte Donyell Malen legte quer auf Dumfries, der aus fünf Metern einschoss. Dumfries war an allen fünf Oranje-Treffer beteiligt und ein wesentlicher Grund dafür, dass die Niederlande im Achtelfinale stehen.

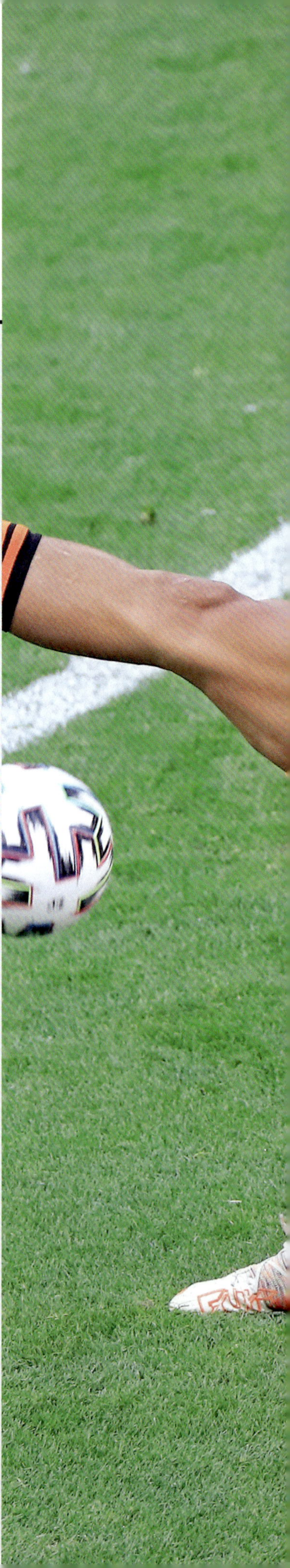

Nur mit rustikalen Mitteln zu stoppen: Memphis Depay wird hier von Aleksandar Dragovic aus dem Gleichgewicht gebracht. Der Holländer war ansonsten kaum zu halten und traf per Elfmeter zum 1:0

NIEDERLANDE – ÖSTERREICH

2:0 (1:0)

NIEDERLANDE-DATEN

Torhüter	Min.	Schüsse gehalten (von)	Flanken/Ecken abgefangen	Glanztaten	Schwere Fehler	Lange Pässe angekommen (von)	Note
Stekelenburg	90	100% (1)	1	0	0	40% (15)	3

Spieler	Ballkontakte in Min.	Zweikämpfe gewonnen (von)	Fouls/gefoult worden	Pässe angek. (von)	Schüsse/Schussvorlagen	Tore/Torvorlagen	Note
de Vrij	59 in 90	36% (11)	2/0	88% (42)	1/2	0/0	3
de Ligt	45 in 90	57% (7)	0/0	100% (34)	1/0	0/0	3
Blind	73 in 63	86% (7)	0/1	86% (58)	0/0	0/0	2
Aké	16 in 27	50% (2)	0/0	85% (13)	0/0	0/0	3
de Roon 1	42 in 73	46% (13)	2/0	76% (33)	1/0	0/0	3
Gravenberch	7 in 17	50% (4)	0/0	80% (5)	0/0	0/0	4
de Jong	67 in 90	59% (29)	2/0	85% (54)	0/1	0/0	2
Dumfries	33 in 90	35% (17)	2/1	69% (13)	1/3	1/1	2
van Aanholt	44 in 63	67% (9)	2/1	79% (33)	0/1	0/0	3
Wijndal	11 in 27	100% (2)	0/0	75% (4)	0/0	0/0	3
Wijnaldum	38 in 90	50% (20)	0/3	92% (26)	2/1	0/0	2
Weghorst	23 in 63	20% (10)	2/0	55% (20)	1/2	0/0	3
Malen	18 in 27	29% (7)	0/0	92% (12)	1/1	0/1	3
Depay	52 in 81	44% (16)	1/3	74% (34)	6/2	1/0	2
de Jong	7 in 9	50% (2)	0/0	80% (5)	0/0	0/0	–

17. JUNI, 21 UHR, AMSTERDAM

Schiedsrichter: *Orel Grinfeld (Israel).* ***Assistenten:*** *Roy Hassan und Idan Yarkoni (beide Israel).* ***Tore:*** *1:0 Depay (11./Foulelfmeter), 2:0 Dumfries (67.).* ***Wechsel:*** *Aké für Blind (64.), Malen für Weghorst (64.), Wijndal für van Aanholt (64.), Gravenberch für de Roon (74.), de Jong für Depay (82.) – Grillitsch für Laimer (61.), Kalajdzic für Gregoritsch (61.), Lazaro für Baumgartner (70.), Lienhart für Dragovic (84.), Onisiwo für X. Schlager (84.).* ***Zuschauer:*** *15 243.* ***Wetter:*** *25 Grad, teils bewölkt.*

ÖSTERREICH-DATEN

Torhüter	Min.	Schüsse gehalten (von)	Flanken/Ecken abgefangen	Glanztaten	Schwere Fehler	Lange Pässe angekommen (von)	Note
Bachmann 1	90	33% (3)	1	0	0	33% (9)	4

Spieler	Ballkontakte in Min.	Zweikämpfe gewonnen (von)	Fouls/gefoult worden	Pässe angek. (von)	Schüsse/Schussvorlagen	Tore/Torvorlagen	Note
Dragovic	61 in 83	50% (8)	3/1	88% (41)	0/0	0/0	4
Lienhart	7 in 7	0% (0)	0/0	83% (6)	0/0	0/0	–
Alaba 1	86 in 90	44% (9)	1/1	93% (67)	1/2	0/0	4
Hinteregger	75 in 90	50% (16)	2/0	91% (55)	2/0	0/0	4
X. Schlager	48 in 83	54% (28)	0/2	79% (34)	0/2	0/0	3
Onisiwo	3 in 7	50% (2)	0/1	100% (1)	1/0	0/0	–
Lainer	74 in 90	47% (19)	0/3	78% (40)	1/0	0/0	4
Laimer	26 in 60	44% (9)	0/1	74% (23)	0/1	0/0	4
Grillitsch	18 in 30	75% (4)	0/0	85% (13)	0/0	0/0	4
Sabitzer	68 in 90	62% (13)	1/2	86% (56)	1/0	0/0	3
Ulmer	54 in 90	67% (15)	0/0	76% (37)	0/0	0/0	3
Gregoritsch	20 in 60	33% (12)	1/1	100% (7)	0/0	0/0	4
Kalajdzic	17 in 30	67% (9)	0/0	83% (12)	2/1	0/0	4
Baumgartner	28 in 69	22% (9)	1/1	68% (22)	1/0	0/0	4
Lazaro	15 in 21	50% (2)	0/0	100% (10)	0/3	0/0	4

Wijnaldum-Show und Pandev-Chöre

Torwart am Boden, Torschütze obenauf! Niederlande-Kapitän Georginio Wijnaldum hat gerade sein zweites Tor gegen Nordmazedonien geschossen und dreht zum Jubeln ab

„Nun mache ich Platz für die nächste Generation“

Nordmazedoniens Spieler bereiten Kapitän Goran Pandev einen gebührenden Abschied

Sein Debüt für Mazedonien hatte Goran Pandev als 17-Jähriger am 6. Juni 2001 gegeben, eingewechselt in der 66. Minute des WM-Qualifikationsspiels in der Türkei (3:3). Zu seinem Abschied mehr als 20 Jahre und exakt 121 Länderspiele später bereiteten ihm Trainer Igor Angelovski, der wenig später ebenfalls seinen Rücktritt bekannt gab, und seine Mitspieler in Amsterdam noch einmal die ganz große Bühne. Als in der 69. Minute die Rückennummer 10 ihres Kapitäns in Rot auf dem Auswechseltäfelchen aufleuchtete, bildeten sie ein Spalier, durch das der fast 38-Jährige unter lautem Applaus sichtlich bewegt hindurchschritt.
38-mal hat der Nationalheld für sein Land getroffen, darunter legendär bei seiner Tor-Premiere zum 1:0 über Bosnien (2004), per Doppelpack gegen Spanien (2009) oder beim 2:1-Triumph in der WM-Quali über Deutschland (2021). Als die Tränen der Rührung getrocknet waren, erklärte Pandev: „Meine Karriere ist zu Ende. Für mich war es großartig. Nun mache ich Platz für die nächste Generation. Durch meine Kollegen zu laufen, dass sie mich so verabschiedet haben, war ein bewegender Moment, für den ich sehr dankbar bin.“

Der Oranje-Kapitän erzielt einen Doppelpack, der Altmeister beendet seine Karriere

Es ging um nichts mehr. Die Niederlande waren schon für das Achtelfinale qualifiziert, Nordmazedonien war bereits ausgeschieden. Trotzdem entwickelte sich ein munteres Spiel, das der Favorit am Ende mit 3:0 gewann. „Drei Tore sind schön und gut, es hätten aber noch einige mehr sein können“, sagte Mittelfeldstar Frenkie de Jong. Trainer Frank de Boer war zufrieden, mahnte aber auch: „Ich denke, dass wir heute viele gute Dinge gesehen haben, uns aber auch noch steigern müssen.“

„Ein bisschen der Johan Cruyff von Nordmazedonien“

Als Hauptdarsteller standen dabei von Beginn an die Spieler im Fokus, die schon vorab für die dicksten Schlagzeilen gesorgt hatten. Bei den Niederlanden Georginio Wijnaldum, dessen Vertragsende beim FC Liverpool die Begehrlichkeiten zahlreicher europäischer Top-Klubs geweckt und kurz vor EM-Start ein öffentlich ausgetragenes Transfer-Hickhack zwischen dem FC Barcelona und Paris St-Germain ausgelöst hatte, das die Franzosen schließlich für sich entschieden. Bei Nordmazedonien Goran Pandev, der im Vorfeld der Partie das Ende seiner langen und erfolgreichen Karriere angekündigt hatte.

Bei der Seitenwahl trafen die beiden Kapitäne aufeinander. Wijnaldum überreichte ein gerahmtes und mit Pandevs Namen und der Nummer 122 für die Zahl seiner Auswahlspiele beflocktes Oranje-Trikot. Eine schöne Geste. Pandev selbst hatte auch etwas in petto und ließ anschließend noch einmal seine ganze Klasse aufblitzen. Mit herrlichen Direktablagen bereitete er zwei Großchancen vor, zur Führung des Underdogs fehlten jeweils nur Zentimeter: Trickovski stand mit der Fußspitze im Abseits (9.), Trajkovskis Flachschuss landete am Innenpfosten (22.).

Von den Rängen kamen sowohl von den Fans Nordmazedoniens als auch von den niederländischen Anhängern laute „Pandev-Sprechchöre“. „Ich finde das großartig“, sagte Hollands Ex-Nationalspieler Rafael van der Vaart, „er ist ja auch so ein bisschen der Johan Cruyff von Nordmazedonien.“

Kurios: Auch bei den Gegentoren war Pandev maßgeblich beteiligt. Vor dem 0:1 (24.) wurde er durch ein hartes und vom Schiedsrichter sehr großzügig beurteiltes Tackling vom Ball getrennt, vor dem 0:2 (51.) ließ sich der permanent gedoppelte Altstar das Spielgerät nach einem Einwurf klauen.

Beispielhafte Treffer für die große Stärke der Elftal: aggressives Pressing, schnelles Umschaltspiel, direkter Abschluss. Zweimal stand Wijnaldum am Ende dieser Aktionskette und brachte dadurch frühzeitig die dritte niederländische Vorrunde mit Maximalpunktzahl nach 2000 und 2008 unter Dach und Fach. Fast hätte der Mittelfeldspieler seinen furiosen Auftritt mit einem dritten Tor gekrönt, doch sein Außenrist-Schuss strich über die Latte (61.). Immerhin: Wijnaldum (25 Länderspieltore) überholte Marco van Basten und Dirk Kuyt in der ewigen internen Torschützenliste seines Landes.

NORDMAZEDONIEN – NIEDERLANDE

0:3 (0:1)

NORDMAZEDONIEN-DATEN

Torhüter	Min.	Schüsse gehalten (von)	Flanken/Ecken abgefangen	Glanztaten	Schwere Fehler	Lange Pässe angekommen (von)	Note
Dimitrievski	90	57% (7)	2	1	0	67% (9)	3

Spieler	Ballkontakte in Min.	Zweikämpfe gewonnen (von)	Fouls/gefoult worden	Pässe angek. (von)	Schüsse/Schussvorlagen	Tore/Torvorlagen	Note
S. Ristovski 1	74 in 90	71% (14)	0/0	83% (53)	1/0	0/0	4
Velkovski	43 in 90	36% (11)	1/0	84% (31)	1/0	0/0	4
Musliu 1	52 in 90	50% (16)	2/0	89% (38)	1/1	0/0	4
Alioski 2	71 in 90	41% (27)	2/2	66% (41)	0/3	0/0	4
Ademi	39 in 77	73% (15)	0/2	82% (34)	0/0	0/0	3
Nikolov	5 in 13	67% (6)	0/1	100% (2)	1/0	0/0	–
Bardhi	57 in 77	54% (13)	1/1	81% (37)	3/2	0/0	3
Stojanovski	3 in 13	33% (3)	0/0	100% (2)	0/0	0/0	–
Trickovski	19 in 55	17% (6)	0/1	81% (16)	0/1	0/0	4
Churlinov	14 in 35	38% (8)	0/0	80% (5)	0/0	0/0	4
Elmas	46 in 90	35% (17)	0/1	84% (31)	2/1	0/0	4
Trajkovski	41 in 67	33% (21)	1/0	89% (27)	2/1	0/0	4
Hasani	10 in 23	50% (4)	0/0	83% (6)	0/0	0/0	4
Pandev	30 in 67	35% (17)	0/2	65% (17)	0/1	0/0	4
Kostadinov 1	9 in 23	38% (8)	1/1	60% (5)	0/1	0/0	4

21. JUNI, 18 UHR, AMSTERDAM

Schiedsrichter: *Istvan Kovacs (Rumänien).* **Assistenten:** *Vasile Marinescu, Ovidiu Artene (beide Rumänien).*
Tore: *0:1 Depay (24.), 0:2, 0:3 Wijnaldum (51., 58.).*
Wechsel: *Churlinov für Trickovski (56.), Hasani für Trajkovski (68.), Kostadinov für Pandev (68.), Stojanovski für Bardhi (78.), Nikolov für Ademi (78.) – Berghuis für Dumfries (46.), Timber für de Vrij (46.), Weghorst für Depay (66.), Promes für Malen (66.), Gakpo für F. de Jong (78.).*
Zuschauer: *15 227.*
Wetter: *15 Grad, regnerisch.*

NIEDERLANDE-DATEN

Torhüter	Min.	Schüsse gehalten (von)	Flanken/Ecken abgefangen	Glanztaten	Schwere Fehler	Lange Pässe angekommen (von)	Note
Stekelenburg	90	100% (1)	0	0	0	0% (0)	3

Spieler	Ballkontakte in Min.	Zweikämpfe gewonnen (von)	Fouls/gefoult worden	Pässe angek. (von)	Schüsse/Schussvorlagen	Tore/Torvorlagen	Note
de Vrij	29 in 45	44% (9)	0/0	90% (21)	0/0	0/0	3
Timber	30 in 45	56% (9)	1/0	94% (18)	1/0	0/0	3
de Ligt	84 in 90	64% (11)	1/0	91% (67)	2/0	0/0	2
Blind	110 in 90	75% (12)	0/0	93% (101)	0/1	0/0	2
F. de Jong	64 in 77	64% (25)	2/1	81% (52)	0/1	0/0	2
Gakpo	11 in 13	67% (6)	1/0	71% (7)	0/1	0/0	–
Gravenberch	102 in 90	46% (26)	0/0	89% (80)	2/1	0/0	3
Dumfries	23 in 45	50% (14)	0/1	82% (11)	2/1	0/0	3
Berghuis	34 in 45	58% (12)	1/2	52% (23)	1/2	0/0	3
van Aanholt	60 in 90	33% (6)	1/0	81% (52)	0/2	0/0	3
Wijnaldum	40 in 90	39% (23)	2/0	65% (26)	3/0	2/0	1
Depay	44 in 65	71% (14)	0/2	73% (30)	3/3	1/2	2
Weghorst	9 in 25	57% (7)	1/0	80% (5)	2/0	0/0	3
Malen	34 in 65	50% (12)	1/2	88% (25)	1/4	0/1	2
Promes	25 in 25	50% (2)	0/0	91% (23)	0/1	0/0	3

Österreich im Freudentaumel

Shevchenko: Drei EM-Turniere in drei verschiedenen Rollen

Andriy Shevchenko ist eine Legende in der Ukraine: als Spieler und als Trainer

„Wir haben alles gegeben, doch es gibt Spiele, in denen es einfach nicht läuft", sagte Ukraines Nationaltrainer Andriy Shevchenko nach dem 0:1 gegen Österreich sichtlich geknickt. Der ehemalige Weltklassestürmer, der 2003 mit dem AC Mailand die Champions League gewann und 2004 zu Europas Fußballer des Jahres gewählt wurde, nahm zum dritten Mal an einer Europameisterschaft teil.

An seine ersten beiden EM-Turniere erinnert sich „Sheva" nicht wirklich gerne zurück. Als Spieler war er bei nur einer EM dabei: 2012 im eigenen Land. Damals führte er die Ukraine im Auftaktspiel gegen Schweden mit einem Doppelpack zum Sieg. Nach Niederlagen gegen Frankreich (0:2) und England (0:1) war für ihn und seine Mitspieler dennoch bereits nach der Vorrunde Schluss.

Bei der letzten EM in Frankreich saß Shevchenko als Assistenzcoach auf der ukrainischen Trainerbank und erlebte ein Déjà-vu: Sein Heimatland schied erneut in der Vorrunde aus, dieses Mal sogar punkt- und torlos. Zum Auftakt setzte es ein 0:2 gegen Deutschland. Es folgten Pleiten gegen Nordirland (0:2) und Polen (0:1).

Nach diesem Debakel wurde Shevchenko zum Cheftrainer ernannt und absolvierte fünf Jahre später seine dritte EM.

Team von Franco Foda schafft Historisches und erreicht erstmals seit 1954 eine K.o-Runde

Franco Foda genoss den Moment, als er nach dem Spiel vor die Kameras trat. Seit seinem Amtsantritt im Oktober 2017 stand Österreichs Nationaltrainer fast durchgehend in der Kritik, musste dreieinhalb Jahre zahlreiche Attacken von Experten und Presse aushalten. Doch nun hatte der gebürtige Mainzer Österreich einen historischen Erfolg beschert und es allen Kritikern gezeigt: Dank des 1:0-Sieges über die Ukraine überstand das ÖFB-Team erstmals bei einer EM die Vorrunde und durfte sich auf das erste K.o.-Spiel bei einem großen Turnier seit der WM 1954 freuen. Die österreichischen Fans in Bukarest feierten euphorisch, skandierten „Oh, wie ist das schön".

> ***„Historisch! Danke! Jaaaaaaaaa! Sie haben es geschafft"***

Dabei hatte es vor der Partie durchaus Zweifel gegeben. Österreich und der Ukraine hätte wahrscheinlich schon ein Unentschieden fürs Weiterkommen gereicht. So wurde spekuliert, ob sich beide Teams vielleicht auf ein Remis einigen würden. Das hatte Österreich schon bei der WM 1982 mit Deutschland getan und damit für die „Schande von Gijón" gesorgt. Nach Spielbeginn wurde gleichwohl schnell deutlich, dass von einer Absprache dieses Mal keine Rede sein konnte. Die Österreicher spielten von der ersten Minute an auf Sieg und zeigten eine beeindruckende Leistung. Das Ergebnis hätte gut und gerne auch höher ausfallen können.

Die „Kronen Zeitung" jubelte: „Historisch! Danke! Jaaaaaaaaa! Sie haben es geschafft, 43 Jahre nach Córdoba wieder an einem 21. Juni Geschichte geschrieben! Kein Rechnen und kein Zittern, man ist aus eigener Kraft aufgestiegen. Alle dürfen stolz sein!" Das goldene Tor erzielte Christoph Baumgartner in der 21. Minute. Nach einer Ecke von Bayern-Star David Alaba bugsierte der Mittelfeldmann von der TSG Hoffenheim den Ball mit der rechten Fußsohle aus fünf Metern ins Netz. Bitter: Nur elf Minuten später musste Baumgartner nach einem harten Zusammenprall mit Ilya Zabarnyi verletzt ausgewechselt werden. „Ich kann es noch nicht realisieren, mir tut der Schädel richtig weh", scherzte der Torschütze nach der Partie und richtete dann ein paar Worte an die Landsleute: „Ich freue mich für ganz Österreich. Wir haben eine ganz schwierige Zeit hinter uns mit dem ganzen Corona-Dreck. Genießt das alles zusammen!"

Ganz anders war die Gemütslage bei den Ukrainern. Nach den überzeugenden Auftritten in den ersten beiden Partien wirkten die „Blau-Gelben" gegen Österreich gehemmt und mussten nun auf Schützenhilfe hoffen. Superstar Oleksandr Zincheko, der schon wenige Wochen zuvor mit Manchester City das Champions-League-Finale gegen Chelsea verloren hatte, war am Boden zerstört: „Ich bin so enttäuscht. Die Art und Weise, wie wir uns auf dem Feld verhalten haben, war inakzeptabel. Wir haben uns vor dem Spiel im Training sehr gut gefühlt. Aber heute hat nichts funktioniert."

21. Minute: Nach einer Ecke von David Alaba drückt Christoph Baumgartner den Ball ins Netz. Die „Sohle von Bukarest" hat ihren Platz in Österreichs Fußball-Geschichte sicher

Kommt ein Ösi geflogen … Aleksandar Dragovic freut sich mit Torschütze Baumgartner, Kapitän Alaba (r). und Marcel Sabitzer (l.)

UKRAINE – ÖSTERREICH

0:1 (0:1)

UKRAINE-DATEN

Torhüter	Min.	Schüsse gehalten (von)	Flanken/Ecken abgefangen	Glanztaten	Schwere Fehler	Lange Pässe angekommen (von)	Note
Bushchan	90	75% (4)	1	0	0	57% (7)	3

Spieler	Ballkontakte in Min.	Zweikämpfe gewonnen (von)	Fouls/gefoult worden	Pässe angek. (von)	Schüsse/Schussvorlagen	Tore/Torvorlagen	Note
Karavaev	78 in 90	65% (20)	1/2	67% (43)	0/1	0/0	3
Zabarnyi	73 in 90	60% (15)	1/1	96% (54)	0/0	0/0	4
Matvienko	88 in 90	64% (11)	0/0	90% (67)	0/0	0/0	4
Mykolenko	58 in 84	50% (6)	0/1	88% (34)	0/0	0/0	4
Besedin	2 in 6	0% (1)	0/0	100% (1)	0/0	0/0	–
Sydorchuk	60 in 90	60% (25)	1/1	91% (43)	0/0	0/0	3
Zinchenko	54 in 90	44% (18)	2/0	78% (37)	0/0	0/0	4
Shaparenko	49 in 67	35% (17)	1/0	86% (36)	1/0	0/0	4
Marlos	8 in 23	0% (2)	0/0	86% (7)	0/0	0/0	4
Yarmolenko	49 in 90	56% (25)	0/2	84% (25)	0/0	0/0	3
Yaremchuk	16 in 90	33% (12)	1/1	100% (8)	1/0	0/0	4
Malinovskyi	19 in 45	50% (14)	0/2	83% (12)	0/1	0/0	4
Tsygankov	23 in 45	30% (10)	2/0	67% (18)	0/0	0/0	4

21. JUNI, 18 UHR, BUKAREST

Schiedsrichter:
Cüneyt Cakir (Türkei).
Assistenten:
Bahattin Duran und Tarik Ongun (beide Türkei).
Tor:
0:1 Baumgartner (21.).
Wechsel:
Tsygankov für Malinovskyi (46.), Marlos für Shaparenko (68.), Besedin für Mykolenko (85.) – Schöpf für Baumgartner (32.), Ilsanker für Laimer (72.), Kalajdzic für Arnautovic (90.).
Zuschauer:
10 472.
Wetter:
25 Grad, bewölkt.

ÖSTERREICH-DATEN

Torhüter	Min.	Schüsse gehalten (von)	Flanken/Ecken abgefangen	Glanztaten	Schwere Fehler	Lange Pässe angekommen (von)	Note
Bachmann	90	100% (1)	0	0	0	50% (8)	3

Spieler	Ballkontakte in Min.	Zweikämpfe gewonnen (von)	Fouls/gefoult worden	Pässe angek. (von)	Schüsse/Schussvorlagen	Tore/Torvorlagen	Note
Lainer	72 in 90	64% (22)	0/2	83% (41)	1/0	0/0	2
Dragovic	58 in 90	78% (9)	1/0	87% (46)	1/0	0/0	2
Hinteregger	45 in 90	70% (10)	0/2	82% (33)	0/0	0/0	2
Alaba	79 in 90	44% (18)	1/0	76% (45)	0/2	0/1	3
Grillitsch	77 in 90	63% (16)	0/1	87% (62)	1/0	0/0	3
X. Schlager	31 in 90	44% (18)	0/0	76% (25)	2/3	0/0	3
Sabitzer	62 in 90	37% (19)	2/0	81% (47)	3/1	0/0	3
Laimer	35 in 71	40% (20)	3/0	84% (19)	2/1	0/0	3
Ilsanker	10 in 19	50% (2)	0/0	100% (7)	0/0	0/0	4
Baumgartner	18 in 31	62% (13)	0/3	80% (10)	1/2	1/0	2
Schöpf	37 in 59	17% (6)	1/0	90% (29)	1/4	0/0	3
Arnautovic	36 in 89	30% (23)	2/1	54% (24)	3/2	0/0	3
Kalajdzic	3 in 1	0% (0)	0/0	0% (0)	0/0	0/0	–

GRUPPE D

ENGLAND
KROATIEN
SCHOTTLAND
TSCHECHIEN

Sonntag, 13. Juni, London
England – **Kroatien** **1 : 0**

Montag, 14. Juni, Glasgow
Schottland – **Tschechien** **0 : 2**

Freitag, 18. Juni, Glasgow
Kroatien – **Tschechien** **1 : 1**

Freitag, 18. Juni, London
England – **Schottland** **0 : 0**

Dienstag, 22. Juni, London
Tschechien – **England** **0 : 1**

Dienstag, 22. Juni, Glasgow
Kroatien – **Schottland** **3 : 1**

	England	Kroatien	Schottland	Tschechien
England		1:0	0:0	1:0
Kroatien	0:1		3:1	1:1
Schottland	0:0	1:3		0:2
Tschechien	0:1	1:1	2:0	

Mannschaft	G	U	V	Tore	Pkte
1. England	2	1	0	2:0	7
2. Kroatien	1	1	1	4:3	4
3. Tschechien	1	1	1	3:2	4
4. Schottland	0	1	2	1:5	1

Zum Niederknien! Luka Modric ist ein Fußballer mit außergewöhnlichem Talent. Mit einem sehenswerten Außenrist-Tor gegen Schottland ebnete der Vize-Weltmeister von 2018 Kroatien den Weg ins Achtelfinale. Schottlands John McGinn (l.) konnte nur staunen. Kroatiens Trainer Zlatko Dalic sagt über Modric: „Vom ersten Tag an sah er die Mannschaft als etwas Heiliges an. Die Art und Weise, wie er das Tor gefeiert hat, zeigt, wie viel uns das Tor und das Nationalteam bedeuten“

PATRIK SCHICK

Goldfüßchen mit großer Zukunft

Der Tscheche begeistert mit seinen Toren. Pavel Nedved erkannte schon vor Jahren das große Potenzial des Leverkusener Stürmers

In der Geschäftsstelle von Bayer Leverkusen saßen am Nachmittag des 14. Juni Sportdirektor Simon Rolfes, Sport-Geschäftsführer Rudi Völler und Geschäftsführer Fernando Carro und starrten auf den Bildschirm. Sie hatten gerade den Wundertreffer ihres Stürmers Patrik Schick aus 48 Metern zum 2:0 von Tschechien gegen Schottland gesehen.

Schick schwang sich früh zum herausragenden Spieler der Gruppe D auf und sollte mit seinen drei Treffern die Tschechen quasi im Alleingang ins Achtelfinale führen.

„Dieser Weitschuss hat uns aus den Stühlen gerissen", sagte Völler, „Patrik hat mit seinem linken Fuß einfach eine wunderbare Schusstechnik. Aber auch sein Kopfball zum 1:0 war ein tolles Tor, ein echtes Mittelstürmer-Tor."

„Patrik hat mit seinem linken Fuß einfach eine wunderbare Schusstechnik"

In Tschechiens EM-Auftaktspiel in Glasgow erzielte das Goldfüßchen aus Prag nicht nur das Tor aus der größten Distanz der EM-Historie, er zeigte schlichtweg das gesamte Repertoire seiner Klasse, die Leverkusen im Sommer 2020 dazu veranlasst hatte, 26,5 Millionen Euro, die zweithöchste Ablöse der Klub-Geschichte, an die AS Roma zu überweisen.

International konnte Schick bereits früh Erfahrungen sammeln: Im Alter von 20 Jahren wechselte er 2016 von Sparta Prag für vier Millionen Euro Ablöse zu Sampdoria Genua, die AS Roma holte ihn ein Jahr später auf Leihbasis und zahlte dann 2018 stolze 42 Mio. an Sampdoria. Allerdings schaffte Schick in Rom, auch aufgrund einiger Verletzungen, den Durchbruch nicht. Er wurde 2019 für 3,5 Mio. nach Leipzig ausgeliehen und wollte danach auch nicht mehr in die Serie A zurück. Den Leipzigern war die Forderung aus Rom allerdings zu hoch, Leverkusen machte das Rennen.

In seiner Debütsaison bei der Werkself konnte Schick die Erwartungen mit neun Toren in 29 Bundesliga-Spielen nur bedingt erfüllen, was auch an einem Faserriss zu Beginn der Spielzeit lag, der ihn fast zwei Monate stoppte. „Es war keine schlechte Saison für mich, aber ich weiß, dass ich viel besser spielen kann", sagt Schick selbst.

Für Schick waren es bei der EM besondere Glücksmomente, denn nach dem Spiel gegen die Schotten enthüllte BILD, dass der 1,87 Meter große Angreifer und seine Frau Hanna das zweite Kind erwarten würden. Im Oktober 2020 hatte Hanna bereits Töchterchen Victoria zur Welt gebracht.

Die Leistungsexplosion kam nicht überraschend: Im letzten Testspiel der Tschechen gegen Albanien kurz vor dem EM-Auftakt hatte Schick im Stadion seines Stamm- und Herzensvereins Sparta Prag ein wunderschönes Tor mit links zum 1:0 beim 3:1-Sieg erzielt. Ein ähnlich fantastischer Treffer war ihm am 13. Spieltag der abgelaufenen Bundesliga-Saison gegen den FC Bayern gelungen: Schick versenkte eine Flanke von Nadiem Amiri von der Strafraumkante mit links per Volleyabnahme gegen Manuel Neuer zum 1:0.

Gegen Kroatien stand wieder Schick im Mittelpunkt – in doppelter Hinsicht. Erst hatte Kroatiens Abwehrchef Dejan Lovren den Stürmer mit dem Ellenbogen im Gesicht getroffen, Schick blutete, bekam Tampons in die Nase. Schick: „Ich konnte schlecht atmen, aber irgendwie habe ich es geschafft. Ich habe Glück gehabt. Es ist nichts gebrochen, sondern nur geschwollen." Mit seinem verwandelten Elfmeter verbesserte „Schicky", wie er in Leverkusen gerufen wird, seine Quote in der Nationalelf auf 14 Tore in 28 Länderspielen.

Für Roman Pivarnik, der dem jungen Schick bei Bohemians Prag als Leihgabe von Sparta die Chance gab, in der 1. Liga Spielpraxis zu sammeln, war dieser Elfmeter ein wichtiger Schritt in der Entwicklung. „Obwohl er gefoult wurde und sie das Blut aus der Nase stoppen mussten, hatte sich Patrik dazu entschieden, den Strafstoß zu schießen. Das war ein großes Beispiel für sein Selbstbewusstsein."

Schick ist für den tschechischen Fußball ein neuer Superstar. Seit der Generation um Pavel Nedved und Tomas Rosicky hatten die Fans auf einen Spieler gehofft, der das Potenzial hat, ein ganz Großer zu werden.

Nedved sagte schon vor Jahren: „Er erinnert mich an Zlatan Ibrahimovic. Der war auch so, als er zu Juventus Turin kam. Der hatte auch keine Muskeln. Man kann sich schon jetzt vorstellen, wie er in zwei oder drei Jahren spielt. Schick hat eine große Zukunft vor sich." Nedved sollte recht behalten. ●

ANALYSE GRUPPE D

England: Platz 1 trotz schwacher Offensive

Begeisternder Fußball sieht anders aus. England quälte sich zum Gruppensieg. Noch nie konnte eine Mannschaft in der EM-Vorrunde mit nur zwei Toren Platz eins belegen. Die Offensive ist das große Problem. Harry Kane steckt in der Krise, wirkt nicht topfit. Raheem Sterling ist der Einzige, der trifft. Im Prestige-Duell gegen Schottland gelang ihm aber auch nichts. Dass es im Wembley-Stadion nur zu einem 0:0 reichte, ist eine gefühlte Niederlage für die Three Lions.
Fragt sich, warum Trainer Gareth Southgate den Dortmunder Jadon Sancho in der Vorrunde nur ganze sechs Minuten brachte. Dafür gab es Kritik von den Experten.
Wie man Tore schießt, darunter ein wunderschönes, zeigte Patrik Schick. Der Tscheche erzielte drei Treffer und führte sein Team damit ins Achtelfinale.
Kroatien musste bis zum Schluss zittern, war auf die Genialität von Luka Modric angewiesen. Der 35-Jährige zauberte sein Team mit einem Traumtor im letzten Gruppenspiel gegen Schottland zum entscheidenden Sieg.
Die Schotten demonstrierten, dass sie mit ihrer disziplinierten Defensive auch Top-Teams das Leben schwer machen können. Ein Tor in drei Spielen ist aber zu wenig, um auf diesem Niveau bestehen zu können.

Englands Phil Foden mit Gazza-Gedächtnisfrisur. Auch er überzeugte nicht

Schwer zu stoppen: Patrik Schick im Duell mit Declan Rice (r./England). Der Tscheche spielte eine ausgezeichnete Vorrunde und erzielte nicht nur ein Traumtor aus 48 Metern, sondern auch noch zwei weitere Treffer

SCORER-LISTE GRUPPE D

	Tore	Torvorlagen	Scorer-Punkte	gespielte Minuten
Schick (Tschechien)	3	–	3	233
Perisic (Kroatien)	2	1	3	260
Sterling (England)	2	–	2	245
Modric (Kroatien)	1	1	2	270
Grealish (England)	–	1	1	94
Vlasic (Kroatien)	1	–	1	125
Kramaric (Kroatien)	–	1	1	151
McGregor (Schottland)	1	–	1	204
Adams (Schottland)	–	1	1	213
Kovacic (Kroatien)	–	1	1	260
Coufal (Tschechien)	–	1	1	270
Soucek (Tschechien)	–	1	1	270
Phillips (England)	–	1	1	270

Callum McGregor erzielte beim 1:3 gegen Kroatien das einzige Vorrunden-Tor für die tapferen Schotten

Platt! Harry Kane liegt auf dem Rasen des Londoner Wembley-Stadions. Englands Star-Stürmer enttäuschte in der Vorrunde, blieb ohne Tor. Im Prestigeduell gegen Schottland nahm ihn Trainer Gareth Southgate sogar vorzeitig vom Feld, stärkte seinem Goalgetter dann aber den Rücken: „Er ist unser wichtigster Spieler, daran gibt es keinen Zweifel“

RESPECT
RESPECT

Sterling trifft und wird zum „Sir“

Keinen Platz für den 100-Millionen-Mann

Jadon Sancho gegen Kroatien auf der Tribüne des Wembley-Stadions

England gewann den EM-Auftakt. Einen Verlierer gab es trotzdem. Jadon Sancho (Marktwert 100 Mio. Euro) war gegen Kroatien noch nicht mal im Kader. Völlig überraschend musste der Dortmunder, der zu den umworbensten Spielern der Welt gehört, auf der Tribüne Platz nehmen.
England-Trainer Gareth Southgate war natürlich bewusst, welche Brisanz diese Entscheidung hatte: „Mir gefällt es selbst nicht, dass wir Spieler aus dem Kader streichen müssen. Wir können leider nur 23 Spieler benennen, das ist einfach unglücklich. Wir mussten bestimmte Positionen abdecken.“
Nachdem Sancho auch im zweiten Gruppenspiel nicht zum Einsatz kam, fragte Ex-Nationalspieler Rio Ferdinand: „Sancho? Was hat er getan? Irgendetwas muss hinter den Kulissen vorgefallen sein.“
Möglicherweise missfiel Southgate, dass es auch während der EM noch Wechselgerüchte über einen Transfer zu Manchester United gab, die die Ruhe im Team hätten stören können. Wahrend Sancho Frust schob, hatte ein anderer Dortmunder Grund zur Freude. Jude Bellingham wurde gegen Kroatien in der 82. Minute eingewechselt. Mit 17 Jahren und 349 Tagen war er zu diesem Zeitpunkt jüngster EM-Spieler aller Zeiten. Sechs Tage später löste ihn der Pole Kacper Kozlowski (17 Jahre und 246 Tage) ab.

Dank seines Treffers gelingt den Three Lions der erste Auftaktsieg bei einer EM-Endrunde

Yes, Sir!“ – griffiger ließ sich das perfekte Wochenende des Raheem Sterling nicht zusammenfassen, treffender waren die Fotos seines ausgelassenen Torjubels nicht zu untertiteln. Unmittelbar vor dem Spiel hatte das britische Königshaus verlauten lassen, den 26-jährigen Linksaußen von Manchester City in den Adelsstand zu erheben und zum „Member of The Most Excellent Order of the British Empire“ zu ernennen. Eine Auszeichnung für Sterlings Einsatz für Gleichberechtigung und gegen Rassismus im Sport.

Königshaus erhebt den City-Star in den Adelsstand

Den fälligen Ritterschlag führte der Geehrte dann auf dem Rasen von Wembley vor 18 497 Zuschauern gleich selbst durch, als Protagonist der entscheidenden Szene der Partie in der 57. Spielminute. Mitspieler Kalvin Phillips setzte sich gegen die Kroaten Josko Gvardiol und Duje Caleta-Car durch, spielte einen perfekten Vertikalpass zentral in den Strafraum, wo Sterling handlungsschneller als Gegenspieler Sime Vrsaljko und Torwart Dominik Livakovic aus sieben Metern vollstreckte und damit Englands EM-Start versilberte.

Sterlings Tor ist historisch. Es besiegelte im zehnten Anlauf Englands langersehnten ersten Auftaktsieg bei einer EM-Endrunde und war zugleich süße Revanche für das erst in der Verlängerung mit 1:2 verlorene WM-Halbfinale von 2018. Ein angesichts der Spielanteile und Großchancen – Pfostenschuss Phil Foden (6.), Freistoß Mason Mount (67.) – hochverdienter Erfolg.

Die Kroaten hingegen enttäuschten und starteten bei ihrer sechsten Endrunden-Teilnahme erstmals mit einer Niederlage. Der Vize-Weltmeister wirkte bei sommerlichen Temperaturen jenseits der 25 Grad müde, ideen- und harmlos – trotz einer durchaus vielversprechenden Offensiv-Ausrichtung im 4-3-3. Das aus der Bundesliga bestens bekannte Angriffstrio Perisic-Kramaric-Rebic erarbeitete sich aber allenfalls Halbchancen.

Sterling erfüllte sich mit dem Tor einen Kindheitstraum. Der in unmittelbarer Nähe des Stadions aufgewachsene Flügelstürmer hatte sich einst geschworen, falls er jemals bei einem Turnier in Wembley auflaufen sollte, zu treffen. Nach dem Abpfiff bekannte er: „Ein großartiges Gefühl, genau das geschafft zu haben!“

Sterlings Treffer löste auch bei seinem Trainer, der an der Seitenlinie fast ekstatisch jubelte, große Emotionen aus. Die Erleichterung war Gareth Southgate deutlich anzusehen, dieser war zuvor ein Wagnis in der Aufstellung eingegangen. Der zuletzt eher blasse Sterling statt des formstarken Jack Grealish? Rechtsverteidiger Kieran Trippier links hinten? Dafür Chelseas Ben Chilwell, ebenso wie BVB-Star Jadon Sancho nicht einmal im 23er-Kader? Der Aufschrei auf der Insel war groß, als das Aufgebot durchsickerte. Doch am Ende waren alle zufrieden. Dank Sterling.

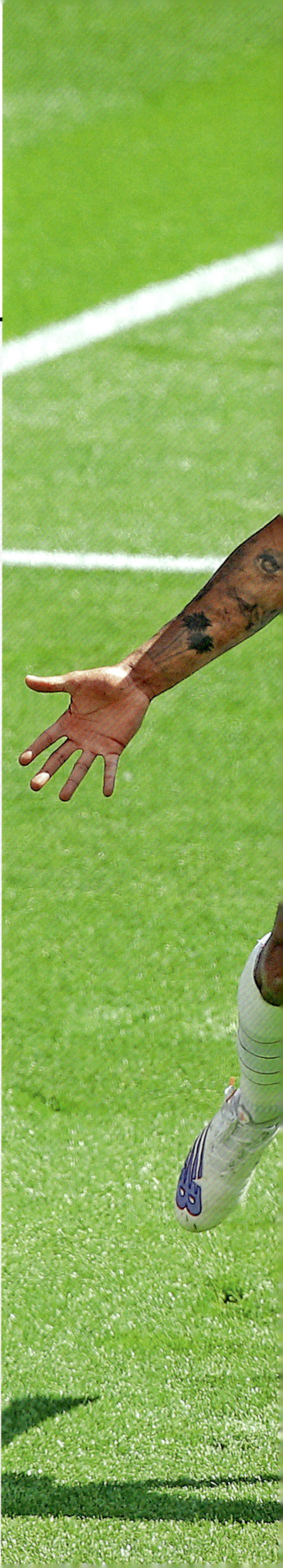

Seht her, ich war's! Raheem Sterling bejubelt seinen Treffer zum 1:0. Sein 15. Tor im 62. Länderspiel

ENGLAND – KROATIEN

1:0 (0:0)

ENGLAND-DATEN

Torhüter	Min.	Schüsse gehalten (von)	Flanken/Ecken abgefangen	Glanz-taten	Schwere Fehler	Lange Pässe angekommen (von)	Note
Pickford	90	100% (2)	1	0	0	33% (6)	2

Spieler	Ball-kontakte in Min.	Zweikämpfe gewonnen (von)	Fouls gefoult/worden	Pässe angek. (von)	Schüsse/Schuss-vorlagen	Tore/Torvor-lagen	Note
Walker	46 in 90	57% (7)	0/0	82% (34)	0/0	0/0	3
Stones	65 in 90	77% (13)	0/1	94% (54)	0/0	0/0	2
Mings	68 in 90	64% (11)	0/1	90% (61)	0/1	0/0	3
Trippier	80 in 90	40% (15)	1/0	85% (62)	1/1	0/0	3
Rice	52 in 90	54% (13)	1/0	100% (41)	0/0	0/0	3
Phillips	37 in 90	38% (24)	3/1	94% (32)	1/1	0/1	3
Mount	41 in 90	57% (21)	0/2	93% (28)	1/2	0/0	2
Foden 1	27 in 70	0% (10)	0/0	96% (23)	1/0	0/0	4
Rashford	5 in 20	33% (9)	0/0	50% (4)	0/0	0/0	4
Kane	24 in 81	60% (15)	0/2	53% (15)	1/0	0/0	3
Bellingham	10 in 9	56% (9)	0/1	50% (6)	0/0	0/0	–
Sterling	48 in 89	48% (21)	2/1	81% (37)	3/1	1/0	2
Calvert-Lewin	1 in 1	100% (1)	0/0	0% (0)	0/0	0/0	–

13. JUNI, 15 UHR, LONDON

Schiedsrichter: *Daniele Orsato (Italien).* ***Assistenten:*** *Alessandro Giallatini und Fabiano Preti (beide Italien).* ***Tor:*** *1:0 Sterling (57.).* ***Wechsel:*** *Rashford für Foden (71.), Bellingham für Kane (82.), Calvert-Lewin für Sterling (90.+2) – Vlasic für Brozovic (70.), Brekalo für Kramaric (70.), Petkovic für Rebic (78.), Pasalic für Kovacic (85.).* ***Zuschauer:*** *18 497.* ***Wetter:*** *27 Grad, sonnig.*

KROATIEN-DATEN

Torhüter	Min.	Schüsse gehalten (von)	Flanken/Ecken abgefangen	Glanz-taten	Schwere Fehler	Lange Pässe angekommen (von)	Note
Livakovic	90	50% (2)	0	0	0	67% (6)	3

Spieler	Ball-kontakte in Min.	Zweikämpfe gewonnen (von)	Fouls/gefoult worden	Pässe angek. (von)	Schüsse/Schuss-vorlagen	Tore/Torvor-lagen	Note
Vrsaljko	76 in 90	59% (27)	0/0	75% (36)	0/2	0/0	3
Vida	41 in 90	50% (8)	1/0	97% (35)	0/0	0/0	4
Caleta-Car 1	55 in 90	56% (9)	2/0	96% (46)	0/0	0/0	4
Gvardiol	42 in 90	88% (8)	0/0	90% (30)	0/0	0/0	3
Brozovic 1	57 in 69	16% (19)	2/0	88% (51)	1/0	0/0	4
Vlasic	13 in 21	33% (6)	1/0	67% (12)	0/0	0/0	4
Modric	76 in 90	63% (19)	0/3	91% (64)	1/2	0/0	3
Kovacic 1	65 in 84	67% (15)	2/1	85% (55)	1/1	0/0	3
Pasalic	6 in 6	0% (0)	0/0	100% (5)	1/0	0/0	–
Kramaric	31 in 69	58% (12)	0/1	90% (21)	0/1	0/0	4
Brekalo	15 in 21	29% (7)	0/0	67% (12)	0/0	0/0	4
Perisic	35 in 90	62% (13)	1/1	83% (18)	1/1	0/0	3
Rebic	21 in 77	38% (21)	0/0	60% (10)	2/0	0/0	4
Petkovic	4 in 13	40% (5)	0/1	50% (2)	0/0	0/0	–

Schickes Lupfer-Tor aus 48 Metern

Tschechiens Traum-Tore haben schon Tradition

Legendär: Panenka verlädt 1976 im EM-Endspiel Sepp Maier

Mit Lupfern begeistert der Vize-Europameister von 1996 immer wieder die Fans. Der Treffer von Patrik Schick gegen Schottland war schon das dritte Traum-Tor dieser Art. Der wohl berühmteste Lupfer aller Zeiten fand aber bereits 45 Jahre zuvor statt. Im EM-Finale 1976 chippte Antonin Panenka den entscheidenden Strafstoß im Elfmeterschießen gegen die Bundesrepublik Deutschland frech über Sepp Maier hinweg in die Maschen. Die Tschechoslowakei war Europameister, und der „Panenka-Elfmeter", wie die Schusstechnik noch heute genannt wird, geboren.
Ein ähnliches Schlitzohr war Karel Poborsky bei der EM 1996. Der Mittelfeldspieler dribbelte sich im Viertelfinale erst durch vier Portugiesen durch, bevor er vom Strafraumrand aus den Ball über den herausstürzenden Torwart Vítor Baía hinweg ins leere Tor lupfte und somit Tschechien bei seinem ersten Turnier als unabhängiges Land ins Halbfinale schoss.

Traumtreffer von Patrik Schick. Der Leverkusener Profi köpft auch das 1:0

Ein Blick, ein Schuss, ein Traumtor! Als Tschechen-Stürmer Patrik Schick in der 52. Minute sein Meisterwerk zum 2:0-Endstand vollführte, traf er nicht nur Schottland bis ins Mark, sondern bewarb sich bei seinem EM-Debüt auch prompt für das Tor des Turniers. Aus knapp 48 Metern (!) schoss der Profi von Bayer Leverkusen seine Nation zum Sieg.

Für Tschechien war es der erste Auftaktsieg seit der EM 2008

Schick schockte Schottland! Zuvor hatte der Stürmer bereits in der 42. Minute die Führung per Kopf erzielt, nachdem er sich bei einer Flanke perfekt gegen zwei Gegenspieler durchsetzte und unten links ins Eck traf. Schick war damit der erste Tscheche seit Milan Baros bei der EM 2004, dem ein Doppelpack bei einer Europameisterschaft gelang.

Ausgerechnet Schick! Der gebürtige Prager hatte mehrere Spiele in der EM-Vorbereitung aufgrund der Corona-Pandemie verpasst. Durch die hohen Inzidenzwerte in Tschechien und eine drohende Quarantäne bei der Rückkehr nach Leverkusen musste Schick bei den drei Heimspielen in der WM-Qualifikation und Nations League aussetzen.

Lediglich bei den Auswärtspartien und einem letzten Freundschaftsspiel kurz vor der EM gegen Albanien (3:1) in Prag konnte er in seiner Heimatstadt spielen. Auch damals traf Schick.

Der zweite Siegfaktor für Tschechien hieß Tomas Vaclik. Der Torwart, der eigentlich nur die Nummer zwei hinter dem verletzt fehlenden Bremer Jiri Pavlenka war, entschärfte mehrere Top-Gelegenheiten der Schotten – und sogar die seiner Teamkameraden. In der 50. Minute parierte der Schlussmann des FC Sevilla einen verunglückten Klärungsversuch seines Landsmanns Tomas Kalas, der den Ausgleich bedeutet hätte.

Für Tschechien war es der erste Auftaktsieg seit der EM 2008. Damals hatte es einen 1:0-Erfolg gegen die Schweiz gegeben. Nicht die einzige verbesserte Statistik. Tschechien war durch den Dreier schon nach der ersten Partie erfolgreicher als bei der Europameisterschaft 2016. Bei dem vergangenen Turnier hatte die „Reprezentace" gegen Spanien, Kroatien und die Türkei nur einen Punkt verbuchen können.

Auf den warten die Schotten bei einem großen Turnier schon deutlich länger. Genauer gesagt seit 23 Jahren. Die „Bravehearts" nahmen zuletzt an der WM 1998 in Frankreich teil. Mit nur einem Zähler schied die Nation von der Insel damals aus.

Viel Herz und Leidenschaft reichte Schottland im vom deutschen Schiedsrichter Daniel Siebert gut geleiteten Spiel gegen die cleveren Tschechen nicht. Trotz gewohnt emotionaler Gesangseinlagen und Anfeuerungsrufe ihrer Fans. Das größte Manko der Schotten war die Abschlussschwäche. Wie man es besser macht, zeigte Patrik Schick eindrucksvoll.

Fast von der Mittellinie aus zieht Patrik Schick ab. Die Bogenlampe senkt sich über Schottlands Torhüter David Marshall hinweg zum 2:0 ins Tor. Danach bejubelt Schick ausgelassen seinen Geniestreich

Hilflos rennt David Marshall dem Ball hinterher und versucht mit einem verzweifelten Sprung, noch etwas zu retten – vergeblich

SCHOTTLAND – TSCHECHIEN

0:2 (0:1)

SCHOTTLAND-DATEN

Torhüter	Min.	Schüsse gehalten (von)	Flanken/Ecken abgefangen	Glanztaten	Schwere Fehler	Lange Pässe angekommen (von)	Note
Marshall	90	71% (7)	2	0	0	27% (15)	3

Spieler	Ballkontakte in Min.	Zweikämpfe gewonnen (von)	Fouls/gefoult worden	Pässe angek. (von)	Schüsse/Schussvorlagen	Tore/Torvorlagen	Note
Hendry	30 in 66	50% (6)	0/0	78% (23)	2/0	0/0	4
McGregor	17 in 24	0% (5)	0/0	94% (16)	0/1	0/0	4
Hanley	75 in 90	78% (23)	1/0	92% (51)	1/0	0/0	2
Cooper	92 in 90	70% (20)	0/1	82% (68)	0/1	0/0	3
McTominay	62 in 90	58% (19)	0/0	95% (40)	1/1	0/0	3
O'Donnell	54 in 78	73% (11)	1/1	64% (28)	0/1	0/0	3
Forrest	7 in 12	100% (3)	0/0	60% (5)	1/0	0/0	–
McGinn	46 in 90	58% (31)	0/3	80% (25)	4/3	0/0	2
Armstrong	38 in 66	37% (19)	1/1	83% (24)	2/1	0/0	4
Fraser	12 in 24	0% (5)	0/0	100% (7)	1/0	0/0	4
Robertson	78 in 90	75% (16)	1/0	77% (43)	1/6	0/0	2
Dykes	27 in 78	25% (24)	1/0	54% (13)	4/0	0/0	3
Nisbet	9 in 12	50% (10)	1/0	67% (3)	2/0	0/0	–
Christie	17 in 45	53% (15)	0/0	86% (7)	0/1	0/0	4
Adams	17 in 45	33% (12)	1/0	92% (12)	0/2	0/0	4

14. JUNI, 15 UHR, GLASGOW

Schiedsrichter: *Daniel Siebert (Deutschland).* **Assistenten:** *Jan Seidel und Rafael Foltyn (beide Deutschland).* **Tore:** *0:1 Schick (42.), 0:2 Schick (52.).* **Wechsel:** *Adams für Christie (46.), McGregor für Hendry (67.), Fraser für Armstrong (67.), Forrest für O'Donnell (79.), Nisbet für Dykes (79.) – Holes für Kral (67.), Hlozek für Jankto (72.), Vydra für Masopust (72.), Sevcik für Darida (87.), Krmencik für Schick (87.).* **Zuschauer:** *9847.* **Wetter:** *14 Grad, bewölkt.*

TSCHECHIEN-DATEN

Torhüter	Min.	Schüsse gehalten (von)	Flanken/Ecken abgefangen	Glanztaten	Schwere Fehler	Lange Pässe angekommen (von)	Note
Vaclik	90	100% (5)	1	1	0	14% (7)	2

Spieler	Ballkontakte in Min.	Zweikämpfe gewonnen (von)	Fouls/gefoult worden	Pässe angek. (von)	Schüsse/Schussvorlagen	Tore/Torvorlagen	Note
Coufal	84 in 90	47% (19)	0/1	85% (39)	1/2	0/1	2
Celustka	46 in 90	53% (17)	0/0	91% (23)	0/0	0/0	3
Kalas	34 in 90	57% (14)	0/1	88% (16)	0/0	0/0	3
Boril	58 in 90	47% (17)	0/2	66% (29)	0/0	0/0	3
Kral	36 in 66	52% (21)	0/0	56% (25)	0/0	0/0	3
Holes	10 in 24	75% (4)	0/0	71% (7)	0/0	0/0	3
Soucek	48 in 90	62% (29)	3/0	80% (20)	0/1	0/1	2
Masopust	35 in 71	37% (19)	0/0	83% (24)	0/1	0/0	3
Vydra	10 in 19	60% (5)	0/1	75% (8)	0/1	0/0	4
Darida	55 in 86	39% (23)	0/2	82% (33)	2/1	0/0	3
Sevcik	6 in 4	33% (3)	0/0	100% (5)	0/0	0/0	–
Jankto	35 in 71	45% (11)	0/0	71% (14)	1/3	0/0	3
Hlozek	7 in 19	50% (2)	0/0	83% (6)	0/2	0/0	3
Schick	37 in 86	22% (32)	3/0	69% (16)	6/0	2/0	2
Krmencik	2 in 4	100% (1)	0/0	0% (0)	1/0	0/0	–

Der Mann für die besonderen Tore

Hart im Nehmen: Trotz blutender Nase verwandelt Patrik Schick den Elfmeter zum 1:0 für Tschechien

Tschechen sind die Europameister vom Punkt

Patrick Berger bringt im EM-Finale 1996 Tschechien per Elfmeter in Führung. Am Ende siegt Deutschland 2:1 durch Golden Goal

Mit seinem Elfmetertor baute Patrik Schick eine unglaubliche Serie aus: Tschechien (bis 1993 Tschechoslowakei) verwandelte bei der Europameisterschaft den 24. Elfmeter in Serie, Elfmeterschießen mit eingerechnet. Nur einen einzigen tschechischen Fehlschuss gab es in der EM-Historie vom Punkt, ausgerechnet im ersten aller Versuche. 1960 schoss Josef Vojta im Halbfinale gegen die Sowjetunion am Tor vorbei. Alle anderen Elfmeter waren drin. Zum Vergleich: Deutschland verwandelte bei all seinen EM-Teilnahmen 18 von 22 Elfmetern.

Tschechiens Elfmeter-Serie bei Europameisterschaften

- **1976:** 5:4 i. E. gegen Deutschland (Finale)
- **1980:** 9:8 i. E. gegen Italien (Spiel um Platz 3)
- **1996:** 6:5 i. E. gegen Frankreich (Halbfinale)/Patrick Berger gegen Deutschland (Finale)
- **2000:** Karel Poborsky gegen Frankreich (Vorrundenspiel)
- **2016:** Tomas Necid gegen Kroatien (Vorrundenspiel)
- **2021:** Patrik Schick gegen Kroatien (Vorrundenspiel)

Mit blutender Nase trifft Patrik Schick per Elfer gegen Kroatien – schon sein dritter Turniertreffer

Patrik Schick sah aus, als hätte er gerade eben zwölf Runden im Boxring absolviert. Mit blutiger Nase stand der Mittelstürmer in der 37. Spielminute am Elfmeterpunkt und wartete auf den Pfiff des spanischen Schiedsrichters Carlos del Cerro Grande. Drei Minuten zuvor hatte ihm Kroatiens Abwehrchef Dejan Lovren bei einem Luftduell im Strafraum den Ellenbogen

> *„Ich wollte schießen. Ich spürte, dass ein Tor in der Luft liegt"*

ins Gesicht gerammt. Grande ließ weiterspielen, sah sich die Szene nach Hinweis des Video-Assistenten dann aber an und zeigte schließlich auf den Punkt. Eine strittige Entscheidung: Lovren sah Gegenspieler Schick vermutlich gar nicht, hatte seinen Arm in der Sprungbewegung ausgefahren und dabei den Angreifer, der direkt hinter ihm stand, unglücklich getroffen. Gestenreich beteuerte Lovren seine Unschuld, die Entscheidung jedoch stand. Ob Absicht oder nicht, das war Schick völlig egal. Er verwandelte den Elfmeter sicher und brachte Tschechien mit 1:0 in Führung.

Schon wieder Schick! Beim Auftakt gegen Schottland hatte er einen spektakulären Doppelpack geschnürt. Nun traf er erneut. Nach zuletzt mehreren durchwachsenen Jahren mit vielen Verletzungen meldete sich Schick, der einst als eines der größten Sturmtalente Europas galt, bei der EM eindrucksvoll zurück.

Allerdings wäre es zu seinem dritten Turniertor beinahe gar nicht gekommen: Eigentlich hatte sich schon Vladimir Darida den Ball für den Elfmeter geschnappt, da Schick nach einer langen Behandlung noch immer etwas aus der Nase blutete. Voller Adrenalin nahm der angeschlagene Angreifer seinem Mitspieler dann das Spielgerät ab und trat selbst an. „Ich wollte schießen. Ich habe gespürt, dass ein Tor in der Luft liegt", verriet Schick nach der Partie mit einem Lächeln.

Für den Sieg reichte sein Treffer gleichwohl nicht. Kurz nach der Halbzeit (47. Minute) glich Ivan Perisic für Kroatien aus. Nach einem schnell ausgeführten Freistoß zog der ehemalige Bayern-Star in seiner typischen Manier vom linken Flügel nach innen und schoss den Ball ins lange Eck. Beide Mannschaften spielten anschließend auf Sieg, blieben im Abschluss jedoch glücklos.

Mit der Punkteteilung konnten die Tschechen nach ihrem Auftaktsieg gegen Schottland deutlich besser leben als der Vizeweltmeister, der das erste Spiel gegen England verloren hatte. Die Schuld beim Schiedsrichter wollten die Kroaten nach dem Spiel nicht suchen. Erneut hatten sich die „Feurigen" zu ideenlos präsentiert. Bezeichnend: Zur Halbzeit wechselte Coach Zlatko Dalic gleich zweimal, brachte Luka Ivanusec und Bruno Petkovic für Ante Rebic und Josip Brekalo.

Torschütze Perisic machte seinem Ärger nach dem Spiel Luft: „Wir spielen nicht gut, ganz einfach. Den Grund dafür kenne ich nicht. Jeder Einzelne muss deutlich mehr geben als bisher, ansonsten fahren wir nach Hause." ●

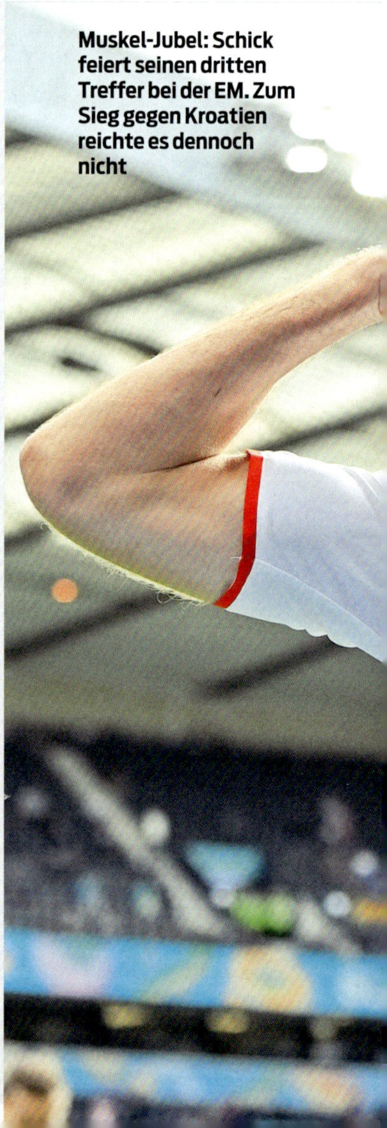

Muskel-Jubel: Schick feiert seinen dritten Treffer bei der EM. Zum Sieg gegen Kroatien reichte es dennoch nicht

Nach einem Ellenbogen-check von Dejan Lovren blutet Schick aus der Nase, muss behandelt werden

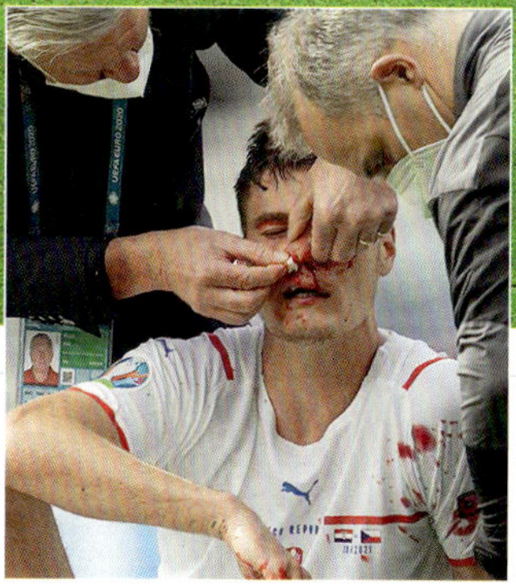

1:1 (0:1)

KROATIEN-DATEN

Torhüter	Min.	Schüsse gehalten (von)	Flanken/Ecken abgefangen	Glanztaten	Schwere Fehler	Lange Pässe angekommen (von)	Note
Livakovic	90	0% (1)	1	0	0	38% (8)	3

Spieler	Ballkontakte in Min.	Zweikämpfe gewonnen (von)	Fouls/gefoult worden	Pässe angek. (von)	Schüsse/Schussvorlagen	Tore/Torvorlagen	Note
Vrsaljko	69 in 90	53% (17)	2/1	90% (40)	0/0	0/0	4
Lovren 1	62 in 90	60% (10)	1/0	88% (50)	1/0	0/0	4
Vida	45 in 90	50% (8)	0/1	97% (35)	0/0	0/0	4
Gvardiol	70 in 90	71% (24)	0/2	80% (35)	0/2	0/0	2
Modric	69 in 90	58% (12)	0/1	84% (51)	0/1	0/0	3
Kovacic	58 in 86	44% (18)	1/0	89% (45)	1/1	0/0	3
Brozovic	5 in 4	0% (0)	0/0	100% (3)	0/0	0/0	–
Perisic	43 in 90	56% (18)	0/0	73% (26)	2/3	1/0	2
Kramaric	22 in 61	60% (10)	0/2	91% (11)	2/1	0/1	2
Vlasic	12 in 29	70% (10)	0/0	100% (5)	1/0	0/0	3
Brekalo	19 in 45	40% (10)	0/0	83% (12)	0/1	0/0	4
Ivanusec	30 in 45	47% (15)	0/0	89% (18)	1/0	0/0	4
Rebic	8 in 45	33% (9)	2/1	0% (3)	1/1	0/0	4
Petkovic	21 in 45	71% (17)	1/3	73% (11)	1/0	0/0	3

18. JUNI, 18 UHR, GLASGOW

Schiedsrichter: *Carlos del Cerro Grande (Spanien).* ***Assistenten:*** *Juan Yuste Jiménez und Roberto Alonso Fernández (beide Spanien).* ***Tore:*** *0:1 Schick (37./Foulelfmeter), 1:1 Perisic (47.).* ***Wechsel:*** *Ivanusec für Brekalo (46.), Petkovic für Rebic (46.), Vlasic für Kramaric (62.), Brozovic für Kovacic (87.) – Kral für Holes (63.), Hlozek für Masopust (63.), Sevcik für Jankto (74.), Krmencik für Schick (74.), Barak für Darida (87.).* ***Zuschauer:*** *5 607.* ***Wetter:*** *17 Grad, bewölkt.*

TSCHECHIEN-DATEN

Torhüter	Min.	Schüsse gehalten (von)	Flanken/Ecken abgefangen	Glanztaten	Schwere Fehler	Lange Pässe angekommen (von)	Note
Vaclik	90	67% (3)	3	0	0	38% (13)	3

Spieler	Ballkontakte in Min.	Zweikämpfe gewonnen (von)	Fouls/gefoult worden	Pässe angek. (von)	Schüsse/Schussvorlagen	Tore/Torvorlagen	Note
Coufal	82 in 90	54% (24)	0/0	78% (45)	1/2	0/0	4
Celustka	43 in 90	20% (5)	0/0	92% (36)	0/0	0/0	4
Kalas	59 in 90	75% (8)	2/1	91% (45)	0/0	0/0	3
Boril 1	53 in 90	48% (23)	2/0	88% (34)	0/0	0/0	4
Holes	24 in 62	27% (11)	1/1	88% (16)	0/0	0/0	4
Kral	28 in 28	31% (13)	1/0	81% (21)	0/0	0/0	4
Soucek	65 in 90	40% (15)	0/0	92% (50)	2/1	0/0	3
Masopust 1	28 in 62	40% (15)	2/2	89% (19)	0/0	0/0	4
Hlozek 1	15 in 28	40% (10)	1/0	75% (8)	1/0	0/0	4
Darida	44 in 86	43% (14)	1/0	82% (34)	0/1	0/0	3
Barak	3 in 4	0% (1)	0/0	100% (2)	0/0	0/0	–
Jankto	38 in 73	38% (13)	0/1	76% (21)	1/3	0/0	3
Sevcik	12 in 17	43% (7)	0/0	78% (9)	0/0	0/0	4
Schick	29 in 73	47% (19)	1/2	71% (17)	4/0	1/0	2
Krmencik	3 in 17	33% (3)	0/0	33% (3)	0/0	0/0	4

Käpt’n Kane muss vorzeitig von Bord

Das älteste Fußball-Duell der Welt

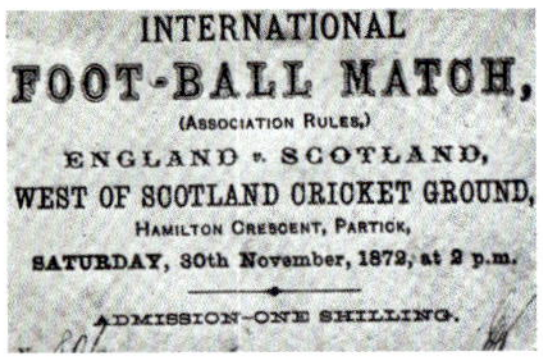
INTERNATIONAL
FOOT-BALL MATCH,
(Association Rules,)
ENGLAND v. SCOTLAND,
WEST OF SCOTLAND CRICKET GROUND,
Hamilton Crescent, Partick,
SATURDAY, 30th November, 1872, at 2 p.m.
ADMISSION—ONE SHILLING.

Ein Ticket für das erste Länderspiel der Welt, zu dem 1872 in Glasgow 4000 Zuschauer kamen

Am 30. November 1872 treffen in Glasgow die Schotten und die Engländer aufeinander. Es ist das erste Länderspiel mit einheitlichen Regeln, und es endet wie die EM-Partie knapp 149 Jahre später 0:0. Damals ahnte es noch niemand, aber der unaufhaltsame Siegeszug einer jungen Sportart hatte begonnen. 4000 Zuschauer, darunter zahlreiche Damen, kommen zum Kampf der Erzrivalen in den „West of Scotland Cricket Ground“. Fünfmal standen sich Schottland und England schon gegenüber, an diesem nebligen Herbsttag erstmals nach „Association Rules“. Also mit Eckball, Freistoß, einer ersten Form der Abseitsregel, einheitlicher Ballgröße und: Das Handspiel ist nur noch dem Torhüter gestattet. Anpfiff ist um 14.20 Uhr, in der Folge halten beide Keeper ihr Tor, bestehend aus zwei Latten und einem quer gespannten Band, sauber – obwohl die Schotten (alle vom Queen’s Park FC) sechs, die Engländer gar acht Angreifer aufgeboten haben. Nach 90 Minuten heißt es 0:0, anschließend geht es zum Abendessen ins Carrick’s Royal Hotel.
In der Geschichte trafen beide Teams 115-mal aufeinander. Die Engländer gewannen 48-mal im ewigen Briten-Duell, 41-mal siegten die Schotten. Bei der EM 2021 gab es das 26. Unentschieden.

Zu schwach! Englands Superstar versagt ausgerechnet im Prestigeduell gegen Schottland

Gareth Southgate hatte ein Einsehen. Nach 74 Minuten nahm Englands Nationaltrainer seinen Kapitän Harry Kane vom Platz. Für den Hoffnungsträger kam Marcus Rashford in die Partie. Die Leistungsdaten des Stürmerstars? Nicht mehr als ein Schotten-Witz! Kein Torschuss, nur 19 Ballkontakte, gerade mal elf gespielte Pässe. In der jüngsten englischen Mannschaft, die je bei einer EM- oder WM-Endrunde auflief, wirkte „Prince Harry“ wie ein Fremdkörper.

„Spiel und Laufarbeit schien Schwerstarbeit für ihn zu sein“

Erst ein Kopfball aus Abseitsposition nach Rechtsflanke von Reece James (29. Spielminute) signalisierte den englischen Fans im Regen von Wembley, dass ihr Idol tatsächlich auf dem Platz war. „Kane wirkte nicht frisch“, kritisierte Ex-Nationalspieler Chris Waddle bei BBC Radio 5 Live, „das Spiel und die Laufarbeit schien Schwerstarbeit für ihn zu sein.“ „Kane Pain – der Kapitän enttäuscht erneut und schleppt sich wieder vom Feld“, kritisierte der Daily Telegraph.

Die Auswechslung kommentierte Kane schmallippig: „Das ist Teil des Spiels, die Entscheidung des Trainers muss man akzeptieren.“ Southgates Erklärung stand für sich: „Ich hatte das Gefühl, dass Marcus Rashford uns mehr Energie geben würde.“ Eine Fehleinschätzung. Weder Rashford noch der Wechsel mit Mittelfeldspieler Jack Grealish (63.) für den enttäuschenden Phil Foden konnten Englands Offensivspiel neue Impulse geben.

Stattdessen war es Torhüter Jordan Pickford, der die „Three Lions“ vor dem Rückstand bewahrte. Nach einem Flankenwechsel der Schotten von links nach rechts – von Andy Robertson auf Stephen O’Donnell – kam Pickford nach der Direktabnahme O’Donnells gerade noch mit der rechten Hand an den Ball (30.). Nach vier Minuten hatte der im englischen Leicester geborene Schottland-Stürmer Che Adams die „Battle of Britain“ eröffnet. Sein Schuss aus elf Metern nach Vorarbeit vom überragenden O’Donnell wurde von Declan Rice noch abgeblockt. John Stones hatte Englands beste Chance im gesamten Spiel. Nach Ecke von rechts durch Mason Mount klatschte sein Kopfball aus fünf Metern an den rechten Torpfosten (12.).

Die Atmosphäre in Wembley-Stadion schien eher die Schotten zu beflügeln. Englands Abwehrspieler James musste einen Fünf-Meter-Ball von Lyndon Dykes von der Torlinie köpfen (62.). „Wir konnten die Energie in diesem Stadion fühlen, jeder Spieler war herausragend“, freute sich Schottlands Dauerrenner Callum McGregor. Pat Nevin, früherer Nationalspieler Schottlands: „Darf ich sagen, dass ich unglaublich stolz auf diese Spieler bin? Sie haben sich der Weltklasse der englischen Profis gestellt, nun tanzen und singen ihre Fans. Ein fantastischer Moment.“

Kane zeigte nach dem Spiel Größe und zollte dem Gegner Respekt: „Kompliment an Schottland, sie haben sehr gut verteidigt. Das Spiel war hart und schwierig.“

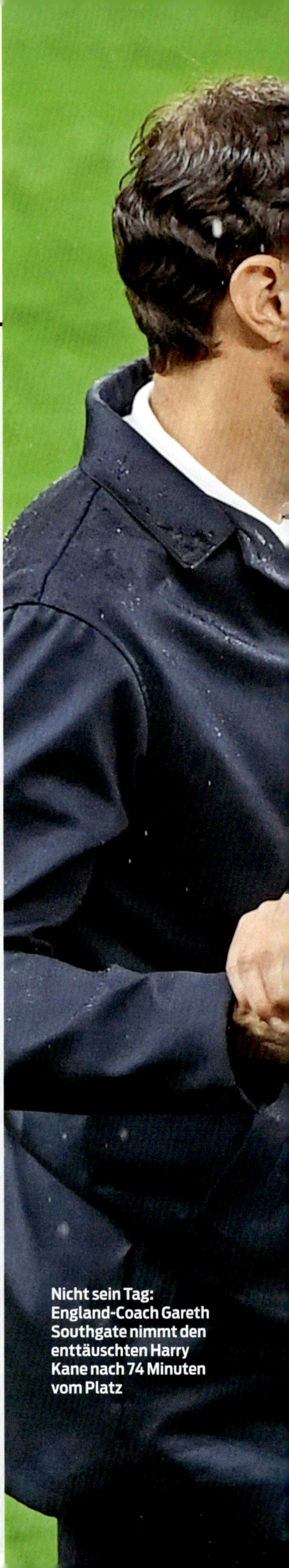

Nicht sein Tag: England-Coach Gareth Southgate nimmt den enttäuschten Harry Kane nach 74 Minuten vom Platz

ENGLAND – SCHOTTLAND

0:0

ENGLAND-DATEN

Torhüter	Min.	Schüsse gehalten (von)	Flanken/Ecken abgefangen	Glanztaten	Schwere Fehler	Lange Pässe angekommen (von)	Note
Pickford	90	100% (1)	2	0	0	40% (5)	3

Spieler	Ballkontakte in Min.	Zweikämpfe gewonnen (von)	Fouls/gefoult worden	Pässe angek. (von)	Schüsse/Schussvorlagen	Tore/Torvorlagen	Note
James	93 in 90	57% (7)	0/0	96% (81)	1/2	0/0	3
Stones	76 in 90	40% (10)	1/0	100% (58)	1/0	0/0	4
Mings	68 in 90	55% (11)	1/1	93% (54)	0/0	0/0	3
Shaw	87 in 90	79% (14)	1/1	93% (68)	1/1	0/0	2
Rice	69 in 90	46% (13)	2/0	97% (60)	0/0	0/0	4
Phillips	65 in 90	50% (18)	2/1	88% (51)	0/0	0/0	3
Mount	60 in 90	52% (27)	2/2	80% (35)	3/3	0/0	2
Foden	37 in 62	43% (14)	1/2	86% (28)	1/1	0/0	3
Grealish	23 in 28	78% (9)	0/4	87% (15)	0/0	0/0	4
Kane	19 in 73	50% (8)	0/2	67% (9)	2/1	0/0	5
Rashford	9 in 17	17% (6)	0/0	100% (5)	0/0	0/0	4
Sterling	37 in 90	47% (17)	0/0	92% (26)	0/1	0/0	3

18. JUNI, 21 UHR, LONDON

Schiedsrichter: *Antonio Mateu Lahoz (Spanien).* ***Assistenten:*** *Pau Cébrian Davis und Roberto Díaz Pérez Del Palomar (beide Spanien).* ***Tore:*** *–.* ***Wechsel:*** *Grealish für Foden (63.), Rashford für Kane (74.) – Armstrong für Gilmour (76.), Nisbet für Adams (86.).* ***Zuschauer:*** *20 306.* ***Wetter:*** *14 Grad, regnerisch.*

SCHOTTLAND-DATEN

Torhüter	Min.	Schüsse gehalten (von)	Flanken/Ecken abgefangen	Glanztaten	Schwere Fehler	Lange Pässe angekommen (von)	Note
Marshall	90	100% (1)	0	0	0	33% (9)	3

Spieler	Ballkontakte in Min.	Zweikämpfe gewonnen (von)	Fouls/gefoult worden	Pässe angek. (von)	Schüsse/Schussvorlagen	Tore/Torvorlagen	Note
McTominay	50 in 90	53% (17)	1/1	86% (35)	0/1	0/0	3
Hanley	43 in 90	73% (15)	0/0	96% (26)	0/0	0/0	2
Tierney	50 in 90	57% (7)	1/1	92% (36)	1/1	0/0	3
O'Donnell 1	45 in 90	36% (11)	2/1	86% (29)	1/3	0/0	3
Gilmour	48 in 75	31% (16)	2/0	95% (40)	0/0	0/0	4
Armstrong	11 in 15	25% (4)	0/1	100% (7)	0/0	0/0	–
McGregor	45 in 90	38% (16)	1/1	94% (34)	0/2	0/0	4
Robertson	50 in 90	42% (12)	1/0	90% (30)	0/2	0/0	3
McGinn 1	38 in 90	55% (20)	2/3	95% (21)	1/0	0/0	3
Dykes	28 in 90	52% (25)	1/2	55% (11)	2/1	0/0	3
Adams	34 in 85	36% (11)	2/0	79% (24)	5/0	0/0	3
Nisbet	3 in 5	100% (1)	0/0	100% (2)	0/0	0/0	–

Der Meister des Minimalismus

Ein Treffen zweier alter Bekannter

Im Rückspiel der EM-Quali trifft Ondrasek zum 2:1 gegen England-Keeper Pickford

Das Spiel im Wembley-Stadion war das alter Bekannter: Bereits in der Qualifikation zur Europameisterschaft hatten sich Tschechien und England zweimal gegenübergestanden – in wesentlich aufregenderen Spielen. Am 22. März 2019 gewann England nach Toren von Raheem Sterling (3), Harry Kane und einem Eigentor von Tomas Kalas 5:0, im Rückspiel siegte Tschechien am 11. Oktober 2019 mit 2:1. Jakub Brabec und Zdenek Ondrasek trafen, das Gegentor erzielte Kane.
Es war Englands einzige Niederlage und einziger Punktverlust in der EM-Qualifikation, die Mannschaft von Gareth Southgate gewann die Gruppe A mit 21 Punkten, Tschechien wurde Zweiter. Damit qualifizierten sich beide Teams direkt für die Endrunde. Zweimal zuvor waren England und Tschechien bzw. die Tschechoslowakei schon Gegner bei einer WM gewesen, noch nie bei einer EM. England gewann beide Begegnungen in der Gruppenphase, 1970 in Mexiko 1:0 und 1982 in Spanien 2:0, und qualifizierte sich beide Male für die K.o.-Runde. Die CSSR schied jeweils aus.

England verwaltet 1:0 gegen schwache Tschechen, die auf Gruppenplatz drei abrutschen

Als Gareth Southgate am Morgen nach dem Spiel die Artikel in den englischen Zeitungen studierte, konnte er durchatmen. Nach Tagen der Kritik an seiner Personalpolitik und den Leistungen der Nationalelf kommentierten die als wenig zimperlich geltenden britischen Sportjournalisten das 1:0 gegen Tschechien vergleichsweise milde. Der „Guardian" befand in einem Nebensatz lediglich, Southgate und seine Mannschaft hätten in der Gruppenphase bis auf wenige Ausnahmen „noch nicht den Puls hochgejagt".

Beide Teams waren bereits zuvor fürs Achtelfinale qualifiziert

Die Fakten sprachen auch für den Trainer: Mit sieben Punkten, ohne Niederlage und ohne Gegentor gewann England die Gruppe D und qualifizierte sich damit für das Achtelfinale im eigenen Wohnzimmer, dem Wembley-Stadion. Nur 1996 und 2012 hatte die Nationalelf zuvor die Vorrunde als Erster beendet.

Das Problem: Southgates junge und mit hochtalentierten Offensivkräften besetzte Auswahl erzielte auch nur zwei Tore in den drei Begegnungen und konnte gegen Tschechien allein in der ersten Halbzeit überzeugen. England, der Meister des Minimalismus.

Die Höhepunkte des Spiels sind schnell erzählt: In der zweiten Minute setzte Raheem Sterling nach herrlichem Steilpass von Linksverteidiger Luke Shaw einen feinen Lupfer über Torwart Tomas Vaclik hinweg an den Pfosten. In der zwölften Minute köpfte Sterling nach energischer Vorarbeit des neu ins Team gerückten Bukayo Saka und Flanke von Jack Grealish das 1:0 und avancierte nach seinem Treffer im Auftaktspiel gegen Kroatien damit zu Englands einzigem Torschützen in der Gruppenphase. In der zweiten Halbzeit notierten die Statistiker allein noch ein Abseitstor von Jordan Henderson (86.) als halbwegs erwähnenswerte Chance.

„Es war heute viel Positives dabei", ließ Sterling gar nicht erst Kritik an der Darbietung aufkommen, „wir haben den Ball gehalten, die Lücken gut gefunden und das Resultat eingefahren, das wir brauchten." Southgate meinte: „Wir sind richtig gut gestartet, waren sehr stabil im Spiel mit und ohne Ball." Die Engländer mussten gegen enttäuschende Tschechen, die wie die „Three Lions" bereits vor Anpfiff für das Achtelfinale qualifiziert waren, durch das 0:1 aber von Platz eins auf drei fielen, das Spiel nach der Halbzeit nur noch verwalten.

Harry Maguire und John Stones in der Innenverteidigung ließen Starstürmer Patrik Schick bis zu seiner Auswechslung in der 75. Minute nicht zur Entfaltung kommen. Und das gefürchtete tschechische Angriffsspiel über die Außenbahnen verhinderten Kyle Walker und Kalvin Phillips rechts sowie Luke Shaw und Declan Rice links erfolgreich.

„Man muss das Ganze positiv sehen: Wir haben das erreicht, was wir wollten – den Sprung ins Achtelfinale", kommentierte Jaroslav Silhavy schmallippig. Für Platz 1 hätte bereits ein Unentschieden gereicht. ●

Schon in der 12. Minute köpft Raheem Sterling (Nr. 10) den 1:0-Siegtreffer, Tschechen-Keeper Tomas Vaclik und Jan Boril haben das Nachsehen. Links: Englands Bukayo Saka

Ein Blick in die Gesichter von Harry Kane (l.) und Jack Grealish spricht Bände: Toll war's nicht, aber es langte. Brav bedanken sie sich bei den Fans

TSCHECHIEN – ENGLAND

0:1 (0:1)

TSCHECHIEN-DATEN

Torhüter	Min.	Schüsse gehalten (von)	Flanken/Ecken abgefangen	Glanztaten	Schwere Fehler	Lange Pässe angekommen (von)	Note
Vaclik	90	50% (2)	0	0	0	25% (4)	3

Spieler	Ballkontakte in Min.	Zweikämpfe gewonnen (von)	Fouls/gefoult worden	Pässe angek. (von)	Schüsse/Schussvorlagen	Tore/Torvorlagen	Note
Coufal	72 in 90	56% (16)	2/1	84% (45)	0/0	0/0	4
Celustka	63 in 90	38% (8)	0/0	88% (48)	0/0	0/0	4
Kalas	53 in 90	40% (10)	1/0	82% (39)	1/0	0/0	4
Boril 2	54 in 90	42% (19)	3/0	72% (32)	0/1	0/0	4
Holes	41 in 83	56% (16)	1/2	75% (24)	2/0	0/0	3
Vydra	0 in 7	0% (1)	0/0	0% (0)	0/0	0/0	–
Soucek	59 in 90	59% (22)	1/2	75% (44)	2/2	0/0	3
Masopust	32 in 63	38% (13)	1/1	86% (21)	0/0	0/0	4
Hlozek	6 in 27	50% (4)	0/0	50% (4)	0/0	0/0	4
Darida	37 in 63	50% (20)	0/4	87% (23)	0/0	0/0	4
Kral	13 in 27	14% (7)	1/0	63% (8)	1/0	0/0	4
Jankto	22 in 45	43% (7)	0/0	93% (15)	2/2	0/0	3
Sevcik	24 in 45	20% (5)	0/0	82% (17)	0/0	0/0	4
Schick	28 in 74	63% (8)	0/0	89% (18)	0/3	0/0	3
Pekhart	6 in 16	100% (2)	0/0	50% (2)	1/0	0/0	4

22. JUNI, 21 UHR, LONDON

Schiedsrichter: *Artur Dias (Portugal).* ***Assistenten:*** *Rui Tavares und Paulo Soares (beide Portugal).* ***Tor:*** *0:1 Sterling (12.).* ***Wechsel:*** *Sevcik für Jankto (46.), Kral für Darida (64.), Hlozek für Masopust (64.), Pekhart für Schick (75.), Vydra für Holes (84.) – J. Henderson für Rice (46.), Rashford für Sterling (67.), Bellingham für Grealish (67.), Mings für Stones (79.), Sancho für Saka (84.).* ***Zuschauer:*** *19 104.* ***Wetter:*** *15 Grad, teils bewölkt.*

ENGLAND-DATEN

Torhüter	Min.	Schüsse gehalten (von)	Flanken/Ecken abgefangen	Glanztaten	Schwere Fehler	Lange Pässe angekommen (von)	Note
Pickford	90	100% (1)	1	0	0	38% (13)	3

Spieler	Ballkontakte in Min.	Zweikämpfe gewonnen (von)	Fouls/gefoult worden	Pässe angek. (von)	Schüsse/Schussvorlagen	Tore/Torvorlagen	Note
Walker	72 in 90	55% (11)	0/1	89% (55)	0/0	0/0	3
Stones	76 in 78	75% (12)	0/0	97% (61)	1/0	0/0	2
Mings	11 in 12	0% (0)	0/0	78% (9)	0/0	0/0	–
Maguire	80 in 90	75% (8)	0/0	90% (68)	0/1	0/0	3
Shaw	64 in 90	47% (15)	2/0	89% (38)	0/2	0/0	3
Rice	40 in 45	45% (11)	2/0	90% (29)	0/0	0/0	3
J. Henderson	32 in 45	33% (6)	1/0	88% (26)	0/0	0/0	4
Phillips	55 in 90	50% (14)	2/1	91% (44)	0/0	0/0	3
Grealish	38 in 66	54% (13)	2/3	88% (25)	0/2	0/1	2
Bellingham	13 in 24	50% (6)	0/1	100% (7)	0/0	0/0	3
Saka	46 in 83	45% (22)	0/2	92% (25)	0/0	0/0	3
Sancho	4 in 7	0% (1)	0/0	100% (3)	0/0	0/0	–
Kane	41 in 90	67% (24)	0/1	69% (26)	3/0	0/0	3
Sterling	29 in 66	20% (10)	0/1	77% (22)	2/0	1/0	3
Rashford	14 in 24	60% (5)	1/0	83% (12)	0/0	0/0	4

Zaubertor von „Harry Potter“

In seiner Heimat nennen sie ihn den „kroatischen Harry Potter“, und was Luka Modric in der 62. Minute tat, hatte zweifelsfrei etwas Magisches: Aus 17 Metern zirkelte er den Ball mit dem Außenrist zum 2:1 ins schottische Tor

Perisic neuer EM-Rekordschütze von Kroatien

Grund zum Feiern: Mit seinem 3:1 köpfte sich Perisic in Kroatiens Rekordbücher

Mit seinem Treffer zum 3:1 machte Ivan Perisic nicht nur den Sieg für Kroatien klar, sondern stellte auch eine Bestmarke auf. Der Außenstürmer avancierte zum EM-Rekordtorschützen seines Landes. Das Tor gegen die Schotten war sein insgesamt viertes bei einer Europameisterschaft. Er überholte damit die Sturmlegende Davor Suker, Mario Mandzukic sowie Spielmacher Luka Modric, der kurz zuvor im gleichen Spiel getroffen hatte. Alle drei waren jeweils dreimal beim Kontinentalturnier erfolgreich.
Seine ersten beiden EM-Tore hatte Perisic fünf Jahre zuvor in Frankreich erzielt. Beide in der Gruppenphase. Im zweiten Vorrundenspiel gegen Tschechien markierte er das zwischenzeitliche 1:0 (Endstand 2:2), im dritten gegen Spanien schoss er drei Minuten vor dem Ende den 2:1-Siegtreffer. Sein drittes EM-Tor gelang ihm bei diesem Turnier, wieder im zweiten Gruppenspiel gegen Tschechien. Deutschlands EM-Rekordtorschützen sind Jürgen Klinsmann und Mario Gomez mit jeweils fünf Treffern.

Luka Modric führt Kroaten zum Sieg, Schotten auch im elften großen Turnier vorzeitig raus

Nein, so wollte Luka Modric ganz sicher nicht abtreten. Ein klägliches Vorrunden-Aus bei seinem wahrscheinlich letzten großen Turnier mit der Nationalmannschaft? Das wäre ein unrühmliches Ende gewesen und kam für den Ballvirtuosen so gar nicht infrage. 1:1 stand es zwischen Gastgeber Schottland und Kroatien im Hampden Park eine halbe Stunde vor Schluss. Der Vizeweltmeister benötigte fürs Weiterkommen unbedingt noch einen Treffer, musste um jeden Preis gewinnen. Da nahm sich Kapitän Modric in der 62. Minute der Sache an: Nach Zuspiel von Mateo Kovacic schlenzte der Spielmacher den Ball aus etwa 17 Metern zentraler Position mit dem rechten Außenrist wunderschön ins schottische Gehäuse und besorgte Kroatien damit die ersehnte Führung.

Kroatien musste gewinnen – und Modric nahm sich der Sache an

Eine Viertelstunde später folgte der nächste Streich: Modric schlug eine butterweiche Ecke an den kurzen Pfosten, wo Ivan Perisic hochstieg und per Kopf auf 3:1 erhöhte. Die Kroaten hatten eine Blamage gerade noch verhindert. Der große Held: mal wieder Modric. „Bravo Kapitän! Kroatiens Harry Potter erzielt eines der schönsten Tore des Turniers und verzaubert wieder die Welt“, schwärmte die kroatische Zeitung „Sportske Novosti“. Bis dahin hatte Modric eine schwache EM gespielt. Der Regisseur von Real Madrid hatte sich für sein letztes großes Turnier einiges vorgenommen, doch in den ersten beiden Partien enttäuschte er wie das gesamte Team. Als es darauf ankam, war der Weltfußballer von 2018 aber da und machte den Unterschied.

Der Abend ging für Kroatien gut los. Von Beginn an präsentierten sich die „Feurigen“ bissig und spielfreudig. Bereits in der 17. Minute erzielte der in die Startelf gerückte Youngster Nikola Vlasic die Führung. Nach einer Kopfballablage von Perisic vollstreckte der Offensivmann von ZSKA Moskau unten links aus elf Metern. Die Weichen fürs Weiterkommen waren früh gestellt. Kroatien ließ anschließend den Ball gut laufen, war präsent in den Zweikämpfen. Kurz vor der Halbzeit dann der Schock: Nach einem missglückten Klärungsversuch von Domagoj Vida traf Callum McGregor mit einem platzierten Schuss von der Strafraumgrenze zum Ausgleich (42.). Plötzlich war der Vizeweltmeister wieder ausgeschieden. Doch zum Glück gab es da ja noch Luka Modric.

„Wir waren mit den Leistungen aus den ersten beiden Partien überhaupt nicht zufrieden, und wir wussten, dass wir es besser können“, sagte Modric nach dem Spiel. „Ich bin glücklich, dass mein Tor geholfen hat.“

Untröstlich waren hingegen die Schotten. Auch bei ihrem elften großen Turnier schieden die „Bravehearts“ in der Vorrunde aus. Herz und Willen hatten wieder nicht ausgereicht. „Ich bin traurig für die Spieler. Wir haben lange darauf gewartet, zu einem Turnier zu kommen“, war Schottlands Nationaltrainer Steve Clarke enttäuscht und versprach. „Es wird nicht wieder 23 Jahre bis zum nächsten Turnier dauern.“

Marcelo Brozovic, Josip Juranovic und Nikola Vlasic (v. l.) jubeln mit ihrem Spielmacher und Kapitän Modric

KROATIEN – SCHOTTLAND

3:1 (1:1)

KROATIEN-DATEN

Torhüter	Min.	Schüsse gehalten (von)	Flanken/Ecken abgefangen	Glanz-taten	Schwere Fehler	Lange Pässe angekommen (von)	Note
Livakovic	90	67% (3)	3	0	0	50% (2)	3

Spieler	Ball-kontakte in Min.	Zweikämpfe gewonnen (von)	Fouls/ gefoult worden	Pässe angek. (von)	Schüsse/ Schuss-vorlagen	Tore/ Torvor-lagen	Note
Juranovic	77 in 90	60% (5)	0/1	95% (57)	1/1	0/0	3
Lovren (2)	71 in 90	71% (14)	1/1	92% (51)	0/0	0/0	3
Vida	53 in 90	80% (5)	0/0	98% (47)	0/0	0/0	3
Gvardiol	75 in 69	37% (19)	1/1	88% (58)	2/0	0/0	4
Barisic	21 in 21	40% (5)	0/1	83% (12)	0/0	0/0	4
Brozovic	99 in 90	53% (19)	1/1	92% (86)	0/2	0/0	3
Modric	113 in 90	53% (15)	0/0	85% (92)	2/1	1/1	2
Kovacic	86 in 90	60% (15)	1/1	95% (76)	1/3	0/1	2
Vlasic	37 in 75	62% (13)	1/0	89% (28)	1/1	1/0	2
Ivanusec	3 in 15	100% (1)	0/0	100% (1)	0/0	0/0	–
Petkovic	29 in 69	39% (18)	2/1	81% (21)	0/0	0/0	3
Kramaric	8 in 21	0% (2)	0/0	86% (7)	0/0	0/0	4
Perisic	45 in 80	47% (15)	0/0	84% (32)	4/3	1/1	2
Rebic	9 in 10	38% (8)	2/0	50% (6)	0/0	0/0	–

22. JUNI, 21 UHR, GLASGOW

Schiedsrichter: Fernando Rapallini (Argentinien). **Assistenten:** Juan Pablo Belatti und Diego Bonfá (beide Argentinien). **Tore:** 1:0 Vlasic (17.), 1:1 McGregor (42.), 2:1 Modric (62.), 3:1 Perisic (77.). **Wechsel:** Kramaric für Petkovic (70.), Barisic für Gvardiol (70.), Ivanusec für Vlasic (76.), Rebic für Perisic (81.) – McKenna für Hanley (33.), Fraser für Armstrong (70.), Patterson für O'Donnell (84.), Nisbet für Adams (84.). **Zuschauer:** 9896. **Wetter:** 15 Grad, teils bewölkt.

SCHOTTLAND-DATEN

Torhüter	Min.	Schüsse gehalten (von)	Flanken/Ecken abgefangen	Glanz-taten	Schwere Fehler	Lange Pässe angekommen (von)	Note
Marshall	90	57% (7)	0	0	0	27% (11)	4

Spieler	Ball-kontakte in Min.	Zweikämpfe gewonnen (von)	Fouls/ gefoult worden	Pässe angek. (von)	Schüsse/ Schuss-vorlagen	Tore/ Torvor-lagen	Note
McTominay	50 in 90	65% (20)	0/2	87% (31)	2/0	0/0	3
Hanley	12 in 32	50% (6)	0/1	89% (9)	0/0	0/0	4
McKenna (1)	24 in 58	80% (10)	1/1	78% (18)	1/0	0/0	3
Tierney	50 in 90	64% (11)	0/1	83% (36)	0/0	0/0	4
O'Donnell	34 in 83	50% (14)	1/2	80% (15)	0/0	0/0	4
Patterson	13 in 7	25% (4)	0/0	86% (7)	0/0	0/0	–
McGregor	40 in 90	36% (11)	0/0	93% (30)	2/0	1/0	3
Robertson	52 in 90	38% (8)	2/0	83% (35)	0/3	0/0	4
McGinn	34 in 90	63% (19)	1/1	91% (22)	3/1	0/0	3
Armstrong	36 in 69	33% (15)	0/0	89% (19)	0/2	0/0	4
Fraser	10 in 21	0% (0)	0/0	100% (5)	2/2	0/0	4
Dykes	18 in 90	27% (26)	2/0	60% (10)	0/3	0/0	3
Adams	20 in 83	44% (9)	0/1	69% (13)	2/1	0/1	3
Nisbet	2 in 7	0% (1)	0/0	50% (2)	0/0	0/0	–

GRUPPE E

POLEN
SLOWAKEI
SPANIEN
SCHWEDEN

Montag, 14. Juni, St. Petersburg
Polen – Slowakei **1 : 2**

Montag, 14. Juni, Sevilla
Spanien – Schweden **0 : 0**

Freitag, 18. Juni, St. Petersburg
Schweden – Slowakei **1 : 0**

Samstag, 19. Juni, Sevilla
Spanien – Polen **1 : 1**

Mittwoch, 23. Juni, Sevilla
Slowakei – Spanien **0 : 5**

Mittwoch, 23. Juni, St. Petersburg
Schweden – Polen **3 : 2**

	Polen	Slowakei	Spanien	Schweden
Polen		1:2	1:1	2:3
Slowakei	2:1		0:5	0:1
Spanien	1:1	5:0		0:0
Schweden	3:2	1:0	0:0	

Mannschaft	G	U	V	Tore	Pkte
1. Schweden	2	1	0	4:2	7
2. Spanien	1	2	0	6:1	5
3. Slowakei	1	0	2	2:7	3
4. Polen	0	1	2	4:6	1

Alles im Griff? Polens Torhüter Wojciech Szczesny will sich den Ball schnappen, Bartosz Bereszynski (l.) versucht, Spaniens Ferran Torres abzudrängen. So umkämpft wie diese Szene war auch die ganze Partie. In Sevilla trennten sich beide Teams 1:1. Für Polen der einzige Punkt. Spanien dagegen kam als Gruppenzweiter weiter

EMIL FORSBERG

Der stille Wikinger

Starke Technik, gutes Auge, viel Torgefahr, feiner Charakter: Emil Forsberg ist ein Musterprofi

Schwedens Anführer mag keine großen Worte. Mit seinen Taten lässt er Ibrahimovic vergessen

Das Schwierigste in der EM-Vorrunde waren für Emil Forsberg die Telefonate mit seiner Tochter Florence. Die fast Dreijährige interessierte sich nämlich so gar nicht für die Tore und Siege des Papas. „Sie beschwert sich immer, dass die Leute so laut schreien, wenn wir treffen. Und sie sagt immer nur: ‚Papa, komm nach Hause.‘ Das ist wirklich hart, denn ich möchte ja, dass wir möglichst lange im Turnier sind.“

So gesehen hat der Anführer der Schweden sein geliebtes Töchterchen arg enttäuscht. Denn Forsberg präsentierte sich in der Form seines Lebens. Sein Elfmeter gegen die Slowakei sicherte den 1:0-Sieg, sein Doppelpack gegen Polen bereitete den Weg zum 3:2-Sieg. Und auch beim 0:0 gegen Spanien war der Spielmacher von RB Leipzig stark. „Es ist wie immer: Die Leute unterschätzen uns. Alle Welt denkt, wir spielen ein bisschen mit, und irgendwann ist Schweden raus“, sagte Forsberg nach dem Einzug ins Achtelfinale. „Aber die Wahrheit ist: Wir haben einfach eine gute Mannschaft.“ Mit Forsberg als Schlüsselspieler, der sogar die kurzfristige Absage von Zlatan Ibrahimovic vergessen macht.

„Ralf Rangnick hat mir gezeigt, was er aus mir machen kann“

Dabei stand im Winter 2018/19 Forsbergs Karriere auf dem Spiel. Adduktoren- und Beckenprobleme zwangen ihn zu einer dreimonatigen Pause, anfangs hieß es, er würde nie wieder schmerzfrei Fußball spielen können, vielleicht nie wieder auf höchstem Niveau. Doch Kämpfer Forsberg („Ich bin ein Wikinger, Erkältungen sind bei uns Alltag“) kam zurück – auch in Leipzig, wo er unter Trainer Julian Nagelsmann anfangs seinen Stammplatz verloren hatte. Am Ende war er Leistungsträger und machte in den großen Spielen immer seine Tore, sodass Nagelsmann sagte: „Er ist ein herausragender Kicker.“

Aber: Forsberg ist auch ein starker Charakter, mit viel Ehrgeiz, hohen Ansprüchen und einem besonderen Selbstverständnis. „Ich spreche lieber mit den Füßen. In der Kabine bin ich oft ruhig, sage selten etwas. Aber wenn, dann muss es wichtig sein“, sagt er. Mit seiner direkten Art eckt er schon mal an. Nagelsmann: „Unsere Beziehung hätte inniger sein können. Das lag einfach daran, dass er wenig gespielt hatte. Darunter leidet jede Beziehung zwischen Trainer und Spieler. Er musste sich an mich gewöhnen, weil ich einige Dinge anders wollte als meine Vorgänger. Und ich musste mich auch daran gewöhnen, wie Emil im Training und wie er im Spiel ist.“

Kein Trainingsweltmeister, aber auf dem Platz der Spieler mit dem X-Faktor. Das erkannte Ralf Rangnick schon 2015, als er es schaffte, Forsberg vom schwedischen Champions-League-Klub Malmö FF in die 2. Liga nach Leipzig zu holen. „Ralf Rangnick hat mir gezeigt, was er aus mir machen kann, wohin er mit dem Verein möchte und dass er von mir überzeugt ist. Dann war alles klar“, sagt Forsberg, der trotz immer neuer Wechselgerüchte stets bei RB blieb, gerade seinen Vertrag bis 2025 verlängerte. „Jetzt sieht man, dass Ralf Rangnick die Wahrheit gesagt hat. Ich bin in allen Aspekten ein besserer Spieler geworden.“

Rangnick ist eine von drei

ANALYSE GRUPPE E

Schweden verdient vor den Spaniern

Spätestens nach der Vorrunde konnte kein Kritiker mehr glaubwürdig behaupten, die Schweden seien nur eine kampfstarke Wikinger-Truppe. Ohne den verletzten Superstar Zlatan Ibrahimovic und angetrieben von Emil Forsberg sicherten sie sich auch dank spielerischer Qualität verdient Platz eins.
Leidtragende waren unter anderem die Polen. Super-Torjäger Robert Lewandowski gab alles, erzielte beim finalen 2:3 gegen die Skandinavier zwei Treffer, musste aber erkennen: Alleine kann auch er es nicht richten. Es blieb Gruppenplatz vier.
Bitter war das 1:2 gegen die Slowakei, deren Star Marek Hamsik im ersten Spiel noch überzeugte, anschließend mit seiner etwas zu alten Mannschaft aber nur noch wenig zustande brachte und Fehler machte. So wie jenen von Torhüter Martin Dubravka, dem gegen Spanien das kurioseste Eigentor der EM-Vorrunde unterlief. Folge: ein 0:5 und das Aus als schlechtester Gruppendritter.
Die im Vorfeld von Corona-Fällen gebeutelten Iberer zogen als Gruppenzweiter ins Achtelfinale ein, das Schützenfest gegen die Slowaken konnte die Mängel in den Partien zuvor aber nicht gänzlich überdecken. Nach einem Top-Favoriten sah das jedenfalls noch nicht aus.

Marek Hamsik konnte mit seinen Slowaken nur im ersten Gruppenspiel punkten

prägenden Personen in der Karriere von Forsberg. „Wir sind in unserer Einstellung ähnliche Typen, auf der gleichen Wellenlänge. Wir denken beide groß und wollen immer das Maximum. Erfolg steht für uns an erster Stelle – ohne Kompromisse. So haben wir uns gegenseitig immer angetrieben“, sagt der Schwede.

Seinem Berater Hasan Cetinkaya war er sogar so dankbar, dass er ihm einen Ferrari schenkte. Aber die wichtigste Person in seinem Leben ist seine Frau Shanga. Beide kennen sich seit der Schulzeit. Die ehemalige schwedische Nachwuchsnationalspielerin ist seine große Liebe – und schärfste Kritikerin. „Ich bin nicht so nett. Du kannst nicht immer nur sagen, dass du der Beste bist. Wenn du nicht selbstkritisch bist und auch Kritik von anderen annehmen kannst, verbesserst du dich nicht“, sagt Shanga Forsberg. Natürlich gibt es aber auch von ihr Lob: „Er hat eine super Technik und ein gutes Auge. Deshalb spielt er so starke Pässe. Und er läuft viel.“

Darauf wird auch die gemeinsame Tochter Florence eines Tages stolz sein – wenn sie versteht, warum ihr Papa manchmal nicht zu Hause ist. ●

SCORER-LISTE GRUPPE E

	Tore	Torvorlagen	Scorer-Punkte	gespielte Minuten
Sarabia (Spanien)	1	2	3	138
Forsberg (Schweden)	3	–	3	249
Lewandowski (Polen)	3	–	3	270
Kulusevski (Schweden)	–	2	2	36
Moreno (Spanien)	–	2	2	157
Mak (Slowakei)	–	2	2	230
Claesson (Schweden)	1	–	1	62
Rybus (Polen)	–	1	1	73
Linetty (Polen)	1	–	1	79
Frankowski (Polen)	–	1	1	85
Quaison (Schweden)	–	1	1	103
F. Torres (Spanien)	1	–	1	128
P. Torres (Spanien)	–	1	1	200
Morata (Spanien)	1	–	1	216
Isak (Schweden)	–	1	1	225
Jozwiak (Polen)	–	1	1	240
Zielinski (Polen)	–	1	1	264
Laporte (Spanien)	1	–	1	270
Alba (Spanien)	–	1	1	270
Skriniar (Slowakei)	1	–	1	270

Feierte seine Torpremiere beim 5:0 gegen die Slowakei: Spaniens Pablo Sarabia (l.)

Geschafft! Der Ball liegt im Tor. Viktor Claesson streckt die Hände zum Himmel, feiert seinen Treffer in der Nachspielzeit zum 3:2 im letzten Gruppenspiel gegen Polen. Im Hintergrund jubelt Stürmer Marcus Berg über das Tor und Platz 1 in der Gruppe

90:00
SWE
POL
EURO2020

Pleiten-Start für Lewandowski

Torwart Szczesny hat bei der EM immer nur Pech

Wojciech Szczesny kassiert das erste Torwart-Eigentor der EM-Geschichte

Wieder meinte es das Schicksal nicht gut mit Wojciech Szczesny. Nach seinem unglücklichen Eigentor gegen die Slowakei kann der polnische Keeper getrost als einer der größten Pechvögel der EM-Geschichte bezeichnet werden. Seine Turnierbilanz liest sich wie ein schlechter Scherz: drei EM-Teilnahmen, drei Einsätze, drei Gegentore, eine Rote Karte und ein Eigentor. 2012 ging Szczesny als Nummer 1 in die Heim-EM und patzte gleich im Auftaktspiel. Gegen Griechenland sah er beim Stande von 1:1 in der 68. Minute wegen einer Notbremse gegen Dimitrios Salpingidis Rot. Den folgenden Elfmeter hielt der eingewechselte Przemyslaw Tyton, der seinen Platz zwischen den Pfosten nicht mehr hergab; Szczesny saß nach Ablauf seiner Ein-Spiele-Sperre in der entscheidenden Partie gegen Tschechien (0:1) nur auf der Bank. Auch 2016 absolvierte Szczesny nur das erste EM-Spiel (1:0 gegen Nordirland). Die weiteren Partien verpasste er wegen einer Oberschenkelverletzung, und Fabianski stand zwischen den Pfosten.
Bei seiner dritten EM wollte Szczesny positive Schlagzeilen schreiben, avancierte aber erneut zum Unglücksraben. Einen Platz in den Geschichtsbüchern hat er dennoch sicher: Er erzielte das erste Torhüter-Eigentor der EM-Historie.

Der Weltfußballer hatte sich viel vorgenommen – und kassiert mit Polen gleich eine Niederlage

Es würde seine EM werden, davon war Robert Lewandowski vor Turnierstart überzeugt. Nachdem der Bayern-Star im vergangenen Jahr die Champions League gewonnen hatte, Weltfußballer geworden war und mit 41 Treffern in der Bundesliga den Torrekord von Gerd Müller geknackt hatte, brannte er darauf, endlich auch mit der Nationalmannschaft auf großer Bühne zu glänzen. Das war ihm bislang nie gelungen. Bei drei großen Turnieren (EM 2012, EM 2016, WM 2018) erzielte der Mittelstürmer nur zwei Treffer. Doch dieses Mal würde alles anders werden, glaubte Lewandowski.

Slowakei-Kapitän Hamsik stahl Lewandowski die Show

Der EM-Auftakt sorgte dann für große Ernüchterung: Lewandowski enttäuschte. Über die gesamte Spieldauer blieb der Mittelstürmer blass, kam zu keinem gefährlichen Abschluss. Und noch viel schlimmer: Seine Polen hatten das Auftaktspiel mit 1:2 gegen die Slowakei verloren und einen Fehlstart hingelegt. Völlig untypisch: Nach der Partie flüchtete sich der sonst so selbstbewusste Lewandowski in Floskeln, anstatt die Dinge beim Namen zu nennen. „Es wäre schön gewesen, mehr Chancen zu haben, doch das ist die Europameisterschaft. Hier bekommst du nicht so viele Chancen“, versuchte der Angreifer seine schwache Leistung zu relativieren.

Das Unheil nahm für die Polen in der 18. Minute durch ein Eigentor von Keeper Wojciech Szczesny seinen Lauf. Nach einem Schuss von Linksaußen Robert Mak prallte der Ball vom Pfosten gegen Szczesnys rechten Arm und flog von da ins Tor.

Sekunden nach der Halbzeit glich Karol Linetty aus. Polen war drauf und dran, die Partie zu drehen. Mitten in der Drangphase schwächten sich die Osteuropäer jedoch selbst: Grzegorz Krychowiak beging ein dummes Foul, flog mit Gelb/Rot runter (62.). Die Slowakei übernahm die Kontrolle und kam in der 69. Minute nach einer Ecke zum 2:1-Siegtreffer. Torschütze war Abwehrchef Milan Skriniar per Rechtsschuss aus 14 Metern.

Neben Skriniar überzeugte bei den Slowaken Rekordspieler und Kapitän Marek Hamsik. Ein ums andere Mal ließ der Spielmacher seine große Klasse aufblitzen. Dabei hatten ihm in der Heimat nur noch wenige zugetraut, eine tragende Rolle spielen zu können. Hamsik schien seinen Zenit überschritten zu haben. Drei Monate vor der EM war er nach Schweden zum IFK Göteborg gewechselt. Zuvor hatte er zwei Jahre in China verbracht.

Im Vorfeld der Partie schwärmte der langjährige Kapitän des SSC Neapel in höchsten Tönen von Lewandowski, adelte ihn als „größten Star von allen“. Im Spiel stahl er dem Polen die Show. Hamsik: „Es ist ein unglaubliches Gefühl, das nur schwer zu beschreiben ist. Nur wenige haben uns zugetraut, das Spiel zu gewinnen, doch wir haben es geschafft“, freute er sich über den Überraschungssieg.

Robert Lewandowski schreit seinen Frust heraus. Polens Kapitän gab fünf Torschüsse ab, traf aber nicht

POLEN – SLOWAKEI

1:2 (0:1)

POLEN-DATEN

Torhüter	Min.	Schüsse gehalten (von)	Flanken/Ecken abgefangen	Glanztaten	Schwere Fehler	Lange Pässe angekommen (von)	Note
Szczesny	90	33% (3)	0	0	0	100% (2)	4

Spieler	Ballkontakte in Min.	Zweikämpfe gewonnen (von)	Fouls/gefoult worden	Pässe angek. (von)	Schüsse/Schussvorlagen	Tore/Torvorlagen	Note
Bereszynski	86 in 90	57% (14)	0/0	93% (70)	0/0	0/0	4
Glik	75 in 90	64% (14)	1/0	98% (57)	1/0	0/0	4
Bednarek	84 in 90	44% (9)	0/0	96% (74)	2/0	0/0	4
Klich	62 in 84	42% (19)	1/2	80% (49)	0/1	0/0	4
Moder	7 in 6	50% (4)	0/0	100% (3)	0/1	0/0	–
Krychowiak	43 in 62	40% (15)	3/2	90% (31)	1/0	0/0	5
Jozwiak	74 in 90	61% (28)	1/3	83% (47)	0/4	0/0	2
Rybus	46 in 73	44% (16)	4/1	92% (26)	1/3	0/1	3
Puchacz	17 in 17	80% (10)	1/2	75% (4)	1/0	0/0	3
Zielinski	55 in 84	38% (16)	1/2	86% (36)	3/4	0/0	3
Swiderski	3 in 6	100% (1)	0/0	100% (1)	1/0	0/0	–
Linetty	32 in 73	39% (18)	2/1	78% (23)	3/1	1/0	3
Frankowski	10 in 17	0% (2)	1/0	57% (7)	0/1	0/0	4
Lewandowski	38 in 90	46% (13)	0/0	80% (20)	5/1	0/0	3

14. JUNI, 18 UHR, ST. PETERSBURG

Schiedsrichter: *Ovidiu Hategan (Rumänien).* ***Assistenten:*** *Radu Ghinguleac und Sebastian Gheorge (beide Rumänien).* ***Tore:*** *0:1 Szczesny (18./Eigentor), 1:1 Linetty (46.), 1:2 Skriniar (69.).* ***Wechsel:*** *Frankowski für Linetty (74.), Puchacz für Rybus (74.), Moder für Klich (85.), Swiderski für Zielinski (85.) – Hrosovsky für Hromada (79.), Koscelnik für Pekarik (79.), Duris für Haraslin (87.), Suslov für Mak (87.), Gregus für Duda (90.+2).* ***Zuschauer:*** *12 862.* ***Wetter:*** *18 Grad, bewölkt.*

SLOWAKEI-DATEN

Torhüter	Min.	Schüsse gehalten (von)	Flanken/Ecken abgefangen	Glanztaten	Schwere Fehler	Lange Pässe angekommen (von)	Note
Dubravka	90	67% (3)	0	0	0	13% (8)	3

Spieler	Ballkontakte in Min.	Zweikämpfe gewonnen (von)	Fouls/gefoult worden	Pässe angek. (von)	Schüsse/Schussvorlagen	Tore/Torvorlagen	Note
Pekarik	47 in 78	60% (5)	0/1	91% (34)	1/2	0/0	3
Koscelnik	4 in 12	50% (2)	0/0	0% (1)	0/0	0/0	–
Satka	57 in 90	89% (9)	0/0	98% (45)	0/0	0/0	3
Skriniar	65 in 90	64% (14)	0/1	95% (42)	1/0	1/0	2
Hubocan 1	58 in 90	54% (13)	1/1	82% (34)	0/2	0/0	3
Kucka	53 in 90	57% (28)	5/2	83% (29)	2/1	0/0	2
Hromada	31 in 78	42% (19)	2/3	87% (23)	0/0	0/0	3
Hrosovsky	1 in 12	0% (4)	0/0	100% (1)	0/0	0/0	–
Haraslin	22 in 86	57% (23)	1/4	83% (12)	2/1	0/0	3
Duris	3 in 4	40% (5)	0/0	100% (1)	0/0	0/0	–
Hamsik	52 in 90	50% (12)	0/0	83% (42)	3/1	0/0	3
Mak	39 in 86	19% (16)	0/0	90% (21)	1/2	0/2	3
Suslov	0 in 4	0% (0)	0/0	0% (0)	0/0	0/0	–
Duda	46 in 89	50% (28)	3/3	91% (32)	1/2	0/0	3
Gregus	2 in 1	0% (1)	1/0	100% (1)	0/0	0/0	–

Spanien schwach nach Virus-Chaos

Spaniens Fans pfeifen Stürmer Morata aus

In der Kritik: Álvaro Morata

Als hätte er es gewusst. Spaniens Mittelstürmer Álvaro Morata sagte vor dem Turnier in einem Interview mit der Zeitung „As": „Es ist schade, dass unser Beruf dich aufgrund weniger Zentimeter auf die Titelseite bringt oder du den gesamten Dreck Spaniens fressen musst."
In der 38. Minute, als Schwedens Danielson am Ball vorbeitrat, hätte Morata zum Titelthema werden können, doch aus 15 Metern vergab er frei vor Schwedens Keeper Robin Olsen um wenige Zentimeter, schoss rechts daneben. Es folgten Pfiffe einiger Fans, wie auch bei einer zweiten Chance in der 50. Minute und wie schon beim Test gegen Portugal (0:0).
Experten und Fans forderten vor dem Turnier statt Juventus-Angreifer Morata den Startelf-Einsatz von Villarreals Gerard Moreno, mit 30 Toren Spaniens bester Torschütze der Klubsaison. Mit Abpfiff diskutierten die Medien, ob Morata im zweiten Spiel überhaupt wieder spielen dürfe. Auf der Website von „Marca" wählten die Leser Moreno, der gegen Schweden erst in der 74. Minute eingewechselt wurde, zum besten Spieler des Spiels, Morata zum schwächsten. Teamkollege Aymeric Laporte verteidigte Morata: „Er kann beim nächsten Mal drei Tore machen und alle Kritiker verstummen lassen. Hoffen wir drauf."

Vor dem Turnier gab es beim Ex-Weltmeister und auch bei den Schweden je zwei Corona-Fälle

Dass das erste Spiel der Spanier und der Schweden überhaupt ausgetragen werden konnte, war ein kleiner Erfolg. Fünf Tage vor Turnierstart stürzten je zwei Corona-Fälle beide Teams ins Chaos. Bei den Spaniern hatte es Kapitän Sergio Busquets erwischt, in Abwesenheit des noch nicht fitten Sergio Ramos der letzte echte Star des Teams. Dazu wurde Diego Llorente zuerst falsch positiv, dann viermal negativ getestet. Die spanische Turniervorbereitung war da schon erheblich gestört.

Spanier wurden noch schnell von Militär-Ärzten geimpft

Angesagt waren Isolation und Einzeltraining, nach weiteren Tests gab es immerhin begrenztes Training in zwei Gruppen. Das letzte Testspiel gegen Litauen (4:0) spielten nicht die EM-Fahrer, sondern die spanische U21. Kurios: Aus Angst vor weiteren Ansteckungen hielten sich die U21 und sechs erfahrene Ersatzprofis bis einen Tag vor Turnierbeginn in einer eigenen Corona-Blase fit.

Im schwedischen Lager hatte sich Dejan Kulusevski wohl bei einer privaten Feier das Virus eingefangen, steckte Teamkollege Mattias Svanberg an. Ein Video von der Party kursierte im Internet, die Schweden hatten ihren Stars während der EM-Vorbereitung vier Tage freigegeben. Juventus-Star Kulusevski, mit 40 Millionen Euro Marktwert der wertvollste Profi im schwedischen Kader, hielt sich nach einer Infektion im November für immun. Ein Irrglaube. Unter anderem auf ihm ruhten die Hoffnungen, den verletzten Superstar Zlatan Ibrahimovic vertreten zu können. Wie Busquets waren beide Schweden beim ersten Spiel noch in Isolation.

Im Olympiastadion von Sevilla kam auch deswegen von den Skandinaviern lange nichts nach vorn. Spanien hatte nach 25 Minuten 81 Prozent Ballbesitz. Die besten Chancen vergaben Olmo per Kopf (16.) sowie Morata. Trotz Mauertaktik hatten die Schweden zwei Riesenchancen durch Isak (41.), dessen Schuss Marcos Llorente auf der Linie noch an den Pfosten lenkte, und Ex-HSV-Profi Marcus Berg (61.), der aus drei Metern freistehend vergab.

Dass die Spanier drei Tage vor dem Spiel noch schnell von Militär-Ärzten geimpft wurden, hatte anscheinend keine Auswirkungen. Spät drehte die Mannschaft von Trainer Luis Enrique noch einmal auf. Schweden-Keeper Robin Olsen zeigte bei einem Kopfball von Gerard Moreno einen Weltklasse-Reflex (90.), und Sarabia bekam bei der letzten gefährlichen Flanke des Spiels nur sein Knie an den Ball (90+2.).

So starteten die Spanier mit einer Enttäuschung ins Turnier. Mittelfeldmotor Koke sagte hinterher: „Wir sind frustriert, dass wir nicht getroffen haben." Schweden-Verteidiger Victor Lindelöf freute sich: „Wir haben ein wirklich gutes Ergebnis erzielt." Und: „Wir haben 110 Prozent gegeben." Gut, dass sie das nach diesem Corona-Chaos auch konnten. ●

Und wieder nichts! Schweden-Torwart Robin Olsen schnappt sich den Ball vor Marcos Llorente. Die Spanier hatten wie gewohnt viel Ballbesitz, konnten ihre Überlegenheit aber nicht nutzen

SPANIEN – SCHWEDEN

0:0

SPANIEN-DATEN

Torhüter	Min.	Schüsse gehalten (von)	Flanken/Ecken abgefangen	Glanztaten	Schwere Fehler	Lange Pässe angekommen (von)	Note
Simón	90	0% (0)	1	0	0	0% (0)	3

Spieler	Ballkontakte in Min.	Zweikämpfe gewonnen (von)	Fouls/gefoult worden	Pässe angek. (von)	Schüsse/Schussvorlagen	Tore/Torvorlagen	Note
Llorente	110 in 90	64% (11)	0/0	92% (97)	0/1	0/0	2
Laporte	122 in 90	64% (11)	0/0	99% (113)	0/0	0/0	3
P. Torres	118 in 90	55% (11)	0/0	95% (109)	0/0	0/0	3
Alba	135 in 90	53% (15)	0/2	91% (110)	0/6	0/0	3
Rodri	61 in 65	94% (16)	0/2	89% (45)	1/0	0/0	2
Thiago	31 in 25	100% (7)	0/1	84% (25)	0/1	0/0	3
Koke	125 in 86	80% (10)	0/0	95% (107)	2/3	0/0	3
F. Ruiz	13 in 4	100% (1)	0/0	91% (11)	0/0	0/0	–
Pedri	105 in 90	42% (12)	1/0	92% (102)	0/0	0/0	4
F. Torres	41 in 73	71% (7)	0/2	90% (30)	2/0	0/0	4
Oyarzabal	13 in 17	57% (7)	0/0	67% (12)	0/0	0/0	4
Morata	32 in 65	40% (15)	3/2	85% (20)	3/1	0/0	3
Sarabia	20 in 25	50% (4)	1/0	81% (16)	1/2	0/0	3
Olmo	56 in 73	41% (22)	1/2	79% (33)	5/3	0/0	3
Moreno	9 in 17	43% (7)	0/0	80% (5)	3/0	0/0	3

14. JUNI, 21 UHR, SEVILLA

Schiedsrichter: *Slavko Vincic (Slowenien).* ***Assistenten:*** *Tomaz Klancnik und Andraz Kovacic (beide Slowenien).* ***Tore:*** *–.* ***Wechsel:*** *Thiago für Rodri (66.), Sarabia für Morata (66.), Oyarzabal für F. Torres (74.), Moreno für Olmo (74.), F. Ruiz für Koke (87.) – Quaison für Berg (69.), Claesson für Isak (69.), Kraft für Lustig (75.), Cajuste für Olsson (84.), Bengtsson für Forsberg (84.).* ***Zuschauer:*** *10 559.* ***Wetter:*** *29 Grad, sonnig.*

SCHWEDEN-DATEN

Torhüter	Min.	Schüsse gehalten (von)	Flanken/Ecken abgefangen	Glanztaten	Schwere Fehler	Lange Pässe angekommen (von)	Note
Olsen	90	100% (5)	2	1	0	29% (7)	2

Spieler	Ballkontakte in Min.	Zweikämpfe gewonnen (von)	Fouls/gefoult worden	Pässe angek. (von)	Schüsse/Schussvorlagen	Tore/Torvorlagen	Note
Lustig 1	31 in 74	50% (20)	2/2	55% (11)	0/0	0/0	3
Krafth	6 in 16	50% (2)	0/0	0% (1)	0/0	0/0	3
Lindelöf	31 in 90	40% (5)	0/0	88% (8)	0/1	0/0	3
Danielson	27 in 90	58% (12)	2/0	44% (9)	0/0	0/0	3
Augustinsson	20 in 90	57% (7)	0/0	57% (7)	0/0	0/0	3
Olsson	20 in 83	40% (10)	1/0	64% (11)	0/0	0/0	4
Cajuste	5 in 7	50% (4)	0/0	0% (0)	0/0	0/0	–
Ekdal	14 in 90	45% (11)	3/2	100% (7)	1/0	0/0	4
Larsson	30 in 90	50% (22)	0/1	83% (12)	0/0	0/0	3
Forsberg	15 in 83	40% (5)	0/0	86% (7)	1/1	0/0	4
Bengtsson	2 in 7	0% (0)	0/0	0% (1)	0/0	0/0	–
Berg	16 in 68	13% (15)	1/0	75% (12)	1/1	0/0	4
Quaison	9 in 22	8% (12)	1/0	0% (1)	0/0	0/0	4
Isak	16 in 68	40% (20)	1/1	86% (7)	1/1	0/0	3
Claesson	5 in 22	30% (10)	0/0	100% (1)	0/0	0/0	4

Schweden-Sieg dank Bundesliga

Schwedens Isak ist der Mann der Zukunft

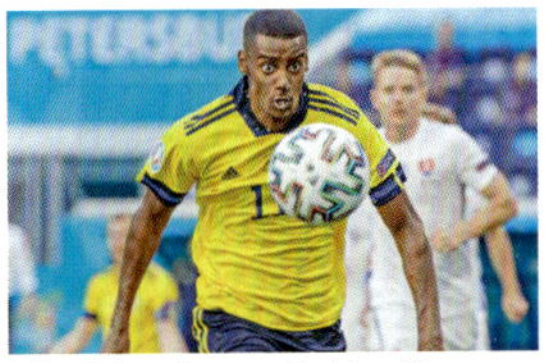

Machte eine gute Partie gegen die Slowakei: Alexander Isak (24 Länderspiele/6 Tore)

Wie eine Aktie schoss der Marktwert des Schweden Alexander Isak 2021 in die Höhe. Anfang des Jahres lag er noch bei 22 Millionen Euro, nach seiner starken Leistung gegen die Slowakei wurde er schon auf 40 Millionen Euro geschätzt.
Obwohl erst 21 Jahre alt, hat der Mittelstürmer bereits eine bewegte Karriere hinter sich. Im Januar 2017 kaufte Borussia Dortmund den damals 17-Jährigen vom schwedischen Erstligisten AIK Solna für 8,6 Millionen Euro. Beim BVB setzte er sich nie durch, kickte meist in der Regionalliga West. In gerade einmal 13 Spielen (fünfmal Bundesliga, viermal DFB-Pokal, dreimal Europa League, einmal Champions League) kam er 280 Minuten für das erste Team des BVB zum Einsatz. So begann eine Wanderschaft: Im Januar 2019 wurde Isak für ein halbes Jahr zu Willem II in die niederländische Eredivisie ausgeliehen, Gebühr: drei Millionen Euro. Dort erzielte der Schwede 13 Tore in 16 Einsätzen.
Es folgte im Sommer 2019 der Transfer vom BVB zu Real Sociedad – für 6,5 Millionen Euro. 2019/20 gelangen ihm neun Tore in 37 Spielen. In der folgenden Saison startete Isak richtig durch: 17 Tore und 34 La-Liga-Einsätze. Seine Stärken: Trotz seiner Größe von 1,92 Metern ist Isak technisch versiert und schnell.

Der Mainzer Robin Quaison holt einen Elfmeter raus. Leipzigs Emil Forsberg verwandelt

„Das fühlt sich absolut unglaublich an. Ich bin extrem glücklich." (Emil Forsberg)

★★★

Der Bundesliga-Star von RB Leipzig genoss den Applaus der schwedischen Fans in der Kurve des Stadions von St. Petersburg. Mit seinem verwandelten Foulelfmeter in der 77. Minute hatte er das Spiel entschieden. Schweden schlug die Slowakei mit 1:0. Nationaltrainer Janne Andersson: „Wir haben unseren Job erledigt."

„Der Junge wird in ganz Europa viel Interesse erwecken"

Die Gemütslage bei der Slowakei war natürlich eine andere. Trainer Stefan Tarkovic: „Wir haben verloren. Das tut mir wirklich leid, weil die Spieler alles gegeben haben. Aber wir sind glücklich, hier dabei zu sein und zu spielen."

Es war das Duell der Alten bei der EM. Die Slowaken brachten es im Schnitt auf 30,5 Jahre – Höchstwert im Turnier. Die schwedische Elf war nur unwesentlich jünger (30,2). Lange war die Partie von Erfahrung geprägt.

Erst nach einer Stunde setzte sich jugendlicher Elan durch. Der mit 21 Jahren jüngste Spieler auf dem Feld drehte auf: Der frühere Dortmunder Alexander Isak wirbelte eine Viertelstunde lang die slowakische Ordnung durcheinander.

In der 60. Minute legte er eine Ecke per Kopf auf Marcus Danielson ab, der den Ball über das Tor setzte. Dann setzte sich Isak gegen Lubomir Satka im Luftduell durch und köpfte aus sechs Metern knapp drüber (67.). Schließlich umspielte der Stürmer später bei einem Solo von der Mittellinie bis zur Strafraumgrenze drei Slowaken und zog mit rechts ab – allerdings wieder ohne Erfolg (71.).

Die entscheidende Szene in der 75. Minute: Mit einem Kontakt spielte Isak den Ball direkt in den Strafraum auf den kurz zuvor eingewechselten Mainzer Robin Quaison. Dieser legte den Ball am slowakischen Torwart Martin Dubravka vorbei und wurde von diesem umgerammt. Ohne zu zögern entschied der deutsche Schiedsrichter Daniel Siebert auf Strafstoß. Keine Proteste, Gelb für den slowakischen Keeper.

So kam es zum Duell zwischen Forsberg und Dubravka. Der Torwart sprang ins richtige Eck, doch Forsberg schoss zu präzise knapp neben den von ihm aus gesehen rechten Pfosten. 1:0 für Schweden durch Forsbergs erstes EM-Tor überhaupt.

Es war eine Mainz-Leipzig-Tor-Kooperation. Quaison holte den Elfer raus, Forsberg vollstreckte. Dank der Bundesliga siegte Schweden.

Und dank Isak. Der englische Experte Gary Lineker schwärmte bei Twitter: „Der Junge wird in ganz Europa viel Interesse erwecken. Herausragendes Talent!" Andersson ergänzte: „Alexander ist fantastisch und noch gar nicht in der Entwicklung abgeschlossen. Es steckt noch so viel mehr in ihm." Einen großen Vorgeschmack gab es gegen die Slowakei.

Die übrigens so etwas wie der Lieblingsgegner der Schweden ist. Die Skandinavier, die zuletzt 2004 die Vorrunde einer Europameisterschaft überstanden hatten, haben gegen die Slowakei noch nie verloren (vier Siege, drei Remis). ⬢

Robin Quaison (Mainz) wird von Slowakei-Torhüter Martin Dubravka gefoult – Strafstoß!

Drin! Emil Forsberg (Leipzig) verwandelt den Elfmeter – sein erster EM-Treffer überhaupt

SCHWEDEN – SLOWAKEI

1:0 (0:0)

SCHWEDEN-DATEN

Torhüter	Min.	Schüsse gehalten (von)	Flanken/Ecken abgefangen	Glanztaten	Schwere Fehler	Lange Pässe angekommen (von)	Note
Olsen	90	0% (0)	0	0	0	13% (8)	3

Spieler	Ballkontakte in Min.	Zweikämpfe gewonnen (von)	Fouls/gefoult worden	Pässe angek. (von)	Schüsse/Schussvorlagen	Tore/Torvorlagen	Note
Lustig	59 in 90	67% (9)	1/0	90% (42)	1/1	0/0	3
Lindelöf	83 in 90	86% (7)	0/1	93% (69)	0/0	0/0	2
Danielson	65 in 90	63% (16)	0/1	88% (43)	1/0	0/0	2
Augustinsson	51 in 87	71% (14)	1/1	76% (29)	1/2	0/0	2
Bengtsson	5 in 3	0% (2)	1/0	67% (3)	0/0	0/0	–
Olsson 1	45 in 63	45% (11)	3/0	93% (40)	0/0	0/0	4
Claesson	7 in 27	40% (5)	1/1	80% (5)	1/0	0/0	3
Ekdal	46 in 87	35% (17)	2/0	94% (33)	1/0	0/0	4
Svensson	2 in 3	100% (2)	0/0	0% (0)	0/0	0/0	–
Larsson	50 in 90	43% (7)	1/0	94% (32)	1/3	0/0	3
Forsberg	56 in 89	52% (21)	3/0	88% (41)	2/4	1/0	2
Krafth	3 in 1	0% (0)	0/0	0% (0)	0/0	0/0	–
Isak	37 in 90	50% (22)	1/0	82% (22)	4/2	0/0	2
Berg	23 in 63	19% (16)	2/1	61% (18)	2/0	0/0	3
Quaison	9 in 27	20% (10)	0/1	75% (4)	0/1	0/1	3

18. JUNI, 15 UHR, ST. PETERSBURG

Schiedsrichter: *Daniel Siebert (Deutschland).* ***Assistenten:*** *Jan Seidel und Rafael Foltyn (beide Deutschland).* ***Tor:*** *1:0 Forsberg (77./Foulelfmeter).* ***Wechsel:*** *Claesson für Olsson (64.), Quaison für Berg (64.), Bengtsson für Augustinsson (88.), Svensson für Ekdal (88.), Krafth für Forsberg (90.+3) – Haraslin für Pekarik (65.), Bénes für Hamsik (77.), Weiss für Mak (77.), Hancko für Hubocan (84.), Duris für Hrosovsky (84.).* ***Zuschauer:*** *11 525.* ***Wetter:*** *28 Grad, sonnig.*

SLOWAKEI-DATEN

Torhüter	Min.	Schüsse gehalten (von)	Flanken/Ecken abgefangen	Glanztaten	Schwere Fehler	Lange Pässe angekommen (von)	Note
Dubravka 1	90	75% (4)	1	1	0	43% (7)	3

Spieler	Ballkontakte in Min.	Zweikämpfe gewonnen (von)	Fouls/gefoult worden	Pässe angek. (von)	Schüsse/Schussvorlagen	Tore/Torvorlagen	Note
Pekarik	64 in 64	60% (5)	0/1	92% (48)	0/1	0/0	4
Haraslin	14 in 26	63% (8)	0/2	82% (11)	0/1	0/0	4
Satka	111 in 90	55% (11)	0/0	98% (93)	0/1	0/0	4
Skriniar	96 in 90	71% (14)	0/1	94% (77)	0/0	0/0	3
Hubocan	61 in 83	50% (6)	1/0	94% (48)	0/0	0/0	4
Hancko	12 in 7	100% (1)	0/0	86% (7)	1/1	0/0	–
Kucka	69 in 90	55% (33)	1/5	81% (42)	3/0	0/0	3
Hrosovsky	56 in 83	46% (13)	0/1	88% (50)	0/0	0/0	4
Duris	4 in 7	17% (6)	0/0	100% (1)	1/0	0/0	–
Koscelnik	52 in 90	41% (27)	2/2	87% (30)	1/1	0/0	4
Hamsik	59 in 76	50% (4)	0/0	92% (51)	1/1	0/0	4
Bénes	12 in 14	0% (1)	0/0	89% (9)	0/1	0/0	–
Mak	28 in 76	57% (7)	0/2	100% (18)	0/0	0/0	4
Weiss 1	16 in 14	0% (2)	1/0	83% (12)	1/0	0/0	–
Duda 1	54 in 90	63% (19)	0/2	91% (34)	1/2	0/0	3

Morata kann ruhig schlafen

Kozlowski ist der jüngste EM-Spieler

Kacper Kozlowski (r.) war bei seinem EM-Debüt 103 Tage jünger als Englands Jude Bellingham

In der 55. Minute der Partie Spanien gegen Polen wurde Geschichte geschrieben. Mit dem Polen Kacper Kozlowski kam der jüngste Spieler aufs Feld, der jemals während einer Europameisterschaft eingesetzt wurde. Der Mittelfeldspieler war bei der Partie gegen Spanien 17 Jahre und 246 Tage alt. Damit unterbot er den Rekord des Engländers Jude Bellingham, den dieser erst sechs Tage zuvor gegen Kroatien aufgestellt hatte. Der Dortmunder war da 17 Jahre und 349 Tage alt. Als jüngster deutscher EM-Spieler löste Jamal Musiala Lukas Podolski im letzten Gruppenspiel ab.

Die jüngsten EM-Spieler

1. Kacper Kozlowski (Polen)
17 Jahre, 246 Tage (Endrunde 2021)
2. Jude Bellingham (England)
17 Jahre, 349 Tage (2021)
3. Jetro Willems (Niederlande)
18 Jahre, 71 Tage (2012)
4. Vincenzo Scifo (Belgien)
18 Jahre, 115 Tage (1984)
5. **Jamal Musiala** (Deutschland)
18 Jahre, 117 Tage (2021)
6. Valeri Bojinov (Bulgarien)
18 Jahre, 128 Tage (2004)
7. Johan Vonlanthen (Schweiz)
18 Jahre, 137 Tage (2004)
8. Pedri (Spanien)
18 Jahre, 201 Tage (2021)
9. Marcus Rashford (England)
18 Jahre, 229 Tage (2016)
10. Wayne Rooney (England)
18 Jahre, 233 Tage (2004)

...

17. **Lukas Podolski** (Deutschland)
19 Jahre, 19 Tage (2004)

Stand nach Ende der Vorrunde

Mit seinem Tor lässt der Stürmer die Kritiker verstummen. Lewandowski rettet Polen

Von ihren Toren hängt das Wohlbefinden ganzer Nationen ab: Robert Lewandowski für Polen und Álvaro Morata bei den Spaniern. Doch die Geschichten dieser Mittelstürmer waren beim Duell in Sevilla komplett entgegengesetzt. Der eine der unumstrittene Anführer, der andere hart in der Kritik. Am Ende trafen beide, und so endete die Begegnung zwischen Polen und Spanien 1:1. Doch das Ergebnis gefiel beiden Mannschaften ganz unterschiedlich.

„Lebenswichtig!" Viel Lob vom Trainer für Lewandowski

Für die Polen war es nach hartem Kampf die Rettung vor dem vorzeitigen Aus, bei Spanien wuchsen die Zweifel an der wahren Spielstärke des Teams.

In der ersten Hälfte stand Morata im Mittelpunkt. Spanien machte Druck, doch kam zunächst nicht zu einem gefährlichen Abschluss. Dieser passierte dann in der 25. Minute per Zufall, als ein abgerutschter Schuss von Gerard Moreno genau auf Moratas Fuß landete. Er verwandelte und musste doch bangen. Denn der Video-Assistent guckte genau hin, ob Morata im Abseits gestanden hatte. Um wenige Zentimeter hatte alles seine Richtigkeit.

Die Erlösung erhellte Moratas Gesicht. Die Tage vor dem Spiel gegen Polen waren hart für den Stürmer gewesen. In Spanien war gefordert worden, dass Trainer Luis Enrique den Juventus-Star aus der Startformation streicht. Gegen Schweden hatte Morata eine klare Chance vergeben und sogar Pfiffe von den eigenen Fans einstecken müssen. „Dass das wehtut, kann sich jeder denken", sagte Morata. Er könne schlecht schlafen, wenn er Gelegenheiten vergibt. Nun hat er wieder eine ungestörte Nachtruhe.

Enrique hielt trotz der Kritik an Morata fest. Sein Argument: „Es gibt nur einen Spieler in der Geschichte der ‚Roja', der mehr Tore als Morata erzielt hat, David Villa." Der Angreifer zahlte das Vertrauen zurück und lief zum Jubeln übers halbe Feld zu seinem Trainer. „Ich danke Luis Enrique", sagte Morata. „Was ich ihm immer versichern kann, und er weiß es auch, dass ich alles geben werde."

Dann folgte in der 43. Minute der erste Lewandowski-Moment. Karol Swiderski feuerte einen Linksschuss ab, der an den Pfosten klatschte und vor Lewandowskis Füßen landete. Doch der Bayern-Stürmer traf aus fünf Metern nur Torwart Unai Simón.

Nach der Pause machte es Lewandowski besser. Von rechts flankte Kamil Jozwiak in den Strafraum, wo sich Polens Top-Stürmer mit Körpereinsatz gegen Aymeric Laporte den Platz verschaffte, den er brauchte, um zum 1:1 ins Tor zu köpfen (54.).

„Wenn du einen Spieler hast wie ihn, der von überall Tritte abkriegt und so eine Leistung bringt, macht das den Unterschied", sagte Polens portugiesischer Coach Paulo Sousa und betonte, dass Lewandowski für sein Team einfach „lebenswichtig" sei.

In Spanien nahm nach zwei sieglosen Spielen die Kritik am Trainer zu. „Luis Enrique, so nicht", kommentierte „As". Auf der Titelseite der Zeitung prangten zwei Worte: „Roter Alarm". ●

Jubel-Tänzchen: Torschütze Álvaro Morata feiert mit Trainer Luis Enrique die spanische Führung

SPANIEN – POLEN

1:1 (1:0)

SPANIEN-DATEN

Torhüter	Min.	Schüsse gehalten (von)	Flanken/Ecken abgefangen	Glanz-taten	Schwere Fehler	Lange Pässe angekommen (von)	Note
Simón	90	50% (2)	0	0	0	50% (2)	3

Spieler	Ball-kontakte in Min.	Zweikämpfe gewonnen (von)	Fouls/ gefoult worden	Pässe angek. (von)	Schüsse/ Schuss-vorlagen	Tore/ Torvor-lagen	Note
Llorente	122 in 90	54% (13)	1/0	94% (97)	0/1	0/0	3
Laporte	61 in 90	45% (11)	3/2	94% (51)	0/0	0/0	4
P. Torres 1	83 in 90	71% (14)	2/1	89% (63)	1/0	0/0	3
Alba	121 in 90	67% (21)	0/2	91% (87)	0/1	0/0	3
Rodri 1	74 in 90	57% (21)	2/1	96% (56)	1/1	0/0	3
Koke	68 in 67	67% (15)	2/2	92% (50)	0/0	0/0	3
Sarabia	22 in 23	17% (6)	0/1	86% (14)	0/1	0/0	4
Pedri	86 in 90	57% (14)	0/3	93% (72)	0/1	0/0	3
Moreno	53 in 67	43% (23)	1/2	91% (34)	4/3	0/1	3
F. Ruiz	20 in 23	67% (6)	0/1	82% (17)	0/0	0/0	3
Morata	45 in 86	39% (31)	1/1	79% (29)	4/1	1/0	2
Oyarzabal	2 in 4	100% (1)	0/0	0% (1)	0/0	0/0	–
Olmo	42 in 60	48% (21)	1/1	69% (26)	1/1	0/0	3
F. Torres	15 in 30	20% (10)	1/0	88% (8)	1/0	0/0	4

19. JUNI, 21 UHR, SEVILLA

Schiedsrichter: *Daniele Orsato (Italien).*
Assistenten: *Alessandro Giallatini, Fabiano Preti (beide Italien).*
Tore: *1:0 Morata (25.), 1:1 Lewandowski (54.).*
Wechsel: *F. Torres für Olmo (61.), Sarabia für Koke (68.), F. Ruiz für Moreno (68.), Oyarzabal für Morata (87.) – Kozlowski für Klich (55.), Frankowski für Swiderski (68.), Dawidowicz für Bednarek (85.), Linetty für Moder (85.).*
Besonderes Vorkommnis: *Moreno verschießt Foulelfm. (58.).*
Zuschauer: *11 742.*
Wetter: *24 Grad, bewölkt.*

POLEN-DATEN

Torhüter	Min.	Schüsse gehalten (von)	Flanken/Ecken abgefangen	Glanz-taten	Schwere Fehler	Lange Pässe angekommen (von)	Note
Szczesny	90	80% (5)	1	0	0	40% (15)	3

Spieler	Ball-kontakte in Min.	Zweikämpfe gewonnen (von)	Fouls/ gefoult worden	Pässe angek. (von)	Schüsse/ Schuss-vorlagen	Tore/ Torvor-lagen	Note
Bereszynski	38 in 90	70% (23)	0/1	71% (21)	0/0	0/0	2
Glik	26 in 90	71% (17)	3/2	88% (8)	0/0	0/0	3
Bednarek	28 in 84	67% (12)	1/0	88% (8)	0/0	0/0	3
Dawidowicz	2 in 6	0% (0)	0/0	100% (1)	0/0	0/0	–
Jozwiak 1	41 in 90	42% (19)	2/2	53% (17)	0/2	0/1	3
Klich 1	27 in 54	36% (11)	2/0	63% (16)	1/0	0/0	4
Kozlowski	5 in 36	63% (8)	0/2	50% (2)	0/0	0/0	4
Moder 1	26 in 84	50% (20)	3/1	58% (12)	0/0	0/0	4
Linetty	4 in 6	40% (5)	1/0	0% (0)	0/0	0/0	–
Puchacz	31 in 90	37% (19)	0/1	73% (11)	0/0	0/0	4
Zielinski	39 in 90	43% (21)	0/0	80% (20)	0/0	0/0	4
Swiderski	11 in 67	33% (12)	0/2	67% (6)	2/1	0/0	3
Frankowski	5 in 23	33% (9)	1/0	67% (3)	0/0	0/0	4
Lewandowski 1	27 in 90	40% (30)	4/3	45% (11)	2/2	1/0	2

Ein „Volleyballer“ hilft Spanien

Acht Eigentore in der Vorrunde – das gab’s noch nie

Der Erste: Der Türke Merih Demiral (l.) trifft gegen Italien ins eigene Tor

Schon der erste Treffer der EM war ein Eigentor. Türkeis Demiral hatte im Eröffnungsspiel gegen Italien ins eigene Netz getroffen. Es folgten allein in der Gruppenphase sieben weitere Missgeschicke dieser Art! Das ist mit weitem Abstand Turnierrekord, zuvor waren nie mehr als drei Eigentore pro Europameisterschaft gefallen. In allen 15 EM-Endrunden zuvor waren es zusammen gerade einmal neun gewesen. Auffällig: Drei der Eigentore in der Vorrunde der EM 2021 unterliefen Torhütern (Szczesny/Polen, Hradecky/Finnland und Dubravka/Slowakei). Und: Alle Teams, die ins eigene Netz trafen, verloren ihre Spiele.

Spiel	Eigentorschütze
Türkei – Italien (0:3)	0:1 Merih Demiral (Türkei)
Polen – Slowakei (1:2)	0:1 Wojciech Szczesny (Polen)
Frankreich – Deutschland (1:0)	1:0 Mats Hummels (Deutschland)
Portugal – Deutschland (2:4)	1:1 Rúben Dias (Portugal)
Portugal – Deutschland (2:4)	1:2 Raphaël Guerreiro (Portugal)
Finnland – Belgien (0:2)	0:1 Lukas Hradecky (Finnland)
Slowakei – Spanien (0:5)	0:1 Martin Dubravka (Slowakei)
Slowakei – Spanien (0:5)	0:5 Juraj Kucka (Slowakei)

Torhüter Dubravka schmettert den Ball ins eigene Netz. Danach spielen die Iberer wie berauscht

Vor dem letzten Gruppenspiel schien es so, als sei der spanische Fußball am Ende. Nur vier der vorherigen 13 EM- und WM-Duelle hatte die Nationalmannschaft gewonnen. Auch dieses Mal standen nach zwei Spielen nur zwei Punkte gegen Schweden und Polen auf dem Konto. Fans und Medien waren enttäuscht vom Ballgeschiebe, und Trainer Luis Enrique musste sich Fragen nach seiner Zukunft anhören. Abwehrspieler César Azpilicueta erklärte: „Es ist ein Spiel auf Leben und Tod.“

„Das Tor war meine Schuld. Ich werde es für lange Zeit bedauern“

Es folgte ein 5:0-Kantersieg gegen die Slowakei, berauscht zog „La Furia Roja“ ins Achtelfinale ein. Dafür brauchte Spanien eine halbe Stunde Anlauf – und die Mithilfe von Slowaken-Torwart Martin Dubravka. Dem Keeper von Newcastle United unterlief der dickste Torwart-Patzer der Vorrunde.

Nach einem Fehlpass im slowakischen Aufbau hatte Pablo Sarabia aus der Distanz abgezogen und die Latte getroffen. Der Ball flog hoch und nach einer gefühlten Ewigkeit senkrecht wieder herunter. Dubravka wollte ihn über die Latte zur Ecke lenken, verschätzte sich und schmetterte die Kugel wie ein Volleyballer ins eigene Netz. Ein Torwartfehler für die EM-Historie, der an die Aussetzer von Raimond Aumann (57) oder Tomislav Piplica (52) erinnerte.

Für die Spanier war er ein Segen. Zuvor hatte der umstrittene Stürmer Álvaro Morata bereits zwei Chancen vergeben und war in der 12. Minute per Elfmeter an Dubravka gescheitert – Spaniens fünfter vergebener Strafstoß in Folge! Trainer Enrique hatte vor dem Duell angekündigt: „Ich habe das Gefühl, dass es wie bei einer Sektflasche ist, bei der der Korken gezogen werden muss.“ Um im Bild zu bleiben: Nach dem Dubravka-Patzer sprudelte der Schaumwein in Strömen.

In der Nachspielzeit der ersten Hälfte spielte Jungstar Pedri Stürmer Gerard Moreno per Lupfer frei, dieser drehte sich im Strafraum, flankte, und in der Mitte köpfte Verteidiger Aymeric Laporte sein erstes Länderspieltor. Nach der Pause feierte auch Sarabia seine Torpremiere, als er in der 56. Minute eine flache Hereingabe von Jordi Alba verwertete. Nach einer Ecken-Variante über vier Stationen erhöhte Ferran Torres mit der Hacke auf 4:0, der eingewechselte Pau Torres zwang mit seinem Kopfball Juraj Kucka zum zweiten slowakischen Eigentor des Spiels. Das 5:0 war Spaniens höchster Sieg bei einer EM jemals.

„Das erste Tor war meine Schuld“, gab Pechvogel Dubravka zerknirscht zu: „Ich werde das für lange Zeit bedauern. Als das zweite Tor kam, war es für uns bis zum Ende des Spiels schwer.“ Im Gegensatz zur WM 2010 und zur EM 2016 scheiterten seine Slowaken dieses Mal in der Gruppe.

Spaniens Kapitän Sergio Busquets, der nach überstandener Corona-Infektion in die Startelf zurückkehrte, freute sich: „Das ist die Art und Weise, mit der wir weitermachen wollen. Das Spiel bringt uns Selbstvertrauen und Moral.“

Wer den Schaden hat … In der 30. Minute wechselt Slowaken-Torwart Martin Dubravka die Sportart und schmettert den Ball wie ein Volleyballer ins eigene Netz

SLOWAKEI – SPANIEN

0:5 (0:2)

SLOWAKEI-DATEN

Torhüter	Min.	Schüsse gehalten (von)	Flanken/Ecken abgefangen	Glanztaten	Schwere Fehler	Lange Pässe angekommen (von)	Note
Dubravka	90	55% (11)	1	1	1	57% (14)	4

Spieler	Ballkontakte in Min.	Zweikämpfe gewonnen (von)	Fouls/gefoult worden	Pässe angek. (von)	Schüsse/Schussvorlagen	Tore/Torvorlagen	Note
Pekarik	52 in 90	31% (16)	2/0	75% (32)	0/0	0/0	5
Satka	48 in 90	63% (8)	0/0	87% (39)	0/0	0/0	4
Skriniar 1	40 in 90	36% (14)	3/0	83% (29)	0/0	0/0	5
Hubocan	41 in 90	42% (19)	3/0	75% (24)	0/2	0/0	5
Kucka	40 in 90	52% (25)	4/0	66% (29)	0/0	0/0	4
Hromada	18 in 45	42% (12)	1/2	50% (10)	0/0	0/0	5
Lobotka	26 in 45	40% (5)	1/0	96% (24)	0/0	0/0	4
Haraslin	20 in 68	53% (17)	0/2	100% (9)	1/0	0/0	4
Suslov	9 in 22	0% (4)	0/0	100% (5)	0/0	0/0	4
Hamsik	54 in 89	45% (11)	0/0	80% (45)	0/0	0/0	4
Bénes	1 in 1	0% (1)	0/0	100% (1)	0/0	0/0	–
Mak	20 in 68	67% (6)	0/0	82% (11)	0/1	0/0	4
Weiss	13 in 22	22% (9)	0/0	88% (8)	0/0	0/0	5
Duda 2	11 in 45	64% (11)	0/3	33% (6)	0/0	0/0	4
Duris	16 in 45	20% (5)	0/0	100% (9)	2/0	0/0	4

23. JUNI, 18 UHR, SEVILLA

SR: *Björn Kuipers (NED).* ***Assistenten:*** *Sander van Roekel, Erwin Zeinstra (beide NED).* ***Tore:*** *0:1 Dubravka (30./Eigentor), 0:2 Laporte (45.+3), 0:3 Sarabia (56.), 0:4 F. Torres (67.), 0:5 Kucka (71./Eigentor).* ***Wechsel:*** *Duris für Duda (46.), Lobotka für Hromada (46.), Weiss für Mak (69.), Suslov für Haraslin (69.), Bénes für Hamsik (90.) – F. Torres für Morata (66.), Thiago für Busquets (71.), P. Torres für García (71.), Traoré für Moreno (77.), Oyarzabal für Azpilicueta (77.).* ***Bes. Vork.:*** *Dubravka hält Elfm. von Morata (12.).* ***Zuschauer:*** *11 204.* ***Wetter:*** *30 Grad, sonnig.*

SPANIEN-DATEN

Torhüter	Min.	Schüsse gehalten (von)	Flanken/Ecken abgefangen	Glanztaten	Schwere Fehler	Lange Pässe angekommen (von)	Note
Simón	90	100% (1)	0	0	0	67% (3)	3

Spieler	Ballkontakte in Min.	Zweikämpfe gewonnen (von)	Fouls/gefoult worden	Pässe angek. (von)	Schüsse/Schussvorlagen	Tore/Torvorlagen	Note
Azpilicueta	81 in 76	50% (10)	0/0	87% (63)	1/1	0/0	3
Oyarzabal	4 in 14	100% (1)	0/0	100% (3)	1/0	0/0	–
García	77 in 70	50% (6)	1/1	94% (72)	0/0	0/0	3
P. Torres	31 in 20	100% (1)	0/0	100% (29)	1/2	0/1	2
Laporte	94 in 90	50% (4)	1/0	99% (89)	1/1	1/0	2
Alba 1	80 in 90	54% (13)	2/0	85% (60)	0/1	0/1	2
Busquets 1	56 in 70	63% (16)	1/2	87% (46)	0/2	0/0	3
Thiago	37 in 20	73% (11)	0/1	90% (29)	1/1	0/0	3
Koke	81 in 90	48% (21)	2/3	91% (69)	1/1	0/0	3
Pedri	64 in 90	56% (25)	0/2	88% (49)	0/1	0/0	2
Sarabia	75 in 90	38% (16)	0/0	86% (51)	4/3	1/2	2
Morata	23 in 65	58% (12)	0/2	86% (14)	3/2	0/0	4
F. Torres	10 in 25	67% (3)	0/0	100% (8)	1/0	1/0	3
Moreno	38 in 76	71% (17)	0/3	81% (21)	2/2	0/1	2
Traoré	19 in 14	63% (8)	0/0	93% (14)	0/0	0/0	–

Forsberg erwischt Polen eiskalt

Bundesliga und EM: Nur der „Bomber“ war zweimal König

18.6.1972: Gerd Müller (M.) trifft zum 3:0-Endstand im Finale gegen die UdSSR

Direkt nach dem Abpfiff bekam Robert Lewandowski Trost von seinem Klub: „Kopf hoch, Lewy“, twitterte der FC Bayern. Trotz des Ausscheidens mit Polen konnte der Mittelstürmer hoch erhobenen Hauptes den Platz verlassen und auf eine fantastische Spielzeit mit sensationeller Torquote zurückblicken. In seinem 50. und letzten Pflichtspiel der Saison hatte er gerade die Treffer Nr. 55 und 56 erzielt.
Er ist erst der vierte in Deutschland spielende Top-Torjäger, der auch bei der direkt folgenden EM traf. Torschützenkönig wurde dabei nur einer: Gerd Müller, nach in seiner Rekordsaison mit zuvor 40 Bundesliga-Buden für den FC Bayern mit vier Toren in den nur zwei Spielen der Endrunde 1972 in Belgien.

Abschneiden der deutschen Torschützenkönige bei Europameisterschaften

Nicht teilgenommen, qualifiziert oder spielberechtigt: Uwe Seeler (HSV, 1960 und 1964), Hannes Löhr (Köln, 1968), Ailton (Bremen, 2004).

Nicht nominiert: Klaus Fischer (Schalke, 1976), Fritz Walter (Stuttgart, 1992), Martin Max (1860 München, 2000).

Ohne Treffer: Karl-Heinz Rummenigge (FC Bayern, 1984, 3 Spiele), Fredi Bobic (Stuttgart, 1996, 3), Luca Toni (FC Bayern, 2008, 4), Klaas-Jan Huntelaar (Schalke, 2012, 3)

Mit Treffern: Gerd Müller (FC Bayern, 1972, 2 Spiele/4 Tore), Karl-Heinz Rummenigge (FC Bayern, 1980, 4/1), Jürgen Klinsmann (Stuttgart, 1988, 4/1), Robert Lewandowski (FC Bayern, 2016 und 2021, 5/1 und 3/3).

Schweden erzielen Blitz- und Last-Minute-Tor, Lewandowskis Polen vergeben zu viele Chancen

Einen passenden Motivationssong hätte es nicht geben können: „Noch ist Polen nicht verloren!“ Es musste unbedingt ein Sieg her. Und angesichts dessen schien es, als schmetterten die Spieler mit dem weißen Adler auf der Brust die ersten Worte ihrer Nationalhymne an diesem Abend mit ganz besonderer Inbrunst. Zu viel Adrenalin, zu viel Herzblut, zu viel des Guten? Der Gesang war jedenfalls kaum verklungen, da hätte er von Torwart Wojciech Szczesny und seinen Vorderleuten eigentlich sofort noch einmal angestimmt werden müssen.

„Man kann uns Kampfeswillen und Ehrgeiz nicht absprechen“

Gleich bei der ersten Aktion des Spiels waren sie von den Schweden eiskalt erwischt worden: Flanke von links, Stolperer von Kamil Glik gegen Alexander Isak, Luftloch von Kamil Jozwiak gegen Emil Forsberg, der zum 1:0 flach ins Eck traf. Noch mehr Druck nach gerade mal 82 gespielten Sekunden! Es war das zweitschnellste Tor der EM-Historie. Fixer, um exakt 15 Sekunden, war lediglich der Russe Dmitri Kirichenko 2004 im Vorrundenspiel gegen Griechenland gewesen.

„Man kann uns den Kampfeswillen und den Ehrgeiz nicht absprechen, wir haben alles gegeben. Wir hatten viele Chancen, haben aber nicht genug verwandelt. Etwas hat gefehlt – sicherlich auch Fähigkeiten“, stellte Robert Lewandowski nach dem Spiel enttäuscht fest. Bei seiner kritischen Analyse bezog sich Polens Kapitän ausdrücklich mit ein und verwies auf die 17. Spielminute, als er binnen Sekunden gleich zweimal per Kopf am Aluminium scheiterte: Erst setzte er einen Eckball aus elf Metern per Aufsetzer an die Latte – Pech. Dann, im Nachsetzen, lenkte er auch den Abpraller an den Querbalken. Ein klassischer Abstauber aus der Nahdistanz – normalerweise eine Pflichtübung für den Weltfußballer.

Polens Torschrei erstarb im jeweils letzten Moment auch beim Fernschuss-Festival direkt vor und nach der Pause: Zweimal Piotr Zielinski (45.+1, 47.) sowie Grzegorz Krychowiak (51.) fanden ihren Meister in Schwedens Keeper Robin Olsen. Die Roten drückten, sie drängten, doch das Tor schossen wieder die brutal effizienten Blau-Gelben. Erneut stand Forsberg richtig, erneut vollstreckte er cool und mit feiner Schusstechnik ins rechte untere Eck (59.).

Jetzt, als für Polen wirklich schon fast alles verloren war, löste sich die Verkrampfung. Und wie: Lewandowski gelang fast postwendend der Anschluss (61.) und in Minute 84. der Ausgleich. Herrliche Tore mit Raffinesse und Instinkt, die das große Können und Repertoire des Bayern-Mittelstürmers zeigten und Initialzündung und Anfeuerung für eine dramatische Schlussphase waren. Plötzlich fehlte nur noch ein Tor zum Achtelfinale. Mit der zweiten Luft rannte Polen unaufhörlich an und zwang Schweden in eine Abwehrschlacht, die Joker Viktor Claesson in der Nachspielzeit für das abgeklärtere und glücklichere Team entschied.

So schnell geht das: Bereits nach 82 Sekunden trifft Schwedens Emil Forsberg (Nr. 10) zum 1:0. Der Anfang vom Ende für die Polen

An ihm lag es nicht, aber seine Mitspieler waren nicht stark genug: Polens Torjäger Robert Lewandowski erzielt in der 84. Minute das 2:2, es war sein dritter Turniertreffer

SCHWEDEN – POLEN

3:2 (1:0)

SCHWEDEN-DATEN

Torhüter	Min.	Schüsse gehalten (von)	Flanken/Ecken abgefangen	Glanztaten	Schwere Fehler	Lange Pässe angekommen (von)	Note
Olsen	90	71% (7)	4	0	0	14% (7)	3

Spieler	Ballkontakte in Min.	Zweikämpfe gewonnen (von)	Fouls/gefoult worden	Pässe angek. (von)	Schüsse/Schussvorlagen	Tore/Torvorlagen	Note
Lustig	46 in 67	71% (17)	0/1	36% (25)	1/1	0/0	3
Krafth	7 in 23	100% (1)	0/1	100% (1)	1/0	0/0	3
Lindelöf	28 in 90	62% (13)	0/0	78% (9)	1/1	0/0	3
Danielson 1	33 in 90	60% (15)	0/0	57% (7)	0/0	0/0	3
Augustinsson	41 in 90	47% (15)	0/0	67% (15)	0/0	0/0	4
Olsson	32 in 90	62% (13)	0/2	73% (15)	1/0	0/0	3
Ekdal	31 in 90	45% (22)	2/3	78% (18)	0/0	0/0	3
S. Larsson	46 in 90	50% (12)	1/0	80% (15)	1/3	0/0	3
Forsberg	33 in 77	58% (19)	1/3	77% (13)	5/1	2/0	1
Claesson	12 in 13	38% (8)	0/0	100% (3)	1/0	1/0	–
Isak	23 in 67	27% (26)	2/0	78% (9)	0/1	0/1	3
Berg	10 in 23	33% (12)	2/1	60% (5)	0/0	0/0	3
Quaison	11 in 54	41% (17)	4/0	67% (6)	1/1	0/0	3
Kulusevski	16 in 36	22% (9)	1/1	90% (10)	0/3	0/2	2

23. JUNI, 18 UHR, ST. PETERSBURG

Schiedsrichter: *Michael Oliver (England).*
Assistenten: *Stuart Burt und Simon Bennett (beide England).*
Tore: *1:0 Forsberg (2.), 2:0 Forsberg (59.), 2:1 Lewandowski (61.), 2:2 Lewandowski (84.), 3:2 Claesson (90.+4).*
Wechsel: *Kulusevski für Quaison (55.), Berg für Isak (68.), Krafth für Lustig (68.), Claesson für Forsberg (78.) – Frankowski für Puchacz (46.), Swierczok für Jozwiak (61.), Kozlowski für Klich (73.), Placheta für Krychowiak (78.).*
Zuschauer: *14 252.*
Wetter: *34 Grad, sonnig.*

POLEN-DATEN

Torhüter	Min.	Schüsse gehalten (von)	Flanken/Ecken abgefangen	Glanztaten	Schwere Fehler	Lange Pässe angekommen (von)	Note
Szczesny	90	25% (4)	1	0	0	0% (4)	4

Spieler	Ballkontakte in Min.	Zweikämpfe gewonnen (von)	Fouls/gefoult worden	Pässe angek. (von)	Schüsse/Schussvorlagen	Tore/Torvorlagen	Note
Bereszynski	89 in 90	63% (24)	2/2	90% (59)	2/0	0/0	3
Glik 1	70 in 90	68% (22)	2/2	87% (46)	0/1	0/0	3
Bednarek	85 in 90	81% (21)	0/2	89% (61)	0/0	0/0	2
Jozwiak	51 in 60	33% (18)	2/1	82% (38)	0/2	0/0	4
Swierczok	7 in 30	29% (7)	1/0	100% (3)	1/0	0/0	4
Krychowiak 1	56 in 77	58% (12)	1/2	88% (32)	3/0	0/0	3
Placheta	15 in 13	0% (3)	0/0	75% (8)	1/2	0/0	–
Klich	41 in 72	44% (9)	1/0	74% (27)	0/1	0/0	4
Kozlowski	19 in 18	33% (6)	0/0	88% (16)	0/0	0/0	4
Puchacz	27 in 45	29% (14)	1/1	75% (12)	0/0	0/0	4
Frankowski	33 in 45	25% (4)	0/0	85% (20)	0/6	0/1	2
Zielinski	71 in 90	45% (22)	2/3	86% (35)	4/4	0/1	2
Swiderski	33 in 90	81% (16)	0/0	80% (20)	2/2	0/0	3
Lewandowski	33 in 90	35% (20)	0/0	87% (15)	7/1	2/0	2

GRUPPE F

- UNGARN
- PORTUGAL
- FRANKREICH
- DEUTSCHLAND

Dienstag, 15. Juni, Budapest
Ungarn – Portugal 0 : 3

Dienstag, 15. Juni, München
Frankreich – Deutschland 1 : 0

Samstag, 19. Juni, Budapest
Ungarn – Frankreich 1 : 1

Samstag, 19. Juni, München
Portugal – Deutschland 2 : 4

Mittwoch, 23. Juni, München
Deutschland – Ungarn 2 : 2

Mittwoch, 23. Juni, Budapest
Portugal – Frankreich 2 : 2

	Ungarn	Portugal	Frankreich	Deutschland
Ungarn		0:3	1:1	2:2
Portugal	3:0		2:2	2:4
Frankreich	1:1	2:2		1:0
Deutschland	2:2	4:2	0:1	

Mannschaft	G	U	V	Tore	Pkte
1. Frankreich	1	2	0	4:3	5
2. Deutschland	1	1	1	6:5	4
3. Portugal	1	1	1	7:6	4
4. Ungarn	0	2	1	3:6	2

Ein Schuss Glück! Deutschland steht in München gegen Ungarn vor dem Aus, da zieht Leon Goretzka in der 84. Minute ab. Der Ball saust an Ungarns Andras Schäfer (l.), Attila Fiola (r.) und Torhüter Peter Gulacsi vorbei ins Netz zum 2:2. Die DFB-Elf schaffte es damit doch noch ins Achtelfinale, Ungarn war raus. Goretzka: „Das Spiel war ganz, ganz schwierig. Großartig, dass wir es geschafft haben, vor eigenem Publikum"

ANALYSE GRUPPE F

Finale zwischen Himmel und Hölle

Das war nichts für schwache Nerven, in den jeweiligen Endspielen der Gruppe F lagen nur wenige Momente zwischen himmelhoch jauchzend und zu Tode betrübt. Am Ende atmeten vor allem die Deutschen ganz tief durch. Das Team von Jogi Löw zitterte sich durch das goldene Tor von Leon Goretzka zu einem 2:2 gegen Ungarn und Rang zwei. Es war der Schlusspunkt einer Vorrunde mit Höhen und Tiefen: akzeptabel beim 0:1 gegen Frankreich, stark beim 4:2 gegen Portugal, ganz schwach gegen Ungarn. Die Magyaren schnupperten am Achtelfinale, flogen aber doch als Gruppenletzter raus.

Das hätte auch den Portugiesen im Duell des amtierenden Europa- gegen den aktuellen Weltmeister passieren können, letztlich langte es dank Superstar Cristiano Ronaldo (siehe rechts) zu einem 2:2 gegen Frankreich, Platz drei und dem Achtelfinale. Die Franzosen ihrerseits hatten die K.o.-Spiele vor dem Vorrunden-Finale als einziges Team sicher und bewiesen insbesondere gegen das DFB-Team, welch enormes Potenzial, zuvörderst in der Offensive, die Mannschaft hat. Gruppenplatz eins war verdient und ließ die Fans der Équipe Tricolore vom Titel träumen.

Kapitän Adam Szalai köpfte das 1:0 beim 2:2 der Ungarn gegen Deutschland

CRISTIANO RONALDO

Ein Leben der Superlative

Der unbändige Siegeswille des Portugiesen ist unerreicht. Vor ihm zittert sogar Coca-Cola

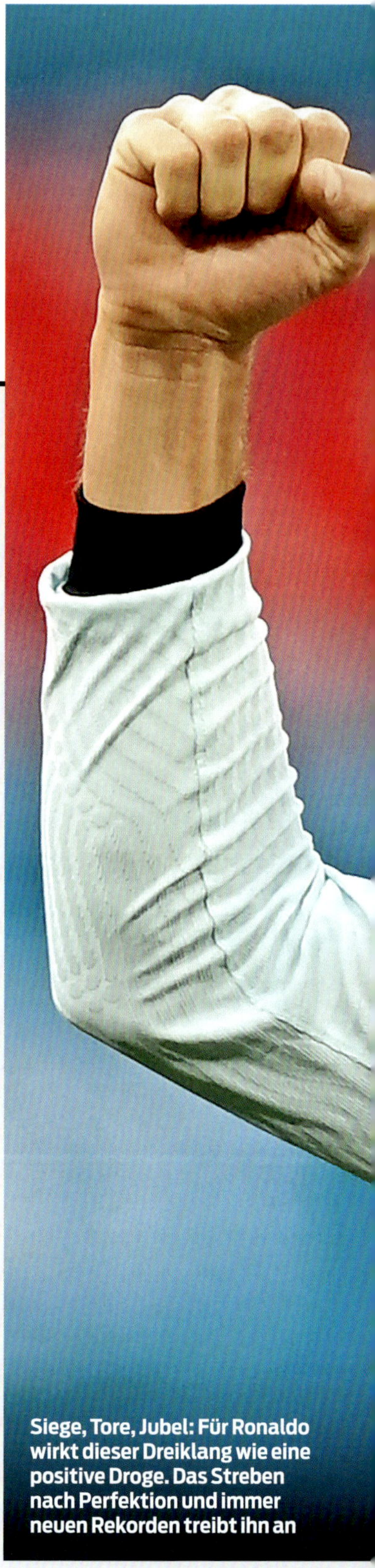

Siege, Tore, Jubel: Für Ronaldo wirkt dieser Dreiklang wie eine positive Droge. Das Streben nach Perfektion und immer neuen Rekorden treibt ihn an

Von Altersmüdigkeit war beim 36-jährigen Cristiano Ronaldo schon vor Turnierbeginn keine Spur. „Ich bin bei dieser Euro, als ob es die erste wäre“, erklärte Ronaldo, nach dem Nordmazedonier Goran Pandev (37) der zweitälteste Stürmer der EM: „Ich fühle mich so motiviert oder noch motivierter als 2004 bei meiner ersten Europameisterschaft.“

Ein unvergleichlicher Ehrgeiz treibt den Portugiesen an, führt ihn zu immer neuen Höchstleistungen. Gleich im ersten Gruppenspiel schoss er sich zum EM-Rekordtorschützen. Im letzten traf er nochmals doppelt, zog mit dem Iraner Ali Daei als Länderspiel-Rekordschütze (109 Tore) gleich und überholte Miroslav Klose als bester Torjäger bei EM- und WM-Turnieren (insgesamt 21 Treffer). Und während andere Profis an die Fußball-Rente denken, gibt „CR7“ noch mal Vollgas. Seit seinem 30. Geburtstag hat er mehr als 300 Tore für seine Vereine und die Nationalelf erzielt.

Ronaldos Motto lautet seit vielen Jahren: morgens als Erster kommen, abends als Letzter gehen

Dass Ronaldo bei seiner fünften EM und knapp 18 Jahre nach seinem Länderspiel-Debüt immer noch so beweglich und torgefährlich ist, ist kein Zufall. Sein Motto lautet seit Jahren: morgens als Erster kommen, abends als Letzter gehen. Sein privates Fitnessstudio, das er sich in sein Haus in Turin bauen ließ, nutzt er jeden Abend. Er hält streng Mittagsschlaf und verteilt seine Ernährung auf sechs Mahlzeiten am Tag – es sind die Ergebnisse einer wissenschaftlichen Analyse seines Körpers.

Wie ernst Ronaldo es mit dem gesunden Leben nimmt, musste Uefa-Sponsor Coca-Cola schmerzlich erfahren. Auf der Pressekonferenz vor dem 3:0-Sieg gegen Ungarn stellte er die beiden Cola-Flaschen, die vor ihm auf dem Tisch standen, zur Seite und damit aus dem Bild. Stattdessen nahm er seine Wasserflasche, sagte ins Mikro: „Agua!“ (Wasser) – und schob noch ein „Coca-Cola, bah“ hinterher. Mit einem Handstreich hatte er dafür gesorgt, dass der Getränkehersteller an der Börse kurzzeitig Kursverluste von vier Milliarden Dollar erlitt.

Letztlich ging Ronaldo auch aus dieser Episode als Sieger hervor, wie so oft im Leben. Freunde sagen über ihn, er sei unerträglich, sobald es etwas zu gewinnen gibt. Sei es im Jugendinternat von Sporting, als er beim Tischtennis und Tischfußball alle besiegte. Sei es im Urlaub, wenn ein Tennismatch unter Freunden für Ronaldo zu einer todernsten Sache wird.

Sein Ehrgeiz ist der Schlüssel dafür, dass Ronaldo seit Jahren der bedeutendste Fußballer Europas ist. Während der EM durchbrach sein Profil auf der Plattform Instagram als Erstes weltweit die Marke von 300 Millionen Followern. In der Jugend hatte Ronaldo keine Poster von Vorbildern an der Wand, er selbst wollte der beste Spieler der Welt werden. Inzwischen ist Ronaldo fünfmaliger Weltfußballer.

Dazu ist der Superstar smart. Wirbelte er früher auf dem Flügel und dribbelte seine Gegenspieler aus, änderte er sein Spiel. Seine Trainer wie Portugal-Coach Fernando Santos stellen ihn längst im Sturmzentrum auf. Seine Stärken: punktgenaue Abschlüsse, ein nahezu perfektes

SCORER-LISTE GRUPPE F

	Tore	Torvorlagen	Scorer-Punkte	gespielte Minuten
Ronaldo (Portugal)	5	1	6	270
R. Silva (Portugal)	–	3	3	53
Gosens (Deutschland)	1	2	3	229
Ad. Szalai (Ungarn)	1	1	2	196
Havertz (Deutschland)	2	–	2	211
Sallai (Ungarn)	–	2	2	240
Jota (Portugal)	1	1	2	252
Benzema (Frankreich)	2	–	2	253
Kimmich (Deutschland)	–	2	2	270
Mbappé (Frankreich)	–	2	2	270
Werner (Deutschland)	–	1	1	41
Goretzka (Deutschland)	1	–	1	51
Hernández (Frankreich)	–	1	1	135
Danilo (Portugal)	–	1	1	225
Schäfer (Ungarn)	1	–	1	228
Hummels (Deutschland)	–	1	1	241
Pogba (Frankreich)	–	1	1	255
Fiola (Ungarn)	1	–	1	264
Griezmann (Frankreich)	1	–	1	266
Guerreiro (Portugal)	1	–	1	270

Der Franzose Paul Pogba spielte vor allem beim 1:0 gegen das DFB-Team überragend

Kopfballspiel und kleine Freilaufbewegungen, um seine Gegner abzuhängen.

Das schnelle Konterspiel beherrscht Ronaldo dazu auch noch. Beim 2:4 gegen Deutschland brachte er seine Mannschaft in Führung, indem er nach einem Ballgewinn Portugals 97 Meter (!) über den Platz sprintete, dabei unter anderem Antonio Rüdiger abhängte und auf Vorlage von Diogo Jota einschob. Ronaldo wollte dieses Tor unbedingt, hatte er doch zuvor bei vier Turnier-Duellen gegen Deutschland nicht getroffen. Inakzeptabel für einen wie ihn.

Für den Europameister von 2016 ist noch lange nicht Schluss. Mit Portugal wartet das nächste Ziel schon im kommenden Winter: die WM in Katar. Nationaltrainer Santos verriet im Frühjahr: „Ich weiß, dass er den großen Traum hat, Teil des gemeinsamen Ziels zu sein. Und dieses ist, die Weltmeisterschaft zu spielen und sie gewinnen zu können.“ Mit Ronaldos Form bei dieser EM und seinem Ehrgeiz stehen die Chancen dafür gar nicht schlecht.

Mit Köpfchen! Robin Gosens steigt hoch, köpft den Ball aufs Tor. Portugals Torhüter Rui Patrício versucht noch, mit der rechten Hand an den Ball zu kommen – vergebens. Gosens trifft nach Kimmich-Flanke zum 4:1 (Endstand 4:2). Ein Tor wie aus dem Lehrbuch und ein Treffer, der die großartige Leistung des deutschen Linksverteidigers krönte. Nach der Gala in München sagte Gosens: „Der Sieg bedeutet mir alles"

UEFA EURO 2020

Ronaldo besser als Platini

Viel Kritik an voller Arena in Budapest

Alles fast wie vor Corona: Eng an eng stehen die Fans, Bengalos werden abgebrannt

Nach 15 Monaten mit Geisterspielen und trostloser Atmosphäre war die Fußball-Welt schlagartig wieder die alte. Die 55 662 Zuschauer in der reichlich besetzten Puskas-Arena machten die Partie zwischen Ungarn und Portugal zum akustischen Spektakel. Doch während sich die einen über ein Stück Normalität und Ausgelassenheit freuten, waren die anderen schockiert. Bayerns Ex-Präsident Uli Hoeneß kritisierte: „Ein schlechtes Signal. Man kann nur hoffen, dass nichts passiert.“ Eine Maskenpflicht gab es nicht, eng an eng standen die Fans. SPD-Gesundheitsexperte Karl Lauterbach befand: „Rücksichtslos und unsportlich!“

Die Spieler indes genossen die Rückkehr des Alltags. So auch Cristiano Ronaldo, der permanent ausgepfiffen und beleidigt wurde, er gab seine Antwort in Form von Toren. Denn wie hatte er schon vor dem Spiel gesagt, ahnend, was passieren würde: „Ich liebe es, wenn die Fans mich ausbuhen.“

Zuschauerkapazitäten Vorrunde	
Wembley-Stadion, London	22 500
Fußball Arena, München	14 500
Stadio Olimpico, Rom	18 000
Olympiastadion, Baku	34 500
Stadion St. Petersburg	34 117
Hampden Park, Glasgow	12 750
La Cartuja, Sevilla	17 100
Puskas-Arena, Budapest	68 000
Parken Stadion, Kopenhagen	15 200
Johann Cruyff Arena, Amsterdam	13 500
Arena Nationala, Bukarest	13 750

Mit den Toren zehn und elf stößt Portugals Star den Franzosen vom gemeinsamen EM-Thron

Bereits mit dem Anpfiff stellte Cristiano Ronaldo einen Rekord auf. Als Schiedsrichter Cüneyt Cakir die Partie in der Puskas-Arena zwischen Portugal und Ungarn eröffnete, wurde der Superstar der erste Fußballer, der bei fünf Europameisterschaften zum Einsatz gekommen ist. Es sollte nicht die einzige Bestmarke des frühen Abends in Budapest bleiben.

Kurz vor Schluss begann die Fünf-Minuten-Show des Maestros

Doch bis zur nächsten war es ein langer, harter Weg für Ronaldo. Die Ungarn machten es dem amtierenden Europameister schwer. Bei jeder Ballberührung waren mindestens zwei Gegenspieler bei ihm. Angepeitscht vom Großteil der 55 662 Zuschauer – einige Portugiesen waren auch im Stadion –, kämpften die Lokalmatadoren leidenschaftlich. Und hatte Ronaldo einmal Luft zum Atmen, vergab er kläglich. In der 43. Minute hämmerte er den Ball aus fünf Metern deutlich über das Tor.

So dauerte es bis zur 84. Minute, bis der Favorit in Führung ging. Das Tor fiel doppelt unglücklich für Ungarn. Der Ball wurde sowohl bei der Flanke von Rafa Silva als auch beim Schuss von Raphaël Guerreiro abgefälscht. Unglücksrabe war letztlich Leipzigs Willi Orban, der seinem Klubkollegen Peter Gulacsi keine Chance ließ.

Die Arbeit der Gastgeber war mit einem Schlag zunichte gemacht. Und es wurde noch schlimmer. Es begann die Fünf-Minuten-Show der Rekorde von Ronaldo. Der Türöffner war wieder Orban, der Rafa Silva im Strafraum hielt und bedrängte. Nicht viel, aber genug für Cakir, um auf Strafstoß zu entscheiden. In der 87. Minute verwandelte Ronaldo den Elfmeter, schob den Ball ins von ihm aus gesehen rechte Eck. Gulacsi flog nach links.

Mit diesem 2:0 überholte Ronaldo eine Legende: Bisher hatte er sich den Rekord für die meisten EM-Tore mit dem Franzosen Michel Platini geteilt. Beide hatten bei neun Treffern gelegen. Nun erhöhte „CR7“ sein Konto auf zehn. Damit ist er zudem der einzige Spieler, der bei fünf Europameisterschaften jeweils mindestens einmal getroffen hat.

Und es folgte noch eine Zugabe des Maestros: In der zweiten Minute der Nachspielzeit spielte Ronaldo einen doppelten Doppelpass mit Rafa Silva, umkurvte Gulacsi und schob zum 3:0 ein: Treffer Nummer elf der EM-Geschichte Ronaldos und sein dritter Doppelpack bei einer EM – wieder ein Rekord.

Ungarn hingegen hatte nur wenige Chancen: Die drei Torschüsse bereiteten Portugals Rui Patrício keine Probleme. Es gab keine einzige Ecke für die Gastgeber. In der 80. Minute schoss Szabolcs Schön den Ball ins Tor – jedoch aus klarer Abseitsposition. So blieb Ungarn auch im 14. Spiel gegen Portugal ohne Sieg. Die Bilanz: vier Unentschieden, zehn Niederlagen.

Ronaldo war erleichtert: „Du musst wissen, wie man leidet, bis zum Ende kämpft – und immer an dich glauben.“

Zwei lebende Legenden, zwei Elfmeter: In der 87. Minute verwandelte Cristiano Ronaldo gegen Ungarn einen Strafstoß, es war bei seinem fünften EM-Turnier sein zehnter Treffer, dem er später den elften folgen ließ. Damit stieß der Portugiese …

… Michel Platini vom gemeinsamen EM-Thron. Der Franzose hatte seine neun Tore in nur einem Turnier erzielt, der EM 1984 in Frankreich. Im kleinen Foto trifft er zum 4:0 gegen Belgiens Jean-Marie Pfaff (Endstand 5:0). Ronaldo packte gegen Ungarn sogar noch einen drauf, Endre Botka und Schlussmann Peter Gulacsi (r.) waren chancenlos

UNGARN – PORTUGAL

0:3 (0:0)

UNGARN-DATEN

Torhüter	Min.	Schüsse gehalten (von)	Flanken/Ecken abgefangen	Glanztaten	Schwere Fehler	Lange Pässe angekommen (von)	Note
Gulacsi	90	57% (7)	1	0	0	50% (8)	4

Spieler	Ballkontakte in Min.	Zweikämpfe gewonnen (von)	Fouls/gefoult worden	Pässe angek. (von)	Schüsse/Schussvorlagen	Tore/Torvorlagen	Note
Botka	33 in 90	60% (20)	0/2	56% (18)	0/0	0/0	4
Orban 1	42 in 90	56% (18)	1/1	77% (26)	0/0	0/0	4
At. Szalai	61 in 90	73% (11)	1/0	70% (46)	0/1	0/0	3
Lovrencsics	45 in 90	46% (13)	1/0	72% (25)	0/1	0/0	4
Nagy	26 in 87	39% (18)	1/0	71% (17)	0/0	0/0	4
R. Varga	3 in 3	0% (0)	0/0	100% (1)	0/0	0/0	–
Fiola	44 in 87	40% (20)	1/0	81% (21)	0/0	0/0	4
K. Varga	3 in 3	0% (0)	0/0	50% (2)	0/0	0/0	–
Kleinheisler	30 in 77	45% (22)	0/2	83% (12)	0/0	0/0	4
Siger	9 in 13	0% (4)	0/0	67% (6)	0/0	0/0	–
Schäfer	31 in 64	35% (20)	1/1	100% (14)	0/2	0/0	4
Nego 1	15 in 26	50% (4)	0/1	73% (11)	0/0	0/0	4
Sallai	22 in 76	45% (20)	2/2	70% (10)	2/1	0/0	4
Schön	5 in 14	0% (1)	0/0	100% (1)	0/0	0/0	–
Ad. Szalai	41 in 90	45% (47)	2/6	69% (16)	3/0	0/0	3

15. JUNI, 18 UHR, BUDAPEST

Schiedsrichter: *Cüneyt Cakir (Türkei).*
Assistenten: *Bahattin Duran und Tarik Ongun (beide Türkei).*
Tore: *0:1 Guerreiro (84.), 0:2 Ronaldo (87./Foulelfmeter), 0:3 Ronaldo (90.+2).*
Wechsel: *Nego für Schäfer (65.), Schön für Sallai (77.), Siger für Kleinheisler (78.), K. Varga für Fiola (88.), R. Varga für Nagy (88.) – Rafa für B. Silva (71.), Sanches für Carvalho (81.), A. Silva für Jota (81.), Moutinho für Fernandes (89.).*
Zuschauer: *55 662.*
Wetter: *26 Grad, bewölkt.*

PORTUGAL-DATEN

Torhüter	Min.	Schüsse gehalten (von)	Flanken/Ecken abgefangen	Glanztaten	Schwere Fehler	Lange Pässe angekommen (von)	Note
Rui Patrício	90	100% (3)	1	0	0	50% (2)	2

Spieler	Ballkontakte in Min.	Zweikämpfe gewonnen (von)	Fouls/gefoult worden	Pässe angek. (von)	Schüsse/Schussvorlagen	Tore/Torvorlagen	Note
Semedo	100 in 90	71% (31)	0/2	96% (71)	0/1	0/0	2
Pepe	95 in 90	42% (12)	1/1	93% (85)	1/0	0/0	3
Dias 1	100 in 90	58% (12)	3/0	98% (83)	0/0	0/0	3
Guerreiro	86 in 90	55% (20)	0/0	91% (64)	1/0	1/0	2
Carvalho	71 in 80	67% (15)	1/0	91% (64)	0/0	0/0	3
Sanches	18 in 10	86% (7)	0/1	93% (14)	0/0	0/0	–
Danilo	80 in 90	59% (22)	4/3	92% (64)	0/0	0/0	3
Fernandes	49 in 88	42% (19)	1/1	85% (26)	1/3	0/0	3
Moutinho	13 in 2	100% (1)	0/0	100% (12)	0/0	0/0	–
B. Silva	53 in 70	50% (20)	2/0	82% (39)	0/2	0/0	3
Rafa	28 in 20	29% (7)	1/1	83% (24)	0/3	0/3	1
Ronaldo	47 in 90	50% (24)	0/0	92% (38)	4/0	2/0	2
Jota	48 in 80	43% (28)	2/1	65% (34)	3/1	0/0	3
A. Silva	5 in 10	0% (1)	0/0	100% (2)	0/0	0/0	–

Hummels ist der große Pechvogel

Zwei Verletzte bei missglückter Greenpeace-Aktion

Vorm Anpfiff landet ein Greenpeace-Aktivist auf dem Rasen

Dem deutschen Fehlstart ins Turnier ging eine dramatische Bruchlandung voraus, die beinahe in einer Tragödie geendet hätte: Ein Motorschirmflieger war von außerhalb der Münchner Arena in den Stadion-Innenraum gerauscht. Auf seinem Schirm prangte das Logo der Umweltschutzorganisation Greenpeace, dazu der Slogan „Kick out Oil". Beim Versuch, einen großen gelben Ball auf den Rasen zu werfen, geriet der Mann in eine Stahlseilkonstruktion für TV-Kameras, verlor die Kontrolle über sein Fluggerät und konnte nur mit Mühe einen Absturz in die Zuschauerränge verhindern. Er landete schließlich unsanft in der Spielfeldhälfte, in der sich die deutschen Spieler auf den Anpfiff vorbereiteten.
Bei der Aktion, die sich gegen DFB-Sponsor Volkswagen und die Produktion von benzin- und dieselgetriebenen Autos richtete, wurden Polizei-Angaben zufolge zwei Personen verletzt und zur Versorgung ins Krankenhaus gebracht. Der vom Himmel gefallene „Flitzer" blieb unversehrt und wurde vorläufig festgenommen. Von vielen Seiten gab es Kritik an dieser Aktion. Greenpeace entschuldigte sich: „Dieser Protest hatte nie die Absicht, das Spiel zu stören oder Menschen zu verletzten. Leider ist bei dieser Aktion nicht alles nach Plan gelaufen."

Ein Schienbein-Eigentor besiegelt die Auftaktniederlage gegen Weltmeister Frankreich

Gott, hab ich Bock auf dieses Spiel!" Via Instagram hatte Mats Hummels seine Vorfreude auf den EM-Auftakt gegen Frankreich geteilt, nicht ahnend, dass er selbst dabei zur tragischen Hauptfigur werden sollte.

Nach dem 0:1 gegen den Weltmeister sagte Hummels dann: „Die Niederlage schmerzt uns sehr und mich besonders, weil mein Eigentor das Spiel am Ende entschieden hat."

Es war der unschöne Schlusspunkt einer längeren Fehlerkette. Bei einer harmlos erscheinenden Einwurf-Situation war das DFB-Team fast kollektiv nicht nah genug dran, Paul Pogba verlagerte mit einem traumhaften Außenristpass zu Linksverteidiger Lucas Hernández, dessen scharfe Hereingabe Hummels mit dem Schienbein ins eigene Netz bugsierte.

„Die Durchschlagskraft im letzten Drittel hat gefehlt"

62 zu 38 Prozent Ballbesitz; 617 zu 358 erfolgreiche Pässe; 113,6 zu 109 gelaufene Kilometer – starke Werte, die das deutsche Engagement belegen. Doch an den zweikampfstarken Franzosen prallte das alles ab. Sie überließen dem Gegner viel Raum, den sie dann bei Ballgewinn geschickt für sich nutzten. Mit blitzartig vorgetragenen Kontern war der Weltmeister seinem zweiten Tor mehrfach näher als die DFB-Elf ihrem ersten: Adrien Rabiot scheiterte am Außenpfosten (52.), Treffern von Kylian Mbappé (66.) und Karim Benzema (85.) wurde wegen knapper Abseitspositionen die Anerkennung versagt. Sehenswert auch das ungleiche Sprintduell zwischen Mbappé und Hummels, das der Deutsche mit einem gleichsam riskanten wie gekonnten Tackling in letzter Instanz für sich entschied (78.).

DFB-Chancen? Mangelware. „Die Mitte wird dicht sein", hatte Bundestrainer Joachim Löw angesichts der starken Sechser N'Golo Kanté und Pogba sowie des aufmerksamen Innenverteidiger-Duos Raphaël Varane/Presnel Kimpembe geahnt. Heiß wurde es vor dem Tor von Hugo Lloris auch nur, wenn der agile Robin Gosens über links durchkam. Doch weder Thomas Müller (22.) noch Ilkay Gündogan (38.) trafen den Ball richtig. Auch Serge Gnabry nicht, dessen Volley-Abnahme als Aufsetzer ihr Ziel nur knapp verfehlte und die einzige Offensiv-Szene war, die die deutschen Fans unter den 13 000 Zuschauern in München von den Schalensitzen riss (54.).

So blieb Hummels' Treffer der einzige. Das erste Eigentor eines DFB-Spielers bei einer EM besiegelte bei der 13. Endrunden-Teilnahme die erste Auftaktpleite. Löw: „Es war ein brutal intensives Spiel. Wir wussten, dass Frankreich extrem gut kontert. Da konnten wir nicht alles unterbinden. Aber kämpferisch kann ich der Mannschaft nichts vorwerfen, wir haben alles reingehauen. Was uns gefehlt hat, war die Durchschlagskraft im letzten Drittel."

Toni Kroos dachte schon an die nächsten Spiele: „Wenn du das erste Spiel verlierst und noch zwei Gruppenspiele hast, ist der Druck groß, darüber brauchen wir uns nicht zu unterhalten." ●

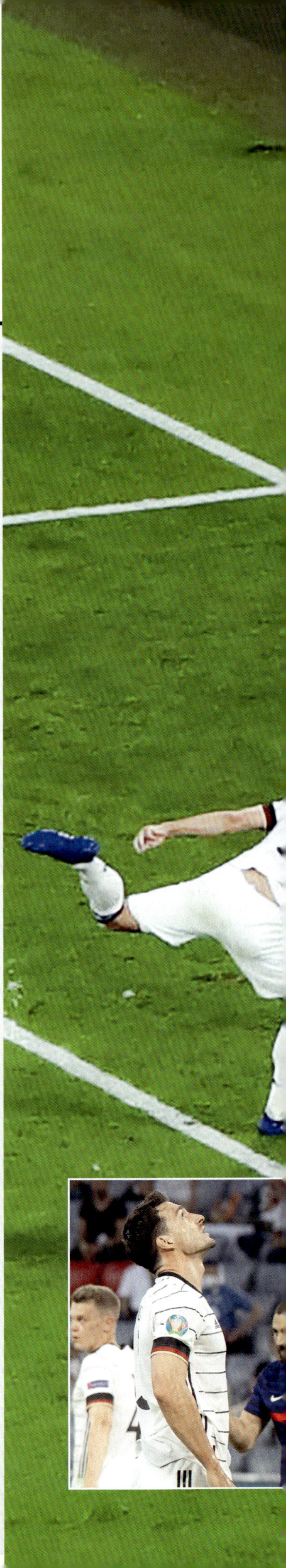

So ein Pech! Mats Hummels versucht, vor Kylian Mbappé zu klären. Dem Dortmunder springt der Ball ans rechte Schienbein. Unhaltbar für Manuel Neuer fliegt die Kugel ins deutsche Tor

Geschockt! Hummels schaut gen Himmel. Es war das erste Eigentor von Deutschland bei einer EM überhaupt. Bei einer WM war dies nur Berti Vogts 1978 bei der Schmach von Córdoba gegen Österreich passiert

FRANKREICH – DEUTSCHLAND

1:0 (1:0)

FRANKREICH-DATEN

Torhüter	Min.	Schüsse gehalten (von)	Flanken/Ecken abgefangen	Glanztaten	Schwere Fehler	Lange Pässe angekommen (von)	Note
Lloris	90	100% (1)	2	0	0	25% (8)	2

Spieler	Ballkontakte in Min.	Zweikämpfe gewonnen (von)	Fouls/gefoult worden	Pässe angek. (von)	Schüsse/Schussvorlagen	Tore/Torvorlagen	Note
Pavard	60 in 90	64% (14)	0/1	89% (37)	0/0	0/0	3
Varane	57 in 90	100% (8)	0/1	97% (35)	0/0	0/0	2
Kimpembe	49 in 90	33% (9)	0/1	92% (38)	0/0	0/0	4
Hernández	59 in 90	68% (19)	1/2	94% (34)	0/0	0/0	2
Kanté	57 in 90	36% (25)	3/0	95% (43)	0/0	0/0	4
Pogba	72 in 90	64% (28)	2/4	74% (46)	1/0	0/0	1
Rabiot	55 in 89	50% (10)	0/0	88% (42)	1/1	0/1	3
Dembélé	0 in 1	0% (0)	0/0	0% (0)	0/0	0/0	–
Griezmann	47 in 90	40% (15)	0/1	90% (29)	0/3	0/0	3
Benzema	38 in 88	58% (12)	0/0	76% (34)	1/0	0/0	3
Tolisso	1 in 2	100% (1)	0/0	0% (0)	0/0	0/0	–
Mbappé	33 in 90	36% (14)	0/0	77% (22)	1/1	0/0	3

15. JUNI, 21 UHR, MÜNCHEN

Schiedsrichter: *Carlos del Cerro Grande (Spanien).*
Assistenten: *Juan Carlos Yuste und Roberto Alonso Fernández (beide Spanien).*
Tor: *1:0 Hummels (20./Eigentor).*
Wechsel: *Tolisso für Benzema (89.), Dembélé für Rabiot (90.+4) – Werner für Gnabry (74.), Sané für Havertz (74.), Volland für Gosens (88.), Can für Ginter (88.).*
Zuschauer: *13 000.*
Wetter: *21 Grad, wolkenlos.*

DEUTSCHLAND-DATEN

Torhüter	Min.	Schüsse gehalten (von)	Flanken/Ecken abgefangen	Glanztaten	Schwere Fehler	Lange Pässe angekommen (von)	Note
Neuer	90	50% (2)	0	0	0	60% (5)	3

Spieler	Ballkontakte in Min.	Zweikämpfe gewonnen (von)	Fouls/gefoult worden	Pässe angek. (von)	Schüsse/Schussvorlagen	Tore/Torvorlagen	Note
Ginter	65 in 87	89% (9)	0/0	88% (52)	0/0	0/0	3
Can	11 in 3	100% (1)	0/0	91% (11)	0/0	0/0	–
Hummels	90 in 90	58% (12)	0/0	93% (75)	1/0	0/0	4
Rüdiger	87 in 90	13% (8)	0/0	96% (81)	1/0	0/0	4
Kimmich 1	85 in 90	50% (12)	2/2	88% (64)	0/2	0/0	4
Gündogan	83 in 90	45% (11)	1/1	93% (73)	1/2	0/0	3
Kroos	123 in 90	37% (27)	2/1	93% (104)	2/1	0/0	3
Gosens	73 in 87	54% (13)	2/0	88% (57)	1/2	0/0	3
Volland	8 in 3	100% (1)	0/0	60% (5)	0/0	0/0	–
Havertz	50 in 73	43% (21)	1/0	88% (34)	1/1	0/0	4
Sané	12 in 17	40% (5)	0/0	88% (8)	1/0	0/0	4
Müller	63 in 90	41% (22)	2/2	79% (42)	2/1	0/0	3
Gnabry	35 in 73	45% (11)	0/0	86% (21)	1/1	0/0	4
Werner	9 in 17	0% (3)	0/0	80% (5)	0/0	0/0	4

Fiola sorgt für ein Tollhaus

Freiburg-Trainer Streich machte Sallai so gut

Roland Sallai (l.) vom SC Freiburg hebt im Zweikampf mit Benjamin Pavard ab

Es war das Spiel seines Lebens. Immer wieder setzte sich Ungarns Roland Sallai gegen die französischen Weltklasseverteidiger durch, überraschte mit mutigen Dribblings auf engstem Raum. Den Führungstreffer der Ungarn durch Fiola bereitete der wuselige Flügelflitzer mit einem schönen Doppelpass auf der linken Außenbahn vor.

Einen großen Anteil an Sallais Sternstunde hatte Christian Streich, sein Klubtrainer beim SC Freiburg. Seit 2018 spielte der in Budapest geborene Sallai im Breisgau und reifte dort zum Spieler von internationalem Format. „Ein hochveranlagter Spieler mit unglaublichem Potzenzial", so Streich.

Doch das wollte nach und nach geweckt werden. Seine ruhige, bescheidene Art schien Sallai zunächst im Weg zu stehen. „Ich habe viel mit ihm gesprochen. Es hat gedauert, bis wir ihn stabil hatten", erzählte Streich. „Der Einstieg war schwer, es gab immer wieder Verletzungen. Da er ein sehr emotionaler Spieler ist, hat ihm das immer zugesetzt. Aber seine Entwicklung ist toll. Jetzt hat er viel mehr Ruhe am Ball, sein Spiel ist viel besser als vorher."

Acht Tore hatte Sallai in der Saison 2020/21 erzielt. Sein Auftritt gegen Frankreich wurde auch ohne Tor zum Volltreffer.

55 998 Fans feiern in der Ferenc-Puskas-Arena

Ungarns Torschützen gegen Frankreich

Die zweite Minute der Nachspielzeit in der ersten Hälfte verwandelte das Budapester Ferenc-Puskas-Stadion in ein Tollhaus. Eine Halbzeit lang hatten die Franzosen dominiert und die Ungarn nur mit viel Glück ein 0:0 gehalten. Dann nahm Attila Fiola nach einem Doppelpass mit Sallai auf der linken Seite ab Höhe der Mittellinie Fahrt auf. Frankreichs athletischer Abwehrmann Varane sprintete hinterher, bekam den flinken Ungarn aber nicht mehr zu fassen. Aus zehn Metern schob Fiola unten links an Torwart Lloris vorbei ins Netz – 1:0! Der Spielverlauf war auf den Kopf gestellt, die meisten der 55 998 Zuschauer tanzten und sangen auf den Rängen, die Gluthitze in der Arena stieg noch mal um ein paar Grad an.

„Die Jungs haben den Fans eine Adrenalinbombe gegeben"

Es war die erste Chance der Ungarn und erst das zweite Länderspieltor von Fiola im 37. Länderspiel. Zuvor hatte der Weltmeister Katz und Maus gespielt mit den zwar bissigen, aber doch unterlegenen Ungarn. Chance an Chance reihte sich aneinander. Doch Benzema (14. und 31.), Griezmann (14.) und Mbappé (17. und 33.) fanden in Torwart Gulacsi ihren Meister oder verfehlten das Tor knapp.

Ein Tor für Frankreich schien nur eine Frage der Zeit – doch dann kam Fiola. Auf dem Weg in die Halbzeitpause ballte dieser die Hand zur Faust und winkte ins Publikum, das die rot-weiß-grünen Fahnen schwenkte, als sei schon Schluss.

In der zweiten Hälfte stellten sich die Franzosen zunächst wenig einfallsreich an, ehe in der 59. Minute der zwei Minuten zuvor eingewechselte Dembélé den Pfosten traf. Es war die beste Aktion des Ex-Dortmunders, der nach einem Schlag auf das Knie in der 87. Minute den Platz wieder verlassen musste.

Dann aber traf der Weltmeister doch noch. Mbappé behauptete sich nach einem langen Abschlag von Lloris gegen Nego und legte den Ball quer in den Strafraum. Orbans Rettungsversuch landete bei Griezmann, dessen Linksschuss aus sechs Metern im rechten Eck einschlug – 1:1 (66.)

Die Ungarn kämpften weiter, jeder gewonnene Zweikampf wurde vom Publikum gefeiert. Weitere Chancen durch Mbappé (69. und 82.) und Varane (90.+5) verpufften. Trotz 15:5 Torschüssen und 66 Prozent Ballbesitz für Frankreich blieb es beim 1:1.

„Man muss wirklich stolz auf die Jungs sein. Sie sind die Hauptdarsteller und haben den Fans eine besondere Adrenalinbombe an Emotionen gegeben, sodass jeder einen fantastischen Tag hatte", sagte Ungarns Trainer Marco Rossi. Auch er selbst fühlte sich von der Begeisterung angesteckt: „Ich bin hier und fühle mich wie ein Kind, das einen Freizeitpark besucht und die Fahrgeschäfte ausprobieren will."

Frankreichs Trainer Deschamps gewann dem verpassten Sieg sogar etwas Positives ab: „Es ist immer besser, ein Spiel noch mit einem Ziel anzugehen", sagte er mit Blick auf das letzte Gruppenspiel gegen Portugal.

Nicht mehr zu halten: Ungarns Attila Fiola erzielt die Führung gegen Weltmeister Frankreich und bringt die Ferenc-Puskas-Arena in Budapest zum Kochen

UNGARN – FRANKREICH

1:1 (1:0)

UNGARN-DATEN

Torhüter	Min.	Schüsse gehalten (von)	Flanken/Ecken abgefangen	Glanztaten	Schwere Fehler	Lange Pässe angekommen (von)	Note
Gulacsi	90	75% (4)	2	0	0	0% (3)	3

Spieler	Ballkontakte in Min.	Zweikämpfe gewonnen (von)	Fouls/gefoult worden	Pässe angek. (von)	Schüsse/Schussvorlagen	Tore/Torvorlagen	Note
Botka 1	32 in 90	36% (14)	2/1	71% (21)	0/0	0/0	4
Orban	42 in 90	25% (4)	0/0	90% (29)	0/0	0/0	4
At. Szalai	53 in 90	50% (10)	1/1	83% (41)	0/0	0/0	4
Nego	37 in 90	47% (15)	2/2	82% (22)	0/1	0/0	4
Nagy	65 in 90	67% (15)	1/1	88% (50)	0/0	0/0	3
Fiola	49 in 90	26% (27)	4/0	72% (25)	1/0	1/0	3
Kleinheisler	37 in 83	55% (31)	1/4	89% (19)	1/1	0/0	3
Lovrencsics	6 in 7	50% (2)	0/0	50% (2)	0/0	0/0	–
Schäfer	36 in 74	75% (12)	2/1	92% (24)	0/1	0/0	3
Cseri	4 in 16	0% (5)	0/0	100% (1)	0/0	0/0	4
Sallai	34 in 90	60% (30)	3/5	92% (13)	3/2	0/1	2
Ad. Szalai	6 in 25	29% (7)	0/0	33% (3)	0/0	0/0	4
Nikolic	20 in 65	38% (13)	1/0	91% (11)	0/0	0/0	4

19. JUNI, 15 UHR, BUDAPEST

Schiedsrichter: *Michael Oliver (England).*
Assistenten: *Stuart Burt und Simon Bennett (beide England).*
Tore: *1:0 Fiola (45.+2), 1:1 Griezmann (66.).*
Wechsel: *Nikolic für Ad. Szalai (26.), Cseri für Schäfer (75.), Lovrencsics für Kleinheisler (84.) – Dembélé für Rabiot (57.), Tolisso für Pogba (76.), Giroud für Benzema (76.), Lemar für Dembélé (87.).*
Zuschauer: *55 998.*
Wetter: *30 Grad, sonnig.*

FRANKREICH-DATEN

Torhüter	Min.	Schüsse gehalten (von)	Flanken/Ecken abgefangen	Glanztaten	Schwere Fehler	Lange Pässe angekommen (von)	Note
Lloris	90	67% (3)	2	0	0	100% (1)	3

Spieler	Ballkontakte in Min.	Zweikämpfe gewonnen (von)	Fouls/gefoult worden	Pässe angek. (von)	Schüsse/Schussvorlagen	Tore/Torvorlagen	Note
Pavard 1	106 in 90	24% (21)	3/1	94% (87)	0/1	0/0	5
Varane	98 in 90	55% (11)	1/0	98% (87)	1/0	0/0	3
Kimpembe	95 in 90	83% (12)	1/4	96% (82)	0/0	0/0	3
Digne	74 in 90	63% (19)	2/1	89% (47)	1/1	0/0	3
Kanté	75 in 90	53% (30)	3/1	98% (57)	0/0	0/0	3
Pogba	64 in 75	45% (22)	0/4	75% (48)	2/3	0/0	3
Tolisso	26 in 15	67% (3)	0/1	100% (19)	1/0	0/0	–
Rabiot	49 in 56	38% (13)	2/1	93% (41)	0/1	0/0	4
Dembélé	16 in 30	38% (8)	0/1	60% (10)	1/1	0/0	3
Lemar	6 in 4	0% (0)	0/0	80% (5)	0/1	0/0	–
Griezmann	69 in 90	63% (16)	1/1	86% (49)	1/3	1/0	2
Benzema	37 in 75	67% (6)	0/0	89% (28)	2/1	0/0	3
Giroud	7 in 15	100% (1)	0/0	67% (3)	0/0	0/0	–
Mbappé	41 in 90	59% (22)	2/2	90% (21)	6/3	0/1	2

Wucht, Wille und eine Flügelzange

„Ein emotionales Gefühlschaos, unbeschreiblich“

Überragend gegen Portugal: Robin Gosens war an allen vier Toren beteiligt

Robin Gosens (27) legte eine Gala gegen Portugal hin. Dabei war der Linksverteidiger von Atalanta Bergamo vor einem Jahr noch gar kein Nationalspieler. Im September 2020 wurde er erstmals nominiert. Gosens spielte noch nie in der Bundesliga. Der Sohn einer deutschen Mutter und eines niederländischen Vaters ist in Emmerich am Niederrhein geboren. Er ist kein Produkt eines Nachwuchsleistungszentrums, sondern spielte in der U19 noch beim VfL Rhede in der Niederrhein-Liga. Dort entdeckte ihn ein Scout von Vitesse Arnheim. Sein ungewöhnlicher Weg führte über den FC Dordrecht zu Heracles Almelo, ehe sich Atalanta Bergamo 2017 für eine Million Euro Ablöse den Verteidiger angelte.
Nach dem Portugal-Sieg war Gosens, der sich selbst als „dynamischen Schienenspieler“ bezeichnet, überglücklich: „Dass man in so einem Spiel ein Tor schießt, das ist next Level, das ist magisch. Ein emotionales Gefühlschaos, unbeschreiblich.“
Lob gab es vom Bundestrainer: Löw: „Als Typ schätzen wir ihn sehr, weil er sehr offen ist, sehr aktiv in der Kommunikation. Er hat einen sehr guten Draht zu allen Spielern, ist klar im Kopf, sehr geradlinig. Er ist so ein Typ, wie auch sein Spiel ist: Immer klare Kante zeigen, alles in die Waagschale werfen.“

Deutschland meldet sich eindrucksvoll zurück. Kimmich und Gosens knacken Portugal

So was hat man lange nicht gehört: „Ooooh, wie ist das schön…“, hallte es nach Abpfiff durch die Münchener Arena. Mit dem 4:2 über Titelverteidiger Portugal hatte sich das DFB-Team eindrucksvoll im Turnier angemeldet und seit einer gefühlten Ewigkeit ein Spiel abgeliefert, das mitriss und so richtig Spaß machte.

„Der Sieg geht auch in der Höhe absolut in Ordnung“

Nach der Auftakt-Pleite gegen Frankreich war ausgiebig über Personal und Taktik diskutiert worden. Es gab die üblichen Tipps der Experten, aber auch leises internes Gemaule. Joshua Kimmich klagte über sein ungutes Gefühl als Rechtsverteidiger, dass das Spiel „vermeintlich abseits von einem selbst stattfindet und man vermeintlich auftragslos ist“. Bundestrainer Joachim Löw wollte von all dem nichts wissen, blieb dem System, seinem Personal und damit sich selbst treu. Gleiche Aufstellung, andere Einstellung. Leichtes Nachjustieren: höher stehen, mutiger agieren, offensiver spielen, genug Leute ins letzte Drittel bringen. So hatte der Bundestrainer seinen Plan für mehr Durchschlagskraft und die Forderung an seine Spieler skizziert. Und genau so geschah es.

Anders als gegen Frankreich agierten Toni Kroos und Ilkay Gündogan tiefer in des Gegners Hälfte und brachten so das entscheidende Werkzeug zum Einsatz: die Flügelzange aus Kimmich rechts und vor allem Robin Gosens links, die beide eine überragende Partie ablieferten.

Letzterer lieferte bereits in Minute fünf die Initialzündung für ein Offensiv-Feuerwerk, als er im Stile eines Kung-Fu-Kämpfers den Ball ins Tor turnte. Leider Abseits. Doch die Lunte brannte: Gnabry-Heber (7.), Havertz aus 20 Metern (10.), Kroos geblockt (12.) – Abschlüsse quasi im Minutentakt.

Doch das erste Tor schoss der Titelverteidiger. Cristiano Ronaldo köpfte eine Ecke aus dem eigenen Strafraum, um nach Vollsprint wenige Sekunden später auf der Gegenseite den präzise vorgetragenen Konter zur Führung abzuschließen (15.). Es war der erste Treffer des Topstars im fünften Länderspiel gegen Deutschland.

Bemerkenswert, dass sich die DFB-Elf nicht schocken ließ. Jogis Jungs kamen mit Wucht und Wille zurück. Die Flügelzange war stets entscheidend beteiligt.

Tor eins: Kimmich auf Gosens, Direktabnahme, Eigentor Dias (35.).

Tor zwei: Gosens auf Müller, der weiter zu Kimmich, Hereingabe, Eigentor Guerreiro (39.). Ein historischer Eigentor-Doppelpack in nur 240 Sekunden.

Tor drei: Kai Havertz traf nach Vorarbeit von Gosens (51.)

Tor vier: Kimmich chirurgisch genau auf Gosens, der lehrbuchhaft einköpfte (60.)

Das 4:2 durch Jota (67.) war nur noch Ergebniskosmetik.

Klar, dass Löw am Ende zufrieden war: „Wir haben uns echt viele gute Möglichkeiten rausgespielt und hatten ein sehr gutes Tempo. Damit haben wir die Portugiesen in der Defensive einige Male überfordert. Der Sieg geht auch in der Höhe absolut in Ordnung.“

2:1

Das zweite Eigentor: Joshua Kimmich (r.) passte scharf vors Tor. Raphael Guerreiro (l.) lenkte den Ball ins Tor. Serge Gnabry (Nr. 10) bejubelt die deutsche Führung

1:1

Ruben Dias (l.) am Boden. Portugals Verteidiger fälschte, bedrängt von Kai Havertz (r.), eine Direktabnahme von Robin Gosens ins eigene Netz ab

3:1

In der zweiten Hälfte ging der Angriffswirbel munter weiter: Gosens (nicht im Bild) passt von links in die Mitte, Kai Havertz (Nr. 7) hat keine Probleme, auf 3:1 zu erhöhen

4:1

Kimmich flankt von rechts haargenau auf Gosens. Der Linksverteidiger (Nr. 20) köpft das 4:1 – sein zweites Tor im neunten Länderspiel

PORTUGAL – DEUTSCHLAND

2:4 (1:2)

PORTUGAL-DATEN

Torhüter	Min.	Schüsse gehalten (von)	Flanken/Ecken abgefangen	Glanztaten	Schwere Fehler	Lange Pässe angekommen (von)	Note
Rui Patrício	90	56% (9)	0	0	0	43% (7)	4

Spieler	Ballkontakte in Min.	Zweikämpfe gewonnen (von)	Fouls/gefoult worden	Pässe angek. (von)	Schüsse/Schussvorlagen	Tore/Torvorlagen	Note
Semedo	58 in 90	47% (17)	2/1	92% (36)	0/0	0/0	4
Pepe	55 in 90	80% (15)	0/3	78% (40)	0/0	0/0	3
Dias	61 in 90	44% (9)	0/2	88% (48)	0/0	0/0	4
Guerreiro	60 in 90	30% (10)	1/0	87% (46)	0/1	0/0	5
Danilo	37 in 90	46% (13)	0/1	96% (28)	0/0	0/0	4
Fernandes	34 in 63	38% (8)	0/0	92% (25)	0/1	0/0	4
Moutinho	22 in 27	17% (6)	0/0	86% (14)	0/1	0/0	4
Carvalho	29 in 57	70% (10)	1/1	91% (23)	0/0	0/0	4
Rafa	19 in 33	64% (11)	0/2	83% (12)	0/0	0/0	4
B. Silva	27 in 45	50% (8)	0/0	94% (16)	0/0	0/0	3
Sanches	36 in 45	73% (11)	1/0	91% (32)	1/0	0/0	4
Ronaldo	43 in 90	67% (18)	0/3	84% (25)	2/2	1/1	2
Jota	30 in 82	28% (18)	0/2	82% (17)	3/2	1/1	2
A. Silva	5 in 8	0% (4)	0/0	100% (3)	1/0	0/0	–

19. JUNI, 18 UHR, MÜNCHEN

Schiedsrichter: *Anthony Taylor (England).* ***Assistenten:*** *Gary Beswick und Adam Nunn (beide England).*
Tore: *1:0 Ronaldo (15.), 1:1 Dias (35./Eigentor), 1:2 Guerreiro (39./Eigentor), 1:3 Havertz (51.), 1:4 Gosens (60.), 2:4 Jota (67.).*
Wechsel: *Sanches für B. Silva (46.), Rafa für Carvalho (58.), Moutinho für Fernandes (64.), A. Silva für Jota (83.) – Halstenberg für Gosens (62.), Can für Hummels (62.), Goretzka für Havertz (73.), Süle für Gündogan (73.), Sané für Gnabry (87.).*
Zuschauer: *12 926.*
Wetter: *31 Grad, bewölkt.*

DEUTSCHLAND-DATEN

Torhüter	Min.	Schüsse gehalten (von)	Flanken/Ecken abgefangen	Glanztaten	Schwere Fehler	Lange Pässe angekommen (von)	Note
Neuer	90	0% (2)	0	0	0	75% (8)	4

Spieler	Ballkontakte in Min.	Zweikämpfe gewonnen (von)	Fouls/gefoult worden	Pässe angek. (von)	Schüsse/Schussvorlagen	Tore/Torvorlagen	Note
Ginter 1	80 in 90	83% (12)	1/0	94% (66)	0/0	0/0	3
Hummels	42 in 61	43% (7)	1/0	100% (33)	0/1	0/0	4
Can	28 in 29	50% (8)	0/0	88% (24)	0/0	0/0	4
Rüdiger	67 in 90	33% (12)	2/0	97% (58)	1/0	0/0	4
Kimmich	60 in 90	38% (8)	0/0	92% (49)	0/3	0/2	2
Gündogan	67 in 72	40% (5)	1/0	97% (62)	0/0	0/0	3
Süle	9 in 18	100% (1)	0/0	100% (7)	0/0	0/0	3
Kroos	98 in 90	52% (23)	2/3	95% (82)	1/1	0/0	3
Gosens	46 in 61	71% (7)	0/0	75% (32)	3/3	1/2	1
Halstenberg	13 in 29	38% (8)	0/0	86% (7)	0/1	0/0	3
Müller	56 in 90	65% (26)	1/1	82% (45)	1/1	0/0	2
Havertz 1	29 in 72	36% (14)	4/1	78% (18)	3/1	1/0	3
Goretzka	17 in 18	67% (6)	1/0	83% (12)	1/0	0/0	3
Gnabry	38 in 86	28% (18)	2/0	66% (29)	1/0	0/0	3
Sané	6 in 4	25% (4)	0/0	100% (5)	0/0	0/0	–

Nervenschlacht mit Happy End

Proteste gegen Regenbogen-Farben-Verbot

Statt in Regenbogen-Farben erstrahlte das Münchner Stadion in den Länderfarben der beiden Teams

Es war der Aufreger vor dem Spiel: Die Stadt München wollte die Allianz Arena beim Spiel gegen Ungarn in den Regenbogen-Farben erleuchten lassen als Zeichen für Vielfalt und Akzeptanz diverser sexueller Orientierungen. Doch die Uefa verbot das wegen des „politischen Kontextes". Das ungarische Parlament hatte eine Woche zuvor ein Gesetz verabschiedet, das „Werbung für Homosexualität oder Geschlechtsangleichungen bei Minderjährigen" verbietet. Dieses sorgte europaweit für Empörung.
Wegen der Debatte sagte Ungarns Ministerpräsident Viktor Orban seinen geplanten Besuch beim Länderspiel seiner Mannschaft in München ab. Protestaktionen gegen das „Regenbogen-Verbot" der Uefa gab es reichlich: Deutschlands Torwart Neuer spielte mit einer Kapitänsbinde in den Regenbogen-Farben. Zahlreiche Zuschauer trugen demonstrativ bunte Tücher und Fahnen. Vor der Arena hatte die Menschenrechtsorganisation Amnesty International Regenbogenfahnen verteilt. Ein Mann rannte beim Abspielen der Nationalhymnen mit Regenbogenfahne aufs Spielfeld. Bundesweit wurden Stadien wie in Berlin, Frankfurt, Köln, Düsseldorf, Dresden, Wolfsburg und Augsburg aus Solidarität mit Homosexuellen in den Farben des Regenbogens beleuchtet oder beflaggt.

Deutschland steht vor dem Vorrunden-Aus – dann erlöst Goretzka die schwache DFB-Elf

In München lief die 84. Spielminute, und alles sah danach aus, als seien die letzten Minuten von Jogi Löw als Bundestrainer angebrochen. Eine erfolgreiche, 15-jährige Ära stand unmittelbar vor dem bitteren Ende. Doch dann wendeten drei zuvor von Löw eingewechselte Spieler das Vorrunden-Aus bei dieser EM ab.

„Beim Schuss dachte ich mir: Einfach nur rein damit"

Der quirlige Jamal Musiala, mit 18 jüngster Turnierspieler einer deutschen Mannschaft aller Zeiten, dribbelte auf der linken Seite in den Strafraum und legte auf den in der Mitte wartenden Leon Goretzka ab. Dieser passte direkt auf Timo Werner, dessen Schuss geblockt wurde und wieder Goretzka vor die Füße rollte. Diesmal zog dieser selbst ab und hatte Glück, dass Ungarns Andras Schäfer den Ball noch leicht abfälschte und Torwart Peter Gulacsi machtlos war – 2:2 (84.). „Beim Schuss dachte ich mir: Einfach nur rein damit", sagte Goretzka später.

Der Punktgewinn reichte, um mit Hängen und Würgen als Gruppenzweiter ins Achtelfinale einzuziehen. Löw: „Wir haben Fehler gemacht, aber die Mentalität der Mannschaft war klasse. Ich habe in der Halbzeit gesagt: nicht die Nerven verlieren, nicht völlig auflösen, nicht unstrukturiert werden. Ich hatte das Gefühl, die Mannschaft will das biegen und mit aller Gewalt diese schwere Vorrunde überstehen."

Von Anfang an taten sich die Deutschen schwer. Und in der 11. Minute gerieten sie sogar in Rückstand: Roland Sallai schlug eine Flanke aus dem rechten Halbfeld in den Strafraum auf Adam Szalai, der von Mats Hummels und Matthias Ginter ungedeckt zum 1:0 für Ungarn einköpfte.

In der 21. Minute fast der Ausgleich: Erst köpfte Hummels nach einer Kimmich-Ecke den Ball an die Latte. Dann tauchte Ginter plötzlich frei vor Gulasci auf, stocherte den Ball jedoch aus kurzer Distanz in die Hände des Leipziger Torwarts. Der strömende Regen verwässerte das Spiel der deutschen Mannschaft. Sie entwickelte keine Torgefahr, mit ihren Kontern waren die Ungarn sogar dem 2:0 näher. In der 62. Minute wäre es fast so weit gewesen: Sallai setzte einen Freistoß links oben an den Pfosten.

Die scheinbare Erlösung in der 66. Minute: Nach einer Flanke von Toni Kroos faustete Gulacsi ins Leere, Hummels köpfte den Ball in Richtung Tor, wo ihn Kai Havertz über die Linie drückte – 1:1. Doch das Glück währte kurz: Nur 16 Sekunden nach dem Wiederanpfiff passte Szalai in den Lauf von Schäfer, der am herauslaufenden Manuel Neuer vorbei ins Tor köpfte – 2:1 für Ungarn (68.).

Die Zeit lief den Deutschen davon. Das zweite Vorrunden-Aus nach der WM 2018 drohte. Doch dann kamen die 84. Minute – und Goretzka.

Während die Ungarn unter Tränen mit ihren Fans die Nationalhymne sangen, waren die deutschen Spieler erleichtert. „Wir haben uns brutal schwergetan, Chancen herauszuarbeiten", sagte Kimmich. „Hoffentlich sind wir endlich im Turnier angekommen. Es ist Luft nach oben."

Hoch, höher, Havertz! Nach einem Fehler von Ungarn-Torwart Gulacsi (nicht im Bild) köpft der Chelsea-Star aus kurzer Entfernung das 1:1

DEUTSCHLAND – UNGARN

2:2 (0:1)

DEUTSCHLAND-DATEN

Torhüter	Min.	Schüsse gehalten (von)	Flanken/Ecken abgefangen	Glanztaten	Schwere Fehler	Lange Pässe angekommen (von)	Note
Neuer	90	50% (4)	1	0	1	67% (3)	4

Spieler	Ballkontakte in Min.	Zweikämpfe gewonnen (von)	Fouls/gefoult worden	Pässe angek. (von)	Schüsse/Schussvorlagen	Tore/Torvorlagen	Note
Ginter	131 in 81	64% (14)	2/1	94% (110)	1/1	0/0	4
Volland	3 in 9	40% (5)	0/0	100% (2)	0/0	0/0	–
Hummels	130 in 90	75% (20)	0/1	97% (108)	2/2	0/1	3
Rüdiger	97 in 90	70% (10)	1/0	95% (86)	1/0	0/0	4
Kimmich	86 in 90	56% (16)	0/2	93% (58)	1/2	0/0	4
Gündogan 1	45 in 57	40% (10)	1/1	90% (39)	0/0	0/0	5
Goretzka	17 in 33	40% (5)	0/0	92% (13)	1/1	1/0	2
Kroos	118 in 90	73% (15)	0/0	92% (95)	1/3	0/0	3
Gosens	55 in 81	64% (11)	0/1	88% (42)	1/1	0/0	5
Musiala	10 in 9	38% (8)	0/1	100% (4)	0/0	0/0	–
Havertz	37 in 66	39% (18)	1/1	88% (25)	4/2	1/0	2
Werner	16 in 24	0% (2)	0/0	75% (8)	1/1	0/1	3
Sané 1	56 in 90	62% (21)	0/2	87% (39)	0/2	0/0	5
Gnabry	20 in 66	42% (12)	1/0	80% (15)	2/0	0/0	5
Müller	20 in 24	44% (9)	0/0	60% (10)	1/0	0/0	4

Die 84. Minute: Goretzka zieht ab, der Ball wird noch leicht von Schäfer (Nr. 13) abgefälscht, fliegt dann zum 2:2 ins Tor

23. JUNI, 21 UHR, MÜNCHEN

Schiedsrichter: *Sergey Karasev (Russland).*
Assistenten: *Igor Demeshko und Maksim Gavrilin (beide Russland).*
Tore: *0:1 Ad. Szalai (11.), 1:1 Havertz (66.), 1:2 Schäfer (68.), 2:2 Goretzka (84.).*
Wechsel: *Goretzka für Gündogan (58.), Werner für Havertz (67.), Müller für Gnabry (67.), Musiala für Gosens (82.), Volland für Ginter (82.) – Schön für Sallai (75.), K. Varga für Ad. Szalai (82.), Nikolic für Fiola (88.), Lovrencsics für Kleinheisler (88.).*
Zuschauer: *12 413.*
Wetter: *20 Grad, stürmisch.*

UNGARN-DATEN

Torhüter	Min.	Schüsse gehalten (von)	Flanken/Ecken abgefangen	Glanztaten	Schwere Fehler	Lange Pässe angekommen (von)	Note
Gulacsi	90	67% (6)	1	0	1	29% (7)	3

Spieler	Ballkontakte in Min.	Zweikämpfe gewonnen (von)	Fouls/gefoult worden	Pässe angek. (von)	Schüsse/Schussvorlagen	Tore/Torvorlagen	Note
Botka 2	33 in 90	40% (10)	2/0	67% (21)	0/0	0/0	4
Orban	38 in 90	71% (14)	0/0	83% (18)	0/0	0/0	3
At. Szalai	41 in 90	33% (12)	1/0	67% (30)	0/0	0/0	4
Nego	35 in 90	40% (15)	0/0	71% (17)	1/1	0/0	4
Nagy	30 in 90	67% (12)	0/0	86% (21)	0/1	0/0	3
Fiola 1	36 in 87	42% (24)	4/0	70% (10)	1/0	0/0	4
Nikolic	2 in 3	0% (1)	0/0	50% (2)	0/0	0/0	–
Kleinheisler	36 in 87	40% (20)	0/4	69% (16)	0/2	0/0	4
Lovrencsics	2 in 3	50% (2)	0/0	0% (0)	0/0	0/0	–
Schäfer	28 in 90	58% (19)	1/1	88% (16)	2/1	1/0	2
Sallai	21 in 74	21% (14)	0/0	100% (12)	3/1	0/1	2
Schön	4 in 16	33% (6)	0/0	50% (2)	0/0	0/0	4
Ad. Szalai 1	27 in 81	38% (24)	2/1	63% (8)	2/1	1/1	2
K. Varga	4 in 9	40% (5)	0/0	100% (1)	0/0	0/0	–

Herz-Jubel: Nach seinem Tor zum 2:2 formt Leon Goretzka das Zeichen der Liebe. Er postete das Foto auf Instagram. Dazu schrieb er „Spread love" (verbreitet Liebe), versehen mit einer Regenbogenfahne. Neben Goretzka jubeln Volland (Nr. 9) und Kimmich (Nr. 6) über den erlösenden Treffer

„Es war ein total verrücktes Spiel“

Drittes Duell Weltmeister – Europameister

18.6.1992: Jürgen Klinsmann (r.) köpft beim 1:3 gegen die Niederlande das 1:2

Mit Portugal und Frankreich trafen bereits zum dritten Mal ein amtierender Europameister und Weltmeister bei einer EM oder WM aufeinander. Premiere hatte diese ungewöhnliche Begegnung 1986 bei der Weltmeisterschaft in Mexiko, als Frankreich (Europameister 1984) den WM-Titelverteidiger Italien im Achtelfinale 2:0 besiegte.
Sechs Jahre später kam es bei der Europameisterschaft 1992 in Schweden in der Gruppenphase zum Aufeinandertreffen des Titelverteidigers Niederlande und Weltmeisters Deutschland. Die Niederlande gewannen nach Toren von Frank Rijkaard, Richard Witschge und Dennis Bergkamp 3:1, den zwischenzeitlichen Anschlusstreffer hatte Jürgen Klinsmann erzielt. Die Niederlande schieden im Halbfinale gegen Dänemark aus (6:7 n. E.), Deutschland verlor das Finale gegen Dänemark 0:2.
Das Duell zwischen Portugiesen und Franzosen rief bei Spielern und Fans indes noch ganz andere Emotionen hervor: Am 10. Juli 2016 standen sich beide Mannschaften in St. Denis bei Paris im EM-Endspiel gegenüber, Portugal siegte überraschend 1:0 n. V. (Éder, 109. Minute).

Zwischen Euphorie und Angst: Portugal mal Gruppenerster und mal ausgeschieden

Knapp elf Minuten waren in Budapest gespielt, als die 54 886 Zuschauer, die 22 Akteure auf dem Rasen und die Trainer, Ärzte, Physiotherapeuten und Ersatzspieler ahnten, dass sich ein einzigartiges Fußballspiel entwickeln könnte. Auf der Großbildleinwand leuchtete das Ergebnis des Parallelspiels in München auf, gerade war Ungarn 1:0 in Führung gegangen.

Ronaldo erzielte einen Doppelpack und bricht wieder Rekorde

Nach Abpfiff war allen klar: Die Begegnung zwischen dem amtierenden Europameister Portugal und dem amtierenden Weltmeister Frankreich findet einen besonderen Platz in den Fußball-Chroniken. Die Portugiesen erlebten die gesamte Bandbreite einer Gefühlskette zwischen der Euphorie, als Gruppenerster ins Achtelfinale einzuziehen, und der unsagbaren Angst, als Gruppenletzter vorzeitig nach Hause reisen zu müssen. Und die Historiker notierten gleich eine ganze Reihe von Rekorden.

Das Spiel im Zeitraffer:

27. Minute: Frankreichs Torwart Hugo Lloris trifft Danilo bei einer Faustabwehr mit Hand und Unterarm am Kopf – Foulelfmeter.

30. Minute: Cristiano Ronaldo verwandelt sicher. 1:0. Sein viertes Tor bei dieser EM und sein 20. insgesamt bei WM und EM. Er überholt damit Miroslav Klose (19). Portugal ist zu diesem Zeitpunkt Tabellenführer in Gruppe F.

45. Minute: Mbappé fällt nach Zweikampf mit Nelson Semedo im Strafraum – Foulelfmeter, eine höchst zweifelhafte Entscheidung von Schiedsrichter Lahoz.

45. + 2 Minuten: Karim Benzema verwandelt nach Videoüberprüfung sicher. 1:1. Sein erstes Tor für die Nationalelf seit Oktober 2015 und sechsjähriger Suspendierung. Frankreich ist nun Erster, Portugal Zweiter.

48. Minute: Benzema erzielt nach herrlichem Steilpass von Pogba das 2:1. Portugal ist Vierter und als Titelverteidiger raus.

60. Minute: Handelfmeter für Portugal, Jules Koundé wehrt Ronaldos Flanke mit dem Oberarm ab. Erstmals werden in einem EM-Spiel drei Elfmeter gegeben.

60. Minute: Ronaldo verwandelt sicher zum 2:2. Sein 21. Tor bei WM und EM. Sein vierter Doppelpack bei einer EM – Rekord. Sein 109. Länderspieltor und damit Weltrekord gemeinsam mit dem Iraner Ali Daei. Portugal erzielt als erstes Team zwei Elfmetertore bei einer EM und ist wieder Gruppenzweiter.

66. Minute: Deutschland gleicht zum 1:1 aus. Portugal ist Dritter.

68. Minute: Ungarn führt 2:1. Portugal ist Zweiter.

84. Minute: Deutschland gleicht zum 2:2 aus. Portugal ist Dritter.

90. + 3 Minuten: Bruno Fernandes foult Frankreichs Kingsley Coman im oder am eigenen Strafraum. Schiedsrichter Lahoz pfeift nicht. Elfmetercheck, der VAR greift aber nicht ein. Portugal bleibt Gruppendritter und zittert sich ins Achtelfinale. Frankreich wird Erster.

Frankreichs Trainer Didier Deschamps gesteht danach. „Es war ein total verrücktes Spiel, auch wegen der Ereignisse in München.“

Abgehoben! Ronaldo zelebriert sein erstes Elfmeter-Tor gegen Frankreich mit seinem typischen Jubel

PORTUGAL – FRANKREICH

2:2 (1:1)

PORTUGAL-DATEN

Torhüter	Min.	Schüsse gehalten (von)	Flanken/Ecken abgefangen	Glanztaten	Schwere Fehler	Lange Pässe angekommen (von)	Note
Rui Patrício	90	60% (5)	0	1	0	20% (5)	3

Spieler	Ballkontakte in Min.	Zweikämpfe gewonnen (von)	Fouls/gefoult worden	Pässe angek. (von)	Schüsse/Schussvorlagen	Tore/Torvorlagen	Note
Semedo	34 in 78	41% (17)	1/1	77% (22)	0/0	0/0	4
Dalot	9 in 12	0% (0)	0/0	88% (8)	0/0	0/0	–
Pepe	77 in 90	100% (3)	0/0	91% (67)	0/1	0/0	3
Dias	101 in 90	50% (2)	0/0	95% (94)	0/0	0/0	4
Guerreiro	58 in 90	38% (8)	1/0	98% (47)	0/1	0/0	4
Danilo	24 in 45	75% (8)	0/2	90% (21)	0/1	0/1	3
Palhinha	27 in 45	88% (8)	1/0	86% (22)	1/0	0/0	3
Moutinho	48 in 71	50% (4)	0/0	98% (40)	2/1	0/0	4
Neves	10 in 19	50% (2)	0/0	100% (9)	0/0	0/0	4
Sanches	87 in 87	68% (25)	1/3	96% (73)	1/1	0/0	2
Oliveira	2 in 3	0% (2)	1/0	50% (2)	0/0	0/0	–
B. Silva	31 in 71	54% (13)	2/3	91% (23)	0/3	0/0	3
Fernandes	9 in 19	50% (6)	0/0	75% (4)	0/0	0/0	4
Ronaldo	43 in 90	53% (17)	0/3	77% (22)	5/0	2/0	2
Jota	36 in 90	37% (19)	1/2	85% (26)	0/0	0/0	3

23. JUNI, 21 UHR, BUDAPEST

Schiedsrichter: *Antonio Mateu Lahoz (Spanien).* ***Assistenten:*** *Pau Cébrian und Roberto Díaz (beide Spanien).* ***Tore:*** *1:0 Ronaldo (30./Foulelfmeter), 1:1 Benzema (45.+2/Foulelfmeter), 1:2 Benzema (48.), 2:2 Ronaldo (60./Handelfmeter).* ***Wechsel:*** *Palhinha für Danilo (46.), Fernandes für B. Silva (72.), Neves für Moutinho (72.), Dalot für Semedo (79.), Oliveira für Sanches (88.) – Digne für Hernández (46.), Rabiot für Digne (52.), Coman für Tolisso (66.), Sissoko für Griezmann (87.).* ***Zuschauer:*** *54 886.* ***Wetter****: 30 Grad, sonnig.*

FRANKREICH-DATEN

Torhüter	Min.	Schüsse gehalten (von)	Flanken/Ecken abgefangen	Glanztaten	Schwere Fehler	Lange Pässe angekommen (von)	Note
Lloris 1	90	50% (4)	0	0	0	100% (2)	4

Spieler	Ballkontakte in Min.	Zweikämpfe gewonnen (von)	Fouls/gefoult worden	Pässe angek. (von)	Schüsse/Schussvorlagen	Tore/Torvorlagen	Note
Koundé	59 in 90	60% (10)	1/2	86% (43)	0/0	0/0	4
Varane	89 in 90	33% (3)	0/0	96% (79)	0/0	0/0	4
Kimpembe 1	78 in 90	50% (10)	2/0	99% (69)	0/0	0/0	4
Hernández 1	37 in 45	30% (10)	2/1	96% (27)	0/0	0/0	4
Digne	3 in 7	0% (1)	0/0	100% (2)	0/0	0/0	–
Rabiot	33 in 38	75% (8)	1/0	96% (23)	0/1	0/0	3
Pogba	102 in 90	17% (12)	2/0	96% (98)	2/3	0/1	3
Tolisso	46 in 65	27% (11)	1/1	95% (40)	0/1	0/0	4
Coman	19 in 25	83% (6)	0/1	93% (14)	0/2	0/0	3
Kanté	68 in 90	50% (14)	2/0	97% (58)	0/0	0/0	3
Griezmann 1	45 in 86	64% (14)	1/1	88% (32)	3/0	0/0	3
Sissoko	3 in 4	0% (0)	0/0	100% (3)	0/0	0/0	–
Benzema	52 in 90	38% (13)	0/0	85% (41)	3/1	2/0	2
Mbappé	36 in 90	40% (20)	1/2	80% (20)	1/1	0/1	3

ACHTELFINALE

- WALES
- DÄNEMARK
- ITALIEN
- ÖSTERREICH
- NIEDERLANDE
- TSCHECHIEN
- BELGIEN
- PORTUGAL
- KROATIEN
- SPANIEN
- FRANKREICH
- SCHWEIZ
- ENGLAND
- DEUTSCHLAND
- SCHWEDEN
- UKRAINE

Samstag, 26. Juni, 18 Uhr, Amsterdam		
Wales – Dänemark	0:4	(0:1)
Samstag, 26. Juni, 21 Uhr, London		
Italien – Österreich	2:1 n. V.	(0:0, 0:0)
Sonntag, 27. Juni, 18 Uhr, Budapest		
Niederlande – Tschechien	0:2	(0:0)
Sonntag, 27. Juni, 21 Uhr, Sevilla		
Belgien – Portugal	1:0	(1:0)
Montag, 28. Juni, 18 Uhr, Kopenhagen		
Kroatien – Spanien	3:5 n. V.	(3:3, 1:1)
Montag, 28. Juni, 21 Uhr, Bukarest		
Frankreich – Schweiz	3:3 n. V. 4:5 i. E.	(3:3, 0:1)
Dienstag, 29. Juni, 18 Uhr, London		
England – Deutschland	2:0	(0:0)
Dienstag, 29. Juni, 21 Uhr, Glasgow		
Schweden – Ukraine	1:2 n. V.	(1:1, 1:1)

Manuel Neuer sitzt frustriert am Boden. Auf der großen Videowand im Wembley-Stadion jubelt Harry Kane. Der Kapitän der Engländer hat Sekunden zuvor das 2:0 für sein Team erzielt. Damit war das Achtelfinal-Aus der deutschen Nationalmannschaft praktisch besiegelt

Keiner aus der „Todesgruppe“ kommt weiter

Kaum war die Auslosung amtlich, hatten die Experten das martialische Gütesiegel für die Vorrundengruppe F gefunden: Weltmeister Frankreich, Europameister Portugal, Deutschland im direkten Vergleich – das ist die „Todesgruppe“! Am Ende kamen dann sogar alle drei ins Achtelfinale – und schieden kollektiv aus. Welch Ironie! Was auch irgendwie für die sehr kurze Performance der Deutschen bei der Europameisterschaft gilt. Was hatte die Nation sich in Rage diskutiert, versucht, auf den Bundestrainer einzuwirken, die 2019 aussortierten Routiniers Mats Hummels und Thomas Müller zurückzuholen. Allein: Ausgerechnet die beiden setzten zum Auftakt und zum Schluss Ausrufezeichen der besonderen Art. Hummels sorgte mit dem ersten deutschen Eigentor der EM-Geschichte für die 0:1-Niederlage gegen Frankreich, Müller vergab die letzte Chance im Achtelfinale, das Spiel gegen England doch noch zu drehen. Der Dortmunder Hummels sagt: „Das Turnier muss ich jetzt alles in allem leider als Enttäuschung abhaken.“

Was auch für den Bundestrainer gilt. Mit dem Unterschied, dass er keine Gelegenheit zur Wiedergutmachung mehr haben wird. Jogi Löw hat seine Tätigkeit für den DFB vereinbarungsgemäß mit dem Aus im Achtelfinale beendet. Kein Bundestrainer hat die DFB-Elf bei mehr Turnieren betreut als er. Nach drei Weltmeisterschaften, vier Europameisterschaften und dem Confederations Cup 2017 ist nach 15 Jahren Schluss für den 61-Jährigen. Was vom Achtelfinale im Gedächtnis bleibt? Natürlich die famosen Begegnungen zwischen Kroatien und Spanien (3:5 n.V.) sowie Frankreich gegen die Schweiz 3:3 (4:5 i.E.). 14 Tore (ohne Elfmeterschießen) an einem Tag in der K.o.-Phase sind EM-Rekord.

SCORER-LISTE ACHTELFINALE

	Tore	Torvorlagen	Scorer-Punkte	gespielte Minuten
Benzema (Frankreich)	2	1	3	94
Olmo (Spanien)	–	2	2	49
Orsic (Kroatien)	1	1	2	53
Dolberg (Dänemark)	2	–	2	69
Holes (Tschechien)	1	1	2	85
F. Torres (Spanien)	1	1	2	88
Braithwaite (Dänemark)	1	1	2	90
Seferovic (Schweiz)	2	–	2	97
Zinchenko (Ukraine)	1	1	2	120
Schaub (Österreich)	–	1	1	14
Dovbyk (Ukraine)	1	–	1	15
Cornelius (Dänemark)	–	1	1	21
Grealish (England)	–	1	1	21
Kalajdzic (Österreich)	1	–	1	23
Jensen (Dänemark)	–	1	1	30
Oyarzabal (Spanien)	1	–	1	32
Chiesa (Italien)	1	–	1	36
Pasalic (Kroatien)	1	–	1	41
Budimir (Kroatien)	–	1	1	41
Gayà (Spanien)	–	1	1	43
Gavranovic (Schweiz)	1	–	1	47
Mbabu (Schweiz)	–	1	1	47
P. Torres (Spanien)	–	1	1	49
Pessina (Italien)	1	–	1	53
Damsgaard (Dänemark)	–	1	1	60
Sarabia (Spanien)	1	–	1	71
Zuber (Schweiz)	–	1	1	79
Griezmann (Frankreich)	–	1	1	88
T. Hazard (Belgien)	1	–	1	90
Kane (England)	1	–	1	90
Mæhle (Dänemark)	1	–	1	90
Schick (Tschechien)	1	–	1	90
Sterling (England)	1	–	1	90
Kalas (Tschechien)	–	1	1	90
Meunier (Belgien)	–	1	1	90
Shaw (England)	–	1	1	90
Isak (Schweden)	–	1	1	97
Yarmolenko (Ukraine)	–	1	1	105
Azpilicueta (Spanien)	1	–	1	120
Forsberg (Schweden)	1	–	1	120
Morata (Spanien)	1	–	1	120
Pogba (Frankreich)	1	–	1	120
Acerbi (Italien)	–	1	1	120
Mbappé (Frankreich)	–	1	1	120
Spinazzola (Italien)	–	1	1	120
Xhaka (Schweiz)	–	1	1	120

Der Anfang vom Ende: Raheem Sterling erzielt das 1:0 für England. Mats Hummels (l.) und Manuel Neuer kommen zu spät

UEFA EURO 2020

Deutschlands größte Chance: Thomas Müller (r.) hat abgezogen, der Ball rollt Richtung Tor. England-Keeper Jordan Pickford, Kyle Walker (v. l.) und Harry Maguire schauen mit bangem Blick hinterher. Dann rauscht die Kugel um Zentimeter am Pfosten vorbei

2
6
25
25
RESPECT
RESPECT
RESPECT
LONDO
2020

Deutschlands zweitgrößte Chance: Timo Werner setzt sich gegen John Stones durch, scheitert dann aber an Torwart Jordan Pickford

AFORD

Vieles erinnert ans Wunder von '92

EM-Premiere: Zwei Torhüter eines Klubs gegeneinander

Nummer eins und zwei von Leicester: Kasper Schmeichel (l.) und Danny Ward

Die innige Umarmung zwischen Kasper Schmeichel und Danny Ward kurz nach Abpfiff war mehr als eine freundschaftliche Verabschiedung. Seit dem 20. Juli 2018, als der Waliser Ward vom FC Liverpool zu Leicester City gewechselt und die Nummer zwei hinter dem Dänen Schmeichel geworden war, hatten sie sich fast jeden Tag gesehen. Mit einer klaren Rollenverteilung: Schmeichel spielte immer, Ward nicht in einem Ligaspiel.
So einseitig verlief auch das erste Spiel in der EM-Geschichte, in dem sich zwei Torhüter aus einem Profiklub auf dem Rasen gegenüberstanden. Nur mit vertauschten Rollen: Schmeichel war diesmal nahezu arbeitslos, der vor Beginn des Turniers zur neuen walisischen Nummer 1 aufgestiegene Ward hatte jede Menge Arbeit.
Für Danny Ward war das Duell gegen einen Vereinskameraden indes nicht ganz neu: 2016 stand er im EM-Viertelfinale gegen Belgien (3:1) im walisischen Kader, sein Liverpooler Kollege Simon Mignolet im belgischen. Der feine Unterschied zum Wiedersehen mit Schmeichel: Beide Torhüter saßen damals auf der Ersatzbank.

Dolberg-Doppelpack gegen Wales. Für Dänemark ist alles möglich, auch ein Titel aus dem Nichts

Es lief die 27. Minute, als der Stimmungspegel im ganzen Land nach oben ausschlug. Beim Public Viewing im Hafen von Kopenhagen führten die rot-weiß gekleideten Fans Freudentänze auf. Ministerpräsidentin Mette Frederiksen, stilecht im roten Nationaltrikot, war derweil etwas zurückhaltender, stand vor ihrem Sitzplatz in der Amsterdam-Arena, klatschte begeistert. Und Yussuf Poulsen, im dunklen Sakko auf der Tribüne anstatt im weißen Trikot auf dem Rasen, schrie mit weit aufgerissenen Augen seine Freude in die Welt.

„Ein Märchen, meine Mannschaft hat so viel Qualität und Herz"

Dänemark feierte sich – und Kasper Dolberg. Nach feiner Vorarbeit von Joakim Mæhle und Mikkel Damsgaard hatte Dolberg gerade das 1:0 mit einem schönen 18-Meter-Schuss erzielt. Der Auftakt eines spektakulären Abends aus dänischer Sicht und der Anfang vom Ende für Wales. Mit 4:0 gewann Dänemark das Achtelfinale und zog nach der emotionalen Achterbahnfahrt in der Gruppenphase und dem lange drohenden vorzeitigen EM-Aus ins Viertelfinale ein. Auf den Tag genau 29 Jahre nach dem 2:0 gegen Deutschland im EM-Finale am 26. Juni 1992. In der Tat erinnerte vieles an das Wunder von Göteborg. Damals hatten die für Jugoslawien nachgerückten Dänen wie aus dem Nichts den Titel geholt. „Es ist ein Märchen", sagte Trainer Kasper Hjulmand nach dem Spiel gegen die Briten, „meine Mannschaft hat so viel Qualität und Herz. Die Spieler sind eine echte Einheit, jeder kämpft für jeden."

Ausgerechnet Kasper Dolberg spielte gegen Wales eine herausragende Rolle. Der blonde Stürmer mit dem Gesicht eines Chorknaben war von Hjulmand eigentlich als Ergänzungsspieler vorgesehen, wegen der Oberschenkelverletzung von Poulsen aber kurzfristig in die Startelf gerutscht. In seinen 68 Minuten Einsatzzeit verdiente er sich Bestnoten, war an vielen gefährlichen Angriffen beteiligt und hatte dann auch noch das Glück, dass ihm der walisische Rechtsverteidiger Neco Williams in der 48. Minute den Ball maßgerecht zum 2:0 servierte.

Wie bei den ersten beiden Toren blieb Wales' Torhüter Danny Ward auch beim 3:0 (88.) durch den sehr auffälligen Joakim Mæhle und dem 4:0 (90. + 4) des agilen Außenstürmers Martin Braithwaite chancenlos. Vier Schüsse kamen auf sein Tor, viermal holte er den Ball aus dem Netz.

„Wir sind bereit für den Kampf, denn es wird ein Kampf werden", hatte der walisische Trainer Rob Page vor der Partie versprochen, seine Spieler indes traten in kaum einer Szene den Beweis an. Auch Kapitän Gareth Bale nicht, der allein mit einem Linksschuss knapp am Tor vorbei (10.) auffiel. „So auszuscheiden, wie wir es gemacht haben, sollte es nicht laufen", kommentierte Bale, „die Jungs sind frustriert und verärgert."

Wenige Meter weiter stand Kasper Dolberg und gestand in seinem Interview-Marathon: „Es ist völlig verrückt, ich weiß gar nicht, wie ich mich fühle. Es ist unwirklich." ●

Der doppelte Dolberg: In der 27. Minute trifft Kasper Dolberg (Nr. 12) zum 1:0 für Dänemark ...

... und in der 48. Minute legt der Ersatz für den verletzten Yussuf Poulsen nach einem Fehlpass des Walisers Neco Williams nach

WALES – DÄNEMARK

0:4 (0:1)

WALES-DATEN

Torhüter	Min.	Schüsse gehalten (von)	Flanken/Ecken abgefangen	Glanztaten	Schwere Fehler	Lange Pässe angekommen (von)	Note
Ward	90	50% (8)	0	0	0	17% (6)	4

Spieler		Ballkontakte in Min.	Zweikämpfe gewonnen (von)	Fouls/gefoult worden	Pässe angek. (von)	Schüsse/Schussvorlagen	Tore/Torvorlagen	Note
C. Roberts		22 in 39	100% (4)	0/0	100% (14)	0/0	0/0	3
N. Williams		49 in 51	57% (7)	0/0	86% (37)	0/1	0/0	4
Mepham		60 in 90	69% (13)	1/0	96% (45)	1/0	0/0	4
Rodon	1	57 in 90	58% (12)	1/0	92% (37)	0/1	0/0	4
B. Davies		47 in 90	47% (15)	1/1	77% (26)	0/0	0/0	4
Morrell		40 in 59	44% (16)	0/1	93% (28)	0/1	0/0	4
Wilson		8 in 31	0% (3)	1/0	80% (5)	0/0	0/0	5
Allen		59 in 90	39% (18)	1/0	86% (50)	2/1	0/0	4
Ramsey		58 in 90	39% (23)	1/2	86% (36)	3/1	0/0	4
Bale	1	43 in 90	54% (13)	2/0	77% (26)	3/2	0/0	3
Moore	2	21 in 77	50% (22)	1/3	10% (10)	0/1	0/0	4
T. Roberts		6 in 13	0% (1)	0/0	100% (4)	0/0	0/0	–
James		27 in 77	38% (13)	0/0	92% (12)	2/2	0/0	3
Brooks	1	6 in 13	0% (4)	1/0	75% (4)	0/0	0/0	–

26. JUNI, 18 UHR, AMSTERDAM

Schiedsrichter: *Daniel Siebert (Deutschland).* ***Assistenten:*** *Jan Seidel und Rafael Foltyn (beide Deutschland).* **Tore:** *0:1 Dolberg (27.), 0:2 Dolberg (48.), 0:3 Mæhle (88.), 0:4 Braithwaite (90.+4).* **Wechsel:** *N. Williams für C. Roberts (40.), Wilson für Morrell (60.), Brooks für James (78.), T. Roberts für Moore (78.) – Jensen für Delaney (60.), Nørgaard für Damsgaard (60.), Cornelius für Dolberg (69.), Andersen für Kjær (77.), Boilesen für Stryger Larsen (77.).* **Zuschauer:** *14 645.* **Wetter:** *23 Grad, bewölkt.*

DÄNEMARK-DATEN

Torhüter	Min.	Schüsse gehalten (von)	Flanken/Ecken abgefangen	Glanztaten	Schwere Fehler	Lange Pässe angekommen (von)	Note
Schmeichel	90	100% (1)	0	0	0	80% (5)	3

Spieler	Ballkontakte in Min.	Zweikämpfe gewonnen (von)	Fouls/gefoult worden	Pässe angek. (von)	Schüsse/Schussvorlagen	Tore/Torvorlagen	Note
Christensen	29 in 90	36% (11)	1/0	75% (20)	0/1	0/0	3
Kjær	64 in 76	64% (14)	0/1	90% (50)	1/0	0/0	2
Andersen	6 in 14	67% (3)	0/0	100% (3)	1/0	0/0	–
Vestergaard	68 in 90	40% (10)	2/0	91% (55)	2/0	0/0	3
Stryger Larsen	68 in 76	50% (6)	0/0	76% (41)	0/3	0/0	3
Boilesen	5 in 14	50% (2)	0/0	50% (2)	0/0	0/0	–
Højbjerg	70 in 90	42% (12)	0/1	90% (59)	1/0	0/0	3
Delaney	34 in 59	64% (11)	1/0	68% (25)	0/0	0/0	3
Jensen	26 in 31	67% (6)	0/1	92% (13)	1/2	0/1	2
Mæhle	59 in 90	42% (24)	1/2	82% (38)	2/1	1/0	2
Braithwaite	45 in 90	65% (20)	1/1	85% (26)	3/3	1/1	2
Dolberg	25 in 68	41% (17)	2/2	77% (13)	4/0	2/0	2
Cornelius	10 in 22	62% (13)	0/1	86% (7)	2/3	0/1	2
Damsgaard	21 in 59	54% (13)	0/0	100% (13)	1/3	0/1	3
Nørgaard	19 in 31	75% (4)	0/0	81% (16)	0/0	0/0	3

Österreich war ganz nah dran

Marco Arnautovic köpft das 1:0 gegen Italien-Torwart Gianluigi Donnarumma, der Video-Schiedsrichter entscheidet auf Abseits. Nur Zentimeter fehlten Österreich zum Einzug ins Viertelfinale. Der Stürmer später frustriert: „Das hat nichts mehr mit Fußball zu tun!“

Rekorde purzeln: Drei Bestmarken für die Italiener

Italiens Torwart Gianluigi Donnarumma (M.)

Mit dem 2:1 über Österreich setzten die Italiener ihren beeindruckenden Lauf fort und stellten gleich drei neue Rekorde auf, zwei Verbandsrekorde und sogar einen Weltrekord.

Erster Rekord: Mit dem Erfolg im Achtelfinale blieb die Mannschaft von Roberto Mancini auch im 31. Spiel in Folge ungeschlagen. Damit übertrumpfte sie die legendäre italienische Auswahl aus den Dreißigerjahren, die zwischen 1933 und 1939 30 Partien in Serie nicht verlor. Die letzte Niederlage kassierte Italien im September 2018 gegen Portugal (0:1).

Zweiter Rekord: Italien holte gegen Österreich bereits den zwölften Sieg in Folge. Eine solche Siegesserie gab es in der Verbandsgeschichte ebenfalls noch nie.

Dritter Rekord: Mit dem österreichischen Anschlusstreffer von Sasa Kalajdzic in der 114. Minute kassierte Italien zum ersten Mal seit 1168 Minuten wieder ein Gegentor. Nie zuvor war eine Nationalmannschaft so lange ohne Gegentreffer geblieben. Den vorherigen Gegentorlos-Rekord hielt ebenfalls Italien. Zwischen 1972 und 1974 wahrte Torwart-Legende Dino Zoff 1143 Minuten lang eine weiße Weste. Mit Beginn der 89. Minute im Achtelfinale gehörte seine Bestmarke der Vergangenheit an. Den größten Anteil am neuen Rekord hat Gianluigi Donnarumma, der bis auf zwei Partien immer im Tor der Italiener stand.

Viel Lob für den historisch starken Außenseiter, aber Italien gewinnt Achtelfinal-Krimi

Der Anzug saß perfekt, die Haare waren akkurat zur Seite gekämmt, die Designerschuhe glänzten im Flutlicht: Italiens Nationaltrainer Roberto Mancini gab im Achtelfinale gegen Österreich abermals eine „bella figura“ ab. Von seinem Team konnte man das nur sehr bedingt behaupten. Die „Squadra Azzurra“, die in der Vorrunde noch so souverän auftrat und mitunter berauschenden Fußball spielte, tat sich in Wembley vor 18 910 Zuschauern gegen starke und disziplinierte Österreicher unerwartet schwer, zitterte sich mit einem 2:1 nach Verlängerung ins Viertelfinale. Nach dem Abpfiff war die Erleichterung entsprechend groß. „Wir wussten, dass wir heute leiden müssen, weil Österreich die typische Mannschaft ist, die es nicht zulässt, gut zu spielen“, kommentierte Mancini.

Zwei Joker sorgten für die Erlösung der „Squadra Azzurra“

Italien begann überzeugend, spielte eine gute erste Halbzeit, verpasste es allerdings, in Führung zu gehen. Nicolò Barella scheiterte an Österreichs Keeper Daniel Bachmann (17.), Ciro Immobile traf aus der Distanz den Pfosten (32.). Nach dem Seitenwechsel verlor das Team von Mancini gegen zunehmend mutiger werdende Österreicher mehr und mehr den Faden und hatte großes Glück, nicht in Rückstand zu geraten. In der 65. Minute brachte Marko Arnautovic den Außenseiter per Kopf in Führung, hatte zuvor jedoch knapp im Abseits gestanden, sodass der Treffer nach Videoüberprüfung zurückgenommen wurde. Österreich agierte immer selbstbewusster, Italien immer nervöser.

Mit Beginn der Verlängerung rauften sich die „Azzurri“ zusammen, zwei Joker sorgten schließlich für die Erlösung: In der 95. Minute erzielte Federico Chiesa, der für den glücklosen Domenico Berardi ins Spiel gekommen war, Italiens Führungstreffer. Der Youngster von Juventus Turin verarbeitete ein langes Zuspiel von Leonardo Spinazzola vorzüglich, ließ Konrad Laimer ins Leere laufen und vollendete trocken mit links ins lange Eck. Ein historisches Tor, denn 1996 hatte bereits Enrico Chiesa, Federicos Vater, ein Tor für Italien bei einer Europameisterschaft erzielt, im zweiten Gruppenspiel gegen Tschechien. 25 Jahre später machte es der Sohn nach. Das hatte es in der EM-Historie zuvor noch nie gegeben.

Zehn Minuten nach Chiesas Treffer erhöhte Matteo Pessina, ebenfalls eingewechselt, aus kurzer Distanz auf 2:0. Die wacker kämpfenden Österreicher kamen durch ein Kopfballtor von Sasa Kalajdzic, nach einer Ecke aus spitzestem Winkel erzielt, noch mal ran (114.), konnten das Aus jedoch nicht mehr verhindern. Kalajdzic ließ seinem Frust freien Lauf: „Es ist nicht nur eines der grausamsten Spiele meiner Karriere, sondern eines der grausamsten in der Geschichte des österreichischen Fußballs.Es ist absolut bitter und unverdient. Wir waren mindestens ebenbürtig, wenn nicht sogar besser, und hätten zumindest ein Elfmeterschießen verdient gehabt.“

2:1 n. V. (0:0)

ITALIEN-DATEN

Torhüter	Min.	Schüsse gehalten (von)	Flanken/Ecken abgefangen	Glanztaten	Schwere Fehler	Lange Pässe angekommen (von)	Note
Donnarumma	120	67% (3)	2	1	0	50% (4)	2

Spieler	Ballkontakte in Min.	Zweikämpfe gewonnen (von)	Fouls/gefoult worden	Pässe angek. (von)	Schüsse/Schussvorlagen	Tore/Torvorlagen	Note
Di Lorenzo 1	112 in 120	57% (37)	2/5	88% (67)	3/1	0/0	3
Bonucci	67 in 120	50% (14)	0/0	86% (51)	1/0	0/0	3
Acerbi	91 in 120	50% (18)	0/1	95% (74)	0/2	0/1	3
Spinazzola	69 in 120	58% (19)	0/1	86% (42)	3/3	0/1	2
Jorginho	124 in 120	54% (24)	1/3	93% (100)	0/0	0/0	3
Barella 1	39 in 66	44% (16)	1/2	88% (24)	2/1	0/0	3
Pessina	18 in 54	67% (9)	0/0	67% (12)	1/1	1/0	2
Verratti	89 in 66	48% (23)	1/4	95% (66)	0/4	0/0	3
Locatelli	31 in 54	50% (12)	1/0	95% (20)	1/0	0/0	3
Berardi	37 in 83	23% (13)	1/0	77% (26)	3/2	0/0	3
Chiesa	15 in 37	43% (7)	1/0	83% (6)	2/1	1/0	2
Immobile	36 in 83	14% (14)	2/0	78% (23)	3/2	0/0	3
Belotti	24 in 37	65% (20)	0/5	50% (8)	2/2	0/0	2
Insigne	74 in 107	40% (30)	0/0	76% (54)	4/4	0/0	2
Cristante	7 in 13	40% (5)	0/0	67% (3)	0/1	0/0	–

26. JUNI, 21 UHR, LONDON

Schiedsrichter: *Anthony Taylor (England).* **Assistenten:** *Gary Beswick und Adam Nunn (beide England).* **Tore:** *1:0 Chiesa (95.), 2:0 Pessina (105.), 2:1 Kalajdzic (114.).* **Wechsel:** *Pessina für Barella (67.), Locatelli für Verratti (67.), Chiesa für Berardi (84.), Belotti für Immobile (84.), Cristante für Insigne (108.) – Schöpf für Baumgartner (90.), Kalajdzic für Arnautovic (97.), Gregoritsch für X. Schlager (106.), Schaub für Grillitsch (106.), Trimmel für Lainer (114.), Ilsanker für Laimer (114.).* **Zuschauer:** *18 910.* **Wetter:** *20 Grad, bewölkt.*

ÖSTERREICH-DATEN

Torhüter	Min.	Schüsse gehalten (von)	Flanken/Ecken abgefangen	Glanztaten	Schwere Fehler	Lange Pässe angekommen (von)	Note
Bachmann	120	71% (7)	0	0	0	31% (16)	3

Spieler	Ballkontakte in Min.	Zweikämpfe gewonnen (von)	Fouls/gefoult worden	Pässe angek. (von)	Schüsse/Schussvorlagen	Tore/Torvorlagen	Note
Lainer	85 in 113	56% (25)	0/0	67% (46)	1/2	0/0	3
Trimmel	3 in 7	0% (0)	0/0	0% (0)	0/0	0/0	–
Dragovic 1	94 in 120	78% (18)	1/1	96% (75)	0/0	0/0	3
Hinteregger 1	96 in 120	60% (20)	2/1	83% (75)	0/1	0/0	4
Alaba	92 in 120	41% (17)	1/0	75% (53)	2/2	0/0	4
Grillitsch	84 in 105	39% (18)	2/3	92% (72)	0/0	0/0	4
Schaub	11 in 15	33% (3)	0/0	80% (5)	2/1	0/1	–
X. Schlager	46 in 105	60% (25)	2/0	82% (34)	1/1	0/0	3
Gregoritsch	11 in 15	86% (7)	0/0	100% (4)	1/1	0/0	–
Sabitzer	73 in 120	70% (23)	2/1	87% (53)	5/1	0/0	2
Laimer	48 in 113	41% (32)	5/0	74% (35)	0/0	0/0	4
Ilsanker	5 in 7	0% (3)	1/0	80% (5)	0/0	0/0	–
Baumgartner	42 in 89	32% (31)	2/2	81% (27)	0/1	0/0	4
Schöpf	18 in 31	38% (8)	0/1	91% (11)	0/1	0/0	4
Arnautovic 1	36 in 96	52% (21)	3/0	82% (22)	3/1	0/0	3
Kalajdzic	13 in 24	50% (10)	1/0	56% (9)	1/2	1/0	3

Das vorentscheidende Tor in der fünften Minute der Verlängerung: Der eingewechselte Enrico Chiesa (r.) zieht ab, David Alaba kann nicht entscheidend eingreifen

Oranje sieht Rot und fliegt raus

Pressestimmen: „Dummheit von de Boer“

Trat nach dem EM-Aus zurück: Frank de Boer

Schlechte Kommunikation mit den nicht nominierten Spielern, Abkehr von dem in den Niederlanden als Dogma geltenden 4-3-3-Offensivsystem – Trainer Frank de Boer wurde schon vor der EM hart kritisiert. Nach dem EM-Aus holten die niederländischen Medien zur Generalabrechnung aus.

„De Telegraaf“: „Oranje bezahlt für die Dummheit von de Boer den Hauptpreis. Es ist eine EM, für die sich Trainer und Spieler von Oranje schämen müssen. Die Tschechen – so ungefähr das Niveau des FC Groningen – demaskierten Frank de Boer, sein heilloses, defensives 5-3-2-System (...). Statt aufzubauen auf der Arbeit von Koeman, schmiss de Boer alles, wofür die holländische Schule steht, ein paar Wochen vor der EM einfach so in die Amsterdamer Grachten.“

„De Volkskrant“: „Lichtjahre von der Philosophie entfernt, mit der Oranje zu einem großen Fußballland wurde, musste die Mannschaft eine schmähliche Niederlage gegen Tschechien hinnehmen.“

„AD“: „Armseliger Abgang von ruhmlosem Oranje regt zum Nachdenken an. Ruhmlos strandete die niederländische Mannschaft im Achtelfinale nach einer armseligen Niederlage gegen Tschechien. Die EM ist total misslungen, irgendeinen Anknüpfungspunkt in Richtung Zukunft gibt es nicht.“

Nach Platzverweis von de Ligt schlagen die starken Tschechen zu. Schick erzielt sein viertes Tor

Memphis Depay machte das Spiel endlich mal schnell. Der Superstar der Niederlande legte den Ball nahe der Mittellinie in den Lauf von Donyell Malen. Der sprintete los, hatte nur noch den tschechischen Nationaltorhüter Tomas Vaclik vor sich – und scheiterte. Beim Versuch, ihn zu umspielen, spitzelte Vaclik dem Angreifer den Ball vom Fuß. Der Keeper verhinderte den sicheren Rückstand (51.).

„Was ich getan habe, hat zu unserer Niederlage geführt“

Sekunden später leistete sich der Oranje-Abwehrspieler Matthijs de Ligt nach einem Laufduell mit Tschechiens Torjäger Patrik Schick ein folgenschweres Handspiel. Die anschließende Entscheidung des Video-Schiedsrichters zeigte: Vereitelung einer klaren Torchance als letzter Mann – und Rot für de Ligt (52.). Es war bereits der vierte Platzverweis für einen niederländischen Spieler in einem EM-Endrundenspiel gegen eine Mannschaft aus Tschechien. 1976 traf es Johan Neeskens und Wim van Hanegem. 2004 musste Johnny Heitinga vorzeitig gehen.

In 180 Sekunden geriet die hochfavorisierte „Elftal“ auf die Verliererstraße und unterlag am Ende im Achtelfinale gegen Tschechien mit 0:2. „Nach der Roten Karte sind die Dinge für uns immer schwieriger geworden“, gestand Hollands Kapitän Georginio Wijnaldum nach dem Spiel ein. Auch der Mittelfeldrenner selbst konnte nicht überzeugen. „Wir haben Wijnaldum aus dem Spiel genommen, sind als Team aufgetreten“, nannte Tschechiens Trainer Jaroslav Silhavy anschließend Gründe für den Erfolg.

Seine Mannschaft steckte die Strapazen im Vorfeld der Partie – unter anderem musste man nach technischen Problemen am Team-Flugzeug verspätet nach Budapest reisen und das Abschlusstraining in Prag absolvieren – glänzend weg. Tschechien hatte bei numerischem Gleichstand die besseren Chancen. „Es sah aus, als wären wir müde“, kritisierte Mittelfeldspieler Frenkie de Jong den blutleeren Auftritt, „dafür gibt es keine Erklärung.“

„Spiele wie diese drehen sich in einem oder in zwei Momenten“, bilanzierte der niederländische Bondscoach Frank de Boer, „aber das Schlimmste, was gegen ein solches Team passieren kann, ist ein Rückstand.“ Und den kassierte seine Mannschaft in der 68. Minute. Tomas Holes traf nach einer Kopfball-Ablage von Tomas Kalas aus fünf Metern wuchtig mit der Stirn – 0:1. Fünf Niederländer im eigenen Strafraum konnten nach 79 Minuten die Entscheidung nicht verhindern. Holes legte nach einem Konter über die linke Seite quer zu Schick. Der Bundesliga-Legionär traf aus sieben Metern ins kurze Eck zum 2:0 für die Tschechen.

Die Schuld für die dritte Pleite in Folge in einem K.o.-Spiel bei einer EM nahm de Ligt beinahe generös auf sich. „Was ich getan habe, hat zu unserer Niederlage geführt“, so der Abwehrchef, „es fühlt sich schlecht an.“

Die spielentscheidende Szene: Matthijs de Ligt spielt im Zweikampf mit Patrik Schick den Ball mit der Hand, verhindert damit eine klare Torchance und sieht kurz darauf die Rote Karte

NIEDERLANDE – TSCHECHIEN

0:2 (0:0)

NIEDERLANDE-DATEN

Torhüter	Min.	Schüsse gehalten (von)	Flanken/Ecken abgefangen	Glanztaten	Schwere Fehler	Lange Pässe angekommen (von)	Note
Stekelenburg	90	60% (5)	1	0	0	24% (25)	3

Spieler	Ballkontakte in Min.	Zweikämpfe gewonnen (von)	Fouls/gefoult worden	Pässe angek. (von)	Schüsse/Schussvorlagen	Tore/Torvorlagen	Note
de Vrij	55 in 90	71% (17)	0/0	90% (31)	0/0	0/0	3
de Ligt	30 in 52	71% (14)	0/0	88% (17)	0/1	0/0	5
Blind	70 in 80	33% (12)	1/0	78% (58)	0/0	0/0	5
Timber	15 in 10	40% (5)	0/1	80% (10)	0/0	0/0	–
de Roon	44 in 72	71% (17)	0/0	82% (28)	0/0	0/0	3
Weghorst	9 in 18	58% (12)	0/1	50% (6)	0/0	0/0	4
F. de Jong 1	62 in 90	61% (18)	0/2	90% (49)	0/0	0/0	3
Dumfries 1	39 in 90	48% (23)	2/4	68% (19)	0/1	0/0	4
van Aanholt	55 in 80	54% (13)	1/0	81% (32)	2/0	0/0	4
Berghuis	10 in 10	0% (1)	0/0	50% (8)	0/1	0/0	–
Wijnaldum	23 in 90	53% (17)	0/2	90% (10)	0/0	0/0	4
Depay	56 in 90	38% (26)	0/3	76% (29)	1/2	0/0	3
Malen	19 in 56	46% (13)	0/1	67% (12)	1/0	0/0	4
Promes	18 in 34	22% (9)	2/0	70% (10)	1/0	0/0	4

27. JUNI, 18 UHR, BUDAPEST

Schiedsrichter: *Sergei Karasev (Russland).*
Assistenten: *Igor Demeshko und Maksim Gavrilin (beide Russland).*
Tore: *0:1 Holes (68.), 0:2 Schick (80.).*
Wechsel: *Promes für Malen (57.), Weghorst für de Roon (73.), Timber für Blind (81.), Berghuis für van Aanholt (81.) – Jankto für Masopust (79.), Hlozek für Sevcik (85.), Kral für Holes (85.), Krmencik für Schick (90.+2), Sadilek für Barak (90.+2).*
Zuschauer: *52 834.*
Wetter: *31 Grad, teils bewölkt.*

TSCHECHIEN-DATEN

Torhüter	Min.	Schüsse gehalten (von)	Flanken/Ecken abgefangen	Glanztaten	Schwere Fehler	Lange Pässe angekommen (von)	Note
Vaclik	90	0% (0)	0	0	0	29% (7)	3

Spieler	Ballkontakte in Min.	Zweikämpfe gewonnen (von)	Fouls/gefoult worden	Pässe angek. (von)	Schüsse/Schussvorlagen	Tore/Torvorlagen	Note
Coufal 1	75 in 90	68% (19)	1/2	71% (45)	1/1	0/0	2
Celustka	47 in 90	50% (18)	4/0	89% (28)	0/0	0/0	3
Kalas	48 in 90	53% (17)	1/0	89% (28)	0/1	0/1	2
Kaderabek	60 in 90	60% (10)	1/1	83% (36)	1/0	0/0	3
Soucek	47 in 90	42% (26)	3/1	85% (27)	2/0	0/0	3
Holes	47 in 84	56% (18)	0/0	74% (27)	2/2	1/1	2
Kral	6 in 6	50% (4)	0/0	100% (5)	0/0	0/0	–
Masopust	36 in 78	24% (21)	3/0	87% (23)	1/1	0/0	4
Jankto	12 in 12	50% (4)	1/0	100% (8)	0/0	0/0	–
Barak	48 in 89	35% (20)	0/0	85% (26)	1/2	0/0	3
Sadilek	2 in 1	0% (1)	0/0	100% (1)	0/0	0/0	–
Sevcik	45 in 84	53% (17)	0/1	74% (27)	0/2	0/0	3
Hlozek	4 in 6	0% (1)	0/0	50% (2)	0/0	0/0	–
Schick	29 in 89	41% (17)	0/0	77% (13)	3/1	1/0	2
Krmencik	1 in 1	100% (1)	0/0	100% (1)	0/0	0/0	–

Patrik Schick trifft zum 2:0 für Tschechien und schießt mit seinem vierten Turniertor den Außenseiter ins Viertelfinale. Der Leverkusener: „Wir haben gekämpft wie die Löwen“

Flatter-Tor sorgt für Ronaldo-Frust

Wie 2016: Frühes Aus für Titelverteidiger

Enttäuschung bei den Spaniern nach dem Achtelfinal-Aus 2016 gegen Italien

Es bleibt dabei: Die erfolgreiche Verteidigung des EM-Titels gelang bisher nur einmal, nämlich Spanien 2012 beim Turnier in Polen und der Ukraine. Für Portugal markierte die Achtelfinal-Niederlage gegen Belgien zudem das bislang früheste Endrunden-Aus. Bei ihren sieben Turnier-Teilnahmen zuvor hatte die Seleção stets mindestens das Viertelfinale erreicht.

Das Abschneiden der EM-Titelverteidiger

1964: Sowjetunion Finale, 1:2 gegen Spanien.
1968: Spanien Qualifikation (Viertelfinale gegen England 0:1 und 1:2).
1972: Italien Qualifikation (Viertelfinale gegen Belgien 0:0 und 1:2).
1976: BR Deutschland Finale, 2:2 n.V., 3:5 i.E. gegen Tschechoslowakei.
1980: Tschechoslowakei Platz 3, 1:1, 9:8 i.E. gegen Italien.
1984: BR Deutschland Vorrunde, 3. Platz.
1988: Frankreich Qualifikation (Gruppe 3. Platz).
1992: Niederlande Halbfinale, 2:2 n.V., 4:5 i.E. gegen Dänemark.
1996: Dänemark Vorrunde, 3. Platz.
2000: Deutschland Vorrunde, 4. Platz.
2004: Frankreich Viertelfinale, 0:1 gegen Griechenland.
2008: Griechenland Vorrunde, 4. Platz.
2012: Spanien Finale, 4:0 gegen Italien.
2016: Spanien Achtelfinale, 0:2 gegen Italien.
2021: Portugal Achtelfinale, 0:1 gegen Belgien.

Aus für den Titelverteidiger! Thorgan Hazard trifft mit einem tückischen Schuss aus 22 Metern

In der Kabine der Portugiesen flossen die Tränen. Der Titelverteidiger scheiterte im Achtelfinale am Weltranglistenersten Belgien mit 0:1. Das Aus für Ronaldo, der in den Spielen zuvor fünf Tore erzielt hatte und diesmal leer ausging. „Er hat sehr hart gearbeitet, er hat alles gegeben, er war ein echter Kapitän“, lobte Portugals Trainer Fernando Santos. Ronaldo selber hatte am Tag nach der Niederlage seinen Kampfgeist schon wiederentdeckt und versprach: „Wir werden noch stärker zurückkommen.“

„Er hat alles gegeben, er war ein echter Kapitän“

Lukaku oder Ronaldo? Das war vor der Partie die große Frage. Die Antwort: Weder noch! Der Showdown der beiden formstarken Top-Torjäger, auf den viele vorab das Spiel reduziert hatten, fand nicht statt. Den Belgier erreichte kaum ein brauchbares Anspiel, der Portugiese zeichnete immerhin für den ersten richtigen Aufreger verantwortlich, als er aus rund 20 Metern einen scharf um die Mauer getretenen Freistoß aufs Tor brachte.

Zum „Unterschiedsspieler“ avancierte einer, den niemand auf dem Zettel hatte. Wie auch? Thorgan Hazards vergleichsweise bescheidene Bilanz einer von Verletzungen geprägten Saison: 16 Bundesliga-Einsätze und ein Tor. Doch in der 42. Minute fasste sich der Dortmunder ein Herz und zog aus 22 Metern halblinker Position ab. Ein Schuss mit Power und Effet, der im Flug plötzlich zu einem tückischen Flatterball wurde und Portugals Torwart schlecht aussehen ließ. Es war der Einzige, den Rui Patrício während der gesamten 90 Minuten auf seinen Kasten bekam – und am Ende ein „goldener“, der die so langsam in die Jahre gekommene „Goldene Generation“ Belgiens weiter vom Gewinn eines großen Titels träumen ließ. Der Schütze strahlte: „In solchen Spielen muss man jede Chance mit beiden Händen ergreifen – und voilà! Der Torhüter hat wohl die andere Ecke erwartet, deshalb ging der Ball rein. Ich bin sehr glücklich, dass mir für mein Land ein so wichtiges Tor gelungen ist.“

Neben Hazards Treffer änderte eine zweite Szene massiv die Statik des Spiels: Kurz vor der Pause hatte Palhinha den im Vollsprint befindlichen De Bruyne hart getackelt. Der angeschlagene Spielmacher biss auf die Zähne, musste seinen Versuch weiterzuspielen aber nach wenigen Sekunden der zweiten Halbzeit abbrechen – eine enorme Schwächung für Belgien. Portugal rückte vor und schnürte die Belgier phasenweise ein. Jota zielte aus elf Metern knapp drüber (58.). Das Spiel wurde ruppig, und Portugals Chancen hochkarätig: Dias köpfte wuchtig, aber zu zentral (82.), Guerreiros 16-Meter-Flachschuss landete am Pfosten (83.), André Silva scheiterte aus Nahdistanz (88.). 24:6 Abschlüsse waren es am Ende für den Titelverteidiger. Santos: „Meine Spieler haben gezeigt, dass sie jedes Team schlagen können. Keine Mannschaft kann sagen, dass sie besser als Portugal ist.“

Geknickt: Ronaldo nach dem EM-Aus gegen Belgien. Was bleibt ist ein Rekord: Der Portugiese ist mit 14 Treffern bei fünf Turnieren bester EM-Torschütze aller Zeiten

BELGIEN – PORTUGAL

1:0 (1:0)

BELGIEN-DATEN

Torhüter	Min.	Schüsse gehalten (von)	Flanken/Ecken abgefangen	Glanztaten	Schwere Fehler	Lange Pässe angekommen (von)	Note
Courtois	90	100% (5)	2	0	0	33% (6)	2

Spieler	Ballkontakte in Min.	Zweikämpfe gewonnen (von)	Fouls/gefoult worden	Pässe angek. (von)	Schüsse/Schussvorlagen	Tore/Torvorlagen	Note
Alderweireld 1	59 in 90	40% (10)	1/1	87% (46)	0/0	0/0	3
Vermaelen 1	41 in 90	77% (13)	1/1	96% (24)	0/0	0/0	2
Vertonghen	76 in 90	58% (12)	1/1	91% (66)	0/1	0/0	3
Meunier	58 in 90	73% (15)	1/0	61% (36)	1/1	0/1	2
Tielemans	50 in 90	42% (19)	2/0	89% (37)	0/0	0/0	3
Witsel	60 in 90	39% (18)	1/1	100% (46)	0/0	0/0	4
T. Hazard	58 in 89	40% (15)	2/0	86% (44)	2/1	1/0	2
Dendoncker	0 in 1	0% (0)	0/0	0% (0)	0/0	0/0	–
De Bruyne	28 in 47	38% (8)	1/0	87% (23)	0/1	0/0	3
Mertens	18 in 43	50% (12)	1/0	82% (11)	0/0	0/0	3
Lukaku	28 in 90	58% (24)	1/1	62% (13)	2/1	0/0	2
E. Hazard	58 in 86	55% (31)	1/4	85% (41)	1/0	0/0	3
Carrasco	5 in 4	57% (7)	0/0	0% (1)	0/0	0/0	–

27. JUNI, 21 UHR, SEVILLA

Schiedsrichter: *Felix Brych (Deutschland).*
Assistenten: *Mark Borsch und Stefan Lupp (beide Deutschland).*
Tor: *1:0 T. Hazard (42.).*
Wechsel: *Mertens für De Bruyne (48.), Carrasco für E. Hazard (87.), Dendoncker für T. Hazard (90.+5) – Félix für Moutinho (55.), Fernandes für B. Silva (55.), A. Silva für Jota (70.), Danilo für Palhinha (78.), Oliveira für Sanches (78.).*
Zuschauer: *11 504.*
Wetter: *28 Grad, sonnig.*

PORTUGAL-DATEN

Torhüter	Min.	Schüsse gehalten (von)	Flanken/Ecken abgefangen	Glanztaten	Schwere Fehler	Lange Pässe angekommen (von)	Note
Rui Patrício	90	0% (1)	0	0	0	0% (5)	4

Spieler	Ballkontakte in Min.	Zweikämpfe gewonnen (von)	Fouls/gefoult worden	Pässe angek. (von)	Schüsse/Schussvorlagen	Tore/Torvorlagen	Note
Dalot 1	78 in 90	60% (15)	1/0	91% (58)	0/1	0/0	4
Pepe 1	83 in 90	38% (16)	1/0	90% (68)	0/1	0/0	5
Dias	76 in 90	38% (13)	1/0	90% (67)	1/0	0/0	5
Guerreiro	95 in 90	50% (10)	0/0	89% (75)	2/4	0/0	4
Palhinha 1	46 in 77	59% (17)	1/1	90% (31)	4/0	0/0	3
Danilo	11 in 13	50% (2)	0/0	89% (9)	0/1	0/0	–
Moutinho	43 in 54	53% (15)	1/3	82% (34)	1/2	0/0	3
Félix	26 in 36	78% (9)	0/2	89% (18)	3/2	0/0	3
Sanches	75 in 77	42% (19)	1/2	91% (64)	2/2	0/0	3
Oliveira	24 in 13	50% (6)	1/1	83% (18)	0/0	0/0	–
B. Silva	26 in 54	29% (14)	1/0	74% (19)	0/0	0/0	4
Fernandes	34 in 36	50% (10)	0/2	81% (21)	2/2	0/0	3
Ronaldo	44 in 90	48% (25)	0/2	97% (29)	5/3	0/0	3
Jota	40 in 69	27% (11)	1/0	97% (30)	2/4	0/0	3
A. Silva	9 in 21	25% (4)	0/0	100% (4)	2/2	0/0	3

Tor-Flut nach Torwartfehler

Luis Enrique: „Der Spirit ist fantastisch“

Spanien-Trainer Luis Enrique bejubelt den zweiten Sieg in Folge mit fünf Toren

Die Tor-Flut gegen Kroatien hat für Spanien historische Auswirkungen. Der dreimalige Europameister ist das erste Team der EM-Geschichte, das in zwei aufeinanderfolgenden Spielen jeweils fünf Treffer erzielte. Trainer Luis Enrique: „Wir haben Spieler von unterschiedlichen Klubs und in einem unterschiedlichen Alter zusammengeholt, die alle stolz darauf sind, für Spanien zu spielen. Der Spirit in dieser Mannschaft ist fantastisch.“ Der Spanien-Coach freut sich schon auf die nächste Partie mit viel Nervenkitzel: „Ich bin bereit für ein nächstes Spiel wie dieses. Ich bin mir aber nicht sicher, ob meine Familie oder die Fans das Gleiche denken.“

Die torreichsten Spiele in der EM-Historie

9 Tore: Jugoslawien – Frankreich 5:4 (1960/Halbfinale)
8 Tore: Spanien – Kroatien 5:3 n.V. (2021/Achtelfinale)
7 Tore: Frankreich – Island 5:2 (2016/Viertelfinale) ••• Niederlande – Jugoslawien 6:1 (2000/Viertelfinale) ••• Spanien – Jugoslawien 4:3 (2000/Vorrunde)
6 Tore: Frankreich – Schweiz 3:3, 8:7 n.E. (2021/Achtelfinale) ••• Deutschland – Portugal 4:2 (2021/Vorrunde) ••• Ungarn – Portugal 3:3 (2016/Vorrunde) ••• Deutschland – Griechenland 4:2 (2012/Viertelfinale) ••• England – Kroatien 4:2 (2004/Vorrunde) ••• Jugoslawien – Slowenien 3:3 (2000/Vorrunde) ••• Tschechien – Russland 3:3 (1996/Vorrunde) ••• Deutschland – Jugoslawien 4:2 n.V. (1976/Halbfinale)

Spaniens Nummer 1 patzt schwer. Dann dreht die „rote Furie“ gegen Kroatien mächtig auf

Am Ende fehlten zum Rekord nur wenige Zentimeter: Es lief bereits die letzte Minute der Verlängerung, als Spaniens Dani Olmo im kroatischen Strafraum noch mal an den Ball kam. Der Offensivmann von RB Leipzig versuchte es mit einem Schlenzer, traf aber nur den linken Pfosten. Nur etwas mehr Genauigkeit und Olmo hätte das neunte Tor an diesem spektakulären Abend in Kopenhagen erzielt und damit einen uralten Rekord eingestellt. Neun Treffer waren in einer EM-Partie zuvor nur einmal gefallen: 1960 bei der ersten EM im Halbfinale zwischen Jugoslawien und Frankreich (Endstand: 5:4 für Jugoslawien). So blieb es beim 5:3 für Spanien im Kopenhagener Parken Stadion. Von einem „wunderbaren Duell“ sprach die spanische Zeitung „La Vanguardia“ später.

„Unai Simón war heute ein Vorbild für alle jungen Spieler“

Das Spektakel nahm in der 20. Minute auf kuriose Weise seinen Lauf: Spaniens Torwart Unai Simón konnte einen harmlosen Rückpass von Pedri nicht kontrollieren. Der Ball sprang dem Keeper über den Fuß und landete im Netz – die Führung für Kroatien. Es war das bereits neunte Eigentor in diesem Turnier – EM-Rekord.

Spanien-Trainer Luis Enrique nahm seinen Torhüter nach dem Spiel in Schutz: „Unai Simón war heute ein Vorbild für alle jungen Spieler, die einmal Profifußballer werden wollen. Die Botschaft ist: Mach dir keine Sorgen wegen deiner Fehler. Konzentriere dich auf dein Ziel. Natürlich war das heute ein schwerer Fehler von ihm. Aber er hat danach noch einige fantastische Paraden gezeigt.“

Die Spanier ließen sich nicht aus dem Konzept bringen. Noch vor der Halbzeit glich Pablo Sarabia aus (38.). César Azpilicueta sorgte per Kopf für die verdiente Führung (57.), in der 77. Minute erhöhte Ferran Torres auf 3:1.

Die Partie schien entschieden. Doch die Kroaten, die auf ihren an Corona erkrankten Ivan Perisic verzichten mussten, kamen zurück. Mislav Orsic verkürzte per Abstauber auf 2:3 (85.), Mario Pasalic köpfte in der Nachspielzeit (90.+2) den Ausgleich. Beide Spieler waren eingewechselt worden.

Mitten in der Druckphase der Kroaten schlug Spanien in der Verlängerung zurück: Nach Flanke von Olmo brachte Álvaro Morata der „Furia Roja“ (rote Furie) mit einem wuchtigen Schuss unter die Latte die erneute Führung (100.). Ausgerechnet Morata! In der Vorrunde war der Angreifer von den eigenen Fans ausgepfiffen worden, hatte widerliche Hassnachrichten und Drohungen erhalten. Nun avancierte er zum großen Helden und obendrein zum EM-Rekordtorschützen seines Heimatlandes. Für Morata war es bereits das fünfte Tor bei einer Europameisterschaft. Er zog mit Fernando Torres gleich. Drei Minuten nach Moratas Treffer setzte der eingewechselte Mikel Oyarzabal in einer denkwürdigen Partie den Schlusspunkt und sicherte Spanien damit den ersten Sieg in einer K.o.-Runde seit 2012. ⬢

Die Vorentscheidung: Álvaro Morata jubelt über seinen Treffer zum 4:3. Spaniens Trainer Luis Enrique: „Wir müssen froh sein, einen Stürmer wie ihn zu haben“

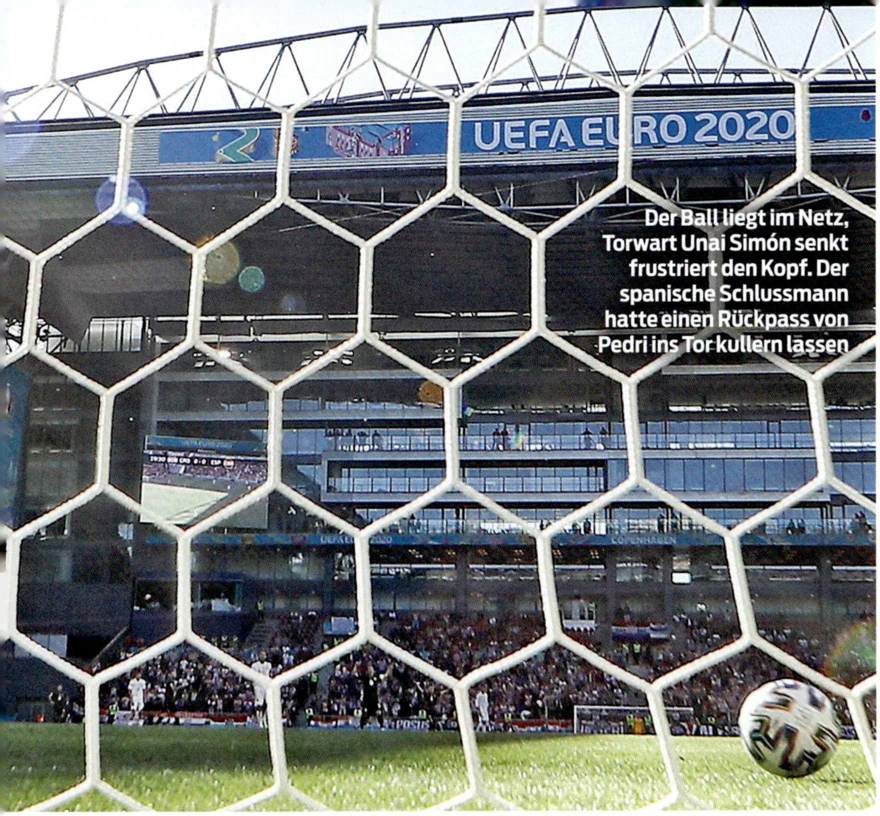

Der Ball liegt im Netz, Torwart Unai Simón senkt frustriert den Kopf. Der spanische Schlussmann hatte einen Rückpass von Pedri ins Tor kullern lassen

KROATIEN – SPANIEN

3:5 n. V. (3:3, 1:1)

KROATIEN-DATEN

Torhüter	Min.	Schüsse gehalten (von)	Flanken/Ecken abgefangen	Glanztaten	Schwere Fehler	Lange Pässe angekommen (von)	Note
Livakovic	120	50% (10)	0	2	0	33% (15)	4

Spieler	Ballkontakte in Min.	Zweikämpfe gewonnen (von)	Fouls/gefoult worden	Pässe angek. (von)	Schüsse/Schussvorlagen	Tore/Torvorlagen	Note
Juranovic	23 in 73	40% (10)	0/1	73% (15)	0/0	0/0	4
Brekalo	25 in 47	33% (12)	2/0	80% (15)	0/0	0/0	5
Vida	55 in 120	50% (14)	3/1	93% (40)	0/0	0/0	4
Caleta-Car 2	56 in 120	40% (15)	3/0	91% (43)	0/0	0/0	4
Gvardiol	77 in 120	50% (36)	3/1	80% (40)	1/0	0/0	4
Brozovic 2	71 in 120	29% (28)	4/1	91% (58)	0/1	0/0	5
Modric	59 in 113	30% (23)	3/0	81% (47)	0/1	0/0	4
Ivanusec	2 in 7	0% (0)	0/0	100% (1)	0/0	0/0	–
Kovacic	34 in 78	69% (13)	0/3	83% (23)	1/0	0/0	3
Budimir	14 in 42	36% (11)	2/0	100% (7)	2/1	0/1	3
Vlasic	20 in 78	56% (18)	0/0	100% (13)	1/1	0/0	4
Pasalic	22 in 42	100% (4)	0/0	93% (15)	1/3	1/0	2
Petkovic	20 in 45	50% (18)	1/2	64% (11)	0/1	0/0	4
Kramaric	28 in 75	10% (10)	0/0	85% (13)	2/1	0/0	4
Rebic	27 in 66	42% (26)	3/0	65% (17)	1/0	0/0	4
Orsic	24 in 54	35% (17)	1/0	62% (13)	2/2	1/1	2

28. JUNI, 18 UHR, KOPENHAGEN

SR: *Cüneyt Cakir (TUR).* **Assist.:** *Bahattin Duran, Tarik Ongun (TUR).* **Tore:** *1:0 Pedri (20./Eigentor), 1:1 Sarabia (38.), 1:2 Azpilicueta (57.), 1:3 F. Torres (77.), 2:3 Orsic (85.), 3:3 Pasalic (90.+2), 3:4 Morata (100.), 3:5 Oyarzabal (103.).* **Wechsel:** *Kramaric für Petkovic (46.), Orsic für Rebic (67.), Brekalo für Juranovic (74.), Budimir für Kovacic (79.), Pasalic für Vlasic (79.), Ivanusec für Modric (114.) – P. Torres für García (71.), Olmo für Sarabia (71.), Alba für Gayà (77.), F. Ruiz für Koke (77.), Oyarzabal für F. Torres (88.), Rodri für Busquets (101.),* **Zuschauer:** *22 771.* **Wetter:** *26 Grad, sonnig.*

SPANIEN-DATEN

Torhüter	Min.	Schüsse gehalten (von)	Flanken/Ecken abgefangen	Glanztaten	Schwere Fehler	Lange Pässe angekommen (von)	Note
Simón	120	57% (7)	2	1	1	75% (8)	4

Spieler	Ballkontakte in Min.	Zweikämpfe gewonnen (von)	Fouls/gefoult worden	Pässe angek. (von)	Schüsse/Schussvorlagen	Tore/Torvorlagen	Note
Azpilicueta	102 in 120	44% (27)	1/0	88% (68)	2/1	1/0	3
García	85 in 70	58% (12)	1/1	99% (74)	0/0	0/0	3
P. Torres	43 in 50	50% (2)	0/0	95% (37)	0/1	0/1	3
Laporte	137 in 120	40% (10)	0/0	93% (125)	0/0	0/0	4
Gayà	56 in 76	63% (8)	0/0	98% (41)	3/1	0/1	2
Alba	44 in 44	80% (5)	0/0	86% (36)	0/1	0/0	3
Busquets	104 in 100	52% (29)	3/1	92% (88)	0/1	0/0	3
Rodri	30 in 20	80% (5)	0/0	88% (25)	0/0	0/0	3
Koke	78 in 76	67% (24)	1/5	88% (58)	2/1	0/0	2
F. Ruiz	34 in 44	56% (9)	1/1	93% (29)	1/0	0/0	3
Pedri	71 in 120	58% (24)	1/4	92% (59)	0/2	0/0	3
F. Torres	48 in 87	58% (26)	0/2	77% (26)	1/5	1/1	2
Oyarzabal	34 in 33	45% (11)	0/1	83% (23)	3/2	1/0	2
Morata	51 in 120	58% (38)	1/8	84% (31)	4/2	1/0	2
Sarabia	48 in 70	78% (9)	0/1	89% (36)	3/2	1/0	2
Olmo	35 in 50	64% (14)	0/1	85% (20)	4/3	0/2	2

Mbappé schießt Frankreich raus

Pressestimmen: „Monumentales Fiasko“

Stand in Frankreich nach dem Achtelfinal-Aus in der Kritik: Trainer Didier Deschamps

Zum fünften Mal in den vergangenen 17 Jahren trafen Frankreich und die Schweiz bei einer EM oder WM aufeinander, zum ersten Mal in der K.o.-Runde. Und zum ersten Mal siegte die Schweiz nach zwei Niederlagen (1:3 bei der EM 2004, 2:5 bei der WM 2014) und zwei Unentschieden (0:0 bei der WM 2006 und der EM 2016).

Entsprechend hart gingen die französischen Medien mit ihrer Mannschaft ins Gericht. „Von ganz oben runtergeflogen“, kommentierte **„L'Équipe“**. **„Eurosport Frankreich“** sah ein „monumentales Fiasko.“

Die Schweizer Zeitungen jubilierten. Der **„Blick“**: „Sommer hext die Nati ins EM-Viertelfinale – Mon dieu!“ Dramatischer könne Fußball kaum sein, schrieb die **„Neue Zürcher Zeitung“**, „in einer Partie, in welcher die Schweiz kurz wie der sichere Sieger und dann wie der erledigte Verlierer aussah, qualifiziert sich die Nation erstmals seit 1954 wieder für einen Viertelfinal.“

Der **„Guardian“** aus England wurde poetisch: „Als Mbappé antrat, um Frankreichs fünften Elfmeter eines bisher fehlerfreien Schießens zu verwandeln, erschien der Gedanke, dass er scheitern könnte, leichtfertig. Dann zerriss Yann Sommer das Drehbuch, warf sich nach rechts und drehte sich in Ekstase davon und ließ den Wunderknaben auf den Knien zurück.“

Der Superstar scheitert im Elfmeterschießen am Schweizer Torhüter. Das Aus für den Weltmeister

Kylian Mbappé wollte nur noch allein sein. Mit keinem mehr sprechen, keinen sehen. Es war 0.47 Uhr Ortszeit in Bukarest, als der Superstar mit zusammengepressten Lippen vom Platz schlich und im Bauch der Arena verschwand.

„Es hat niemand mehr wirklich an uns geglaubt“

14-mal hatte er in seinen vier EM-Spielen aus dem laufenden Spielgeschehen aufs Tor geschossen – ohne ein Erfolgserlebnis. Sein 15. Schuss, der wichtigste, war vom Elfmeterpunkt. 4:5 stand es im Elfmeterschießen gegen die Schweiz, Mbappé musste treffen. Er scheiterte mit einem halbhohen Schuss an Torhüter Yann Sommer.

Das Aus für Weltmeister Frankreich im Achtelfinale, die erste Niederlage der Équipe Tricolore in einem Pflichtspiel seit Juni 2019. Die erste wirkliche Sensation bei dieser EM.

Die Schweizer feierten Sommer und sich. Mit dem 8:7 n. E. zogen sie erstmals ins Viertelfinale der kontinentalen Meisterschaft ein und beendeten ihren Achtelfinal-Fluch: Seit 1994 waren sie bei EM und WM fünfmal in der Runde der letzten 16 Teams ausgeschieden.

„Ich glaube, wir haben alles, was wir in uns drinnen haben, heute auf dem Platz gelassen“, schwärmte der Held, Namensgeber des neuen Schweizer Sommer-Märchens. „Es war ein unglaublicher Fußballabend.“

Nach überlegen geführter erster Halbzeit gegen schwache Franzosen und einer 1:0-Führung durch Haris Seferovic (Kopfball in der 15. Minute) wendete sich das Spiel Mitte des zweiten Durchgangs. Ricardo Rodríguez vergab in der 55. Minute per Foulelfmeter das 2:0, Frankreich-Keeper Hugo Lloris pariert stark. Karim Benzema (57. und 59.) nach zwei herausragend vorgetragenen Angriffen und Paul Pogba mit einem unhaltbaren 22-Meter-Schlenzer (75.) brachten die Franzosen 3:1 in Führung.

„Es hat niemand mehr wirklich an uns geglaubt“, schilderte Sommer die dann entscheidenden Minuten in einer epochalen Partie, „aber wir haben gemerkt, dass Frankreich eine Phase hatte, in der sie ein bisschen überheblich waren.“

Seferovic mit seinem zweiten Kopfballtor (81.) und Mario Gavranovic (90.) glichen zum 3:3 aus. Die Abwehr um Raphaël Varane und Presnel Kimpembe sowie dem zweikampfschwachen Benjamin Pavard leistete dabei mächtig Schützenhilfe.

„Das müssen wir uns auf die Fahne schreiben. In der Vergangenheit wussten wir, wie man solche Spiele gut zu Ende bringt“, kritisierte Torwart Hugo Lloris. Trainer Didier Deschamps: „Nach dem 3:1 haben wir Schwächen gezeigt, das ist für uns untypisch.“

In den letzten Sekunden der Nachspielzeit hatten der Schweizer Admir Mehmedi und der Franzose Kingsley Coman mit einem Lattenschuss (beide 90.+4) die Chance, das Spiel zu entscheiden. In der Verlängerung vergab Mbappé nach einem der vielen Traumpässe von Pogba das sichere 4:3 (110.). Er hätte sich seinen 15. und folgenschweren Schuss ersparen können …

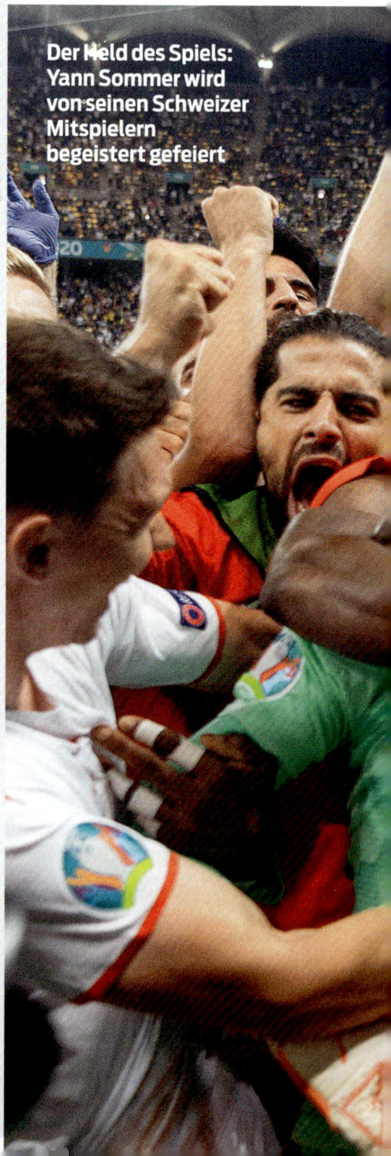

Der Held des Spiels: Yann Sommer wird von seinen Schweizer Mitspielern begeistert gefeiert

Kylian Mbappé tritt als fünfter Schütze für Frankreich an und scheitert mit einem halbhohen Schuss am Schweizer Torhüter Yann Sommer. Der Star der Equipe Tricolore bat hinterher die französischen Fans um Verzeihung und sprach von „immenser Traurigkeit".

7:8 n. E. (3:3, 3:3,0:1)

FRANKREICH-DATEN

Torhüter	Min.	Schüsse gehalten (von)	Flanken/Ecken abgefangen	Glanztaten	Schwere Fehler	Lange Pässe angekommen (von)	Note
Lloris	120	40% (5)	1	1	0	83% (6)	4

Spieler	Karte	Ballkontakte in Min.	Zweikämpfe gewonnen (von)	Fouls/gefoult worden	Pässe angek. (von)	Schüsse/Schussvorlagen	Tore/Torvorlagen	Note
Varane	1	76 in 120	86% (14)	1/2	88% (59)	1/0	0/0	2
Lenglet		48 in 45	75% (8)	0/0	95% (39)	0/0	0/0	3
Coman	1	38 in 65	47% (17)	1/1	76% (25)	4/3	0/0	3
Thuram		6 in 10	67% (3)	1/0	100% (2)	0/1	0/0	–
Kimpembe		84 in 120	36% (14)	2/1	94% (72)	0/1	0/0	5
Pavard	2	58 in 120	63% (16)	2/0	85% (34)	1/0	0/0	4
Pogba		94 in 120	42% (31)	3/3	92% (71)	3/4	1/0	2
Kanté		84 in 120	40% (20)	0/0	97% (62)	0/1	0/0	4
Rabiot		97 in 120	57% (21)	3/2	86% (70)	2/0	0/0	3
Griezmann		71 in 87	68% (19)	0/2	84% (50)	2/5	0/1	2
Sissoko		16 in 33	80% (5)	0/1	73% (11)	1/1	0/0	3
Benzema		42 in 93	30% (10)	0/0	86% (29)	4/3	2/1	2
Giroud		10 in 27	50% (6)	1/0	83% (6)	2/0	0/0	3
Mbappé		53 in 120	30% (23)	0/0	96% (28)	6/4	0/1	5

28. JUNI, 21 UHR, BUKAREST

SR: *F. Rapallini (ARG).* **Assist.:** *J. P. Belatti, D. Bonfá (beide ARG).* **Tore:** *0:1 Seferovic (15.), 1:1 Benzema (57.), 2:1 Benzema (59.), 3:1 Pogba (75.), 3:2 Seferovic (81.), 3:3 Gavranovic (90.).* ***Elfmeterschießen:*** *0:1 Gavranovic, 1:1 Pogba, 1:2 Schär, 2:2 Giroud, 2:3 Akanji, 3:3 Thuram, 3:4 Vargas, 4:4 Kimpembe, 4:5 Mehmedi, Sommer hält gegen Mbappé.* **Wechsel:** *Coman für Lenglet (46.), Sissoko für Griezmann (88.), Giroud für Benzema (94.), Thuram für Coman (111.) – Gavranovic für Shaqiri (73.), Mbabu für Widmer (73.), Fassnacht für Zuber (79.), Vargas für Embolo (79.), Mehmedi für Rodríguez (87.), Schär für Seferovic (97.).*

Bes. Vork.: *Lloris hält Foulelfm. von Rodríguez (55.).* **Zuschauer:** *22 642.* **Wetter:** *24 Grad, wolkenlos.*

SCHWEIZ-DATEN

Torhüter	Min.	Schüsse gehalten (von)	Flanken/Ecken abgefangen	Glanztaten	Schwere Fehler	Lange Pässe angekommen (von)	Note
Sommer	120	63% (8)	0	2	0	0% (0)	2

Spieler	Karte	Ballkontakte in Min.	Zweikämpfe gewonnen (von)	Fouls/gefoult worden	Pässe angek. (von)	Schüsse/Schussvorlagen	Tore/Torvorlagen	Note
Elvedi	1	56 in 120	70% (10)	0/0	91% (34)	1/0	0/0	2
Akanji	1	74 in 120	55% (20)	2/0	94% (53)	1/1	0/0	3
Rodríguez	1	66 in 86	44% (9)	1/0	91% (44)	2/1	0/0	5
Mehmedi		26 in 34	67% (6)	0/1	92% (12)	2/0	0/0	3
Widmer		39 in 72	20% (15)	0/0	79% (28)	0/0	0/0	4
Mbabu		28 in 48	44% (16)	1/1	69% (16)	0/1	0/1	3
Freuler		57 in 120	45% (22)	2/2	91% (43)	0/0	0/0	3
Xhaka	2	100 in 120	57% (21)	1/3	91% (82)	1/3	0/1	2
Zuber		52 in 78	69% (16)	0/2	86% (37)	0/2	0/1	2
Fassnacht		15 in 42	44% (9)	0/0	67% (6)	0/0	0/0	3
Embolo		36 in 78	67% (18)	0/3	75% (20)	1/1	0/0	3
Vargas		24 in 42	40% (10)	0/0	57% (7)	0/1	0/0	3
Shaqiri		33 in 72	22% (9)	2/1	86% (22)	0/1	0/0	4
Gavranovic		16 in 48	58% (12)	1/1	75% (8)	1/1	1/0	2
Seferovic		38 in 96	17% (12)	2/0	83% (24)	3/0	2/0	1
Schär		12 in 24	0% (1)	0/0	63% (8)	0/0	0/0	3

Müller vergibt – Löw-Ära vorbei

„Der royale Glücksbringer Prinz George sieht das 2:0“

Prinz George freut sich mit seinen Eltern William und Kate (r.) über Englands Sieg

Pressestimmen

ENGLAND:

„Times“: „England verbannt einige alte Gespenster, bezwingt Deutschland verdient.“

„Sun“: „In einem rockenden Wembley zeigte Gareth Southgates Team ein unenglisches Gespür für Verstand, als sie die Deutschen zu Tode langweilen auf ihrem Weg zum vierten Spiel in Serie ohne Gegentor.“

„Daily Mail“: „Nein, ihr träumt nicht. Kommt er jetzt nach Hause? Der royale Glücksbringer Prinz George sieht, wie England Deutschland 2:0 schlägt.“

FRANKREICH:

„L'Équipe“: „Die Todesgruppe ist ... tot. Es hat kein Wunder gegeben im Fußballtempel. Zeit für die Hansi-Flick-Ära.“

SPANIEN:

„AS“: „Wembley tobt. Löw verabschiedet sich auf die denkbar schlechteste Weise. Auf diesem Niveau sind weder England, geschweige denn Deutschland, das nach Hause fuhr, bereit, diese Europameisterschaft zu gewinnen.“

„Marca“: „Grealishs Zauber beendet Englands Trauma gegen Deutschland.“ >>

Ausgerechnet der Rückkehrer ließ die Chance liegen, Deutschland im Spiel zu halten – das Aus

Es war der Moment, der alles hätte verändern können. Es lief die 81. Spielminute im Londoner Wembley-Stadion. Deutschland lag im EM-Achtelfinale 0:1 gegen England zurück, als Thomas Müller nach einem Steilpass von Kai Havertz allein auf Torwart Jordan Pickford zulief. Drei englische Abwehrspieler verfolgten ihn, doch der Abstand war groß genug, um in Ruhe den Ball zu versenken und dem Spiel eine neue Wendung zu geben. Aus 17 Metern schoss Müller mit der Innenseite, Pickford war schon in die andere Ecke unterwegs – doch der Ball rauschte wenige Zentimeter links am Tor vorbei. Fassungslos sank Müller zu Boden, schloss die Augen und raufte sich die Haare.

„Das war dieser Moment, der dich um den Schlaf bringt“

„Da war er, dieser eine Moment, der dir am Ende in Erinnerung bleibt, der dich nachts um den Schlaf bringt“, schrieb Müller am nächsten Morgen auf seinen sozialen Kanälen. „Für den du als Fußballer arbeitest, trainierst und lebst. Dieser Moment, wenn du es alleine in der Hand hast, deine Mannschaft in ein enges K.o.-Spiel zurückzubringen und eine ganze Fußballnation in Ekstase zu versetzen. Diese Möglichkeit zu bekommen und sie dann ungenutzt zu lassen, tut mir verdammt weh. Es tut mir weh für das ganze DFB-Team, meine Mitspieler und unseren Trainer, die mir allesamt das Vertrauen geschenkt haben, genau dann zur Stelle zu sein. Aber vor allem schmerzt es wegen all der Deutschland-Fans da draußen, die während dieser EM trotz schwieriger Vorzeichen zu uns gehalten und uns unterstützt haben.“

Die deutsche Mannschaft verlor am Ende 0:2. Damit war nicht nur die EM für sie vorbei, sondern auch nach 15 Jahren die Ära von Joachim Löw als Bundestrainer. Fünfmal hatte er seit 2008 mindestens das Halbfinale bei einer EM oder WM erreicht, 2014 in Brasilien den WM-Titel geholt. Dann kam 2018 bei der WM in Russland das Vorrunden-Aus, nun bei der EM das Ende im Achtelfinale. Als alles vorbei war, klatschte Löw kurz sein Betreuerteam ab und verschwand als Erster mit versteinerter Miene in den Katakomben des Wembley-Stadions. Ein würdeloser Abgang nach einer so glanzvollen Zeit.

„Ich habe beim Abpfiff Richtung Mittellinie und Trainerbank geschaut“, sagt Torwart Manuel Neuer emotional. „Ein trauriges Gefühl. Jogi hat eine Ära geprägt. Dass es so zu Ende geht, tut weh.“

Der Stachel bei Löw saß tief. „Es ist eine große Enttäuschung für alle“, sagte er wenige Minuten nach dem Abpfiff. „Der Glaube war da, die Hoffnung auch. In solchen Spielen ist es entscheidend, dass man Großchancen nutzt. Müller und Werner hatten zwei – die haben wir nicht gemacht. Es tut uns leid, dass die große Begeisterung daheim weg ist.“

Dabei fand die deutsche Mannschaft vor 41 973 Zuschauern in Wembley gut ins >>

Abgang nach 15 Jahren: Beim 0:2 gegen England stand Jogi Löw zum letzten Mal als Bundestrainer an der Seitenlinie

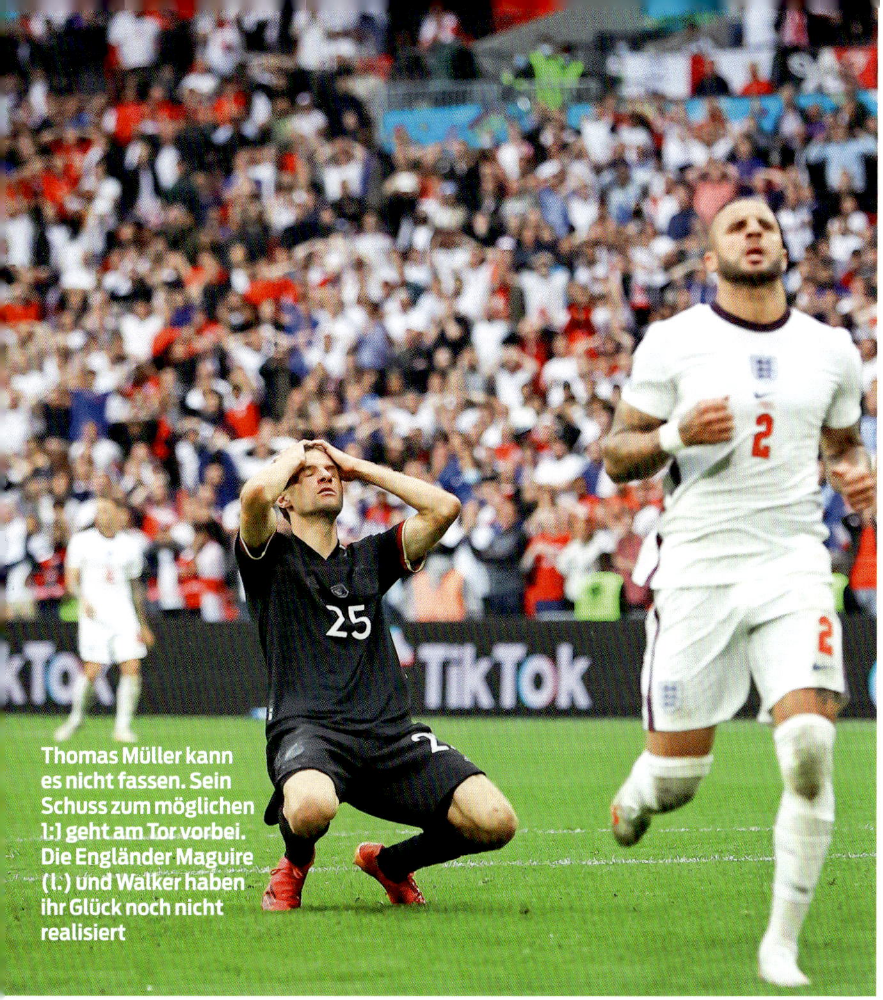

Thomas Müller kann es nicht fassen. Sein Schuss zum möglichen 1:1 geht am Tor vorbei. Die Engländer Maguire (l.) und Walker haben ihr Glück noch nicht realisiert

ENGLAND – DEUTSCHLAND

2:0 (0:0)

ENGLAND-DATEN

Torhüter	Min.	Schüsse gehalten (von)	Flanken/Ecken abgefangen	Glanztaten	Schwere Fehler	Lange Pässe angekommen (von)	Note
Pickford	90	100% (3)	1	0	0	30% (10)	2

Spieler		Ballkontakte in Min.	Zweikämpfe gewonnen (von)	Fouls/ gefoult worden	Pässe angek. (von)	Schüsse/ Schussvorlagen	Tore/ Torvorlagen	Note
Walker		69 in 90	67% (15)	1/1	88% (57)	0/0	0/0	2
Stones		60 in 90	60% (15)	0/0	98% (49)	0/0	0/0	3
Maguire	1	61 in 90	69% (13)	2/2	96% (45)	2/0	0/0	2
Trippier		63 in 90	55% (11)	0/1	70% (43)	0/2	0/0	3
Phillips	1	61 in 90	64% (11)	2/0	90% (50)	0/0	0/0	3
Rice	1	54 in 86	62% (13)	1/0	95% (43)	0/1	0/0	3
J. Henderson		2 in 4	100% (1)	0/0	0% (0)	0/0	0/0	–
Shaw		44 in 90	50% (8)	1/1	87% (30)	0/1	0/1	2
Saka		30 in 68	44% (18)	2/2	80% (20)	0/0	0/0	3
Grealish		7 in 22	50% (4)	1/0	100% (5)	0/1	0/1	3
Kane		28 in 90	43% (21)	0/1	69% (16)	1/0	1/0	3
Sterling		39 in 90	43% (21)	0/1	82% (22)	2/0	1/0	2

29. JUNI, 18 UHR, LONDON

Schiedsrichter: *Danny Makkelie (Niederlande).*
Assistenten: *Hessel Steegstra und Jan de Vries (beide Niederlande).*
Tore: *1:0 Sterling (75.), 2:0 Kane (86.).*
Wechsel: *Grealish für Saka (69.), J. Henderson für Rice (87.) – Gnabry für Werner (69.), Can für Ginter (87.), Sané für Gosens (87.), Musiala für Müller (90.+2).*
Zuschauer: *41 973.*
Wetter: *16 Grad, bewölkt.*

DEUTSCHLAND-DATEN

Torhüter	Min.	Schüsse gehalten (von)	Flanken/Ecken abgefangen	Glanztaten	Schwere Fehler	Lange Pässe angekommen (von)	Note
Neuer	90	50% (4)	1	0	0	33% (12)	3

Spieler		Ballkontakte in Min.	Zweikämpfe gewonnen (von)	Fouls/ gefoult worden	Pässe angek. (von)	Schüsse/ Schussvorlagen	Tore/ Torvorlagen	Note
Ginter	2	56 in 86	56% (9)	1/0	89% (47)	0/0	0/0	4
Can		10 in 4	100% (1)	0/0	89% (9)	0/0	0/0	–
Hummels		93 in 90	58% (24)	0/0	96% (72)	0/0	0/0	3
Rüdiger		68 in 90	80% (5)	1/1	88% (57)	0/0	0/0	4
Kimmich		55 in 90	64% (11)	0/2	83% (36)	0/2	0/0	3
Goretzka		54 in 90	29% (17)	2/1	93% (44)	3/1	0/0	4
Kroos		86 in 90	56% (18)	1/3	87% (67)	0/0	0/0	3
Gosens	1	37 in 86	36% (11)	1/0	86% (22)	1/1	0/0	4
Sané		4 in 4	0% (0)	0/0	67% (3)	0/1	0/0	–
Havertz		44 in 90	38% (24)	2/3	86% (29)	2/2	0/0	3
Müller		41 in 89	35% (17)	1/0	81% (31)	2/1	0/0	4
Musiala		0 in 1	0% (0)	0/0	0% (0)	0/0	0/0	–
Werner		20 in 68	40% (10)	0/0	73% (11)	1/1	0/0	5
Gnabry		10 in 22	0% (4)	0/0	60% (5)	0/0	0/0	5

„Mannschaft hat sehr gute Zukunft vor sich“

>> **ITALIEN:**
„Tuttosport“: „England ist groß geworden! Sterling und Kane schicken den alten Rivalen Deutschland nach Hause. Deutschland beklagt die sensationelle Chance, die Müller nach dem 1:0 vergibt: Es hätte eine andere Geschichte werden können. Ein Triumph, auf den England seit der WM 1966 gewartet hat.“
„La Gazzetta dello Sport“: „Deutschland muss sich Sterling und Kane beugen: England im Viertelfinale! Deutschland fährt nach Hause und geht in den Urlaub. Das Aus im Achtelfinale beendet auch die Ära von Joachim Löw. Aus der Todesgruppe schafft es keiner ins Viertelfinale.“
„Corriere dello Sport“: „Sterling und Kane bringen Southgate ins Viertelfinale nach Rom. Die Engländer gewinnen eine schöne und ausgeglichene Partie. Es entscheiden die Blitze der beiden Angreifer. Die Mannschaft von Löw ist zu ungenau im Angriff und wird von Müller ans Messer geliefert. Sterling und Kane schreiben Geschichte im Wembley.“
ÖSTERREICH:
„Kronen Zeitung“: „Fluch wurde nach 55 Jahren beendet – Mit Heimvorteil endlich wieder Sieg gegen Deutschland“
„Kurier“: „Bye, Bye Deutschland“
„Der Standard“: „England schickt Löw in Pension“
„Tiroler Tageszeitung“: „England bleibt, Löw geht für immer“
„Die Presse“: „Is it coming home? England bezwingt Deutschland 2:0“

Trotz seines klanglosen Abgangs macht Löw dem Team um Kapitän Neuer und Kimmich Hoffnung auf erfolgreiche Zeiten

>> Spiel. Sie agierte überlegen, in der vierten Minute scheiterte Leon Goretzka mit einem Fernschuss an Pickford. Vier Minuten später rannte erneut Goretzka nach einem schönen Pass von Müller auf das englische Tor zu und wurde von Declan Rice kurz vor dem Strafraum zu Fall gebracht – doch der Freistoß von Havertz aus aussichtsreicher Position landete in der Mauer.

Nach einer Viertelstunde nahmen die Engländer das Zepter in die Hand. In der 16. Minute strebte der starke Raheem Sterling in die Mitte und zog aus 22 Metern ab – Neuer lenkte den Ball mit einer Glanzparade um den Pfosten. Auch den Kopfball von Harry Maguire nach der folgenden Ecke parierte er.

Die bis dato klarste Chance des Spiels hatte Timo Werner in der 32. Minute: Nach Steilpass von Havertz tauchte der Stürmer in halblinker Position frei vor Pickford auf, doch dieser wehrte den Schuss aus neun Metern mit dem Fuß ab. „In so einem Spiel bekommst du nur wenige Chancen – die musst du nutzen“, haderte Löw später.

In der Nachspielzeit der ersten Hälfte fast die Führung für England: Nach Müllers Fehlpass dribbelte Sterling in den Strafraum, wo der Ball nach Matthias Ginters Rettungsversuch Harry Kane vor die Füße sprang. Der bei der EM noch torlose Stürmer legte den Ball an Neuer vorbei, ehe Mats Hummels in letzter Sekunde mit einer Grätsche den Rückstand verhinderte.

Kurz nach Wiederanpfiff sorgte Havertz für einen englischen Schockmoment: Nach einer Flanke von Robin Gosens zog er aus 16 Metern sehenswert ab – doch Pickford lenkte den Ball über die Latte (48.).

Dann brach das Unheil über die deutsche Mannschaft herein. Über Kane und Jack Grealish landete der Ball bei Luke Shaw auf der linken Seite. Dessen scharfe Hereingabe fand den in der Mitte zwischen Hummels und Ginter freistehenden Sterling, der aus sieben Metern nur noch einzuschieben brauchte – 1:0 für England (75.). Der Führungstreffer für ihr Team versetzte die englischen Fans in Ekstase.

Sechs Minuten später hätte Müller alles zum Guten wenden können – doch er scheiterte und blieb weiter ohne Tor bei einer EM.

Alles aus: Nach dem 2:0 von Kane (l.) sind Hummels und Neuer am Boden zerstört

In der 86. Minute die endgültige Entscheidung: Nach Serge Gnabrys Ballverlust an der Mittellinie flankte Grealish von links auf Kane, der ungedeckt aus sechs Metern nur noch einnicken musste – 2:0. Der zuvor in der Kritik stehende englische Stürmer feierte sein erstes EM-Tor, die deutschen Spieler ließen die Köpfe hängen.

Auch die Einwechslungen von Leroy Sané, Emre Can und Jamal Musiala brachten nichts mehr. Ein Fallrückzieherversuch von Goretzka in der Nachspielzeit missglückte – das war's. Deutschland verabschiedete sich von der EM.

„Es liegt in meiner Verantwortung, und ich übernehme natürlich auch die Verantwortung für dieses Ausscheiden – ohne Wenn und Aber“, bilanzierte Löw mit etwas Abstand. „Von daher braucht es etwas Zeit, um diese Enttäuschung wirklich zu verarbeiten. Ich denke, dass es 15 sehr lange Jahre waren für mich, mit vielen schönen Momenten und natürlich auch mit Enttäuschungen.“ Dann blickte er voraus: „Ich glaube, dass diese Mannschaft und einige Spieler, die mit Sicherheit auch die nächsten Jahre dabei sind, wirklich eine sehr, sehr gute Zukunft vor sich haben und vielleicht auch diesen Erfolg erreichen, den sie sich alle wünschen. Ich wünsche natürlich auch meinem Nachfolger Hansi Flick alles, alles Gute und viel Erfolg. Mein Herz schlägt weiterhin Schwarz-Rot-Gold.“

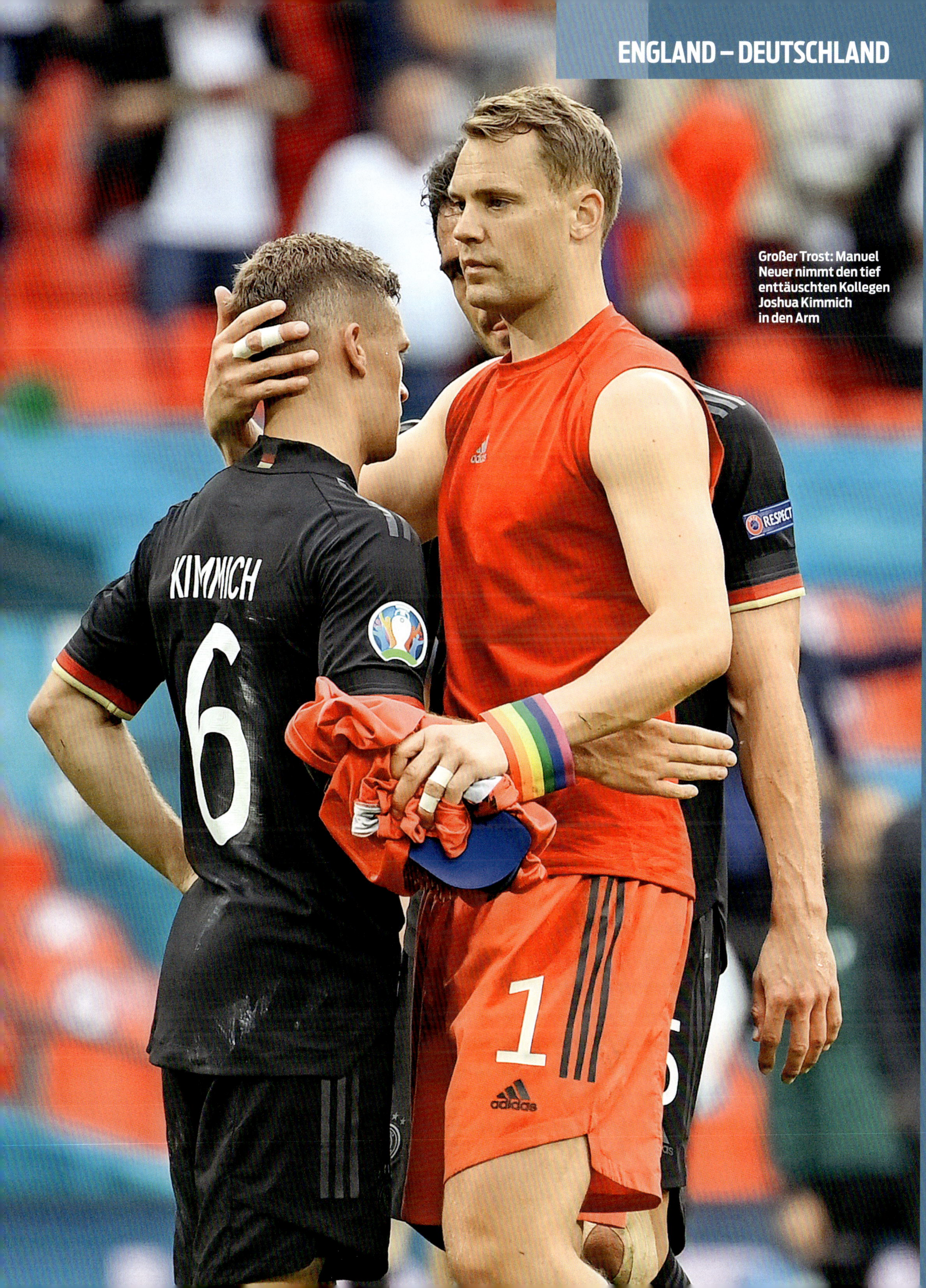

Großer Trost: Manuel Neuer nimmt den tief enttäuschten Kollegen Joshua Kimmich in den Arm

Forsbergs Fluch der guten Tat

Voller Einsatz: Emil Forsberg räumt den Ukrainer Stepanenko aus dem Weg. Der Spielmacher von RB Leipzig war Schwedens Motor bei der EM

Große Fußball-Tradition in der Ukraine

Makarenko (l.) und Torschütze Dovbyk feiern das 2:1 gegen Schweden

Die Ukraine feierte mit dem 2:1 über Schweden einen historischen Erfolg und erreichte erstmals das Viertelfinale bei einer EM. In der Vergangenheit hatten ukrainische Spieler allerdings schon häufiger sogar in EM-Endspielen mitgewirkt.
Bis 1991 war die Ukraine Teil der ehemaligen Sowjetunion. Ab den 70er-Jahren bildeten ukrainische Spieler das Fundament der sowjetischen Nationalmannschaft, die insgesamt viermal das EM-Finale erreichte und 1960 bei der ersten Europameisterschaft den Titel holte. In den Endspielen 1972 gegen Deutschland (0:3) und 1988 gegen die Niederlande (0:2) waren jeweils sieben Spieler in der Startelf der Sowjetunion ukrainischer Herkunft. Zwei Ukrainer konnten sogar schon den Ballon d'Or gewinnen: 1986 Igor Belanov und 2004 der aktuelle Nationaltrainer Andriy Shevchenko. Ebenfalls eine Legende: Valeriy Lobanovskyi († 63). Der ehemalige Coach revolutionierte in den 70er-Jahren mit seinem 4-4-2-System den Fußball, wurde ein Vorbild für viele Trainer im Westen. Das bekannte französische Magazin „France Football" führt Lobanovskyi in einer 2019 veröffentlichten Rangliste der größten Trainer der Geschichte auf Platz sechs.

Der Schwede half zunächst mit seinen Toren der Ukraine – und schied dann gegen sie aus

Als Emil Forsberg im letzten Gruppenspiel gegen Polen zweimal getroffen hatte, ahnte er nicht, dass dieser Doppelpack ihm und seiner Mannschaft noch zum Verhängnis werden würde. Mit seinen Toren verhalf er nicht nur seinen Schweden zum Gruppensieg, sondern besorgte auch der Ukraine, die als Dritter noch um das Weiterkommen zittern musste und einen schwedischen Punktgewinn gegen Polen benötigte, das Ticket ins Achtelfinale. Sechs Tage später war Forsberg gegen eben diese Ukraine ausgeschieden.

„Das Schwierigste, was ich durchgemacht habe"

Dabei lieferte Forsberg im Achtelfinale erneut eine Galavorstellung ab. Jeder Angriff der Schweden lief über den Spielmacher von RB Leipzig. In der 43. Minute erzielte er per Distanzschuss den Ausgleich, nachdem die Ukraine durch ein Außenrist-Tor von Oleksandr Zinchenko nach Vorarbeit von Andriy Yarmolenko in Führung gegangen war (27.).

Es war bereits Forsbergs vierter Turniertreffer, und es hätten noch mehr Tore werden können. In der zweiten Halbzeit traf er zweimal das Aluminium, in der 56. Minute den Pfosten und in der 69. Minute nach einem Solo die Latte. Schweden verlor in einem umkämpften Spiel schließlich nach Verlängerung. Forsberg war nach der Partie tieftraurig: „Es ist hart. Wir haben ein unnötiges Tor kassiert und dann den Pfosten und die Latte getroffen. Ich hätte lieber null Tore geschossen und wäre dafür weitergekommen. Dieses Tor in der letzten Minute ist mit das Schwierigste, was ich in meiner Karriere durchgemacht habe. Ich bin einfach so traurig. Wir hatten größere Ziele als dieses."

Die spielentscheidende Szene: In der 98. Minute erwischte Schwedens Innenverteidiger Marcus Danielson bei einer Grätsche Artem Besedin in Kniehöhe mit offener Sohle. Das linke Bein des Ukrainers, der erst sieben Minuten zuvor eingewechselt worden war, knickte böse um. Besedin musste vom Feld – wie auch Danielson, dem der italienische Schiedsrichter Daniele Orsato die Rote Karte zeigte. Die Schweden, die das Spiel zuvor dominiert hatten, mussten sich fortan aufs Verteidigen fokussieren. Als sich die Skandinavier schon fast ins Elfmeterschießen gerettet hatten, schlug die Ukraine zu: In der Nachspielzeit der Verlängerung fand Zinchenko mit seiner Flanke den eingewechselten Artem Dovbyk, der aus kurzer Distanz per Kopf den 2:1-Siegtreffer erzielte.

Zum ersten Mal erreichte die Ukraine als eigenständiges Land ein EM-Viertelfinale. Matchwinner Zinchenko, der nach der Niederlage im dritten Gruppenspiel gegen Österreich stark kritisiert worden war, triumphierte nun: „Es ist eine historische Leistung. Mein Rat an alle: Lasst uns feiern, wir leben nur einmal, und wir werden diese Momente vielleicht nie wiederholen. Ich bin sehr stolz, dass wir unserem Land und ganz Europa gezeigt haben, dass wir unsere Ziele erreichen können."

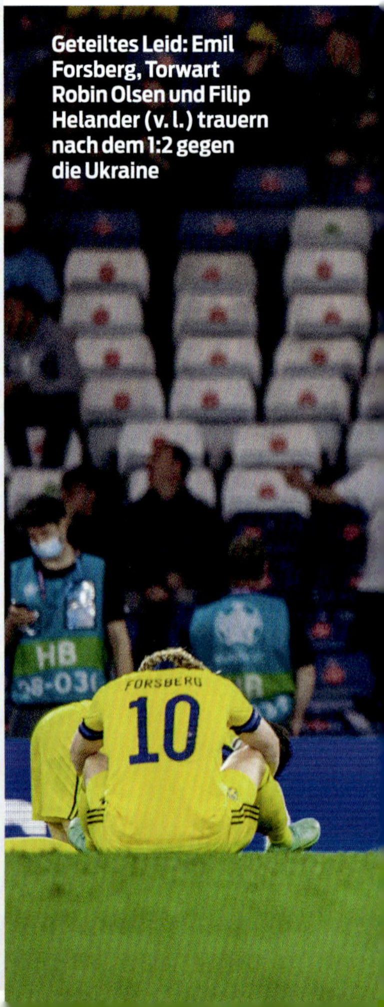

Geteiltes Leid: Emil Forsberg, Torwart Robin Olsen und Filip Helander (v. l.) trauern nach dem 1:2 gegen die Ukraine

SCHWEDEN – UKRAINE

1:2 n. V. (1:1, 1:1)

SCHWEDEN-DATEN

Torhüter	Min.	Schüsse gehalten (von)	Flanken/Ecken abgefangen	Glanztaten	Schwere Fehler	Lange Pässe angekommen (von)	Note
Olsen	120	50% (4)	0	0	0	33% (3)	4

Spieler	Ballkontakte in Min.	Zweikämpfe gewonnen (von)	Fouls/gefoult worden	Pässe angek. (von)	Schüsse/Schussvorlagen	Tore/Torvorlagen	Note
Lustig	73 in 82	50% (10)	0/1	85% (60)	0/0	0/0	4
Krafth	26 in 38	0% (2)	0/0	71% (14)	0/1	0/0	5
Lindelöf	116 in 120	50% (12)	0/0	89% (104)	0/1	0/0	4
Danielson	84 in 99	55% (11)	1/0	90% (70)	0/0	0/0	5
Augustinsson	43 in 82	70% (10)	1/0	68% (28)	0/1	0/0	3
Bengtsson	13 in 38	100% (4)	0/0	50% (8)	0/0	0/0	3
Olsson	87 in 100	59% (17)	0/2	88% (76)	0/1	0/0	3
Helander	5 in 20	50% (2)	1/1	75% (4)	0/0	0/0	4
Ekdal	81 in 120	46% (24)	3/1	94% (62)	0/1	0/0	4
S. Larsson	47 in 96	73% (11)	0/0	88% (32)	2/0	0/0	3
Claesson	6 in 24	20% (5)	0/0	50% (2)	0/0	0/0	4
Forsberg 1	86 in 120	32% (19)	1/0	87% (62)	6/3	1/0	2
Kulusevski 1	48 in 96	32% (25)	1/1	81% (26)	3/2	0/0	3
Quaison	5 in 24	20% (10)	2/0	0% (1)	0/0	0/0	4
Isak	28 in 96	67% (15)	0/0	74% (19)	1/2	0/1	3
Berg	6 in 24	43% (7)	1/1	0% (1)	0/0	0/0	4

29. JUNI, 21 UHR, GLASGOW

SR: *Daniele Orsato (ITA).* ***Assistenten:*** *Alessandro Giallatini, Fabiano Preti (beide ITA).* ***Tore:*** *0:1 Zinchenko (27.), 1:1 Forsberg (43.), 1:2 Dovbyk (120.+1).* ***Wechsel:*** *Bengtsson für Augustinsson (83.), Krafth für Lustig (83.), Quaison für Kulusevski (97.), Berg für Isak (97.), Claesson für S. Larsson (97.), Helander für Olsson (101.) – Malinovskyi für Shaparenko (61.), Besedin für Yaremchuk (91.), Makarenko für Stepanenko (95.), Tsygankov für Besedin (101.), Dovbyk für Yarmolenko (105.), Bezus für Sydorchuk (118.).* ***Zuschauer:*** *9221.* ***Wetter:*** *22 Grad, teils bewölkt.*

UKRAINE-DATEN

Torhüter	Min.	Schüsse gehalten (von)	Flanken/Ecken abgefangen	Glanztaten	Schwere Fehler	Lange Pässe angekommen (von)	Note
Bushchan	120	67% (3)	4	0	0	21% (14)	3

Spieler	Ballkontakte in Min.	Zweikämpfe gewonnen (von)	Fouls/gefoult worden	Pässe angek. (von)	Schüsse/Schussvorlagen	Tore/Torvorlagen	Note
Zabarnyi	125 in 120	67% (15)	0/1	92% (98)	0/0	0/0	3
Kryvtsov	89 in 120	60% (10)	0/1	97% (75)	0/0	0/0	3
Matvienko	124 in 120	75% (8)	0/0	93% (101)	0/0	0/0	3
Karavaev	85 in 120	37% (19)	0/1	85% (59)	0/1	0/0	4
Stepanenko	61 in 95	44% (16)	2/1	86% (42)	2/1	0/0	3
Makarenko	35 in 25	88% (8)	0/1	96% (27)	0/0	0/0	3
Zinchenko	110 in 120	78% (18)	0/1	93% (74)	1/1	1/1	1
Sydorchuk	70 in 117	53% (17)	0/0	89% (56)	1/0	0/0	3
Bezus	2 in 3	100% (1)	0/0	100% (1)	0/0	0/0	–
Shaparenko	43 in 60	21% (14)	0/0	100% (34)	1/0	0/0	4
Malinovskyi	45 in 60	36% (14)	3/1	90% (30)	3/0	0/0	3
Yarmolenko 1	41 in 104	40% (15)	1/3	96% (26)	2/4	0/1	2
Dovbyk 1	9 in 16	33% (3)	1/0	100% (3)	1/1	1/0	4
Yaremchuk	32 in 90	50% (22)	0/0	84% (19)	1/2	0/0	3
Besedin	2 in 10	67% (3)	0/1	100% (1)	0/0	0/0	–
Tsygankov	14 in 20	100% (1)	0/0	100% (12)	0/1	0/0	3

VIERTELFINALE

- SCHWEIZ
- SPANIEN
- BELGIEN
- ITALIEN
- TSCHECHIEN
- DÄNEMARK
- UKRAINE
- ENGLAND

Freitag, 2. Juli, 18 Uhr, St. Petersburg		
Schweiz – Spanien	1:1 n. V. 1:3 i. E.	(0:1, 1:1)
Freitag, 2. Juli, 21 Uhr, München		
Belgien – Italien	1:2	(1:2)
Samstag, 3. Juli, 18 Uhr, Baku		
Tschechien – Dänemark	1:2	(0:2)
Samstag, 3. Juli, 21 Uhr, Rom		
Ukraine – England	0:4	(0:1)

Gleich notiert! Während Italiens Lorenzo Insigne auf dem Rasen sitzend sein schönes Schlenzer-Tor gegen Belgien feiert, wird an den Seitenlinie genau festgehalten, wann der Treffer zum 2:0 gefallen ist. Italien bot eine starke Partie und zog am Ende mit 2:1 ins Halbfinale gegen Spanien ein

Nächstes Ausrufezeichen Italiens

Das letzte deutsche Lebenszeichen während der EM war am Tag der ersten beiden Viertelfinalspiele zu vernehmen. Weltmeister Toni Kroos beendet seine Karriere in der Nationalmannschaft. Diese Entscheidung verkündete der 31 Jahre alte Mittelfeldspieler von Real Madrid am 2. Juli in seinem Podcast „Einfach mal Luppen". Er und der Rest des deutschen EM-Kaders konnten sich danach in Ruhe die unterhaltsamen Partien des Viertelfinals anschauen, aus denen vor allem Italien nach dem 2:1 gegen Belgien als gefühlter Favorit hervorging.

Wenn sich die Italiener freuen, dann richtig. „Italien, du bist großartig, großartig, großartig", frohlockte die „Gazzetta dello Sport" und stellte drei Jahre nach der verpassten WM in Russland stolz fest: „Wir sind wieder unter den Großen des Fußballs." Zuletzt hatte die Squadra Azzurra bei der EM 2012 als Finalist ansatzweise von einem Titel träumen dürfen.

Ein besonderes Phänomen dieser EM fand auch im Viertelfinale seine Fortsetzung. Der Schweizer Denis Zakaria fabrizierte beim Spiel gegen Spanien (2:4 n. E.) das zehnte Eigentor dieses Turniers. Zuvor waren es neun in der gesamten EM-Historie. Woran die Flut der Selbsttore liegt? Die Schweizer Tageszeitung „Blick" fragte einen Taktik-Experten. Die Erkenntnis: Viele Eigentore seien nach einer plötzlichen Verlagerung des Spielgeschehens von einer auf die andere Seite gefallen. Anschließend haben die Spieler auf dem Flügel eine scharfe, halbhohe Hereingabe gespielt. Durch den Seitenwechsel müssen sich die Verteidiger drehen, gleichzeitig auf die Spieler hinter sich achten und mit der Flanke umgehen, dies sorge für Desorientierung in der Verteidigung, was zu Fehlern führe. Ja, dann ...

SCORER-LISTE VIERTELFINALE

	Tore	Torvorlagen	Scorer-Punkte	gespielte Minuten
Shaw (England)	–	2	2	65
Kane (England)	2	–	2	73
Barella (Italien)	1	1	2	90
J. Henderson (England)	1	–	1	33
Dolberg (Dänemark)	1	–	1	59
Sterling (England)	–	1	1	65
Stryger Larsen (Dänem.)	–	1	1	70
Verratti (Italien)	–	1	1	74
Freuler (Schweiz)	–	1	1	77
Insigne (Italien)	1	–	1	79
Schick (Tschechien)	1	–	1	79
Delaney (Dänemark)	1	–	1	81
Shaqiri (Schweiz)	1	–	1	81
Maguire (England)	1	–	1	90
Lukaku (Belgien)	1	–	1	90
Doku (Belgien)	–	1	1	90
Mount (England)	–	1	1	90
Coufal (Tschechien)	–	1	1	90
Mæhle (Dänemark)	–	1	1	90
Alba (Spanien)	–	1	1	120

Zum Niederknien! Kasper Dolberg erzielt nach einer wunderbaren Außenrist-Flanke von Joakim Mæhle (nicht im Bild) mit einem Volleyschuss das 2:0. Dänemark gewinnt die Partie gegen Tschechien mit 2:1 und trifft im Halbfinale auf England

Yes! Jordan Henderson (r.) macht mit seinem Treffer zum 4:0 gegen die Ukraine alles klar. England steht im Halbfinale und träumt vom ersten großen Titel seit dem WM-Sieg 1966

Spanien beendet Sommer-Märchen

„Ihr seid unsere Europameister der Herzen“

Der Schweizer BVB-Star Akanji läuft dem spanischen Ex-Bayern-Profi Thiago davon

Trotz des Ausscheidens feierte die Schweizer Presse ihre „Nati“. Die Spanier verliehen Keeper Unai Simón, der im Achtelfinale gegen Kroatien noch gepatzt hatte, einen Heiligenstatus.

Schweiz

„Blick“: „Ihr seid unsere Europameister der Herzen. Was für ein Kampf, was für eine Moral, was für ein Team! Diese Nati hat die Herzen der Menschen berührt. Es ist diese Hingabe zum Sport, welche die Menschen begeistert hat. Die dafür sorgen wird, dass ab heute viele kleine Kinder als Yann Sommer im Tor stehen wollen. Die sich vielleicht sogar die Haare wie Granit Xhaka färben dürfen.“

„Tagesanzeiger“: „Viele, viele Jahre waren Spiele der Schweiz keine Garantie für große Unterhaltung. Aber was wir an der EM mit dieser Mannschaft erleben, ist großartig.“

„NZZ“: „Die Schweizer Fußballer gehen als aufmüpfige Gegner aus der EM, nach einer weiteren bewegenden Partie. Sie reisen heim, mit dem größten Schatz der jüngeren Schweizer Fußball-Geschichte: mit der ersten Viertelfinalteilnahme an einer Endrunde seit 67 Jahren.“

Spanien

„AS“: „Die Hände eines Heiligen. Spanien steht im Halbfinale dank Unai Simón. Er hat so große Eier. Wir haben gelitten, aber wir sind weiter. Das Elfmeterschießen war nichts für alle mit Herzschwäche.“

Die tapferen Schweizer und ihr Klasse-Torwart sind nach erneutem Elferschießen raus, aber stolz

Etwas verlegen nahm Spaniens Nummer eins, Unai Simón, die Auszeichnung zum Spieler des Spiels entgegen. Zweimal hatte der Keeper im Elfmeterschießen vor 27764 Zuschauern in St. Petersburg pariert (Schüsse von Manuel Akanji und Fabian Schär), sein Team damit ins Halbfinale geführt. Dennoch wusste Simón ganz genau, dass sich eigentlich ein anderer Akteur den Preis verdient hatte, und zwar sein Kollege im Schweizer Tor: Yann Sommer.

„Meine Spieler waren heute die Helden der Nacht“

„Ehrlich gesagt, hätte ich die Auszeichnung Sommer gegeben“, sagte Simón nach dem Showdown vom Punkt. Sommer hatte zwar nur einen Elfmeter gehalten (von Rodri), dafür aber im Spiel eine unglaubliche Leistung abgeliefert. Zehn Paraden zeigte der Gladbach-Keeper im Lauf der 120 Minuten. Nachdem Remo Freuler in der 77. Minute eine strittige Rote Karte bekommen hatte – der Mittelfeldspieler war in Gerard Moreno hineingerauscht, hatte allerdings auch den Ball gespielt –, war Sommer im Dauereinsatz und brachte die Spanier fast eine Stunde lang zur Verzweiflung.

Als alles vorbei war, kämpfte der Schlussmann mit den Tränen, sagte aber dennoch gefasst: „Auch wenn es nicht so endete, wie wir es wollten, bin ich einfach nur stolz.“

Stolz war auch sein Coach Vladimir Petkovic: „Meine Spieler waren heute die Helden der Nacht. Wir hätten das Weiterkommen verdient gehabt. Ich habe gemischte Gefühle. Wir können alle stolz sein und gehen mit erhobenem Haupt.“

Wie gegen Frankreich hatte sein Team grandios Charakter gezeigt und sich von keinem Rückschlag unterkriegen lassen. Den ersten gab es schon in der 8. Minute: Nach einer Ecke fälschte Denis Zakaria einen Schuss von Jordi Alba unhaltbar für Sommer ins eigene Tor ab und baute damit den historischen Eigentor-Rekord bei diesem Turnier auf zehn Treffer aus. Doch die „Nati“ kam wie im Achtelfinale zurück, glich in der 68. Minute aus. Nach einer Unstimmigkeit in der spanischen Defensive tauchte Xherdan Shaqiri frei vor Simón auf und verwandelte sicher mit rechts. Auch der Platzverweis schockte die Schweizer nicht. Mit Leidenschaft verteidigten sie danach ihr Tor, warfen sich in jeden Schuss und schafften es tatsächlich, sich ins Elfmeterschießen zu retten.

Hier ließ Petkovic dieselben Schützen antreten wie gegen Frankreich, sogar in derselben Reihenfolge: Mario Gavranovic, Schär, Akanji und Rubén Vargas. Doch nur Gavranovic war erfolgreich. Die Spanier waren deutlich nervenstärker. Dani Olmo, Mikel Oyarzabal und Moreno verwandelten sicher, Rodri und Sergio Busquets (Pfosten) vergaben.

Spaniens Nationaltrainer Luis Enrique sprach zum ersten Mal bei diesem Turnier öffentlich vom Titel: „Es wäre lächerlich zu denken, dass wir oder irgendeiner der anderen Halbfinalisten sich jetzt zufriedengeben würden. Wir alle wollen ins Finale und gewinnen.“

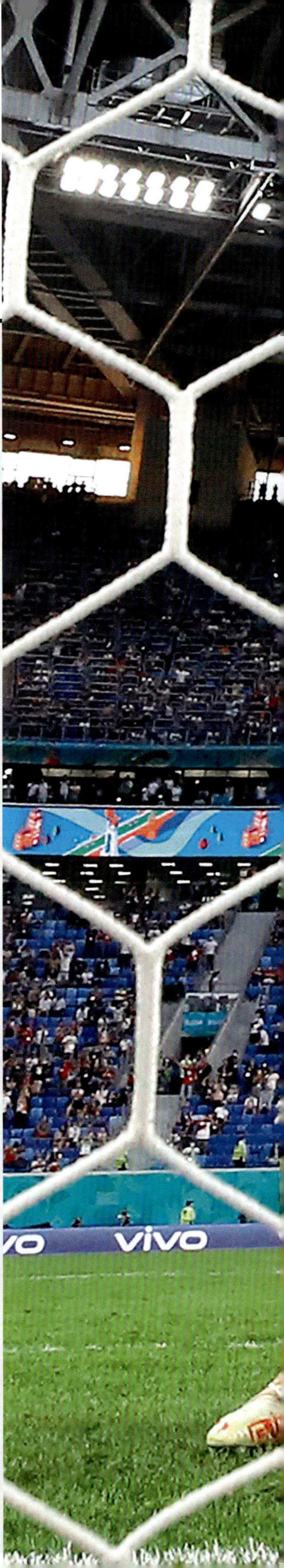

Ins Netz gegangen: Nach dem Triumph gegen Frankreich hatten Torwart Yann Sommer und die Schweiz im Elfmeterschießen gegen Spanien das Nachsehen

SCHWEIZ – SPANIEN

2:4 n. E. (0:1, 1:1, 1:1)

SCHWEIZ-DATEN

Torhüter	Min.	Schüsse gehalten (von)	Flanken/Ecken abgefangen	Glanztaten	Schwere Fehler	Lange Pässe angekommen (von)	Note
Sommer	120	91% (11)	3	0	0	48% (21)	1

Spieler		Ballkontakte in Min.	Zweikämpfe gewonnen (von)	Fouls/gefoult worden	Pässe angek. (von)	Schüsse/Schussvorlagen	Tore/Torvorlagen	Note
Widmer	1	52 in 99	55% (22)	4/1	71% (34)	1/0	0/0	4
Mbabu		9 in 21	29% (7)	0/1	0% (2)	0/0	0/0	4
Elvedi		54 in 120	47% (17)	1/0	82% (34)	0/0	0/0	4
Akanji		57 in 120	74% (23)	1/2	92% (38)	2/0	0/0	2
Rodríguez		58 in 120	65% (23)	0/1	66% (32)	0/1	0/0	3
Zakaria		30 in 100	53% (17)	2/0	82% (17)	1/0	0/0	4
Schär		9 in 20	0% (4)	0/0	67% (3)	0/0	0/0	5
Freuler	Rote Karte	34 in 77	31% (13)	1/0	85% (20)	0/1	0/1	4
Embolo		5 in 22	60% (5)	0/1	100% (2)	0/0	0/0	4
Vargas		34 in 98	43% (14)	0/2	75% (20)	0/2	0/0	4
Shaqiri		44 in 80	73% (11)	0/0	71% (24)	3/3	1/0	1
Sow		15 in 40	50% (4)	0/0	50% (6)	0/0	0/0	4
Zuber		34 in 89	53% (17)	0/2	80% (20)	1/0	0/0	3
Fassnacht		17 in 31	58% (19)	2/0	40% (5)	0/0	0/0	3
Seferovic		16 in 80	40% (10)	2/1	80% (10)	1/0	0/0	4
Gavranovic	2	14 in 40	25% (12)	2/1	57% (7)	0/0	0/0	4

2. JULI, 18 UHR, ST. PETERSBURG

SR: *Michael Oliver (ENG).* **Assistenten:** *Stuart Burt, Simon Bennett (beide ENG).* **Tore:** *0:1 Zakaria (8./Eigentor), 1:1 Shaqiri (68.).* **Elfmeterschießen:** *Busquets verschießt, 1:0 Gavranovic, 1:1 Olmo, Simón hält gegen Schär, Sommer hält gegen Rodri, Simón hält gegen Akanji, 1:2 Moreno, Vargas verschießt, 1:3 Oyarzabal.* **Wechsel:** *Vargas für Embolo (23.), Sow für Shaqiri (81.), Gavranovic für Seferovic (81.), Fassnacht für Zuber (90.+2.), Mbabu für Widmer (100.), Schär für Zakaria (101.) – Olmo für Sarabia (46.), Moreno für Morata (54.), Llorente für Koke (90.+1), Oyarzabal für F. Torres (91.), Thiago für P. Torres (113.), Rodri für Pedri (119).* **Zuschauer:** *27 764.* **Wetter:** *23 Grad, sonnig.*

SPANIEN-DATEN

Torhüter	Min.	Schüsse gehalten (von)	Flanken/Ecken abgefangen	Glanztaten	Schwere Fehler	Lange Pässe angekommen (von)	Note
Simón	120	50% (2)	1	0	0	100% (2)	2

Spieler		Ballkontakte in Min.	Zweikämpfe gewonnen (von)	Fouls/gefoult worden	Pässe angek. (von)	Schüsse/Schussvorlagen	Tore/Torvorlagen	Note
Azpilicueta		100 in 120	60% (10)	2/0	96% (81)	1/1	0/0	3
Laporte	1	148 in 120	67% (15)	3/2	94% (128)	1/0	0/0	3
P. Torres		160 in 112	64% (14)	0/0	97% (144)	1/0	0/0	3
Thiago		17 in 8	100% (2)	0/0	85% (13)	0/0	0/0	–
Alba		139 in 120	50% (12)	2/1	92% (100)	2/4	0/1	3
Busquets		115 in 120	55% (20)	0/3	92% (97)	1/1	0/0	3
Koke		79 in 89	45% (20)	0/0	93% (60)	2/5	0/0	3
Llorente		26 in 31	33% (12)	2/1	93% (14)	3/4	0/0	3
Pedri		107 in 118	54% (24)	1/1	95% (84)	0/4	0/0	2
Rodri		5 in 2	0% (0)	0/0	100% (3)	1/0	0/0	–
F. Torres		49 in 90	20% (20)	1/0	82% (33)	1/0	0/0	3
Oyarzabal		29 in 30	29% (7)	0/0	100% (18)	3/4	0/0	3
Morata		28 in 53	46% (13)	1/2	89% (18)	0/1	0/0	3
Moreno		43 in 67	47% (15)	1/1	76% (25)	6/0	0/0	3
Sarabia		26 in 45	25% (8)	0/0	65% (17)	0/0	0/0	4
Olmo		72 in 75	52% (27)	0/4	84% (38)	4/3	0/0	2

Ein Schatten auf Italiens Feier-Tag

Vierte Pleite in Folge für Belgiens „Goldene Generation"

Für die hoch gehandelten Belgier war im Viertelfinale Schluss

Die sogenannte „Goldene Generation" Belgiens vergab ihre nächste – und womöglich – letzte Titelchance. Auch beim vierten großen Turnier in Folge reichte es für das mittlerweile in die Jahre gekommene Team der Hochbegabten noch nicht einmal zum Einzug ins Halbfinale.

Bei der WM 2014 unterlag Belgien im Viertelfinale Argentinien 0:1, bei der EM 2016 war ebenfalls im Viertelfinale Endstation (1:3 gegen Wales), bei der WM 2018 gelang immerhin ein 2:0-Sieg gegen England im Spiel um Platz drei.

„Diese Generation bekommt nicht mehr viele Möglichkeiten", kommentierte die belgische Zeitung „Nieuwsblad" enttäuscht, „in diesem entscheidenden Spiel war sie einfach nicht gut genug."

Trainer Roberto Martínez vertraute beim 1:2 auf fast die gleiche Startelf wie sein Vorgänger Marc Wilmots 2016 im EM-Gruppenspiel gegen Italien (0:2): Courtois, Alderweireld, Vermaelen, Vertonghen, Witsel, De Bruyne und Lukaku standen jeweils zu Spielbeginn auf dem Rasen, der diesmal verletzte Eden Hazard wäre der achte Spieler gewesen. Dries Mertens wurde in beiden Begegnungen eingewechselt.

Zum Vergleich: Bei Italien waren nur noch drei Spieler dabei: Bonucci, Chiellini und Immobile (2016 eingewechselt).

Die Squadra Azzurra schafft es endlich ins Halbfinale und leidet mit verletztem Spinazzola

Giovanni Di Lorenzo lief in blütenweißer Unterhose über den Münchner Rasen. Seine Sporthose hatte er zuvor einem Fan geschenkt. Giorgio Chiellini stand auf einer Kiste vor dem Unterrang und umarmte seinen Zwillingsbruder Claudio. Und Gianluigi Donnarumma, der hünenhafte Torhüter, drückte jeden Mitspieler an seine Brust und küsste ihn auf Stirn oder Wange.

„Wir hätten auch ein paar Tore mehr schießen können"

Mit der ihnen eigenen Lebensfreude feierten die Italiener ihr schwer erkämpftes, aber auch teilweise stark herausgespieltes 2:1 gegen Belgien. Erstmals seit 2012 zogen sie in ein EM- oder WM-Halbfinale ein.

„Meine Spieler waren außerordentlich", sagte Trainer Roberto Mancini, gab aber zu: „Wir haben in den letzten zehn Minuten gelitten, weil wir wirklich müde waren."

Gegen Belgien demonstrierte die Mannschaft, warum sie seit der letzten Niederlage am 10. September 2018, dem 0:1 gegen Portugal in der Nations League, auch im 32. Spiel in Folge ungeschlagen blieb. Es war ein Sieg der Strategie und des Herzbluts eines Teams, das sich auch nach dem Schlusspfiff als echte Einheit zeigte.

Die Abwehr vor dem glänzenden Donnarumma ließ nur wenige Chancen der spielstarken Belgier zu. Im Mittelfeld führten Jorginho und Marco Verratti klug Regie. Mit dem trickreichen wie laufstarken Lorenzo Insigne inszenierten die Italiener immer wieder gefährliche Angriffe. Und über die linke Seite mit Leonardo Spinazzola. Der Offensivverteidiger wurde am Feier-Tag der Italiener zur tragischen Figur, als er in der 79. Minute einen Achillessehnenriss erlitt. Sanitäter brachten ihn mit einer Trage vom Platz. Spinazzola weinte – für ihn war die EM beendet .

Ein Schatten auf dem sportlichen Erfolg, bei dem Chiellini und sein zwei Jahre jüngerer Kollege Leonardo Bonucci Romelo Lukaku im Griff hatten. Der belgische Mittelstürmer erzielte zwar das 1:2 (45. + 2), das aber nach einem zweifelhaften Elfmeterpfiff des Slowenen Slavko Vincic, der eine leichte Rempelei zwischen Di Lorenzo und Jeremy Doku für strafwürdig befand. Allein der starke Kevin De Bruyne, der immer wieder zu seinen unwiderstehlichen Soli ansetzte, konnte glänzen.

In der 31. Minute ging Italien durch Nicolò Barella 1:0 in Führung. In der 44. Minute baute Insigne den Vorsprung aus. Von der Mittellinie startete er ein Solo, ließ den in dieser Szene indisponierten Youri Tielemans mit einem einfachen Haken aussteigen und überwand Thibaut Courtois mit einem 20-Meter-Schlenzer ins lange Eck.

Courtois zürnte über beide Gegentore: „Wir versuchen, es beim ersten Tor spielerisch zu lösen und spielen den Ball nicht raus. Und beim zweiten Tor wissen wir doch, wie sich Insigne bewegt und müssen schneller rausrücken."

Mancini merkte später an: „Meine Jungs haben verdient gewonnen, wir hätten auch ein paar Tore mehr schießen können."

Spinazzola weint, wird nach der Verletzung mit der Trage vom Platz gebracht

Kollektiver Dank: Nachdem Nicolò Barella (ganz unten) das 1:0 gegen Belgien erzielt hatte, herzte ein italienisches Quintett den Mittelfeldspieler von Inter Mailand innig

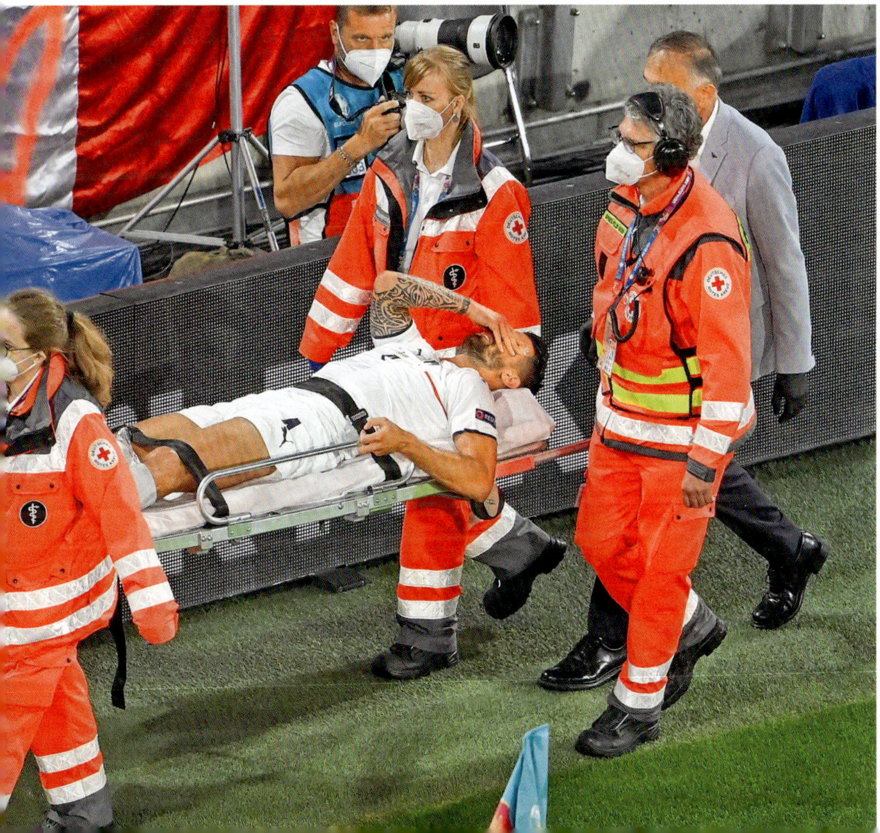

1:2 (1:2)

BELGIEN-DATEN

Torhüter	Min.	Schüsse gehalten (von)	Flanken/Ecken abgefangen	Glanztaten	Schwere Fehler	Lange Pässe angekommen (von)	Note
Courtois	90	33% (3)	0	0	0	50% (6)	4

Spieler	Ballkontakte in Min.	Zweikämpfe gewonnen (von)	Fouls/gefoult worden	Pässe angek. (von)	Schüsse/Schussvorlagen	Tore/Torvorlagen	Note
Alderweireld	78 in 90	56% (9)	0/0	91% (69)	0/0	0/0	4
Vermaelen	71 in 90	67% (21)	1/0	96% (47)	1/0	0/0	3
Vertonghen	68 in 90	67% (9)	1/1	90% (60)	0/2	0/0	3
Meunier	50 in 68	60% (15)	1/0	59% (32)	0/1	0/0	3
Chadli	3 in 5	0% (1)	0/0	100% (2)	1/0	0/0	–
Praet	4 in 17	0% (2)	1/0	50% (2)	0/0	0/0	4
Tielemans 1	30 in 68	69% (13)	1/2	100% (21)	1/0	0/0	4
Mertens	7 in 22	0% (2)	1/0	100% (4)	0/2	0/0	4
Witsel	49 in 90	47% (15)	3/1	97% (38)	0/0	0/0	4
T. Hazard	82 in 90	56% (18)	3/2	88% (52)	0/1	0/0	4
De Bruyne	48 in 90	40% (15)	3/1	58% (24)	2/3	0/0	2
Lukaku	21 in 90	60% (15)	0/1	57% (7)	4/0	1/0	3
Doku	37 in 90	64% (25)	1/4	90% (20)	1/1	0/1	3

2. JULI, 21 UHR, MÜNCHEN

Schiedsrichter: *Slavko Vincic (Slowenien).*
Assistenten: *Tomaz Klancnik und Andraz Kovacic (beide Slowenien).*
Tore: *0:1 Barella (31.), 0:2 Insigne (44.), 1:2 Lukaku (45.+2/Foulelfmeter).*
Wechsel: *Mertens für Tielemans (69.), Chadli für Meunier (69.), Praet für Chadli (73.) – Belotti für Immobile (74.), Cristante für Verratti (74.), Emerson für Spinazzola (79.), Berardi für Insigne (79.), Tolói für Chiesa (90.+1.).*
Zuschauer: *12 984.*
Wetter: *17 Grad, sonnig.*

ITALIEN-DATEN

Torhüter	Min.	Schüsse gehalten (von)	Flanken/Ecken abgefangen	Glanztaten	Schwere Fehler	Lange Pässe angekommen (von)	Note
Donnarumma	90	67% (3)	1	0	0	0% (0)	3

Spieler	Ballkontakte in Min.	Zweikämpfe gewonnen (von)	Fouls/gefoult worden	Pässe angek. (von)	Schüsse/Schussvorlagen	Tore/Torvorlagen	Note
Di Lorenzo	69 in 90	52% (23)	4/2	86% (37)	0/0	0/0	4
Bonucci	67 in 90	63% (8)	0/1	89% (54)	0/0	0/0	3
Chiellini	48 in 90	33% (12)	1/0	86% (35)	0/0	0/0	2
Spinazzola	57 in 78	33% (6)	0/1	90% (42)	1/2	0/0	2
Emerson	7 in 12	100% (2)	0/2	100% (3)	0/0	0/0	–
Jorginho	81 in 90	69% (13)	0/3	100% (66)	0/1	0/0	3
Barella	45 in 90	50% (8)	1/2	89% (38)	1/2	1/1	2
Verratti 1	99 in 73	53% (19)	1/3	95% (84)	0/4	0/1	2
Cristante	8 in 17	20% (5)	1/0	67% (3)	0/0	0/0	4
Chiesa	40 in 89	18% (17)	2/0	70% (27)	4/1	0/0	3
Tolói	1 in 1	100% (1)	0/0	0% (0)	0/0	0/0	–
Immobile	34 in 73	30% (20)	1/0	82% (17)	3/0	0/0	3
Belotti	4 in 17	11% (9)	1/0	0% (0)	0/0	0/0	4
Insigne	73 in 78	50% (10)	0/0	90% (59)	3/2	1/0	2
Berardi 1	6 in 12	33% (6)	1/1	0% (0)	0/0	0/0	–

Nächste Etappe der verrückten Reise

Dänen-Freude über „so viel Liebe" von den Fans

Dänemarks Geheimwaffe: die nimmermüden, emotionalen Fans

„Vi er røde, vi er hvide. Vi står sammen, side om side" („Wir sind rot, wir sind weiß. Wir halten zusammen, Seite an Seite.") Schon im französischen EM-Sommer von 1984 war das ein Hit. „Danish Dynamite" zündete zum erstmal Mal so richtig und begeisterte mit frechem Offensivfußball. 1992 in Schweden die Neuauflage, als man als Nachrücker, quasi aus dem Strandkorb heraus zum Titel stürmte.
2021 in Baku wurde die Ohrwurmtauglichkeit der symbiotischen Beziehung zwischen Spielern und Anhängern abermals eindrucksvoll bestätigt. 50 seiner treuesten Anhänger hatte der dänische Verband die Reise ans rund 3200 Kilometer Luftlinie von der Heimat entfernte Kaspische Meer spendiert. 1500 weitere Fans waren auf eigene Faust und Kosten gekommen. Immer wieder stimmten sie den Evergreen an, besonders laut, als der komplette dänische Kader inklusive aller Betreuer vor der Kurve den Halbfinaleinzug feierte. Trainer Kasper Hjulmand bedankte sich bewegt: „Ich empfinde nicht nur Stolz für die Mannschaft, sondern auch für die Fans. Wir bekommen so viel Liebe. Wir fühlen die Energie von überall aus dem Land, von den Jungen und den Alten, wir machen dies alles zusammen. Es ist ein Super-Moment."

Die emotional gebeutelten Dänen besiegen auch Tschechien und sind im Halbfinale

Ein neues, hochemotionales, rot-weißes EM-Märchen erhält ein weiteres Kapitel: Nach dem Schock um Christian Eriksen und zwei bitteren Niederlagen eigentlich schon so gut wie ausgeschieden. Dann das Comeback mit zwei furiosen Torfestivals. Nun der hart umkämpfte Halbfinal-Einzug.

„Wir haben uns großen Respekt erarbeitet"

Die Tränen von Pierre-Emile Højbjerg waren symptomatisch für das dänische Gefühlsdurcheinander: eine eigentümliche Mischung aus Erschöpfung, Freude, Wehmut, Rührung und Stolz. Der Mittelfeldspieler ließ sich von Nebenmann Thomas Delaney trösten, der fröhlich feststellte: „Was ist das für eine verrückte Reise!"

Deren nächste Etappe hatte Delaney selbst erschlossen. Die 5. Spielminute: Nach einem Zweikampf an der Torauslinie hob Kasper Dolberg einfach mal den Reklamier-Arm, obwohl er und nicht Gegenspieler Ondrej Celustka zuletzt am Ball war. Das Schiedsrichterteam fiel darauf herein und entschied auf Ecke. Die landete am Elfmeterpunkt beim ungedeckten Delaney, der zugab: „Das war gar nicht der Plan." Der Dortmunder sollte eigentlich Jannik Vestergaard freiblocken. Als der 1,99-Meter-Hüne sich aber nach rechts wegbewegte und dabei zwei Gegenspieler mitzog, konnte 1,82-Meter-Mann Delaney völlig unbedrängt einköpfen.

Im 30 Grad heißen Stadion von Baku entwickelte sich eine tempo- und abwechslungsreiche Partie mit interessanten Szenen in beiden Strafräumen. Dänemark setzte auf Konter, kurz vor der Pause mit Erfolg: Der von Vestergaard auf links steil geschickte Joakim Mæhle flankte vom Strafraumeck herrlich per Außenrist in die Mitte. Martin Braithwaite flog noch haarscharf am Ball vorbei, doch Dolberg vollstreckte aus fünf Metern volley mit der Innenseite (42.).

Tschechien kam mit enormer Wucht aus der Kabine. Michael Krmencik (46.) und Antonin Barak (47.) prüften Kasper Schmeichel aus der Distanz. Bei Patrik Schicks Direktabnahme vom Elfmeterpunkt (49.) war der Keeper dann aber chancenlos. Der Leverkusener erzielte fünf der insgesamt sechs Treffer seines Teams und steigerte den eigenen Marktwert erheblich. Außerdem egalisierte er den 2004 von Milan Baros aufgestellten EM-Landesrekord. Schicks stolzes Turnierfazit: „Keiner hat mit uns gerechnet, aber wir haben uns großen Respekt erarbeitet."

Auch für leidenschaftlichen Einsatz. Tschechien gab defensiv wie offensiv Volldampf – buchstäblich ohne Rücksicht auf Verluste. Erst Tomas Soucek (62.), dann Jan Boril (83.) spielten trotz blutender Kopfverletzungen mit Kopfverbänden weiter. Die zahlreichen Unterbrechungen in der zunehmend zerfahrener werdenden Partie halfen Dänemark. Auch der eingewechselte Yussuf Poulsen sorgte für Entlastung, verpasste aber ebenso die Entscheidung, wie die aufopferungsvoll anrennenden Tschechen den Ausgleich.

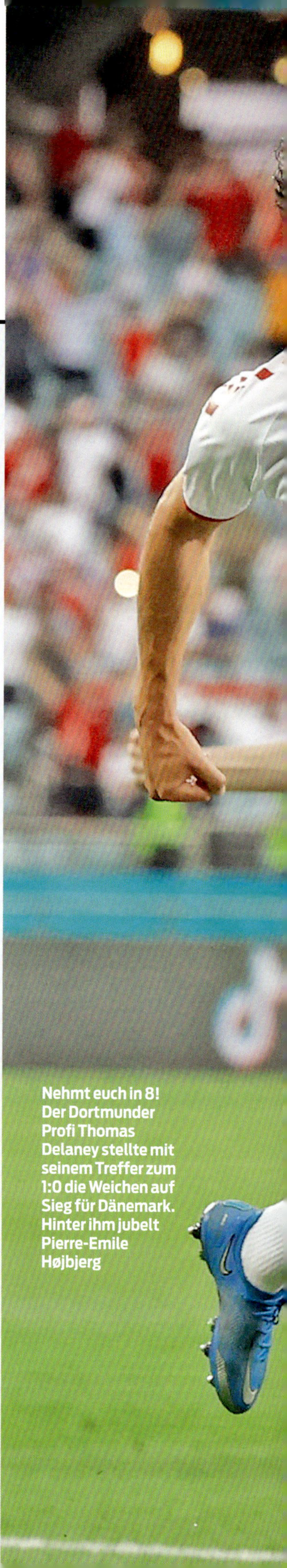

Nehmt euch in 8! Der Dortmunder Profi Thomas Delaney stellte mit seinem Treffer zum 1:0 die Weichen auf Sieg für Dänemark. Hinter ihm jubelt Pierre-Emile Højbjerg

TSCHECHIEN – DÄNEMARK

1:2 (0:2)

TSCHECHIEN-DATEN

Torhüter	Min.	Schüsse gehalten (von)	Flanken/Ecken abgefangen	Glanztaten	Schwere Fehler	Lange Pässe angekommen (von)	Note
Vaclik	90	71% (7)	0	2	0	33% (6)	3

Spieler	Ballkontakte in Min.	Zweikämpfe gewonnen (von)	Fouls/gefoult worden	Pässe angek. (von)	Schüsse/Schussvorlagen	Tore/Torvorlagen	Note
Coufal	74 in 90	56% (18)	1/0	75% (48)	1/4	0/1	3
Celustka	32 in 64	44% (9)	0/1	82% (22)	0/0	0/0	4
Brabec	24 in 26	40% (10)	0/0	88% (17)	0/0	0/0	4
Kalas [1]	62 in 90	57% (14)	1/1	86% (49)	0/0	0/0	4
Boril	63 in 90	60% (20)	2/1	77% (47)	0/3	0/0	3
Soucek	61 in 90	56% (27)	1/0	80% (46)	3/1	0/0	2
Holes	29 in 45	78% (9)	0/2	83% (18)	2/0	0/0	2
Jankto	28 in 45	40% (5)	0/0	95% (19)	1/2	0/0	3
Masopust	16 in 45	11% (9)	0/0	92% (12)	0/1	0/0	4
Krmencik [1]	10 in 45	38% (8)	0/1	86% (7)	3/1	0/0	4
Barak	69 in 90	38% (16)	1/0	88% (49)	2/1	0/0	4
Sevcik	46 in 78	50% (16)	0/3	87% (30)	1/3	0/0	3
Darida	14 in 12	33% (3)	0/0	92% (13)	0/0	0/0	–
Schick	26 in 78	38% (21)	1/0	57% (14)	3/0	1/0	2
Vydra	7 in 12	50% (6)	0/0	67% (3)	0/0	0/0	–

3. JULI, 18 UHR, BAKU

Schiedsrichter: *Björn Kuipers (Niederlande).* **Assistenten:** *Sander van Roekel und Erwin Zeinstra (beide Niederlande).* **Tore:** *0:1 Delaney (5.), 0:2 Dolberg (42.), 1:2 Schick (49.).* **Wechsel:** *Jankto für Holes (46.), Krmencik für Masopust (46.), Brabec für Celustka (65.), Vydra für Schick (79.), Darida für Sevcik (79.) – Poulsen für Dolberg (59.), Nørgaard für Damsgaard (59.), Wass für Stryger Larsen (71.), Andersen für Christensen (81.), Jensen für Delaney (81.).* **Zuschauer:** *16 306.* **Wetter:** *28 Grad, sonnig.*

DÄNEMARK-DATEN

Torhüter	Min.	Schüsse gehalten (von)	Flanken/Ecken abgefangen	Glanztaten	Schwere Fehler	Lange Pässe angekommen (von)	Note
Schmeichel	90	80% (5)	1	1	0	43% (7)	2

Spieler	Ballkontakte in Min.	Zweikämpfe gewonnen (von)	Fouls/gefoult worden	Pässe angek. (von)	Schüsse/Schussvorlagen	Tore/Torvorlagen	Note
Christensen	46 in 80	50% (10)	1/0	88% (32)	0/0	0/0	4
Andersen	6 in 10	33% (3)	1/0	100% (3)	0/0	0/0	–
Kjær	32 in 90	57% (14)	1/1	88% (16)	0/0	0/0	2
Vestergaard	44 in 90	67% (12)	0/0	88% (24)	1/1	0/0	3
Stryger Larsen	50 in 70	38% (8)	0/0	82% (28)	0/3	0/1	2
Wass	14 in 20	80% (5)	0/0	71% (7)	0/1	0/0	3
Højbjerg	54 in 90	40% (20)	1/0	84% (37)	0/1	0/0	3
Delaney	44 in 80	67% (24)	1/1	86% (21)	2/0	1/0	2
Jensen	5 in 10	0% (4)	0/0	50% (4)	0/0	0/0	–
Mæhle	43 in 90	53% (15)	0/1	89% (27)	1/2	0/1	2
Damsgaard	37 in 58	38% (21)	1/2	80% (20)	2/0	0/0	3
Nørgaard	19 in 32	40% (10)	0/1	88% (16)	0/1	0/0	3
Dolberg	29 in 58	64% (11)	1/0	81% (16)	2/1	1/0	2
Poulsen	20 in 32	63% (16)	0/0	55% (11)	3/1	0/0	2
Braithwaite	43 in 90	43% (21)	3/1	87% (30)	1/1	0/0	3

England-Feier nach Harry-Dreier

England-Trainer Southgate knackt den K.o.-Rekord

Daumen hoch: Southgate feiert als Trainer den vierten K.o.-Sieg bei EM oder WM

Jordan Henderson schrie seine Freude nach dem 4:0 nur so heraus. Der Mittelfeldspieler hatte in diesem Moment einen historischen Treffer markiert. Erstmals seit dem WM-Finale vom 30. Juli 1966 gegen Deutschland (4:2 n. V.) konnte England ein K.o.-Spiel bei einem großen Turnier wieder mit vier eigenen Toren gestalten. Das 4:0 gegen die Ukraine zementierte außerdem die zweite Halbfinal-Teilnahme in Folge für England – nach der Weltmeisterschaft 2018. Zwei Halbfinals bei zwei aufeinanderfolgenden EM- und WM- Turnieren hatten die „Three Lions" davor nur 1966 und 1968 geschafft.

Zum Rekordmann wurde auch Nationalcoach Gareth Southgate. Er führte England gegen die Ukraine zum vierten Mal zu einem Sieg in einem K.o.-Spiel. Mit dieser Ausbeute überholte er den legendären Sir Bobby Robson († 76). Als Nationaltrainer gelangen Robson mit England bei den Weltmeisterschaften 1986 und 1990 drei Siege. Vier K.o.-Spiele konnte bis zu diesem Zeitpunkt nur ein englischer Nationalcoach gewinnen. Weltmeister-Trainer Sir Alf Ramsey († 79) wurde mit den Engländern Weltmeister 1966 und gewann zudem bei der EM 1968 (nur vier Mannschaften) in Italien das Spiel um Platz drei gegen die UdSSR (2:0).

Zweimal Kane und sein Vornamensvetter Maguire treffen gegen die Ukraine

Nach dem Abpfiff führte der Weg Andriy Shevchenko direkt zu Harry Kane. Der ehemalige Weltklassestürmer und jetzige Nationaltrainer der Ukraine umarmte den „Man of the Match". Eine Szene mit Symbolcharakter. Kane hatte mit einer Leistungsexplosion sogar den Gegner beeindruckt.

„Die Kritik an Kane in der Gruppenphase war töricht"

Der Kapitän der „Three Lions" wurde zum ersten englischen Nationalspieler, der in einem K.o.-Spiel bei einer Europameisterschaft zweimal traf. In der Gruppenphase wirkte Kane müde und überspielt. Spätestens in der Partie gegen die Ukraine hatte er seine gnadenlose Effektivität im Abschluss wiedergefunden. Aus vier Torschüssen machte der Mittelstürmer zwei Treffer. „Die Kritik an Kane in der Gruppenphase war töricht", bilanzierte die „Sunday Times". „Die Kane-Zweifler sind nun still", sagte auch Ex-Nationalspieler Chris Sutton, „man sollte ihn nicht infrage stellen."

Warum auch? Mit dem ersten Torschuss der Partie (4. Minute) gelang Kane die Führung nach Vorarbeit von Raheem Sterling. „Unsere Nation blickt deshalb so streng auf Harry Kane, weil er so ein besonderer Spieler ist", erklärte England-Idol Alan Shearer. „Er ist zurück in der Weltspitze".

Kane selbst war ebenfalls stolz: „Ein großer Tag für uns als Nation." Der Erfolg war das Ergebnis einer personellen Umstellung von Englands Nationaltrainer Gareth Southgate. Er änderte die Startelf nach dem 2:0-Achtelfinal-Erfolg gegen Deutschland auf zwei Positionen. Jadon Sancho und Mason Mount kamen für Bukayo Saka und Kieran Trippier ins Team. Vor allem die Nominierung von Sancho, der gemeinsam mit Sterling die Flügelzange bildete, wirkte sich belebend auf das englische Spiel aus. Dazu kam ein entschlossener Abwehrchef Harry Maguire. Der Defensivmann ebnete England nach dem Wiederanpfiff den Weg in das erste EM-Halbfinale seit 1996. Einen weit geschlagenen Freistoß von der linken Seite durch Luke Shaw köpfte Maguire kraftvoll zum 2:0 ein (46.). „Wir haben großes Selbstvertrauen gezeigt und nach dem zweiten Tor das Spiel klar kontrolliert", sagte Maguire.

Der leitete mit einem dynamischen Vorstoß auch die Entscheidung ein. Er bediente Shaw, der mit einer präzisen Linksflanke Kane fand. Der Kopfball aus fünf Metern war für den englischen Torjäger eine leichte Übung (50.). Der eingewechselte Jordan Henderson erhöhte mit dem dritten Kopfballtreffer des Spiels nach einer Ecke von rechts durch Mount auf 4:0 (63.). Die ukrainische Abwehr wirkte auch in dieser Szene orientierungslos. Bereits nach 35 Minuten hatte man mit Sergiy Kryvtsov einen Schlüsselspieler in der Defensive verletzt auswechseln müssen. Shevchenko: „Wir haben einen Spieler verloren, der gerade bei Luftduellen evident gefehlt hat."

2:0: Mit robustem Einsatz und dem Kopf erhöht Maguire (2. v. r.) nach einer Shaw-Flanke in der 46. Minute

3:0: Kane (Nr. 9) köpft in der 50. Minute durch die Beine von Torhüter Bushchan. Henderson (63.) traf später noch zum 4:0

1:0: Kane (r.) überwindet mit seinem ersten Schuss (4.) Ukraine-Torwart Bushchan

UKRAINE – ENGLAND

0:4 (0:1)

UKRAINE-DATEN

Torhüter	Min.	Schüsse gehalten (von)	Flanken/Ecken abgefangen	Glanztaten	Schwere Fehler	Lange Pässe angekommen (von)	Note
Bushchan	90	33% (6)	0	0	0	33% (3)	4

Spieler	Ballkontakte in Min.	Zweikämpfe gewonnen (von)	Fouls/gefoult worden	Pässe angek. (von)	Schüsse/Schussvorlagen	Tore/Torvorlagen	Note
Zabarnyi	68 in 90	25% (4)	1/0	95% (64)	0/0	0/0	5
Kryvtsov	24 in 34	50% (2)	1/0	89% (19)	0/0	0/0	4
Tsygankov	34 in 56	0% (4)	0/0	86% (29)	0/2	0/0	5
Matvienko	113 in 90	17% (6)	0/0	96% (105)	0/0	0/0	5
Karavaev	63 in 90	50% (20)	0/2	85% (40)	1/0	0/0	4
Sydorchuk	45 in 63	33% (6)	1/0	91% (43)	0/0	0/0	4
Makarenko	23 in 27	80% (5)	0/0	95% (20)	1/0	0/0	3
Mykolenko	78 in 90	79% (14)	0/1	93% (57)	0/1	0/0	3
Shaparenko	75 in 90	38% (21)	1/0	95% (59)	1/1	0/0	4
Zinchenko	61 in 90	36% (11)	0/0	92% (51)	1/1	0/0	4
Yarmolenko	42 in 90	42% (12)	1/1	65% (31)	1/2	0/0	4
Yaremchuk	35 in 90	8% (12)	3/0	80% (25)	3/0	0/0	4

3. JULI, 21 UHR, ROM

Schiedsrichter: *Felix Brych (Deutschland).* ***Assistenten:*** *Mark Borsch und Stefan Lupp (beide Deutschland).* ***Tore:*** *0:1 Kane (4.), 0:2 Maguire (46.), 0:3 Kane (50.), 0:4 J. Henderson (63.).* ***Wechsel:*** *Tsygankov für Kryvtsov (35.), Makarenko für Sydorchuk (64.) – J. Henderson für Rice (57.), Trippier für Shaw (65.), Bellingham für Phillips (65.), Rashford für Sterling (65.), Calvert-Lewin für Kane (73.).* ***Zuschauer:*** *11 880.* ***Wetter:*** *27 Grad, wolkenlos.*

ENGLAND-DATEN

Torhüter	Min.	Schüsse gehalten (von)	Flanken/Ecken abgefangen	Glanztaten	Schwere Fehler	Lange Pässe angekommen (von)	Note
Pickford	90	100% (2)	0	0	0	38% (8)	2

Spieler	Ballkontakte in Min.	Zweikämpfe gewonnen (von)	Fouls/gefoult worden	Pässe angek. (von)	Schüsse/Schussvorlagen	Tore/Torvorlagen	Note
Walker	94 in 90	50% (6)	0/0	91% (78)	0/0	0/0	3
Stones	102 in 90	100% (2)	0/0	97% (96)	0/0	0/0	2
Maguire	100 in 90	100% (5)	0/1	95% (87)	1/0	1/0	1
Shaw	67 in 64	50% (16)	2/0	88% (50)	0/3	0/2	2
Trippier	23 in 26	100% (2)	0/0	100% (18)	0/0	0/0	3
Phillips	28 in 64	67% (3)	0/0	92% (25)	0/1	0/0	3
Bellingham	13 in 26	40% (5)	0/0	91% (11)	0/0	0/0	4
Rice	45 in 56	69% (13)	0/1	94% (34)	1/0	0/0	2
J. Henderson	46 in 34	80% (5)	0/1	91% (43)	1/1	1/0	2
Mount	52 in 90	55% (11)	0/0	92% (37)	1/1	0/1	2
Sancho	56 in 90	47% (15)	1/1	93% (43)	0/0	0/0	3
Kane	29 in 72	80% (10)	0/1	87% (15)	4/1	2/0	1
Calvert-Lewin	5 in 18	100% (1)	0/0	100% (2)	0/0	0/0	4
Sterling	33 in 64	53% (19)	1/3	76% (21)	1/2	0/1	2
Rashford	18 in 26	0% (4)	0/0	93% (15)	0/0	0/0	4

HALBFINALE

ITALIEN
SPANIEN
ENGLAND
DÄNEMARK

Dienstag, 6. Juli, 21 Uhr, London		
Italien – Spanien	1:1 n. V. 4:2 i. E.	(0:0, 1:1)
Mittwoch, 7. Juli, 21 Uhr, London		
England – Dänemark	2:1 n. V.	(1:1, 1:1)

Da gibt es kein Halten mehr: Nach dem entscheidenden Elfmeter von Jorginho gegen Spanien, der den Einzug ins Finale bedeutet, setzen die Italiener zum Jubel-Sprint an

Heim-EM für die Halbfinalisten

Am schönsten ist es zu Hause. Dieses Wohlfühl-Gefühl haben die vier Halbfinalisten in vollen Zügen genossen. Denn sowohl Italien und Spanien als auch England und Dänemark waren privilegiert: Sie durften in der Vorrunde alle Spiele daheim vor eigener Kulisse austragen. Das ersparte den vier Teams bei diesem paneuropäischen Turnier viel Reisestress. Und natürlich gab es den leistungsfördernden Antrieb durch die eigenen Fans. Die Engländer waren dabei die größten Profiteure: Bis auf das geschmeidige Viertelfinale gegen Außenseiter Ukraine (4:0) in Rom durften Kane und Co. stets im Wohnzimmer Wembley antreten.
Was vor allem im Halbfinale gegen Dänemark (2:1 n.V.) ein klarer Vorteil gewesen sein dürfte. Ob der Niederländer Danny Makkelie beim vermeintlichen Foul am Engländer Raheem Sterling zum Beispiel vor 13 000 Zuschauern in Bukarest auf Elfmeter entschieden hätte, darf man getrost bezweifeln. Vor den 64 950 Fans in Wembley kam der Pfiff dem Schiedsrichter jedenfalls schneller über die Lippen. Zum Leidwesen der tapferen Dänen war dies die bis dahin umstrittenste Entscheidung dieser EM. Auch internationale Fachleute hätten eher nicht auf Strafstoß entschieden.
Keine Diskussionen rief das erste Halbfinale hervor. Auch dank des deutschen Schiedsrichters Felix Brych, der von renommierter Stelle Lob erhielt. „Großartiger Referee", twitterte Englands Ex-Nationalspieler Gary Lineker nach dem 4:2-Sieg Italiens im Elfmeterschießen gegen Spanien. Das Team von Roberto Mancini, angeführt von den Haudegen Giorgio Chiellini und Leonardo Bonucci, konnte zwar nicht wie zuvor mit offensivem Power-Fußball glänzen, war aber dennoch ein würdiger Final-Teilnehmer.

SCORER-LISTE HALBFINALE

	Tore	Torvorlagen	Scorer-Punkte	gespielte Minuten
Morata (Spanien)	1	–	1	59
Damsgaard (Dänemark)	1	–	1	67
Saka (England)	–	1	1	69
Chiesa (Italien)	1	–	1	107
Kane (England)	1	–	1	120
Olmo (Spanien)	–	1	1	120

Maßarbeit: Italiens Federico Chiesa (r.) zieht mit rechts ab, schlenzt den Ball ins lange Eck. Spanien-Torwart Unai Simón kommt nicht mehr dran – 1:0 für die Squadra Azzurra

Die Hände zum Himmel: England-Star Raheem Sterling stürzt Richtung Dänemark-Tor, während Simon Kjær (am Boden) den Ball zum 1:1 ins eigene Netz lenkt

LONDON
FedEx
17

UEFA EURO 2020
EURO 2020
GAZPROM
BARNSLEY FC
ENGLAND

Was für ein Freistoß! Dänemarks Mikkel Damsgaard (r.) hat abgezogen. Der Ball rauscht ins Netz. England-Torwart Jordan Pickford fliegt vergebens. Es ist das 1:0 für Außenseiter Dänemark und das erste Gegentor bei der EM für die Engländer

Morata zwischen Himmel und Hölle

Chiellini bringt Leichtigkeit ins Drama

Chiellini überrumpelt Alba (r.) mit seiner Spaß-Offensive vor dem Elferschießen

Als Giorgio Chiellini Ende August 2019 kurz nach seinem 35. Geburtstag eine Kreuzbandverletzung im rechten Knie erlitt, schien die grandiose Karriere des kantigen Innenverteidigers zu Ende. Doch Chiellini kämpfte in der Reha so unerbittlich um seine Genesung, wie er auf dem Spielfeld seine Gegner bearbeitet. Im September 2020 stand er erstmals wieder 90 Minuten für Juventus Turin in einem Ligaspiel auf dem Rasen, zuvor war er Anfang des Monats ins Nationalteam zurückgekehrt.

Die Freude darüber war ihm nun in jedem EM-Spiel anzumerken: Chiellini strahlte bei der Nationalhymne, die er inbrünstig mitsang, feierte nach gelungenen Zweikämpfen und abgeblockten Schüssen, scherzte mit Gegenspielern und genoss jede Minute auf dem Spielfeld.

Beim doppelten Münzwurf vor dem Elfmeterschießen, der über die Seitenwahl entschied und das Privileg des ersten Schusses, nahm er sogar den anfangs irritierten spanischen Kapitän Jordi Alba in den Arm, hob ihn hoch, schlug ihm kräftig auf die Schulter, erheiterte Schiedsrichter Felix Brych und verlieh dem Drama für einen Moment eine nie dagewesene Leichtigkeit. Die Szene wurde in den sozialen Netzwerken weltweit heftiger diskutiert als Moratas Fehlschuss und Jorginhos Siegtreffer – und das durchweg positiv.

Gegen Italien rettet der Stürmer die Spanier in die Verlängerung, wird dann zur tragischen Figur

Zwischen Himmel und Hölle verging noch nicht einmal eine Stunde. In der 80. Minute füllte Álvaro Morata nach Doppelpass mit Dani Olmo den Traum vom EM-Titel wieder mit Leben. Hinter dem Tor griff er sich mit beiden Händen eine Fernsehkamera, hielt sein Gesicht ins Bild und brüllte vor Freude über das 1:1, mit dem sich Spanien in die Verlängerung rettete. Dann verschwand er in der Jubeltraube seiner Mitspieler.

> *„Der grausamste EM-Abschied der vergangenen Jahre"*

Eine knappe Stunde später hatte Morata erneut die Chance, Spanien ins Spiel zurückzubringen. 2:3 lagen sie im Elfmeterschießen zurück, Morata trat als vierter Schütze der Spanier an. Doch anders als in der regulären Spielzeit, als er Gianluigi Donnarumma mit seinem Flachschuss keine Chance gelassen hatte, versagte er diesmal im Duell mit dem Torhüter. Morata schoss flach und unpräzise, Donnarumma parierte. Jorginho traf mit dem nächsten Elfmeter, Italien zog nach dem 5:3 n. E. (1:1, 1:1, 0:0, 4:2 i. E.) ins Finale ein. Morata trottete mit Tränen in den Augen vom Spielfeld.

Die spanische Zeitung „Marca" schrieb am Morgen danach „vom grausamsten EM-Abschied der vergangenen Jahre", betonte aber: „Spanien weint mit Würde." Trainer Luis Enrique fand nur lobende Worte und nahm Morata in Schutz: „Meine Spieler waren wunderbar, ich kann ihnen keine Vorwürfe machen. Morata hatte ein Problem mit den Adduktoren, wollte aber unbedingt den Elfmeter schießen, das sagt sehr viel über seine Persönlichkeit aus."

Im siebten EM-Spiel zwischen den beiden Schwergewichten, keine Endrunden-Paarung gab es häufiger, dominierten die Spanier mit ihrem Ballbesitz-Fußball über weite Strecken, vergaben aber bis auf Morata in der 80. Minute ihre Torchancen. Mikel Oyarzabal scheiterte allein dreimal kläglich aus hervorragender Position. Überragender Akteur auf dem Spielfeld war Mittelfeldmotor Olmo, aber auch er belohnte sich nicht. Gleich den ersten Elfmeter der Spanier schoss der Mann von RB Leipzig hoch über das Tor und verpasste es – nach Locatellis Fehlschuss zu Beginn des Elfmeterschießens –, Spanien in Führung zu bringen.

Die Italiener standen sicher in der Abwehr, konnten ihr gefährliches Angriffsspiel nur selten entwickeln. Der beste Angriff führte in der 60. Minute zum 1:0, Federico Chiesa schloss einen über Donnarumma und Lorenzo Insigne inszenierten Konter mit einem Schlenzer halbhoch in die rechte lange Ecke perfekt ab.

Im Elfmeterschießen boten sie die besseren Schützen auf, Andrea Belotti, Leonardo Bonucci, Federico Bernardeschi und Jorginho mit einem lässig verwandelten Schuss trafen. So blieben die Italiener auch im 33. Spiel in Folge ungeschlagen, siegten im zweiten der letzten drei EM-Spiele gegen Spanien: 2012 hatten sie das Finale 0:4 gegen die „Furia Roja" verloren, 2016 das Achtelfinale 2:0 gewonnen. Jorginho strahlte: „Wir haben gegen einen mächtigen Gegner gespielt. Wir haben gelitten, aber wir haben es nach Hause gebracht." ●

Moratas höllischer Moment: Der Stürmer ist als vierter Spanier dran und scheitert diesmal im Elfmeterschießen an Donnarumma

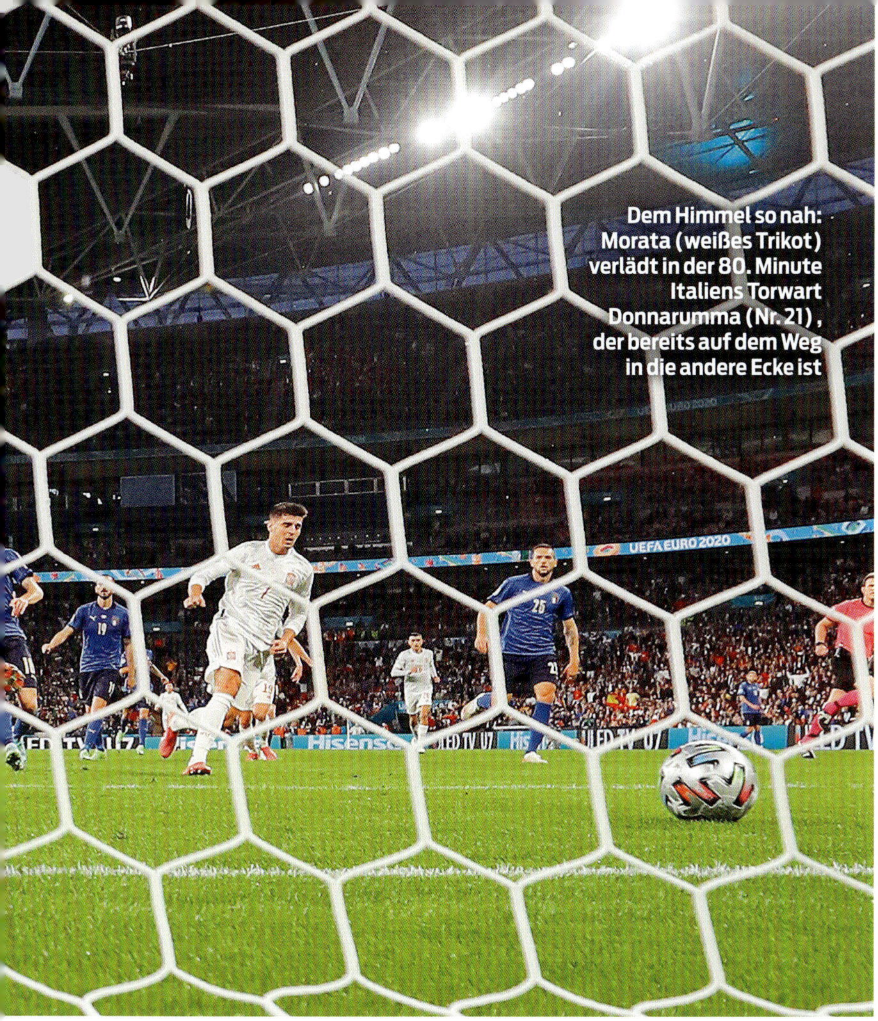

Dem Himmel so nah: Morata (weißes Trikot) verlädt in der 80. Minute Italiens Torwart Donnarumma (Nr. 21), der bereits auf dem Weg in die andere Ecke ist

5:3 n. E. (0:0, 1:1, 1:1)

ITALIEN-DATEN

Torhüter	Min.	Schüsse gehalten (von)	Flanken/Ecken abgefangen	Glanztaten	Schwere Fehler	Lange Pässe angekommen (von)	Note
Donnarumma	120	75% (4)	3	0	0	25% (12)	2

Spieler	Ballkontakte in Min.	Zweikämpfe gewonnen (von)	Fouls/gefoult worden	Pässe angek. (von)	Schüsse/Schussvorlagen	Tore/Torvorlagen	Note
Di Lorenzo	52 in 120	55% (20)	3/2	79% (24)	0/0	0/0	3
Bonucci 1	69 in 120	53% (19)	1/3	68% (38)	0/0	0/0	3
Chiellini	69 in 120	78% (9)	0/0	82% (49)	0/0	0/0	2
Emerson	36 in 72	33% (9)	0/1	75% (24)	1/0	0/0	4
Tolói 1	20 in 48	40% (5)	2/0	67% (9)	0/0	0/0	4
Jorginho	47 in 120	47% (19)	1/2	80% (30)	0/1	0/0	3
Barella	32 in 84	42% (19)	1/3	61% (23)	0/2	0/0	4
Locatelli	12 in 36	50% (4)	1/0	80% (5)	0/1	0/0	4
Verratti	34 in 72	48% (21)	2/1	84% (25)	0/0	0/0	3
Pessina	10 in 48	20% (5)	1/0	78% (9)	0/0	0/0	5
Chiesa	21 in 106	33% (12)	1/0	75% (12)	2/1	1/0	2
Bernardeschi	3 in 14	0% (0)	0/0	50% (2)	0/0	0/0	–
Immobile	15 in 60	23% (13)	1/1	56% (9)	1/0	0/0	4
Berardi	26 in 60	29% (14)	1/1	67% (12)	3/0	0/0	2
Insigne	33 in 84	67% (6)	0/1	81% (27)	0/2	0/1	3
Belotti	13 in 36	50% (6)	1/1	33% (3)	0/0	0/0	3

6. JULI, 21 UHR, LONDON

Schiedsrichter: *Felix Brych (Deutschland).* ***Assistenten:*** *Mark Borsch, Stefan Lupp (beide Deutschland).* ***Tore:*** *1:0 Chiesa (60.), 1:1 Morata (80.).* ***Elfmeterschießen:*** *Simón hält gegen Locatelli, Olmo über das Tor, 1:0 Belotti, 1:1 Moreno, 2:1 Bonucci, 2:2 Thiago, 3:2 Bernardeschi, Donnarumma hält gegen Morata, 4:2 Jorginho.* ***Wechsel:*** *Berardi für Immobile (61.), Tolói für Emerson (73.), Pessina für Verratti (73.), Locatelli für Barella (85.), Belotti für Insigne (85.), Bernardeschi für Chiesa (107.) – Morata für F. Torres (61.), Moreno für Oyarzabal (70.), Rodri für Koke (70.), M. Llorente für Azpilicueta (85.), Thiago für Busquets (106.), P. Torres für García (109.).* ***Zuschauer:*** *57 811.* ***Wetter:*** *15 Grad, bewölkt.*

SPANIEN-DATEN

Torhüter	Min.	Schüsse gehalten (von)	Flanken/Ecken abgefangen	Glanztaten	Schwere Fehler	Lange Pässe angekommen (von)	Note
Simón	120	75% (4)	0	0	0	17% (6)	3

Spieler	Ballkontakte in Min.	Zweikämpfe gewonnen (von)	Fouls/gefoult worden	Pässe angek. (von)	Schüsse/Schussvorlagen	Tore/Torvorlagen	Note
Azpilicueta	75 in 84	63% (8)	1/1	92% (61)	0/0	0/0	3
M. Llorente	28 in 36	50% (2)	0/0	95% (22)	1/0	0/0	4
García	136 in 108	71% (7)	0/0	97% (124)	0/0	0/0	4
P. Torres	20 in 12	0% (0)	0/0	93% (15)	0/0	0/0	–
Laporte	156 in 120	64% (14)	2/1	92% (130)	0/0	0/0	3
Alba	111 in 120	67% (15)	1/1	80% (82)	0/1	0/0	3
Busquets 2	87 in 105	57% (23)	3/1	94% (67)	2/0	0/0	3
Thiago	15 in 15	100% (2)	0/0	70% (10)	1/0	0/0	–
Koke	54 in 69	36% (11)	1/1	96% (47)	0/2	0/0	4
Rodri	47 in 51	75% (4)	1/0	98% (42)	0/0	0/0	4
Pedri	77 in 120	74% (19)	0/2	97% (64)	0/1	0/0	2
Oyarzabal	44 in 69	63% (8)	0/0	86% (28)	2/3	0/0	4
Moreno	30 in 51	14% (7)	0/0	82% (22)	1/1	0/0	3
Olmo	65 in 120	36% (36)	7/5	71% (35)	5/4	0/1	2
F. Torres	33 in 60	62% (13)	1/3	83% (23)	2/0	0/0	4
Morata	26 in 60	41% (17)	1/1	53% (15)	2/1	1/0	2

Englands neues Elfmeter-Glück

Sterling ist Englands größtes Pfund

„Echter Torhunger": Wenn Sterling am Ball ist, wird es für den Gegner gefährlich

Er war mal wieder der spielentscheidende Mann in der englischen Mannschaft: Raheem Sterling raste wie mit Raketenantrieb durch die Abwehrreihen der Dänen, erst auf der linken, dann auf der rechten Seite. Der 26-Jährige erzwang Kjærs Eigentor zum 1:1-Ausgleich und holte mit seinem Dribbling den, wenn auch äußerst zweifelhaften, Elfmeter zum 2:1 heraus.

Zum Wembley-Stadion hat der Stürmer von Manchester City eine besondere Beziehung. Er wuchs in unmittelbarer Nähe auf und träumte davon, einmal selbst in dem Fußball-Tempel spielen zu dürfen. Auf dem Unterarm trägt er ein Tattoo, das ihn als kleinen Jungen zeigt, der mit einem Ball unter dem Arm auf das Wembley-Stadion schaut. Nach einer mäßigen Saison bei Manchester City wackelte sein Stammplatz im Nationalteam. Viele Experten sahen die Stürmer Phil Foden, Jadon Sancho, Jack Grealish und Marcus Rashford vor ihm. Doch Trainer Gareth Southgate vertraute Sterling. „Er ist ein Kämpfer", lobte der ehemalige Nationalspieler. „Er hat eine unglaubliche Widerstandskraft und großen Ehrgeiz. In den letzten Jahren hat er diesen echten Torhunger entwickelt."

In der Vorrunde traf Sterling gegen Kroatien (1:0) und Tschechien (1:0), auch beim 2:0-Erfolg im Achtelfinale gegen Deutschland schoss er den Führungstreffer. Das Halbfinale entschied er auch ohne Tor.

Bislang litten die Briten unter Elfern in K.o.-Spielen, gegen Dänemark waren sie die Profiteure

Die Reaktionen der Experten auf den spielentscheidenden Pfiff waren einhellig. „Niemals Elfmeter!", sagte Trainerlegende José Mourinho. „Auf diesem Niveau, bei einem EM-Halbfinale, verstehe ich die Entscheidung des Schiedsrichters nicht." Auch Kollege Arsène Wenger sagte: „Kein Elfmeter!" Sogar Englands Ex-Nationalspieler Michael Owen twitterte: „Ich bin nicht sicher, ob das ein Elfmeter war, aber wen interessiert's?"

„Ich habe Wembley noch nie so erlebt"

Es lief die 102. Spielminute im Londoner Wembley-Stadion, als der quirlige Raheem Sterling von rechts in den Strafraum dribbelte. Joakim Mæhle und Mathias Jensen berührten ihn leicht, foulten aber nicht. Doch Sterling sank zu Boden, der holländische Schiedsrichter Danny Makkelie pfiff Elfmeter. Videoassistent Pol van Boekel überprüfte die Szene, griff aber nicht ein.

Das Drama ging weiter. Der glänzende dänische Torhüter Kasper Schmeichel parierte zunächst den Strafstoß von Harry Kane, doch dieser traf im Nachschuss zum 2:1.

„Ich bin in den Strafraum rein, er hat sein Bein ausgestreckt, es war ein klarer Elfmeter", sagte Sterling. Doch mit dieser Meinung war er ziemlich allein. „Es war ein Elfmeter, den es nicht hätte geben sollen, das macht mich ärgerlich. Wir sind sehr enttäuscht", haderte Dänemarks Trainer Kasper Hjulmand.

Daran, dass der englische Sieg verdient war, gab es keinen Zweifel. Sie waren aktiver, hatten 58 Prozent Ballbesitz und lagen in der Torschussbilanz 21:6 vorn. Nur die Art und Weise der Entscheidung hinterließ einen bitteren Beigeschmack.

Das dänische Märchen schien sich zunächst fortzusetzen. Mikkel Damsgaard knallte einen Freistoß aus 23 Metern mit einem Flatterball ins Netz – 1:0 für Dänemark (30.).

Doch die Engländer schlugen zurück. Eine Riesenchance von Sterling (38.) konnte Schmeichel noch vereiteln, dann war er machtlos: Kane spielte in die Gasse auf Saka, der von rechts flach in die Mitte passte. Simon Kjær versuchte, vor dem bereitstehenden Sterling zu retten, bugsierte den Ball aber zum 1:1 ins eigene Tor (39.).

Ab der 60. Minute schwanden die Kräfte der Dänen. In der Verlängerung taten sie alles dafür, sich ins Elfmeterschießen zu retten – doch Sterling und Schiedsrichter Makkelie machten ihnen einen Strich durch die Rechnung.

Nach dem ersten Finaleinzug seit der WM 1966 sangen die englischen Fans glückselig: „It's coming home ..." Trainer Gareth Southgate schwärmte: „Ich habe Wembley noch nie so erlebt. Das mit der Nation zu teilen ist sehr besonders."

Erhabene Worte für das unterlegene Team fand Dänemarks Ministerpräsidentin Mette Frederiksen: „Ihr habt Dänemark um euch herum versammelt und außergewöhnlichen Zusammenhalt gezeigt, als es wirklich zählte. Selten sind wir stolzer gewesen! Danke für die Reise."

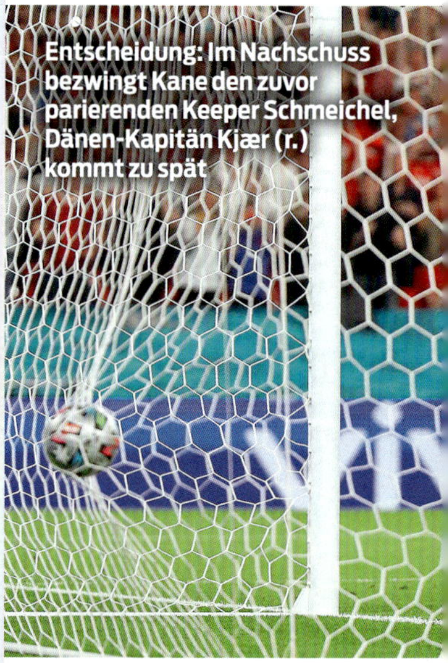

Entscheidung: Im Nachschuss bezwingt Kane den zuvor parierenden Keeper Schmeichel, Dänen-Kapitän Kjær (r.) kommt zu spät

Schlüsselszene: Sterling geht zu Boden, der Däne Jensen (r.) beteuert seine Unschuld, Foden fordert den Elfmeter

Erlösung: Kane sprintet nach seinem Tor zum 2:1 euphorisiert zu den Fans und wird von Foden (l.) eskortiert

ENGLAND – DÄNEMARK

2:1 n. V. (1:1, 1:1)

ENGLAND-DATEN

Torhüter	Min.	Schüsse gehalten (von)	Flanken/Ecken abgefangen	Glanztaten	Schwere Fehler	Lange Pässe angekommen (von)	Note
Pickford	120	75% (4)	2	0	0	22% (18)	3

Spieler	Ballkontakte in Min.	Zweikämpfe gewonnen (von)	Fouls/gefoult worden	Pässe angek. (von)	Schüsse/Schussvorlagen	Tore/Torvorlagen	Note
Walker	103 in 120	77% (13)	0/1	95% (78)	0/2	0/0	2
Stones	89 in 120	54% (13)	1/2	93% (74)	2/0	0/0	3
Maguire 2	107 in 120	68% (25)	1/2	94% (82)	3/0	0/0	2
Shaw	109 in 120	65% (23)	3/2	91% (74)	0/2	0/0	2
Phillips	93 in 120	30% (20)	1/0	91% (76)	2/1	0/0	4
Rice	69 in 94	33% (12)	1/0	97% (59)	0/0	0/0	4
J. Henderson	27 in 26	100% (4)	0/0	100% (22)	0/0	0/0	3
Mount	48 in 94	50% (18)	1/2	89% (28)	2/4	0/0	2
Foden	23 in 26	20% (5)	0/0	89% (19)	0/2	0/0	4
Saka	35 in 68	39% (18)	0/3	67% (21)	0/2	0/1	3
Grealish	26 in 37	71% (7)	0/2	94% (18)	1/1	0/0	3
Trippier	14 in 15	0% (2)	0/0	83% (12)	0/0	0/0	–
Kane	60 in 120	36% (33)	1/4	91% (32)	4/5	1/0	2
Sterling	66 in 120	66% (29)	0/3	91% (45)	6/2	0/1	2

7. JULI, 21 UHR, LONDON

Schiedsrichter: *Danny Makkelie (Niederlande).* ***Assistenten:*** *Hessel Steegstra und Jan de Vries (beide Niederlande).* **Tore:** *0:1 Damsgaard (30.), 1:1 Kjær (39./Eigentor), 2:1 Kane (104.).* **Wechsel:** *Grealish für Saka (69.), J. Henderson für Rice (95.), Foden für Mount (95.), Trippier für Grealish (106.) – Wass für Stryger Larsen (67.), Poulsen für Damsgaard (67.), Nørgaard für Dolberg (67.), Andersen für Christensen (79.), Jensen für Delaney (88.), Wind für Vestergaard (105.).* ***Besonderes Vorkommnis:*** *Schmeichel hält Foulelfmeter von Kane (104).* ***Zuschauer:*** *64 950.* **Wetter:** *19 Grad, teils bewölkt.*

DÄNEMARK-DATEN

Torhüter	Min.	Schüsse gehalten (von)	Flanken/Ecken abgefangen	Glanztaten	Schwere Fehler	Lange Pässe angekommen (von)	Note
Schmeichel	120	82% (11)	1	3	0	27% (11)	2

Spieler	Ballkontakte in Min.	Zweikämpfe gewonnen (von)	Fouls/gefoult worden	Pässe angek. (von)	Schüsse/Schussvorlagen	Tore/Torvorlagen	Note
Christensen	45 in 78	63% (8)	0/1	94% (32)	0/1	0/1	2
Andersen	34 in 42	30% (10)	0/0	93% (28)	0/0	0/0	4
Kjær	76 in 120	62% (13)	0/1	95% (61)	0/0	0/0	3
Vestergaard	56 in 104	62% (21)	3/0	89% (35)	0/0	0/0	3
Wind	4 in 16	67% (3)	0/0	67% (3)	0/0	0/0	4
Stryger Larsen	43 in 66	33% (9)	2/1	70% (27)	0/0	0/0	4
Wass 2	53 in 54	43% (7)	1/0	90% (30)	0/0	0/0	4
Højbjerg	81 in 120	61% (23)	0/2	80% (64)	1/1	0/0	2
Delaney	51 in 87	45% (20)	5/0	73% (37)	0/0	0/0	4
Jensen	7 in 33	0% (2)	1/0	43% (7)	0/0	0/0	4
Mæhle	61 in 120	54% (28)	3/1	83% (40)	0/0	0/0	3
Damsgaard	27 in 66	54% (13)	0/0	88% (16)	2/1	1/0	2
Poulsen	31 in 54	35% (17)	3/0	68% (19)	0/1	0/0	4
Dolberg	15 in 66	55% (11)	1/1	86% (7)	1/1	0/0	3
Nørgaard	32 in 54	33% (12)	1/1	93% (27)	0/0	0/0	4
Braithwaite	35 in 120	32% (25)	1/1	67% (21)	2/0	0/0	4

FINALE

ITALIEN

ENGLAND

Sonntag, 11. Juli, 21 Uhr, London		
Italien – England	1:1 n. V. 3:2 i. E.	(0:1, 1:1)

Italienische Party im Londoner Wembley-Stadion: Matteo Pessina hält nach dem Sieg gegen England stolz den EM-Pokal in den Händen. Seine Teamkollegen feiern mit ihm den zweiten EM-Triumph nach 1968

UEFA EURO 2020
ITALIA
RESPECT
12
23

Der Ball zappelt im Netz: Luke Shaw (nicht im Foto) hat nach nur 117 Sekunden zum 1:0 für England getroffen. Italiens Torwart Gianluigi Donnarumma hat keine Chance gegen den Schuss aus kurzer Entfernung

DONNARUMMA
21

Der Ausgleich: Torschütze Leonardo Bonucci (l.) dreht jubelnd ab. England-Torwart Jordan Pickford sitzt geschlagen am Boden. Bonucci ist mit 34 Jahren der älteste Final-Torschütze der EM-Historie

England scheitert im Elfer-Drama

Chiellini hat diese EM geprägt

Chiellini freut sich mit Trainer Mancini (l.) und Delegationschef Vialli

Keiner zelebriert die Hymne „Il Canto degli Italiani" („Das Lied der Italiener") schöner. Keiner brüllt die ersten Worte „Fratelli d'Italia" („Brüder Italiens") lauter als Giorgio Chiellini (36).
Italiens Kapitän hat bei dieser EM begeistert. Mit seiner Leistung, aber auch seiner Art. Der EM-Titel war die Krönung seiner unglaublichen Karriere. Chiellini nach dem Finalsieg: „Wir haben gespürt, dass etwas Magisches in der Luft lag. Wir haben es verdient, ganz Italien hat es verdient. Es war ein unglaubliches Gefühl. Wir haben Geschichte geschrieben."
Deutschlands Rekord-Nationalspieler Lothar Matthäus lobte: „Giorgio Chiellini verkörpert beide Seiten des Fußballs, als eisenharter Verteidiger und zugleich als lächelnder, sympathischer Sportsmann. Er hat die EM auf seine Weise geprägt."
Kurios: Die Juve-Legende war während des Turniers ohne Verein, sein Vertrag lief am 30. Juni 2021 aus. Sein Team war die „Nazionale", für die der Mann aus der Toskana seit der U15 in jeder Auswahl gespielt hat.
Die EM wird wohl sein letztes großes Turnier gewesen sein. „Ich genieße hier jeden Moment, noch mehr als vorher", sagte er während des Turniers. „In all den Jahren habe ich große Wertschätzung auf dem Platz gegeben und zurückbekommen."

In der Kabine spendet Prinz William Trost. Italien feiert nach 1968 den zweiten EM-Titel

Die Last auf den Schultern des erst 19-jährigen Bukayo Saka wog tonnenschwer. Er war auserkoren, den letzten Elfmeter zu schießen im EM-Finale gegen Italien. Für England, das schon so oft im Elfmeterschießen unterlegen war. Das seit 55 Jahren so sehnsüchtig auf einen Titel wartet. Und das sich nach der frühen Führung schon so gut wie auf dem Thron wähnte.

„Ihr könnt eure Köpfe erhoben halten und so stolz auf euch sein"

Saka trippelte, dann schoss er unplatziert mit seinem linken Fuß in die aus seiner Sicht rechte Ecke. Der italienische Torhüter Gianluigi Donnarumma tauchte ab – und parierte. Italien war neuer Europameister. Und England hatte ein neues Elfmeter-Drama mit bitterem Ausgang.

Nach dem Spiel kam Prinz William in die englische Kabine und spendete Trost. Später twitterte er: „Herzzerreißend. Gratulation Azzurri zu einem großartigen Sieg. England, ihr seid alle so weit gekommen, aber leider war diesmal nicht unser Tag. Ihr könnt eure Köpfe erhoben halten und so stolz auf euch sein. Ich weiß, da kommt noch mehr."

Auch Englands Trainer Gareth Southgate suchte das Positive: „Sie haben mehr geschafft als jedes andere englische Team in 55 Jahren. Sie sollten dieses Turnier mit erhobenen Köpfen verlassen."

Dabei fing alles so gut an für die Engländer vor 67 000 Zuschauern im Wembley-Stadion. Erst wenige Sekunden waren gespielt, als Luke Shaw auf der linken Abwehrseite den Ball eroberte und ihn auf Harry Kane passte. Dann machte sich Shaw auf den Weg, rannte 85 Meter nach vorne. Unterdessen passte Kane den Ball nach rechts auf Kieran Trippier, der präzise über die italienische Abwehr hinweg flankte. Auf der linken Seite am Fünfmeterraum stand Shaw ungedeckt. Per Dropkick beförderte er den Ball an Donnarumma vorbei ins kurze Ecke – nach nur 117 Sekunden das 1:0 für England.

Es war Shaws erstes Länderspieltor in seinem 16. Einsatz für die „Three Lions" und das schnellste Tor aller Zeiten in einem EM-Finale. Harry Kane hatte Shaw den Spitznamen „Shawberto Carlos" verpasst in Anlehnung an die brasilianische Linksverteidigerlegende Roberto Carlos. Das EM-Finale, am Abend vor seinem 26. Geburtstag, schien das Spiel seines Lebens zu werden.

Mit einem taktischen Schachzug überrumpelte Englands Trainer Southgate zunächst die italienische Mannschaft und deren Coach Roberto Mancini. Für Saka nahm er Trippier in die Startelf und stellte das System um auf Dreierkette mit Kyle Walker, John Stones und Harry Maguire. Der Lohn: Zu Beginn des Spiels hatte Shaw auf der linken Seite viele Freiräume. Einer davon führte zum frühen Führungstreffer für England.

Mit ihrem aggressiven Gegenpressing ließen die Engländer den Italienern in der ersten Halbzeit keinen Raum zur Entfaltung. Erst in der 35. Minute kam Federico Chiesa zu einer >>

Donnarumma hält den Ball von Jadon Sancho

Der K.o. für England: Saka scheitert an Donnarumma

Rashford hält die Hände vors Gesicht. Er hat seinen Elfmeter verschossen

ITALIEN – ENGLAND

4:3 n. E. (0:1, 1:1, 1:1)

ITALIEN-DATEN

Torhüter	Min.	Schüsse gehalten (von)	Flanken/Ecken abgefangen	Glanztaten	Schwere Fehler	Lange Pässe angekommen (von)	Note
Donnarumma	120	50 % (2)	3	0	0	67 % (3)	1

Spieler		Ballkontakte in Min.	Zweikämpfe gewonnen (von)	Fouls/gefoult worden	Pässe angek. (von)	Schüsse/Schussvorlagen	Tore/Torvorlagen	Note
Di Lorenzo		101 in 120	63 % (35)	2/1	93 % (53)	0/2	0/0	3
Bonucci	2	138 in 120	70 % (10)	1/0	93 % (122)	2/1	1/0	2
Chiellini	1	130 in 120	58 % (19)	3/0	99 % (102)	0/0	0/0	2
Emerson		81 in 117	56 % (18)	1/0	89 % (45)	0/2	0/0	2
Florenzi		8 in 3	0 % (0)	0/0	71 % (7)	0/0	0/0	–
Jorginho	1	113 in 120	46 % (22)	4/4	94 % (99)	0/1	0/0	3
Barella	2	40 in 53	20 % (20)	1/1	91 % (32)	0/1	0/0	4
Cristante		36 in 67	32 % (22)	1/0	89 % (27)	1/1	0/0	4
Verratti		130 in 95	47 % (15)	3/1	92 % (111)	2/3	0/1	2
Locatelli		14 in 25	20 % (5)	0/0	83 % (6)	1/0	0/0	4
Chiesa		35 in 85	62 % (21)	0/1	72 % (18)	3/2	0/0	2
Bernadeschi		17 in 35	56 % (11)	0/0	75 % (8)	1/2	0/0	2
Immobile		24 in 54	56 % (9)	0/0	82 % (17)	1/0	0/0	4
Berardi		24 in 66	60 % (10)	1/0	100 % (13)	1/1	0/0	3
Insigne	1	80 in 90	63 % (16)	1/2	84 % (63)	5/1	0/0	2
Belotti		8 in 30	75 % (8)	0/1	100 % (2)	2/1	0/0	3

11. JULI, 21 UHR, LONDON

SR: *Björn Kuipers (NED).* **Assistenten:** *Sander van Roekel, Erwin Zeinstra (beide NED).* **Tore:** *0:1 Shaw (2.), 1:1 Bonucci (67.).* **Elferschießen:** *1:0 Berardi, 1:1 Kane, Pickford hält gegen Belotti, 1:2 Maguire, 2:2 Bonucci, Rashford an den Pfosten, 3:2 Bernardeschi, Donnarumma hält gegen Sancho, Pickford hält gegen Jorginho, Donnarumma hält gegen Saka.* **Wechsel:** *Cristante für Barella (54.), Berardi für Immobile (55.), Bernadeschi für Chiesa (86.), Belotti für Insigne (91.), Locatelli für Verratti (96.), Florenzi für Emerson (118.) – Saka für Trippier (70.), J. Henderson für Rice (74.), Grealish für Mount (99.), Rashford für J. Henderson (120.), Sancho für Walker (120.).* **Zuschauer:** *67 173.* **Wetter:** *19 Grad, bewölkt.*

ENGLAND-DATEN

Torhüter	Min.	Schüsse gehalten (von)	Flanken/Ecken abgefangen	Glanztaten	Schwere Fehler	Lange Pässe angekommen (von)	Note
Pickford	120	83 % (6)	3	0	0	25 % (8)	2

Spieler		Ballkontakte in Min.	Zweikämpfe gewonnen (von)	Fouls/gefoult worden	Pässe angek. (von)	Schüsse/Schussvorlagen	Tore/Torvorlagen	Note
Walker		50 in 119	40 % (15)	0/0	76 % (33)	0/0	0/0	4
Sancho		2 in 1	50 % (2)	0/0	0 % (0)	0/0	0/0	–
Stones		59 in 120	47 % (15)	0/0	89 % (45)	1/1	0/0	4
Maguire	3	78 in 120	86 % (14)	1/3	89 % (53)	1/0	0/0	2
Trippier		31 in 69	20 % (10)	1/0	42 % (12)	0/2	0/1	4
Saka		22 in 51	56 % (18)	1/3	89 % (9)	0/0	0/0	4
Phillips		51 in 120	40 % (30)	1/1	88 % (33)	1/0	0/0	4
Rice		40 in 73	76 % (25)	0/1	91 % (23)	0/0	0/0	3
J. Henderson		20 in 46	50 % (4)	1/0	75 % (16)	0/0	0/0	4
Rashford		2 in 1	100 % (1)	0/0	0 % (0)	0/0	0/0	–
Shaw		79 in 120	46 % (22)	1/0	76 % (41)	2/2	1/0	3
Sterling		34 in 120	53 % (19)	2/3	87 % (15)	0/0	0/0	4
Kane		36 in 120	36 % (36)	1/3	68 % (19)	0/0	0/0	5
Mount		29 in 98	29 % (21)	2/2	73 % (15)	0/1	0/0	4
Grealish		8 in 22	57 % (7)	0/2	75 % (4)	1/0	0/0	4

„Italien, wir lieben dich wie verrückt!“

England hat ein Elfmeter-Trauma

EM 1996: Köpke hält den Elfmeter von Southgate. Deutschland siegt 6:5

Als es nach 120 Minuten klar war, dass die Entscheidung im Elfmeterschießen fallen würde, dürfte ein ungutes Gefühl Englands Fans beschlichen haben. Denn das ging fast nie gut aus für die Three Lions. Neunmal musste England ins Elfmeterschießen bei WM und EM. Siebenmal verlor das Mutterland des Fußballs. Allein zweimal gegen Deutschland (1990 und 1996). Englands Trainer Gareth Southgate nahm nach der Endspiel-Niederlage gegen Italien die Schuld auf sich: „Ich habe entschieden, wer die Elfmeter schießt. Niemand ist alleine. Wir haben als Team gewonnen und verlieren als Team. Wenn es um das Elfmeterschießen geht, liegt es allein an mir.“

England
Elfmeter-Bilanz bei WM und EM

WM 1990
Halbfinale England – Deutschland 3:4
EM 1996
Viertelfinale England – Spanien 4:2
EM 1996
Halbfinale England – Deutschland 5:6
WM 1998
Achtelfinale England – Argentinien 3:4
EM 2004
Viertelfinale England – Portugal 5:6
WM 2006
Viertelfinale England – Portugal 1:3
EM 2012
Viertelfinale England – Italien 2:4
WM 2018
Achtelfinale England – Kolumbien 4:3
EM 2021
Finale England – Italien 2:3

›› guten Chance, als er sich gegen Rice durchsetzte und aus 20 Metern knapp rechts danebenschoss.

Eine Minute später fast das 2:0 für England, als wieder Shaw auf der linken Seite gefährlich durchkam, aber Emerson im letzten Augenblick klärte.

In der zweiten Halbzeit wendete sich das Blatt. Italien übernahm das Kommando. In der 51. Minute schoss Lorenzo Insigne einen Freistoß aus 18 Metern nur knapp über das englische Tor. Chiesa scheiterte in der 62. Minute mit einem Flachschuss am englischen Torwart Jordan Pickford.

Dann der Schock für die zuvor so euphorisierten Engländer: Nach einer Ecke landete der Ball bei Marco Verratti, dessen Kopfball Pickford noch an den Pfosten lenken konnte. Doch Leonardo Bonucci rauschte heran und staubte aus kurzer Distanz zum verdienten 1:1-Ausgleich ab (67.). Der 34-jährige Innenverteidiger wurde zum ältesten Torschützen in einem EM-Finale und löste den Deutschen Bernd Hölzenbein ab, der im EM-Finale 1976 gegen die Tschechoslowakei im Alter von 30 Jahren getroffen hatte.

In der 73. Minute fast die Führung für Italien: Bonucci spielte einen hohen Steilpass auf Domenico Berardi, der mit einem Spreizschritt noch an den Ball kam, aber über das Tor schoss.

Die Bilanz nach regulärer Spielzeit: 14:4 Torschüsse und 66 Prozent Ballbesitz für Italien.

In der Verlängerung scheuten beide Mannschaften das Risiko. Pickford rettete gegen Bernardeschi (103.), Donnarumma gegen Stones (108.) – mehr war nicht. Bemerkenswert: Die zuvor im Turnier so starken Kane und Sterling verzeichneten im Finale keinen einzigen Torschuss.

Das Drama nahm seinen Lauf. Auch im Elfmeterschießen ging England zunächst in Führung. Nach Treffern von Berardi und Kane verschoss Andrea Belotti, Maguire drosch den Ball in den Winkel. Doch nach Bonuccis Treffer zeigten nacheinander die im Laufe des Spiels eingewechselten Marcus Rashford, Jadon Sancho und Saka Nerven und vergaben. England verfiel in Schockstarre. „Es ist das schlimmste Gefühl, wenn man verliert. Es war ein fantastisches Turnier von uns. Wir müssen den Kopf oben behalten“, sagte Kapitän Kane. „Wir werden daran wachsen. Wir sind extrem stolz auf das, was wir als Gruppe erreicht haben. Wir haben uns seit Russland verbessert – und jetzt machen wir damit weiter.“

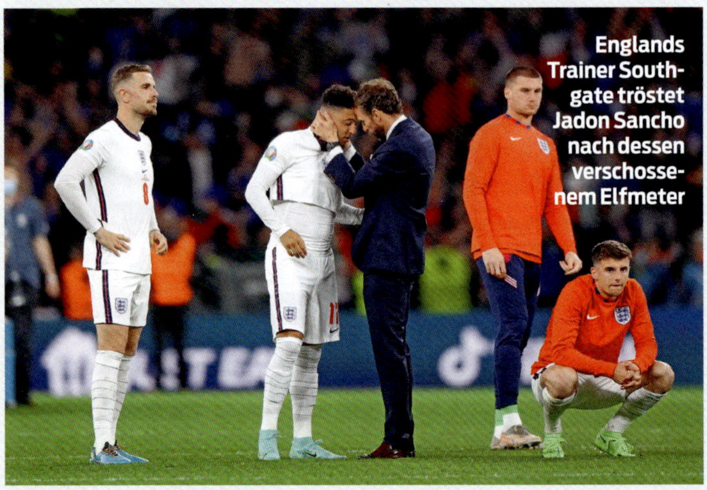

Englands Trainer Southgate tröstet Jadon Sancho nach dessen verschossenem Elfmeter

Italien unterdessen feierte den EM-Titel, den zweiten nach 1968: „Wir sind außergewöhnlich gewesen, wir sind superglücklich“, jubelte Torhüter Donnarumma, der als bester Spieler der EM ausgezeichnet wurde. „Es ist eine unglaubliche Sache, wir sind eine fantastische Mannschaft und verdienen es alle. Wir geben niemals auf, auch wenn wir ein frühes Gegentor kassieren. Es war nicht leicht, sie haben gut verteidigt. Aber wir waren spektakulär, wir waren grandios.“

Die „Gazzetta dello Sport“ schrieb: „Italien, wir lieben dich wie verrückt: Wir sind Europameister. Football is coming home. Das können wir singen oder sogar schreien, ohne Majestätsbeleidigung zu riskieren. Weil der Fußball auch in Italien zu Hause ist, einem wunderschönen azurblauen Haus. Wir sind auf dem Dach Europas.“ Und die „Tuttosport“ schwärmte: „Legendär! Italien ist Europameister! Die Realität ist noch süßer als die Träume. Das Dunkel von 2018 ohne WM und ohne Hoffnung ist eine weit entfernte Erinnerung: Die Nationalmannschaft blüht in Wembley wieder auf.“

Leonardo Bonucci hebt Trainer Roberto Mancini hoch. Nach der verpassten WM 2018 feiert Italien den EM-Titel

STATISTIK

- TÜRKEI
- ITALIEN
- WALES
- SCHWEIZ
- DÄNEMARK
- FINNLAND
- BELGIEN
- RUSSLAND
- NIEDERLANDE
- UKRAINE
- ÖSTERREICH
- NORDMAZEDONIEN
- ENGLAND
- KROATIEN
- SCHOTTLAND
- TSCHECHIEN
- SPANIEN
- SCHWEDEN
- POLEN
- SLOWAKEI
- UNGARN
- PORTUGAL
- FRANKREICH
- DEUTSCHLAND

Bunte Eröffnungsfeier im Olympiastadion von Rom. Um 20.37 Uhr begrüßten die ehemaligen italienischen Nationalspieler Francesco Totti und Alessandro Nesta die Fans. Zur Musik einer großen Kapelle wurden 24 große Ballons auf den Rasen getragen, die die teilnehmenden Nationen symbolisierten

DIE **11 STADIEN** DER **EM**

Die paneuropäische EM wurde in elf Ländern gespielt. In Rom fand das Eröffnungsspiel statt, in London das Finale. Wegen der Pandemie durfte in die meisten Stadien nur eine begrenzte Anzahl von Zuschauern.

Hampden Park (52 500 Plätze)

Montag, 14. Juni, 15 Uhr	Gruppe D	Schottland – Tschechien	0:2 (0:1)
Freitag, 18. Juni, 18 Uhr	Gruppe D	Kroatien – Tschechien	1:1 (0:1)
Dienstag, 22. Juni, 21 Uhr	Gruppe D	Kroatien – Schottland	3:1 (1:1)
Dienstag, 29. Juni, 21 Uhr	Achtelfinale	Schweden – Ukraine	1:2 (1:1, 1:1) n. V.

Allianz Arena (70 000 Plätze)

Dienstag, 15. Juni, 21 Uhr	Gruppe F	Frankreich – Deutschland	1:0 (1:0)
Samstag, 19. Juni, 18 Uhr	Gruppe F	Portugal – Deutschland	2:4 (1:2)
Mittwoch, 23. Juni, 21 Uhr	Gruppe F	Deutschland – Ungarn	2:2 (0:1)
Freitag, 2. Juli, 21 Uhr	Viertelfinale	Belgien – Italien	1:2 (1:2)

Olympiastadion (57 619 Plätze)

Montag, 14. Juni, 21 Uhr	Gruppe E	Spanien – Schweden	0:0
Samstag, 19. Juni, 21 Uhr	Gruppe E	Spanien – Polen	1:1 (1:0)
Mittwoch, 23. Juni, 18 Uhr	Gruppe E	Slowakei – Spanien	0:5 (0:2)
Sonntag, 27. Juni, 21 Uhr	Achtelfinale	Belgien – Portugal	1:0 (1:0)

Johan-Cruyff-Arena (54 990 Plätze)

Sonntag, 13. Juni, 21 Uhr	Gruppe C	Niederlande – Ukraine	3:2 (0:0)
Donnerstag, 17. Juni, 21 Uhr	Gruppe C	Niederlande – Österreich	2:0 (1:0)
Montag, 21. Juni, 18 Uhr	Gruppe C	Nordmazedonien – Niederlande	0:3 (0:1)
Samstag, 26. Juni, 18 Uhr	Achtelfinale	Wales – Dänemark	0:4 (0:1)

Wembley-Stadion (90 652 Plätze)

Sonntag, 13. Juni, 15 Uhr	Gruppe D	England – Kroatien	1:0 (0:0)
Freitag, 18. Juni, 21 Uhr	Gruppe D	England – Schottland	0:0
Dienstag, 22. Juni, 21 Uhr	Gruppe D	Tschechien – England	0:1 (0:1)
Samstag, 26. Juni, 21 Uhr	Achtelfinale	Italien – Österreich	2:1 (0:0, 0:0) n. V.
Dienstag, 29. Juni, 18 Uhr	Achtelfinale	England – Deutschland	2:0 (0:0)
Dienstag, 6. Juli, 21 Uhr	Halbfinale	Italien – Spanien	1:1 (0:0, 1:1) n. V., 4:2 i. E.
Mittwoch, 7. Juli, 21 Uhr	Halbfinale	England – Dänemark	2:1 (1:1, 1:1) n. V.
Sonntag, 11. Juli, 21 Uhr	Finale	Italien – England	1:1 (0:1, 1:1) n. V., 3:2 i. E.

Olympiasta

Freitag, 11. Juni, 21 Uhr	Gruppe A
Mittwoch, 16. Juni, 21 Uhr	Gruppe A
Sonntag, 20. Juni, 18 Uhr	Gruppe A
Samstag, 3. Juli, 21 Uhr	Viertelfinal

2021

Parken (38 190 Plätze)

Samstag, 12. Juni, 18 Uhr	Gruppe B	Dänemark – Finnland	0:1 (0:0)
Donnerstag, 17. Juni, 18 Uhr	Gruppe B	Dänemark – Belgien	1:2 (1:0)
Montag, 21. Juni, 21 Uhr	Gruppe B	Russland – Dänemark	1:4 (0:1)
Montag, 28. Juni, 18 Uhr	Achtelfinale	Kroatien – Spanien	3:5 (1:1, 3:3) n. V.

Krestowski-Stadion (69 501 Plätze)

Samstag, 12. Juni, 21 Uhr	Gruppe B	Belgien – Russland	3:0 (2:0)
Montag, 14. Juni, 18 Uhr	Gruppe E	Polen – Slowakei	1:2 (0:1)
Mittwoch, 16. Juni, 15 Uhr	Gruppe B	Finnland – Russland	0:1 (0:1)
Freitag, 18. Juni, 15 Uhr	Gruppe E	Schweden – Slowakei	1:0 (0:0)
Montag, 21. Juni, 21 Uhr	Gruppe B	Finnland – Belgien	0:2 (0:0)
Mittwoch, 23. Juni, 18 Uhr	Gruppe E	Schweden – Polen	3:2 (1:0)
Freitag, 2. Juli, 18 Uhr	Viertelfinale	Schweiz – Spanien	1:1 (0:1, 1:1) n. V., 1:3 i. E.

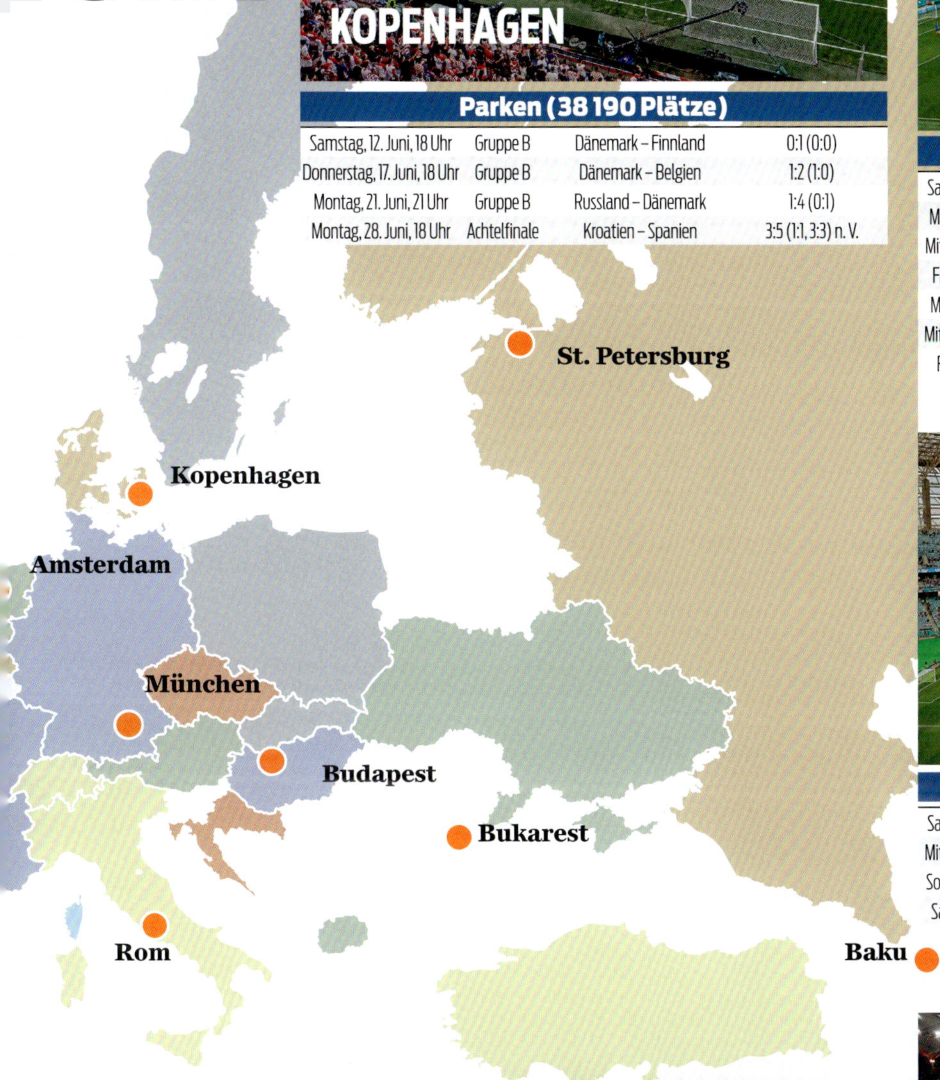

Nationalstadion (69 870 Plätze)

Samstag, 12. Juni, 15 Uhr	Gruppe A	Wales – Schweiz	1:1 (0:0)
Mittwoch, 16. Juni, 18 Uhr	Gruppe A	Türkei – Wales	0:2 (0:1)
Sonntag, 20. Juni, 18 Uhr	Gruppe A	Schweiz – Türkei	3:1 (2:0)
Samstag, 3. Juli, 18 Uhr	Viertelfinale	Tschechien – Dänemark	1:2 (0:2)

Arena National (55 600 Plätze)

Sonntag, 13. Juni, 18 Uhr	Gruppe C	Österreich – Nordmazedonien	3:1 (1:1)
Donnerstag, 17. Juni, 15 Uhr	Gruppe C	Ukraine – Nordmazedonien	2:1 (2:0)
Montag, 21. Juni, 18 Uhr	Gruppe C	Ukraine – Österreich	0:1 (0:1)
Montag, 28. Juni, 21 Uhr	Achtelfinale	Frankreich – Schweiz	3:3 (0:1, 3:3) n. V., 4:5 i. E.

72 689 Plätze)

kei – Italien	0:3 (0:0)
en – Schweiz	3:0 (1:0)
ien – Wales	1:0 (1:0)
ne – England	0:4 (0:1)

Puskas Arena (67 155 Plätze)

Dienstag, 15. Juni, 18 Uhr	Gruppe F	Ungarn – Portugal	0:3 (0:0)
Samstag, 19. Juni, 15 Uhr	Gruppe F	Ungarn – Frankreich	1:1 (1:0)
Mittwoch, 23. Juni, 21 Uhr	Gruppe F	Portugal – Frankreich	2:2 (1:1)
Sonntag, 27. Juni, 18 Uhr	Achtelfinale	Niederlande – Tschechien	0:2 (0:0)

GRUPPE A

11.6.	Rom	Türkei – Italien	0:3 (0:0)
12.6.	Baku	Wales – Schweiz	1:1 (0:0)
16.6.	Baku	Türkei – Wales	0:2 (0:1)
16.6.	Rom	Italien – Schweiz	3:0 (1:0)
20.6.	Baku	Schweiz – Türkei	3:1 (2:0)
20.6.	Rom	Italien – Wales	1:0 (1:0)

	Team	G	U	V	Tore	Punkte
1.	Italien	3	0	0	7:0	9
2.	Wales	1	1	1	3:2	4
3.	Schweiz	1	1	1	4:5	4
4.	Türkei	0	0	3	1:8	0

GRUPPE B

12.6.	Kopenhagen	Dänemark – Finnland	0:1 (0:0)
12.6.	St. Petersburg	Belgien – Russland	3:0 (2:0)
16.6.	St. Petersburg	Finnland – Russland	0:1 (0:1)
17.6.	Kopenhagen	Dänemark – Belgien	1:2 (1:0)
21.6.	Kopenhagen	Russland – Dänemark	1:4 (0:1)
21.6.	St. Petersburg	Finnland – Belgien	0:2 (0:0)

	Team	G	U	V	Tore	Punkte
1.	Belgien	3	0	0	7:1	9
2.	Dänemark	1	0	2	5:4	3
3.	Finnland	1	0	2	1:3	3
4.	Russland	1	0	2	2:7	3

GRUPPE C

13.6.	Bukarest	Österreich – Nordmazed.	3:1 (1:1)
13.6.	Amsterdam	Niederlande – Ukraine	3:2 (0:0)
17.6.	Bukarest	Ukraine – Nordmazedonien	2:1 (2:0)
17.6.	Amsterdam	Niederlande – Österreich	2:0 (1:0)
21.6.	Amsterdam	Nordmazed. – Niederlande	0:3 (0:1)
21.6.	Bukarest	Ukraine – Österreich	0:1 (0:1)

	Team	G	U	V	Tore	Punkte
1.	Niederlande	3	0	0	8:2	9
2.	Österreich	2	0	1	4:3	6
3.	Ukraine	1	0	2	4:5	3
4.	Nordmazedonien	0	0	3	2:8	0

GRUPPE D

13.6.	London	England – Kroatien	1:0 (0:0)
14.6.	Glasgow	Schottland – Tschechien	0:2 (0:1)
18.6.	Glasgow	Kroatien – Tschechien	1:1 (0:1)
18.6.	London	England – Schottland	0:0
22.6.	Glasgow	Kroatien – Schottland	3:1 (1:1)
22.6.	London	Tschechien – England	0:1 (0:1)

	Team	G	U	V	Tore	Punkte
1.	England	2	1	0	2:0	7
2.	Kroatien	1	1	1	4:3	4
3.	Tschechien	1	1	1	3:2	4
4.	Schottland	0	1	2	1:5	1

GRUPPE E

14.6.	St. Petersburg	Polen – Slowakei	1:2 (0:1)
14.6.	Sevilla	Spanien – Schweden	0:0
18.6.	St. Petersburg	Schweden – Slowakei	1:0 (0:0)
19.6.	Sevilla	Spanien – Polen	1:1 (1:0)
23.6.	Sevilla	Slowakei – Spanien	0:5 (0:2)
23.6.	St. Petersburg	Schweden – Polen	3:2 (1:0)

	Team	G	U	V	Tore	Punkte
1.	Schweden	2	1	0	4:2	7
2.	Spanien	1	2	0	6:1	5
3.	Slowakei	1	0	2	2:7	3
4.	Polen	0	1	2	4:6	1

GRUPPE F

15.6.	Budapest	Ungarn – Portugal	0:3 (0:0)
15.6.	München	Frankreich – Deutschland	1:0 (1:0)
19.6.	Budapest	Ungarn – Frankreich	1:1 (1:0)
19.6.	München	Portugal – Deutschland	2:4 (1:2)
23.6.	Budapest	Portugal – Frankreich	2:2 (1:1)
23.6.	München	Deutschland – Ungarn	2:2 (0:1)

	Team	G	U	V	Tore	Punkte
1.	Frankreich	1	2	0	4:3	5
2.	Deutschland	1	1	1	6:5	4
3.	Portugal	1	1	1	7:6	4
4.	Ungarn	0	2	1	3:6	2

ACHTELFINALE

26.6.	Amsterdam	Wales – Dänemark	0:4 (0:1)
26.6.	London	Italien – Österreich	2:1 (0:0, 0:0) n. V.
27.6.	Budapest	Niederlande – Tschechien	0:2 (0:0)
27.6.	Sevilla	Belgien – Portugal	1:0 (1:0)
28.6.	Kopenhagen	Kroatien – Spanien	3:5 (1:1, 3:3) n. V.
28.6.	Bukarest	Frankreich – Schweiz	3:3 n. V., 4:5 i. E.
29.6.	London	England – Deutschland	2:0 (0:0)
29.6.	Glasgow	Schweden – Ukraine	1:2 (1:1, 1:1) n. V.

VIERTELFINALE

2.7.	St. Petersburg	Schweiz – Spanien	1:1 n. V., 1:3 i. E.
2.7.	München	Belgien – Italien	1:2 (1:2)
3.7.	Baku	Tschechien – Dänemark	1:2 (0:2)
3.7.	Rom	Ukraine – England	0:4 (0:1)

HALBFINALE

6.7.	London	Italien – Spanien	1:1 n. V., 4:2 i. E.
7.7.	London	England – Dänemark	2:1 (1:1, 1:1) n. V.

FINALE

11.7.	London	Italien – England	1:1 n. V., 3:2 i. E.

Finnlands Torwart Lukas Hradecky (Mitte) wird von seinen Teamkollegen Joona Toivio, Paulus Arajuuri und Daniel O'Shaughnessy (v. l.) gefeiert, nachdem er den Elfmeter von Dänemarks Pierre-Emile Højbjerg pariert hat

TÜRKEI

	Name	Spiele	Tore*
12	Altay Bayindir	–	–
23	Ugurcan Cakir	3	8
1	Mert Günok	–	–
22	Kaan Ayhan	3	0
2	Zeki Celik	3	0
3	Merih Demiral	3	0
15	Ozan Kabak	–	–
13	Umut Meras	2	0
25	Mert Müldür	2	0
4	Caglar Söyüncü	3	0
18	Ridvan Yilmaz	–	–
14	Taylan Antalyali	–	–
10	Hakan Calhanoglu	3	0
21	Irfan Can Kahveci	3	1
19	Orkun Kökcü	1	0
8	Dorukhan Toköz	1	0
6	Ozan Tufan	3	0
11	Yusuf Yazici	3	0
5	Okay Yokuslu	3	0
24	Kerem Aktürkoglu	–	–
26	Halil Dervisoglu	2	0
9	Kenan Karaman	3	0
20	Abdülkadir Ömür	–	–
16	Enes Ünal	–	–
7	Cengiz Ünder	3	0
17	Burak Yilmaz	3	0

Trainer: Senol Günes

ITALIEN

	Name	Spiele	Tore*
21	Gianluigi Donnarumma	7	4
26	Alex Meret	–	–
1	Salvatore Sirigu	1	0
15	Francesco Acerbi	3	0
23	Alessandro Bastoni	1	0
19	Leonardo Bonucci	7	1
3	Giorgio Chiellini	5	0
2	Giovanni Di Lorenzo	6	0
24	Alessandro Florenzi	2	0
13	Emerson Palmieri	4	0
4	Leonardo Spinazzola	4	0
25	Rafael Tolói	4	0
18	Nicolò Barella	6	1
7	Gaetano Castrovilli	1	0
16	Bryan Cristante	6	0
8	Jorginho	7	0
5	Manuel Locatelli	5	2
12	Matteo Pessina	4	2
6	Marco Verratti	5	0
9	Andrea Belotti	6	0
11	Domenico Berardi	6	0
20	Federico Bernardeschi	4	0
14	Federico Chiesa	7	2
17	Ciro Immobile	6	2
10	Lorenzo Insigne	6	2
22	Giacomo Raspadori	1	0

Trainer: Roberto Mancini

WALES

	Name	Spiele	Tore*
21	Adam Davies	–	–
1	Wayne Hennessey	–	–
12	Danny Ward	4	6
24	Ben Cabango	–	–
4	Ben Davies	4	0
2	Chris Gunter	1	0
5	Tom Lockyer	–	–
22	Chris Mepham	3	0
17	Rhys Norrington-Davies	–	–
14	Connor Roberts	4	1
6	Joe Rodon	4	0
3	Neco Williams	3	0
7	Joe Allen	4	0
15	Ethan Ampadu	3	0
19	David Brooks	3	0
25	Rubin Colwill	–	–
23	Dylan Levitt	1	0
16	Joe Morrell	4	0
10	Aaron Ramsey	4	1
26	Matt Smith	–	–
18	Jonathan Williams	–	–
8	Harry Wilson	3	0
11	Gareth Bale	4	0
20	Daniel James	4	0
13	Kieffer Moore	4	1
9	Tyler Roberts	1	0

Trainer: Rob Page

SCHWEIZ

	Name	Spiele	Tore*
12	Yvon Mvogo	–	–
21	Gregor Kobel	–	–
1	Yann Sommer	5	9
5	Manuel Akanji	5	0
17	Loris Benito	1	0
25	Eray Cömert	–	–
4	Nico Elvedi	5	0
26	Jordan Lotomba	–	–
2	Kevin Mbabu	5	0
24	Becir Omeragic	–	–
13	Ricardo Rodríguez	5	0
22	Fabian Schär	4	0
3	Silvan Widmer	4	0
16	Christian Fassnacht	2	0
20	Edimilson Fernandes	–	–
8	Remo Freuler	5	0
15	Djibril Sow	2	0
10	Granit Xhaka	4	0
6	Denis Zakaria	2	0
14	Steven Zuber	4	0
7	Breel Embolo	5	1
19	Mario Gavranovic	5	1
18	Admir Mehmedi	2	0
9	Haris Seferovic	5	3
23	Xherdan Shaqiri	5	3
11	Rubén Vargas	4	0

Trainer: Vladimir Petkovic

Mannschaftskapitäne in Rot

GRUPPE A

Türkei – Italien 0:3 (0:0)

Türkei: Cakir – Celik, Demiral, Söyüncü, Meras – Yokuslu (65. Kahveci) – Karaman (76. Dervisoglu), Tufan (64. Ayhan), Yazici (46. Ünder), Calhanoglu – B. Yilmaz.
Italien: Donnarumma – Florenzi (46. Di Lorenzo), Bonucci, Chiellini, Spinazzola – Barella, Jorginho, Locatelli (74. Cristante) – Berardi (85. Bernardeschi), Immobile (81. Belotti), Insigne (81. Chiesa).
Schiedsrichter: Makkelie (Niederlande).
Tore: 0:1 Demiral (53./Eigentor), 0:2 Immobile (66.), 0:3 Insigne (79.).
Gelb: Söyüncü (1), Dervisoglu (1) / –.
Zuschauer: 15 948 in Rom.

Wales – Schweiz 1:1 (0:0)

Wales: Ward – C. Roberts, Mepham, Rodon, B. Davies – Morrell, Allen, Ramsey (90.+3 Ampadu) – Bale, Moore, James (75. Brooks).
Schweiz: Sommer – Elvedi, Schär, Akanji – Mbabu, Xhaka, Freuler, Rodríguez – Shaqiri (66. Zakaria) – Embolo, Seferovic (84. Gavranovic).
Schiedsrichter: Turpin (Frankreich).
Tore: 0:1 Embolo (49.), 1:1 Moore (74.).
Gelb: Moore (1) / Schär (1), Mbabu (1).
Zuschauer: 8782 in Baku.

Türkei – Wales 0:2 (0:1)

Türkei: Cakir – Celik, Ayhan, Söyüncü, Meras (72. Müldür) – Yokuslu (46. Demiral) – Ünder (83. Kahveci), Tufan (46. Yazici), Calhanoglu, Karaman (75. Dervisoglu) – B. Yilmaz.
Wales: Ward – C. Roberts, Mepham, Rodon, B. Davies – Morrell, Allen (73. Ampadu) – Bale, Ramsey (85. Wilson), James (90.+4 N. Williams) – Moore.
Schiedsrichter: Dias (Portugal).
Tore: 0:1 Ramsey (42.), 0:2 C. Roberts (90.+5).
Gelb: B. Yilmaz (1), Calhanoglu (1) / Mepham (1), B. Davies (1).
Besonderes Vorkommnis: Bale verschießt Foulelfm. (61.).
Zuschauer: 19 762 in Baku.

Italien – Schweiz 3:0 (1:0)

Italien: Donnarumma – Di Lorenzo, Bonucci, Chiellini (24. Acerbi), Spinazzola – Barella (87. Cristante), Jorginho, Locatelli (86. Pessina) – Berardi (70. Tolói), Immobile, Insigne (69. Chiesa).
Schweiz: Sommer – Elvedi, Schär (58. Zuber), Akanji – Mbabu (58. Widmer), Freuler (84. Sow), Xhaka, Rodríguez – Shaqiri (76. Vargas) – Embolo, Seferovic (46. Gavranovic).
Schiedsrichter: Karasev (Russland).
Tore: 1:0 Locatelli (26.), 2:0 Locatelli (52.), 3:0 Immobile (89.). **Gelb:** – / Gavranovic (1), Embolo (1).
Zuschauer: 12 445 in Rom.

Schweiz – Türkei 3:1 (2:0)

Schweiz: Sommer – Elvedi, Akanji, Rodríguez – Widmer (90.+2 Mbabu), Freuler, Xhaka, Zuber (85. Benito) – Shaqiri (75. Vargas) – Seferovic (75. Gavranovic), Embolo (85. Mehmedi).
Türkei: Cakir – Celik, Demiral, Söyüncü, Müldür – Ayhan (64. Yokuslu) – Ünder (80. Karaman), Tufan (64. Yazici), Kahveci (80. Kökcü), Calhanoglu (86. Toköz) – B. Yilmaz.
Schiedsrichter: Vincic (Slowenien).
Tore: 1:0 Seferovic (6.), 2:0 Shaqiri (26.), 2:1 Kahveci (62.), 3:1 Shaqiri (68.). **Gelb:** Xhaka (1) / Calhanoglu (2), Celik (1), Söyüncü (2). **Zuschauer:** 17 138 in Baku.

Italien – Wales 1:0 (1:0)

Italien: Donnarumma (89. Sirigu) – Tolói, Bonucci (46. Acerbi), Bastoni, Emerson – Pessina (87. Castrovilli), Jorginho (75. Cristante), Verratti – Bernardeschi (75. Raspadori), Belotti, Chiesa.
Wales: Ward – Rodon, Ampadu, Gunter – C. Roberts, Morrell (60. Moore), Allen (86. Levitt), N. Williams (86. B. Davies) – Bale (86. Brooks), Ramsey, James (74. Wilson).
Schiedsrichter: Hategan (Rumänien).
Tor: 1:0 Pessina (39.). **Gelb:** Pessina (1) / Allen (1), Gunter (1). **Rot:** Ampadu (55./grobes Foulspiel).
Zuschauer: 11 541 in Rom.

GRUPPE B

Dänemark – Finnland 0:1 (0:0)

Dänemark: Schmeichel – Wass (76. Stryger Larsen), Christensen, Kjær (63. Vestergaard), Mæhle – Delaney (76. Cornelius), Eriksen (43. Jensen), Højbjerg – Poulsen, Wind (63. Skov Olsen), Braithwaite.
Finnland: Hradecky – Toivio, Arajuuri, O'Shaughnessy – Raitala (90. Väisänen), Sparv (77. Schüller), Kamara, Uronen – Lod – Pohjanpalo (84. Forss), Pukki (77. Kauko).
Schiedsrichter: Taylor (England).
Tor: 0:1 Pohjanpalo (60.). **Gelb:** – / Lod (1), Sparv (1).
Besonderes Vorkommnis: Hradecky hält Foulelfmeter von Højbjerg (74.). **Zuschauer:** 15 200 in Kopenhagen.

Belgien – Russland 3:0 (2:0)

Belgien: Courtois – Alderweireld, Boyata, Vertonghen (77. Vermaelen) – Castagne (27. Meunier), Dendoncker, Tielemans, T. Hazard – Mertens (72. E. Hazard), Carrasco (77. Praet) – Lukaku.
Russland: Shunin – Fernandes, Dzhikiya, Semenov, Zhirkov (43. Karavaev) – Zobnin (63. Mukhin), Barinov (46. Diveev), Ozdoev – Golovin, Kuzyaev (30. Cheryshev, 63. Miranchuk) – Dzyuba.
Schiedsrichter: Lahoz (Spanien).
Tore: 1:0 Lukaku (10.), 2:0 Meunier (34.), 3:0 Lukaku (88.).
Zuschauer: 26 264 in St. Petersburg.

Finnland – Russland 0:1 (0:1)

Finnland: Hradecky – Toivio (85. Jensen), Arajuuri, O'Shaughnessy – Raitala (75. Soiri), Lod, Schüller (67. Kauko), Kamara, Uronen – Pukki (75. Lappalainen), Pohjanpalo.
Russland: Safonov – Barinov, Diveev, Dzhikiya – Fernandes (26. Karavaev), Zobnin, Ozdoev (61. Zhemaletdinov), Kuzyaev – Miranchuk (85. Mukhin), Golovin – Dzyuba (85. Sobolev).
Schiedsrichter: Makkelie (Niederlande).
Tor: 0:1 Miranchuk (45.+2). **Gelb:** Kamara (1), O'Shaughnessy (1) / Barinov (1), Ozdoev (1), Dzhikiya (1).
Zuschauer: 24 540 in St. Petersburg.

Dänemark – Belgien 1:2 (1:0)

Dänemark: Schmeichel – Christensen, Kjær, Vestergaard (84. Skov Olsen) – Wass (61. Stryger Larsen), Delaney (72. Jensen), Højbjerg, Mæhle – Braithwaite, Poulsen (61. Nørgaard), Damsgaard (72. Cornelius).
Belgien: Courtois – Alderweireld, Denayer, Vertonghen – Meunier, Tielemans, Dendoncker (59. Witsel), T. Hazard (90.+4 Vermaelen) – Mertens (46. De Bruyne), Carrasco (59. E. Hazard) – Lukaku.
Schiedsrichter: Kuipers (Niederlande).
Tore: 1:0 Poulsen (2.), 1:1 T. Hazard (55.), 1:2 De Bruyne (70.).
Gelb: Wass (1), Damsgaard (1), Jensen (1) / T. Hazard (1).
Zuschauer: 23 395 in Kopenhagen.

Russland – Dänemark 1:4 (0:1)

Russland: Safonov – Kudryashov (67. Karavaev), Diveev, Dzhikiya – Fernandes, Zobnin, Ozdoev (61. Zhemaletdinov), Kuzyaev (67. Mukhin) – Miranchuk (61. Sobolev), Golovin – Dzyuba.
Dänemark: Schmeichel – Christensen, Kjær, Vestergaard – Wass (60. Stryger Larsen), Delaney (86. Jensen), Højbjerg, Mæhle – Damsgaard (72. Nørgaard), Poulsen (60. Dolberg), Braithwaite (85. Cornelius).
Schiedsrichter: Turpin (Frankreich). **Tore:** 0:1 Damsgaard (38.), 0:2 Poulsen (59.), 1:2 Dzyuba (70./Foulelfmeter), 1:3 Christensen (79.), 1:4 Mæhle (82.). **Gelb:** Kudryashov (1), Diveev (1) / Delaney (1). **Zuschauer:** 23 644 in Kopenhagen.

Finnland – Belgien 0:2 (0:0)

Finnland: Hradecky – Toivio, Arajuuri, O'Shaughnessy – Raitala, Sparv (59. Schüller), Uronen (70. Alho) – Lod (90.+1 Forss), Kamara – Pohjanpalo (70. Kauko), Pukki (90.+1 Jensen).
Belgien: Courtois – Denayer, Boyata, Vermaelen – Trossard (75. Meunier), De Bruyne (90.+1 Vanaken), Witsel, Chadli – Doku (76. Batshuayi), E. Hazard – Lukaku (84. Benteke).
Schiedsrichter: Brych (Deutschland).
Tore: 0:1 Hradecky (74./Eigentor), 0:2 Lukaku (81.).
Gelb: –/–. **Zuschauer:** 18 545 in St. Petersburg.

DÄNEMARK

	Name	Spiele	Tore*
16	Jonas Lössl	–	–
22	Frederik Rønnow	–	–
1	Kasper Schmeichel	6	7
2	Joachim Andersen	3	0
26	Nicolai Boilesen	1	0
6	Andreas Christensen	6	1
4	Simon Kjær	6	0
5	Joakim Mæhle	6	2
17	Jens Stryger Larsen	6	0
3	Jannik Vestergaard	6	0
18	Daniel Wass	5	0
13	Mathias Jørgensen	–	–
25	Anders Christiansen	–	–
14	Mikkel Damsgaard	5	2
8	Thomas Delaney	6	1
10	Christian Eriksen	1	0
23	Pierre Emile Højbjerg	6	0
24	Mathias Jensen	6	0
15	Christian Nørgaard	5	0
7	Robert Skov	–	–
9	Martin Braithwaite	6	1
21	Andreas Cornelius	4	0
12	Kasper Dolberg	4	3
20	Yussuf Poulsen	5	2
11	Andreas Skov Olsen	2	0
19	Jonas Wind	2	0

Trainer: Kasper Hjulmand

FINNLAND

	Name	Spiele	Tore*
1	Lukas Hradecky	3	3
23	Anssi Jaakkola	–	–
12	Jesse Joronen	–	–
17	Nikolai Alho	1	0
2	Paulus Arajuuri	3	0
25	Robert Ivanov	–	–
3	Daniel O'Shaughnessy	3	0
22	Jukka Raitala	3	0
13	Pyry Soiri	1	0
4	Joona Toivio	3	0
18	Jere Uronen	3	0
5	Leo Väisänen	1	0
15	Nicholas Hämäläinen	–	–
9	Fredrik Jensen	2	0
6	Glen Kamara	3	0
19	Joni Kauko	3	0
16	Thomas Lam	–	–
8	Robin Lod	3	0
11	Rasmus Schüller	3	0
14	Tim Sparv	2	0
7	Robert Taylor	–	–
26	Marcus Forss	2	0
21	Lassi Lappalainen	1	0
20	Joel Pohjanpalo	3	1
10	Teemu Pukki	3	0
24	Onni Valakari	–	–

Trainer: Markku Kanerva

BELGIEN

	Name	Spiele	Tore*
1	Thibaut Courtois	5	3
12	Simon Mignolet	–	–
13	Matz Sels	–	–
2	Toby Alderweireld	4	0
4	Dedryck Boyata	2	0
18	Jason Denayer	2	0
15	Thomas Meunier	5	1
3	Thomas Vermaelen	5	0
5	Jan Vertonghen	4	0
11	Yannick Carrasco	3	0
21	Timothy Castagne	1	0
22	Nacer Chadli	2	0
7	Kevin De Bruyne	4	1
19	Leander Dendoncker	3	0
16	Thorgan Hazard	4	2
26	Dennis Praet	2	0
8	Youri Tielemans	4	0
17	Hans Vanaken	1	0
6	Axel Witsel	4	0
23	Michy Batshuayi	1	0
20	Christian Benteke	1	0
25	Jérémy Doku	2	0
10	Eden Hazard	4	0
9	Romelu Lukaku	5	4
14	Dries Mertens	4	0
24	Leandro Trossard	1	0

Trainer: Roberto Martínez

RUSSLAND

	Name	Spiele	Tore*
12	Yuri Dyupin	–	–
16	Matvey Safonov	2	4
1	Anton Shunin	1	3
3	Igor Diveev	3	0
14	Georgiy Dzhikiya	3	0
24	Roman Evgenyev	–	–
2	Mário Fernandes	3	0
4	Vyacheslav Karavaev	3	0
13	Fedor Kudryashov	1	0
5	Andrey Semenov	1	0
8	Dmitri Barinov	2	0
6	Denis Cheryshev	1	0
21	Daniil Fomin	–	–
17	Aleksandr Golovin	3	0
23	Daler Kuzyaev	3	0
26	Maksim Mukhin	3	0
7	Magomed Ozdoev	3	0
19	Rifat Zhemaletdinov	2	0
18	Yuri Zhirkov	1	0
11	Roman Zobnin	3	0
22	Artem Dzyuba	3	1
20	Aleksey Ionov	–	–
25	Denis Makarov	–	–
15	Aleksey Miranchuk	3	1
9	Aleksandr Sobolev	2	0
10	Anton Zabolotnyi	–	–

Trainer: Stanislav Cherchesov

* bei Torhütern = Gegentore

GRUPPE C

Österreich – Nordmazedonien 3:1 (1:1)

Österreich: Bachmann – Dragovic (46. Lienhart), Alaba, Hinteregger – Lainer, Laimer (90.+3 Baumgartlinger), X. Schlager (90.+4 Ilsanker), Ulmer – Sabitzer – Baumgartner (58. Gregoritsch), Kalajdzic (59. Arnautovic).
Nordmazedonien: Dimitrievski – Nikolov (63. Bejtulai), S. Ristovski, Velkovski, Musliu (86. M. Ristovski), Alioski – Bardhi (82. Trickovski), Ademi, Elmas – Pandev, Trajkovski (63. Kostadinov).
Schiedsrichter: Ekberg (Schweden). **Tore:** 1:0 Lainer (18.), 1:1 Pandev (28.), 2:1 Gregoritsch (78.), 3:1 Arnautovic (89.).
Gelb: Lainer (1) / Trajkovski (1), Alioski (1).
Zuschauer: 9 082 in Bukarest.

Niederlande – Ukraine 3:2 (0:0)

Niederlande: Stekelenburg – Dumfries, Timber (88. Veltman), de Vrij, Blind (64. Aké), van Aanholt (64. Wijndal) – de Roon, Wijnaldum, F. de Jong – Weghorst (88. L. de Jong), Depay (90.+1 Malen).
Ukraine: Bushchan – Karavaev, Zabarnyi, Matvienko, Mykolenko – Zinchenko, Sydorchuk, Malinovskyi – Yarmolenko, Zubkov (13. Marlos, 64. Shaparenko) – Yaremchuk.
Schiedsrichter: Brych (Deutschland). **Tore:** 1:0 Wijnaldum (52.), 2:0 Weghorst (59.), 2:1 Yarmolenko (75.), 2:2 Yaremchuk (79.), 3:2 Dumfries (85.). **Gelb:** – / Sydorchuk (1).
Zuschauer: 15 837 in Amsterdam.

Niederlande – Österreich 2:0 (1:0)

Niederlande: Stekelenburg – Dumfries, de Vrij, de Ligt, Blind (64. Aké), van Aanholt (65. Wijndal) – de Roon (74. Gravenberch), Wijnaldum, F. de Jong – Weghorst (64. Malen), Depay (82. L. de Jong).
Österreich: Bachmann – Dragovic (84. Lienhart), Alaba, Hinteregger – Lainer, Laimer (61. Grillitsch), X. Schlager (84. Onisiwo), Ulmer – Baumgartner (70. Lazaro), Sabitzer – Gregoritsch (62. Kalajdzic).
Schiedsrichter: Grinfeld (Israel). **Tore:** 1:0 Depay (11./Foulelfmeter), 2:0 Dumfries (67.). **Gelb:** de Roon (1) / Alaba (1), Bachmann (1). **Zuschauer:** 15 243 in Amsterdam.

Ukraine – Nordmazedonien 2:1 (2:0)

Ukraine: Bushchan – Karavaev, Zabarnyi, Matvienko, Mykolenko – Stepanenko – Shaparenko (78. Sydorchuk), Zinchenko – Yarmolenko (70. Tsygankov), Yaremchuk (70. Besedin), Malinovskyi (90.+2 Sobol).
Nordmazedonien: Dimitrievski – S. Ristovski, Velkovski (85. Trickovski), Musliu – Nikolov (46. Trajkovski), Ademi (85. Ristevski), Spirovski (46. Churlinov), Alioski – Bardhi (77. Avramovski) – Pandev, Elmas.
Schiedsrichter: Rapallini (Argentinien).
Tore: 1:0 Yarmolenko (29.), 2:0 Yaremchuk (34.), 2:1 Alioski (57.). **Gelb:** Shaparenko (1) / Velkovski (1), Avramovski (1).
Besonderes Vorkommnis: Bushchan hält Foulelfmeter von Alioski (57.), Dimitrievski hält Handelfmeter von Malinovskyi (84.). **Zuschauer:** 10 001 in Bukarest.

Nordmazed. – Niederlande 0:3 (0:1)

Nordmazedonien: Dimitrievski – S. Ristovski, Velkovski, Musliu, Alioski – Bardhi (78. Stojanovski), Ademi (78. Nikolov) – Trickovski (56. Churlinov), Elmas, Trajkovski (68. Hasani) – Pandev (69. Kostadinov).
Niederlande: Stekelenburg – Dumfries (46. Berghuis), de Vrij (46. Timber), de Ligt, Blind, van Aanholt – F. de Jong (79. Gakpo), Wijnaldum, Gravenberch – Malen (66. Promes), Depay (66. Weghorst).
Schiedsrichter: Kovacs (Rumänien). **Tore:** 0:1 Depay (24.), 0:2, 0:3 Wijnaldum (51., 58.). **Gelb:** S. Ristovski (1), Musliu (1), Alioski (2), Kostadinov (1) / –. **Zuschauer:** 15 227 in Amsterdam.

Ukraine – Österreich 0:1 (0:1)

Ukraine: Bushchan – Karavaev, Zabarnyi, Matvienko, Mykolenko (85. Besedin) – Sydorchuk – Zinchenko, Shaparenko (68. Marlos) – Yarmolenko, Yaremchuk, Malinovskyi (46. Tsygankov).
Österreich: Bachmann – Lainer, Dragovic, Hinteregger, Alaba – X. Schlager, Grillitsch – Laimer (72. Ilsanker), Sabitzer, Baumgartner (32. Schöpf) – Arnautovic (90. Kalajdzic).
Schiedsrichter: Cakir (Türkei). **Tor:** 0:1 Baumgartner (21.).
Gelb: –/–. **Zuschauer:** 10 472 in Bukarest.

GRUPPE D

England – Kroatien 1:0 (0:0)

England: Pickford – Walker, Stones, Mings, Trippier – Phillips, Rice – Sterling (90.+2 Calvert-Lewin), Mount, Foden (71. Rashford) – Kane (82. Bellingham).
Kroatien: Livakovic – Vrsaljko, Vida, Caleta-Car, Gvardiol – Modric, Brozovic (70. Vlasic), Kovacic (85. Pasalic) – Kramaric (70. Brekalo), Rebic (78. Petkovic), Perisic.
Schiedsrichter: Orsato (Italien).
Tor: 1:0 Sterling (57.).
Gelb: Foden (1) / Caleta-Car (1), Kovacic (1), Brozovic (1).
Zuschauer: 18 497 in London.

Schottland – Tschechien 0:2 (0:1)

Schottland: Marshall – Hendry (67. McGregor), Hanley, Cooper – O'Donnell (79. Forrest), McGinn, McTominay, Armstrong (67. Fraser), Robertson – Dykes (79. Nisbet), Christie (46. Adams).
Tschechien: Vaclik – Coufal, Celustka, Kalas, Boril – Kral (67. Holes), Soucek – Masopust (72. Vydra), Darida (87. Sevcik), Jankto (72. Hlozek) – Schick (87. Krmencik).
Schiedsrichter: Siebert (Deutschland).
Tore: 0:1 Schick (42.), 0:2 Schick (52.).
Gelb: –/–.
Zuschauer: 9 847 in Glasgow.

Kroatien – Tschechien 1:1 (0:1)

Kroatien: Livakovic – Vrsaljko, Lovren, Vida, Gvardiol – Modric, Kovacic (87. Brozovic) – Perisic, Kramaric (62. Vlasic), Brekalo (46. Ivanusec) – Rebic (46. Petkovic).
Tschechien: Vaclik – Coufal, Kalas, Celustka, Boril – Holes (63. Kral), Soucek – Masopust (63. Hlozek), Darida (87. Barak), Jankto (74. Sevcik) – Schick (74. Krmencik).
Schiedsrichter: Del Cerro (Spanien).
Tore: 0:1 Schick (37./Foulelfmeter), 1:1 Perisic (47.).
Gelb: Lovren (1) / Masopust (1), Boril (1), Hlozek (1).
Zuschauer: 5 607 in Glasgow.

England – Schottland 0:0

England: Pickford – James, Stones, Mings, Shaw – Phillips, Rice, Mount – Foden (63. Grealish), Kane (74. Rashford), Sterling.
Schottland: Marshall – McTominay, Hanley, Tierney – O'Donnell, McGinn, Gilmour (76. Armstrong), McGregor, Robertson – Dykes, Adams (86. Nisbet).
Schiedsrichter: Lahoz (Spanien).
Tore: –.
Gelb: – / McGinn (1), O'Donnell (1).
Zuschauer: 20 306 in London.

Kroatien – Schottland 3:1 (1:1)

Kroatien: Livakovic – Juranovic, Lovren, Vida, Gvardiol (71. Barisic) – Brozovic, Kovacic – Modric – Vlasic (76. Ivanusec), Petkovic (70. Kramaric), Perisic (81. Rebic).
Schottland: Marshall – McTominay, Hanley (33. McKenna), Tierney – O'Donnell (84. Patterson), McGregor, Robertson – Armstrong (70. Fraser), McGinn – Dykes, Adams (84. Nisbet).
Schiedsrichter: Rapallini (Argentinien).
Tore: 1:0 Vlasic (17.), 1:1 McGregor (42.), 2:1 Modric (62.), 3:1 Perisic (77.).
Gelb: Lovren (2) / McKenna (1).
Zuschauer: 9 896 in Glasgow.

Tschechien – England 0:1 (0:1)

Tschechien: Vaclik – Coufal, Celustka, Kalas, Boril – Holes (84. Vydra), Soucek – Masopust (64. Hlozek), Darida (64. Kral), Jankto (46. Sevcik) – Schick (75. Pekhart).
England: Pickford – Walker, Stones (79. Mings), Maguire, Shaw – Phillips, Rice (46. J. Henderson), Grealish (68. Bellingham) – Saka (84. Sancho), Kane, Sterling (67. Rashford).
Schiedsrichter: Dias (Portugal).
Tor: 0:1 Sterling (12.).
Gelb: Boril (2) / –.
Zuschauer: 19 104 in London.

NIEDERLANDE

	Name	Spiele	Tore*
23	Marco Bizot	–	–
13	Tim Krul	–	–
1	Maarten Stekelenburg	4	4
4	Nathan Aké	2	0
17	Daley Blind	4	0
3	Matthijs de Ligt	3	0
6	Stefan de Vrij	4	0
22	Denzel Dumfries	4	2
25	Jurriën Timber	3	0
12	Patrick van Aanholt	4	0
2	Joël Veltman	1	0
5	Owen Wijndal	2	0
21	Frenkie de Jong	4	0
15	Marten de Roon	3	0
16	Ryan Gravenberch	2	0
14	Davy Klaassen	–	–
24	Teun Koopmeiners	–	–
8	Georginio Wijnaldum	4	3
7	Steven Berghuis	2	0
9	Luuk de Jong	2	0
10	Memphis Depay	4	2
26	Cody Gakpo	1	0
18	Donyell Malen	4	0
11	Quincy Promes	2	0
19	Wout Weghorst	4	1

Trainer: Frank de Boer

UKRAINE

	Name	Spiele	Tore*
1	Georgiy Bushchan	5	10
12	Andriy Pyatov	–	–
23	Anatoliy Trubin	–	–
21	Oleksandr Karavaev	5	0
4	Sergiy Kryvtsov	2	0
22	Mykola Matvienko	5	0
16	Vitaliy Mykolenko	4	0
25	Denys Popov	–	–
2	Eduard Sobol	1	0
24	Oleksandr Tymchyk	–	–
13	Ilya Zabarnyi	5	0
17	Oleksandr Zinchenko	5	1
18	Roman Bezus	1	0
14	Yevgen Makarenko	2	0
8	Ruslan Malinovskyi	4	0
10	Mykola Shaparenko	5	0
6	Taras Stepanenko	2	0
3	Georgiy Sudakov	–	–
5	Sergiy Sydorchuk	5	0
19	Artem Besedin	3	0
26	Artem Dovbyk	1	1
11	Marlos	2	0
15	Viktor Tsygankov	4	0
9	Roman Yaremchuk	5	2
7	Andriy Yarmolenko	5	2
20	Oleksandr Zubkov	1	0

Trainer: Andriy Shevchenko

ÖSTERREICH

	Name	Spiele	Tore*
13	Daniel Bachmann	4	5
12	Pavao Pervan	–	–
1	Alexander Schlager	–	–
3	Aleksandar Dragovic	4	0
26	Marco Friedl	–	–
4	Martin Hinteregger	4	0
21	Stefan Lainer	4	1
15	Philipp Lienhart	2	0
5	Stefan Posch	–	–
16	Christopher Trimmel	1	0
2	Andreas Ulmer	2	0
8	David Alaba	4	0
14	Julian Baumgartlinger	1	0
19	Christoph Baumgartner	4	1
10	Florian Grillitsch	3	0
6	Stefan Ilsanker	3	0
24	Konrad Laimer	4	0
22	Valentino Lazaro	1	0
9	Marcel Sabitzer	4	0
17	Louis Schaub	1	0
23	Xaver Schlager	4	0
18	Alessandro Schöpf	2	0
7	Marko Arnautovic	3	1
11	Michael Gregoritsch	3	1
25	Sasa Kalajdzic	4	1
20	Karim Onisiwo	1	0

Trainer: Franco Foda

NORDMAZEDONIEN

	Name	Spiele	Tore*
1	Stole Dimitrievski	3	8
12	Risto Jankov	–	–
22	Damjan Siskovski	–	–
8	Ezgjan Alioski	3	1
2	Egzon Bejtulai	1	0
6	Visar Musliu	3	0
4	Kire Ristevski	1	0
13	Stefan Ristovski	3	0
14	Darko Velkovski	3	0
3	Gjoko Zajkov	–	–
5	Arijan Ademi	3	0
24	Daniel Avramovski	1	0
17	Enis Bardhi	3	0
25	Darko Churlinov	2	0
21	Eljif Elmas	3	0
11	Ferhan Hasani	1	0
15	Tihomir Kostadinov	2	0
16	Boban Nikolov	3	0
23	Marjan Radeski	–	–
20	Stefan Spirovski	1	0
10	Goran Pandev	3	1
26	Milan Ristovski	1	0
18	Vlatko Stojanovski	1	0
9	Aleksandar Trajkovski	3	0
7	Ivan Trickovski	3	0
19	Krste Velkoski	–	–

Trainer: Igor Angelovski

Mannschaftskapitäne in Rot

GRUPPE E

Polen – Slowakei 1:2 (0:1)

Polen: Szczesny – Bereszynski, Glik, Bednarek – Krychowiak – Jozwiak, Klich (85. Moder), Linetty (74. Frankowski), Rybus (74. Puchacz) – Zielinski (85. Swiderski) – Lewandowski.
Slowakei: Dubravka – Pekarik (79. Koscelnik), Satka, Skriniar, Hubocan – Haraslin (87. Duris), Kucka, Hromada (79. Hrosovsky), Mak (87. Suslov) – Hamsik – Duda (90.+2 Gregus).
Schiedsrichter: Hategan (Rumänien).
Tore: 0:1 Szczesny (18./Eigentor), 1:1 Linetty (46.), 1:2 Skriniar (69.). **Gelb:** – / Hubocan (1).
Gelb/Rot: Krychowiak (62./wiederholtes Foulspiel).
Zuschauer: 12 862 in St. Petersburg.

Spanien – Schweden 0:0

Spanien: Simón – M. Llorente, P. Torres, Laporte, Alba – Rodri (66. Thiago) – Koke (87. Ruiz), Pedri – F. Torres (74. Oyarzabal), Olmo (74. Moreno) – Morata (66. Sarabia).
Schweden: Olsen – Augustinsson, Danielson, Lindelöf, Lustig (75. Krafth) – Forsberg (84. Bengtsson), Ekdal, Olsson (84. Cajuste), S. Larsson – Isak (69. Claesson), Berg (69. Quaison).
Schiedsrichter: Vincic (Slowenien).
Tore: –.
Gelb: – / Lustig (1).
Zuschauer: 10 559 in Sevilla.

Schweden – Slowakei 1:0 (0:0)

Schweden: Olsen – Lustig, Lindelöf, Danielson, Augustinsson (88. Bengtsson) – S. Larsson, Ekdal (88. Svensson), Olsson (64. Claesson), Forsberg (90.+3 Krafth) – Isak, Berg (64. Quaison).
Slowakei: Dubravka – Pekarik (65. Haraslin), Satka, Skriniar, Hubocan (84. Hancko) – Kucka, Hrosovsky (84. Duris) – Koscelnik, Hamsik (77. Bénes), Mak (77. Weiss) – Duda.
Schiedsrichter: Siebert (Deutschland). **Tor:** 1:0 Forsberg (77./Foulelfmeter). **Gelb:** Olsson (1) / Dubravka (1), Duda (1), Weiss (1). **Zuschauer:** 11 525 in St. Petersburg.

Spanien – Polen 1:1 (1:0)

Spanien: Simón - M. Llorente, Laporte, P. Torres, Alba – Koke (68. Sarabia), Rodri, Pedri – Moreno (68. Ruiz), Morata (87. Oyarzabal), Olmo (61. F. Torres).
Polen: Szczesny – Bereszynski, Glik, Bednarek (85. Dawidowicz) – Jozwiak, Moder (85. Linetty), Klich (55. Kozlowski), Puchacz – Zielinski, Swiderski (68. Frankowski) – Lewandowski.
Schiedsrichter: Orsato (Italien).
Tore: 1:0 Morata (25.), 1:1 Lewandowski (54.).
Gelb: P. Torres (1), Rodri (1) / Klich (1), Moder (1), Jozwiak (1), Lewandowski (1). **Bes. Vorkommnis:** Moreno verschießt Foulelfmeter (58.). **Zuschauer:** 11 742 in Sevilla.

Slowakei – Spanien 0:5 (0:2)

Slowakei: Dubravka – Pekarik, Satka, Skriniar, Hubocan – Kucka, Hromada (46. Lobotka) – Haraslin (69. Suslov), Hamsik (90. Bénes), Mak (69. Weiss) – Duda (46. Duris).
Spanien: Simón – Azpilicueta (77. Oyarzabal), García (71. P. Torres), Laporte, Alba – Koke, Busquets (71. Thiago), Pedri – Sarabia, Morata (66. F. Torres), Moreno (77. Traoré).
Schiedsrichter: Kuipers (Niederlande).
Tore: 0:1 Dubravka (30./Eigentor), 0:2 Laporte (45.+3), 0:3 Sarabia (56.), 0:4 F. Torres (67.), 0:5 Kucka (71./Eigentor).
Gelb: Duda (2), Skriniar (1) / Busquets (1), Alba (1).
Besonderes Vorkommnis: Dubravka hält Foulelfmeter von Morata (12.). **Zuschauer:** 11 204 in Sevilla.

Schweden – Polen 3:2 (1:0)

Schweden: Olsen – Lustig (68. Krafth), Lindelöf, Danielson, Augustinsson – S. Larsson, Ekdal, Olsson, Forsberg (78. Claesson) – Isak (68. Berg), Quaison (55. Kulusevski).
Polen: Szczesny – Bereszynski, Glik, Bednarek – Krychowiak (78. Placheta) – Jozwiak (61. Swierczok), Klich (73. Kozlowski), Puchacz (46. Frankowski) – Zielinski – Swiderski, Lewandowski.
Schiedsrichter: Oliver (England). **Tore:** 1:0 Forsberg (2.), 2:0 Forsberg (59.), 2:1 Lewandowski (61.), 2:2 Lewandowski (84.), 3:2 Claesson (90.+4). **Gelb:** Danielson (1) / Krychowiak (1), Glik (1). **Zuschauer:** 14 252 in St. Petersburg.

GRUPPE F

Ungarn – Portugal 0:3 (0:0)

Ungarn: Gulacsi – Botka, Orban, At. Szalai – Lovrencsics, Kleinheisler (78. Siger), Nagy (90.+5 R. Varga), Schäfer (65. Nego), Fiola (88. K. Varga) – Sallai (77. Schön), Ad. Szalai.
Portugal: Rui Patrício – Semedo, Pepe, Dias, Guerreiro – Danilo, Carvalho (81. Sanches) – Fernandes (89. Moutinho) – B. Silva (71. Rafa), Ronaldo, Jota (81. A. Silva).
Schiedsrichter: Cakir (Türkei).
Tore: 0:1 Guerreiro (84.), 0:2 Ronaldo (87./Foulelfmeter), 0:3 Ronaldo (90.+2).
Gelb: Nego (1), Orban (1) / Dias (1).
Zuschauer: 55 662 in Budapest.

Frankreich – Deutschland 1:0 (1:0)

Frankreich: Lloris – Pavard, Varane, Kimpembe, Hernández – Pogba, Kanté, Rabiot (90.+4 Dembélé) – Griezmann, Benzema (89. Tolisso), Mbappé.
Deutschland: Neuer – Ginter (88. Can), Hummels, Rüdiger – Kimmich, Gündogan, Kroos, Gosens (88. Volland) – Havertz (74. Sané), Gnabry (74. Werner), Müller.
Schiedsrichter: Del Cerro (Spanien).
Tor: 1:0 Hummels (20./Eigentor).
Gelb: – / Kimmich (1).
Zuschauer: 13 000 München.

Ungarn – Frankreich 1:1 (1:0)

Ungarn: Gulacsi – Botka, Orban, At. Szalai – Nego, Kleinheisler (84. Lovrencsics), Nagy, Schäfer (75. Cseri), Fiola – Sallai, Ad. Szalai (26. Nikolic).
Frankreich: Lloris – Pavard, Varane, Kimpembe, Digne – Pogba (76. Tolisso), Kanté, Rabiot (57. Dembélé, 87. Lemar) – Griezmann, Mbappé – Benzema (76. Giroud).
Schiedsrichter: Oliver (England).
Tore: 1:0 Fiola (45.+2), 1:1 Griezmann (66.).
Gelb: Botka (1) / Pavard (1).
Zuschauer: 55 998 in Budapest.

Portugal – Deutschland 2:4 (1:2)

Portugal: Rui Patrício – Semedo, Pepe, Dias, Guerreiro – Danilo, Carvalho (58. Rafa) – Fernandes (64. Moutinho) – B. Silva (46. Sanches), Ronaldo, Jota (83. A. Silva).
Deutschland: Neuer – Ginter, Hummels (63. Can), Rüdiger – Kimmich, Gündogan (73. Süle), Kroos, Gosens (62. Halstenberg) – Müller, Gnabry (87. Sané), Havertz (73. Goretzka).
Schiedsrichter: Taylor (England).
Tore: 1:0 Ronaldo (15.), 1:1 Dias (35./Eigentor), 1:2 Guerreiro (39./Eigentor), 1:3 Havertz (51.), 1:4 Gosens (60.), 2:4 Jota (67.). **Gelb:** – / Havertz (1), Ginter (1).
Zuschauer: 12 926 in München.

Portugal – Frankreich 2:2 (1:1)

Portugal: Rui Patrício – Semedo (79. Dalot), Pepe, Dias, Guerreiro – Moutinho (72. Neves), Danilo (46. Palhinha), Sanches (88. Oliveira) – B. Silva (72. Fernandes), Ronaldo, Jota.
Frankreich: Lloris – Koundé, Varane, Kimpembe, Hernández (46. Digne, 52. Rabiot) – Tolisso (66. Coman), Pogba, Kanté – Griezmann (87. Sissoko), Mbappé – Benzema.
Schiedsrichter: Lahoz (Spanien).
Tore: 1:0 Ronaldo (31./Foulelfmeter), 1:1 Benzema (45.+2/Foulelfmeter), 1:2 Benzema (47.), 2:2 Ronaldo (60./Handelfmeter). **Gelb:** – / Lloris (1), Hernández (1), Griezmann (1), Kimpembe (1). **Zuschauer:** 54 886 in Budapest.

Deutschland – Ungarn 2:2 (0:1)

Deutschland: Neuer – Ginter (82. Volland), Hummels, Rüdiger – Kimmich, Gündogan (58. Goretzka), Kroos, Gosens (82. Musiala) – Havertz (67. Werner), Gnabry (68. Müller), Sané.
Ungarn: Gulacsi – Nego, Botka, Orban, At. Szalai, Fiola (88. Nikolic) – Kleinheisler (88. Lovrencsics), Nagy, Schäfer – Sallai (75. Schön), Ad. Szalai (82. K. Varga).
Schiedsrichter: Karasev (Russland).
Tore: 0:1 Ad. Szalai (11.), 1:1 Havertz (66.), 1:2 Schäfer (68.), 2:2 Goretzka (84.). **Gelb:** Gündogan (1), Sané (1) / Botka (2), Ad. Szalai (1), Fiola (1). **Zuschauer:** 12 413 in München.

ENGLAND

	Name	Spiele	Tore*
13	Aaron Ramsdale	–	–
23	Sam Johnstone	–	–
1	Jordan Pickford	7	2
21	Ben Chilwell	–	–
16	Conor Coady	–	–
24	Reece James	1	0
6	Harry Maguire	5	1
15	Tyrone Mings	3	0
3	Luke Shaw	6	1
5	John Stones	7	0
12	Kieran Trippier	5	0
2	Kyle Walker	6	0
22	Ben White	–	–
26	Jude Bellingham	3	0
8	Jordan Henderson	5	1
19	Mason Mount	5	0
14	Kalvin Phillips	7	0
4	Declan Rice	7	0
18	Dominic Calvert-Lewin	2	0
20	Phil Foden	3	0
7	Jack Grealish	5	0
9	Harry Kane	7	4
11	Marcus Rashford	5	0
25	Bukayo Saka	4	0
17	Jadon Sancho	3	0
10	Raheem Sterling	7	3

Trainer: Gareth Southgate

KROATIEN

	Name	Spiele	Tore*
12	Lovre Kalinic	–	–
1	Dominik Livakovic	4	8
23	Simon Sluga	–	–
3	Borna Barisic	1	0
24	Domagoj Bradaric	–	–
5	Duje Caleta-Car	2	0
25	Josko Gvardiol	4	0
22	Josip Juranovic	2	0
6	Dejan Lovren	2	0
16	Mile Skoric	–	–
21	Domagoj Vida	4	0
2	Sime Vrsaljko	2	0
19	Milan Badelj	–	–
11	Marcelo Brozovic	4	0
26	Luka Ivanusec	3	0
8	Mateo Kovacic	4	0
10	Luka Modric	4	1
15	Mario Pasalic	2	1
13	Nikola Vlasic	4	1
7	Josip Brekalo	3	0
14	Ante Budimir	1	0
9	Andrej Kramaric	4	0
18	Mislav Orsic	1	1
4	Ivan Perisic	3	2
20	Bruno Petkovic	4	0
17	Ante Rebic	4	0

Trainer: Zlatko Dalic

SCHOTTLAND

	Name	Spiele	Tore*
12	Craig Gordon	–	–
1	David Marshall	3	5
21	Jon McLaughlin	–	–
16	Liam Cooper	1	0
15	Declan Gallagher	–	–
5	Grant Hanley	3	0
24	Jack Hendry	1	0
26	Scott McKenna	1	0
2	Stephen O'Donnell	3	0
22	Nathan Patterson	1	0
3	Andrew Robertson	3	0
13	Greg Taylor	–	–
6	Kieran Tierney	2	0
17	Stuart Armstrong	3	0
14	John Fleck	–	–
23	Billy Gilmour	1	0
7	John McGinn	3	0
8	Callum McGregor	3	1
4	Scott McTominay	3	0
18	David Turnbull	–	–
10	Che Adams	3	0
11	Ryan Christie	1	0
9	Lyndon Dykes	3	0
25	James Forrest	1	0
20	Ryan Fraser	2	0
19	Kevin Nisbet	3	0

Trainer: Steve Clarke

TSCHECHIEN

	Name	Spiele	Tore*
16	Ales Mandous	–	–
23	Tomas Koubek	–	–
1	Tomas Vaclik	5	4
18	Jan Boril	4	0
4	Jakub Brabec	1	0
3	Ondrej Celustka	5	0
5	Vladimir Coufal	5	0
2	Pavel Kaderabek	1	0
6	Tomas Kalas	5	0
22	Ales Mateju	–	–
17	David Zima	–	–
7	Antonin Barak	3	0
8	Vladimir Darida	4	0
9	Tomas Holes	5	1
14	Jakub Jankto	5	0
21	Alex Kral	4	0
12	Lukas Masopust	5	0
26	Michal Sadilek	1	0
13	Petr Sevcik	5	0
15	Tomas Soucek	5	0
19	Adam Hlozek	4	0
11	Michael Krmencik	4	0
24	Tomas Pekhart	1	0
25	Jakub Pesek	–	–
10	Patrik Schick	5	5
20	Matej Vydra	3	0

Trainer: Jaroslav Silhavy

* bei Torhütern = Gegentore

ACHTELFINALE

Wales – Dänemark 0:4 (0:1)

Wales: Ward – C. Roberts (40. N. Williams), Mepham, Rodon, B. Davies – Morrell (60. Wilson), Allen – Bale, Ramsey, James (78. Brooks) – Moore (78. T. Roberts).
Dänemark: Schmeichel – Christensen, Kjær (77. Andersen), Vestergaard – Stryger Larsen (77. Boilesen), Højbjerg, Delaney (60. Jensen), Mæhle – Braithwaite, Dolberg (69. Cornelius), Damsgaard (60. Nørgaard).
Schiedsrichter: Siebert (Deutschland).
Tore: 0:1 Dolberg (27.), 0:2 Dolberg (48.), 0:3 Mæhle (88.), 0:4 Braithwaite (90.+4). **Gelb:** Rodon (1), Moore (2), Brooks (1), Bale (1) / –. **Rot:** Wilson (90./grobes Foulspiel).
Zuschauer: 14 645 in Amsterdam.

Italien – Österreich 2:1 (0:0, 0:0) n. V.

Italien: Donnarumma – Di Lorenzo, Bonucci, Acerbi, Spinazzola – Barella (67. Pessina), Jorginho, Verratti (67. Locatelli) – Berardi (84. Chiesa), Immobile (84. Belotti), Insigne (108. Cristante).
Österreich: Bachmann – Lainer (114. Trimmel), Dragovic, Hinteregger, Alaba – X. Schlager (106. Gregoritsch), Grillitsch (106. Schaub) – Laimer (114. Ilsanker), Sabitzer, Baumgartner (90. Schöpf) – Arnautovic (97. Kalajdzic).
Schiedsrichter: Taylor (England).
Tore: 1:0 Chiesa (95.), 2:0 Pessina (105.), 2:1 Kalajdzic (114.).
Gelb: Di Lorenzo (1), Barella (1) / Arnautovic (1), Hinteregger (1), Dragovic (1). **Zuschauer:** 18 910 in London.

Niederlande – Tschechien 0:2 (0:0)

Niederlande: Stekelenburg – de Vrij, de Ligt, Blind (81. Timber) – Dumfries, van Aanholt (81. Berghuis) – de Roon (73. Weghorst), Wijnaldum, F. de Jong – Depay, Malen (57. Promes).
Tschechien: Vaclik – Coufal, Celustka, Kalas, Kaderabek – Holes (85. Kral), Soucek – Masopust (79. Jankto), Barak (90.+2 Sadilek), Sevcik (85. Hlozek) – Schick (90.+2 Krmencik).
Schiedsrichter: Karasev (Russland).
Tore: 0:1 Holes (68.), 0:2 Schick (80.). **Gelb:** Dumfries (1), F. de Jong (1) / Coufal (1). **Rot:** de Ligt (55./Handspiel).
Zuschauer: 52 834 in Budapest.

Belgien – Portugal 1:0 (1:0)

Belgien: Courtois – Alderweireld, Vertonghen, Vermaelen – Meunier, Tielemans, Witsel, T. Hazard (90.+5 Dendoncker) – De Bruyne (48. Mertens), E. Hazard (87. Carrasco) – Lukaku.
Portugal: Rui Patrício – Dalot, Dias, Pepe, Guerreiro – Moutinho (55. Félix), Palhinha (78. Danilo), Sanches (78. Oliveira) – B. Silva (55. Fernandes), Ronaldo, Jota (70. A. Silva).
Schiedsrichter: Brych (Deutschland).
Tor: 1:0 T. Hazard (42.).
Gelb: Vermaelen (1), Alderweireld (1) / Palhinha (1), Dalot (1), Pepe (1).
Zuschauer: 11 504 in Sevilla.

Kroatien – Spanien 3:5 (1:1, 3:3) n. V.

Kroatien: Livakovic – Juranovic (74. Brekalo), Vida, Caleta-Car, Gvardiol – Modric (114. Ivanusec), Brozovic, Kovacic (79. Budimir) – Vlasic (79. Pasalic), Rebic (67. Orsic) – Petkovic (46. Kramaric).
Spanien: Simón – Azpilicueta, García (71. P. Torres), Laporte, Gayà (77. Alba) – Koke (77. Ruiz), Busquets (101. Rodri), Pedri – F. Torres (88. Oyarzabal), Morata, Sarabia (71. Olmo).
Schiedsrichter: Cakir (Türkei).
Tore: 1:0 Pedri (20./Eigentor), 1:1 Sarabia (38.), 1:2 Azpilicueta (57.), 1:3 F. Torres (77.), 2:3 Orsic (85.), 3:3 Pasalic (90.+2), 3:4 Morata (100.), 3:5 Oyarzabal (103.).
Gelb: Brozovic (2), Caleta-Car (2) / –.
Zuschauer: 22 771 in Kopenhagen.

Frankreich – Schweiz 3:3 (0:1, 3:3) n. V., 4:5 i. E.

Frankreich: Lloris – Varane, Lenglet (46. Coman, 111. Thuram), Kimpembe – Pavard, Pogba, Kanté, Rabiot – Griezmann (88. Sissoko) – Benzema (94. Giroud), Mbappé.
Schweiz: Sommer – Elvedi, Akanji, Rodríguez (87. Mehmedi) – Widmer (73. Mbabu), Freuler, Xhaka, Zuber (79. Fassnacht) – Shaqiri (73. Gavranovic) – Seferovic (97. Schär), Embolo (79. Vargas).
Schiedsrichter: Rapallini (Argentinien).
Tore: 0:1 Seferovic (15.), 1:1, 2:1 Benzema (57., 59.), 3:1 Pogba (75.), 3:2 Seferovic (81.), 3:3 Gavranovic (90.).
Elfmeterschießen: 0:1 Gavranovic, 1:1 Pogba, 1:2 Schär, 2:2 Giroud, 2:3 Akanji, 3:3 Thuram, 3:4 Vargas, 4:4 Kimpembe, 4:5 Mehmedi, Sommer hält gegen Mbappé.
Besonderes Vorkommnis: Lloris hält Foulelfmeter von Rodríguez (55.).
Gelb: Varane (1), Coman (1), Pavard (2) / Elvedi (1), Rodríguez (1), Xhaka (2), Akanji (1).
Zuschauer: 22 642 in Bukarest.

England – Deutschland 2:0 (0:0)

England: Pickford – Walker, Stones, Maguire – Trippier, Phillips, Rice (88. J. Henderson), Shaw – Saka (69. Grealish), Kane, Sterling.
Deutschland: Neuer – Ginter (87. Can), Hummels, Rüdiger – Kimmich, Goretzka, Kroos, Gosens (88. Sané) – Havertz, Werner (69. Gnabry), Müller (90.+2 Musiala).
Schiedsrichter: Makkelie (Niederlande).
Tore: 1:0 Sterling (75.), 2:0 Kane (86.).
Gelb: Rice (1), Phillips (1), Maguire (1) / Ginter (2), Gosens (1).
Zuschauer: 41 973 in London.

Schweden – Ukraine 1:2 (1:1, 1:1) n. V.

Schweden: Olsen – Lustig (83. Krafth), Lindelöf, Danielson, Augustinsson (83. Bengtsson) – Olsson (101. Helander), Ekdal – S. Larsson (97. Claesson), Forsberg – Kulusevski (97. Quaison), Isak (97. Berg).
Ukraine: Bushchan – Zabarnyi, Kryvtsov, Matvienko – Karavaev, Sydorchuk (118. Bezus), Stepanenko (95. Makarenko), Shaparenko (61. Malinovskyi), Zinchenko – Yarmolenko (106. Dovbyk), Yaremchuk (91. Besedin, 101. Tsygankov).
Schiedsrichter: Orsato (Italien).
Tore: 0:1 Zinchenko (27.), 1:1 Forsberg (43.), 1:2 Dovbyk (120.+1).
Gelb: Kulusevski (1), Forsberg (1) / Yarmolenko (1), Dovbyk (1).
Rot: Danielson (98./grobes Foulspiel).
Zuschauer: 9 221 in Glasgow.

VIER

Schweiz – Spanien 1:1 (0:1, 1:1) n. V., 1:3 i. E.

Schweiz: Sommer – Elvedi, Akanji, Rodríguez – Widmer (100. Mbabu), Zakaria (101. Schär), Freuler, Zuber (90.+2 Fassnacht) – Shaqiri (81. Sow), Embolo (23. Vargas) – Seferovic (82. Gavranovic).
Spanien: Simón – Azpilicueta, Laporte, P. Torres (113. Thiago), Alba – Koke (90.+1 M. Llorente), Busquets, Pedri (119. Rodri) – F. Torres (91. Oyarzabal), Morata (54. Moreno), Sarabia (46. Olmo).
Elfmeterschießen: Busquets an den Pfosten, 1:0 Gavranovic, 1:1 Olmo, Simón hält gegen Schär, Sommer hält gegen Rodri, Simón hält gegen Akanji, 1:2 Moreno, Vargas über das Tor, 1:3 Oyarzabal.
Schiedsrichter: Oliver (England).
Tore: 0:1 Zakaria (8./Eigentor), 1:1 Shaqiri (68.).
Gelb: Widmer (1), Gavranovic (2) / Laporte (1).
Rot: Freuler (77./grobes Foulspiel).
Zuschauer: 24 764 in St. Petersburg.

Belgien – Italien 1:2 (1:2)

Belgien: Courtois – Alderweireld, Vermaelen, Vertonghen – Meunier (69. Chadli, 73. Praet), Tielemans (69. Mertens), Witsel, T. Hazard – De Bruyne, Doku – Lukaku.
Italien: Donnarumma – Di Lorenzo, Bonucci, Chiellini, Spinazzola (79. Emerson) – Barella, Jorginho, Verratti (74. Cristante) – Chiesa (90.+1 Tolói), Immobile (74. Belotti), Insigne (79. Berardi).
Schiedsrichter: Vincic (Slowenien).
Tore: 0:1 Barella (31.), 0:2 Insigne (44.), 1:2 Lukaku (45.+2/Foulelfmeter).
Gelb: Tielemans (1) / Verratti (1), Berardi (1).
Zuschauer: 12 984 in München.

SPANIEN

	Name	Spiele	Tore*
1	David de Gea	–	–
13	Robert Sánchez	–	–
23	Unai Simón	6	6
18	Jordi Alba	6	0
2	César Azpilicueta	4	1
12	Eric García	3	0
14	José Gayà	1	0
24	Aymeric Laporte	6	1
3	Diego Llorente	–	–
4	Pau Torres	6	0
5	Sergio Busquets	4	0
8	Koke	6	0
6	Marcos Llorente	4	0
19	Dani Olmo	5	0
26	Pedri	6	0
16	Rodri	5	0
17	Fabián Ruiz	3	0
10	Thiago	4	0
7	Álvaro Morata	6	3
9	Gerard Moreno	5	0
21	Mikel Oyarzabal	6	1
22	Pablo Sarabia	5	2
11	Ferran Torres	6	2
20	Adama Traoré	1	0

Trainer: Luis Enrique

SCHWEDEN

	Name	Spiele	Tore*
12	Karl-Johan Johnsson	–	–
23	Kristoffer Nordfeldt	–	–
1	Robin Olsen	4	4
6	Ludwig Augustinsson	4	0
5	Pierre Bengtsson	3	0
24	Marcus Danielson	4	0
4	Andreas Granqvist	–	–
14	Filip Helander	1	0
18	Pontus Jansson	–	–
16	Emil Krafth	4	0
3	Victor Lindelöf	4	0
2	Mikael Lustig	4	0
26	Jens Cajuste	1	0
8	Albin Ekdal	4	0
7	Sebastian Larsson	4	0
20	Kristoffer Olsson	4	0
15	Ken Sema	–	–
19	Mattias Svanberg	–	–
13	Gustav Svensson	1	0
9	Marcus Berg	4	0
17	Viktor Claesson	4	1
10	Emil Forsberg	4	4
11	Alexander Isak	4	0
21	Dejan Kulusevski	2	0
25	Jordan Larsson	–	–
22	Robin Quaison	4	0

Trainer: Janne Andersson

POLEN

	Name	Spiele	Tore*
22	Lukasz Fabianski	–	–
12	Lukasz Skorupski	–	–
1	Wojciech Szczesny	3	6
5	Jan Bednarek	3	0
18	Bartosz Bereszynski	3	0
3	Pawel Dawidowicz	1	0
15	Kamil Glik	3	0
25	Michal Helik	–	–
4	Tomasz Kedziora	–	–
2	Kamil Piatkowski	–	–
26	Tymoteusz Puchacz	3	0
13	Maciej Rybus	1	0
14	Mateusz Klich	3	0
6	Kacper Kozlowski	2	0
10	Grzegorz Krychowiak	2	0
8	Karol Linetty	2	1
16	Jakub Moder	2	0
20	Piotr Zielinski	3	0
19	Przemyslaw Frankowski	3	0
21	Kamil Jozwiak	3	0
23	Dawid Kownacki	–	–
9	Robert Lewandowski	3	3
17	Przemyslaw Placheta	1	0
11	Karol Swiderski	3	0
24	Jakub Swierczok	1	0

Trainer: Paulo Sousa

SLOWAKEI

	Name	Spiele	Tore*
1	Martin Dubravka	3	7
12	Dusan Kuciak	–	–
23	Marek Rodak	–	–
16	David Hancko	1	0
15	Tomas Hubocan	3	0
24	Martin Koscelnik	2	0
2	Peter Pekarik	3	0
5	Lubomir Satka	3	0
14	Milan Skriniar	3	1
4	Martin Valjent	–	–
3	Denis Vavro	–	–
11	Lászlo Bénes	2	0
8	Ondrej Duda	3	0
6	Jan Gregus	1	0
17	Marek Hamsik	3	0
25	Jakub Hromada	2	0
13	Patrik Hrosovsky	2	0
19	Juraj Kucka	3	0
22	Stanislav Lobotka	1	0
10	Tomas Suslov	2	0
9	Robert Bozenik	–	–
21	Michal Duris	3	0
18	Lukas Haraslin	3	0
20	Robert Mak	3	0
26	Ivan Schranz	–	–
7	Vladimir Weiss	2	0

Trainer: Stefan Tarkovic

Mannschaftskapitäne in Rot

NALE

Tschechien – Dänemark 1:2 (0:2)

Tschechien: Vaclik – Coufal, Celustka (65. Brabec), Kalas, Boril – Soucek, Holes (46. Jankto) – Masopust (46. Krmencik), Barak, Sevcik (80. Darida) – Schick (79. Vydra).
Dänemark: Schmeichel – Christensen (81. Andersen), Kjær, Vestergaard – Stryger Larsen (71. Wass), Højbjerg, Delaney (81. Jensen), Mæhle – Damsgaard (60. Nørgaard), Dolberg (59. Poulsen), Braithwaite.
Schiedsrichter: Kuipers (Niederlande).
Tore: 0:1 Delaney (5.), 0:2 Dolberg (42.), 1:2 Schick (49.).
Gelb: Krmencik (1), Kalas (1) / –.
Zuschauer: 16 306 in Baku.

Ukraine – England 0:4 (0:1)

Ukraine: Bushchan – Karavaev, Zabarnyi, Kryvtsov (35. Tsygankov), Matvienko, Mykolenko – Shaparenko, Sydorchuk (64. Makarenko), Zinchenko – Yarmolenko, Yaremchuk.
England: Pickford – Walker, Stones, Maguire, Shaw (65. Trippier) – Phillips (65. Bellingham), Rice (57. J. Henderson) – Sancho, Mount, Sterling (65. Rashford) – Kane (73. Calvert-Lewin).
Schiedsrichter: Brych (Deutschland).
Tore: 0:1 Kane (4.), 0:2 Maguire (46.), 0:3 Kane (50.), 0:4 J. Henderson (63.).
Zuschauer: 11 880 in Rom.

HALBFINALE

Italien – Spanien 1:1 (0:0, 1:1) n. V., 4:2 i. E.

Italien: Donnarumma – Di Lorenzo, Bonucci, Chiellini, Emerson (74. Tolói) – Barella (85. Locatelli), Jorginho, Verratti (74. Pessina) – Chiesa (107. Bernardeschi), Immobile (61. Berardi), Insigne (85. Belotti).
Spanien: Simón – Azpilicueta (85. M. Llorente), García (109. P. Torres), Laporte, Alba – Koke (70. Rodri), Busquets (106. Thiago), Pedri – F. Torres (62. Morata), Olmo, Oyarzabal (70. Moreno).
Schiedsrichter: Brych (Deutschland).
Tore: 1:0 Chiesa (60.), 1:1 Morata (80.).
Elfmeterschießen: Simon hält Gegen Locatelli, Olmo über das Tor, 1:0 Belotti, 1:1 Moreno, 2:1 Bonucci, 2:2 Thiago, 3:2 Bernardeschi, Donnarumma hält gegen Morata, 4:2 Jorginho.
Gelb: Tolói (1), Bonucci (1) / Busquets (2).
Zuschauer: 57 811 in London.

England – Dänemark 2:1 (1:1, 1:1) n. V.

England: Pickford – Walker, Stones, Maguire, Shaw – Phillips, Rice (95. J. Henderson) – Saka (69. Grealish, 106. Trippier), Mount (95. Foden), Sterling – Kane.
Dänemark: Schmeichel – Christensen (79. Andersen), Kjær, Vestergaard (105. Wind) – Stryger Larsen (67. Wass), Højbjerg, Delaney (88. Jensen), Mæhle – Braithwaite, Dolberg (67. Nørgaard), Damsgaard (67. Poulsen).
Schiedsrichter: Makkelie (Niederlande).
Tore: 0:1 Damsgaard (30.), 1:1 Kjær (39./Eigentor), 2:1 Kane (104.).
Besonderes Vorkommnis: Schmeichel hält Foulelfmeter von Kane (104.).
Gelb: Maguire (2) / Wass (2).
Zuschauer: 64 950 in London.

FINALE

Italien – England 1:1 (0:1, 1:1) n. V., 3:2 i. E.

Italien: Donnarumma – Di Lorenzo, Bonucci, Chiellini, Emerson (118. Florenzi) – Barella (54. Cristante), Jorginho, Verratti (96. Locatelli) – Chiesa (86. Bernardeschi), Immobile (55. Berardi), Insigne (91. Belotti).
England: Pickford – Walker (120. Sancho), Stones, Maguire – Trippier (70. Saka), Phillips, Rice (74. J. Henderson, 120. Rashford), Shaw – Sterling, Kane, Mount (99. Grealish).

Schiedsrichter: Björn Kuipers (Niederlande).
Tore: 0:1 Shaw (2.), 1:1 Bonucci (67.).
Elfmeterschießen: 1:0 Berardi, 1:1 Kane, Pickford hält gegen Belotti, 1:2 Maguire, 2:2 Bonucci, Rashford an den Pfosten, 3:2 Bernardeschi, Donnarumma hält gegen Sancho, Pickford hält gegen Jorginho, Donnarumma hält gegen Saka.
Gelb: Barella (2), Bonucci (2), Insigne (1), Chiellini (1), Jorginho (1) / Maguire (3).
Zuschauer: 67 173 in London.

Die Engländer feiern ihren Kapitän Harry Kane (mit grüner Binde) nach dessen Siegtor im Halbfinale gegen Dänemark

UNGARN

	Name	Spiele	Tore*
22	Adam Bogdan	–	–
12	Denes Dibusz	–	–
1	Peter Gulacsi	3	6
26	Bendeguz Bolla	–	–
21	Endre Botka	3	0
5	Attila Fiola	3	1
3	Akos Kecskes	–	–
2	Adam Lang	–	–
14	Gergö Lovrencsics	3	0
7	Loic Nego	3	0
6	Willi Orban	3	0
4	Attila Szalai	3	0
10	Tamas Cseri	1	0
16	Daniel Gazdag	–	–
11	Filip Holender	–	–
15	Laszlo Kleinheisler	3	0
8	Adam Nagy	3	0
13	Andras Schäfer	3	1
18	David Siger	1	0
25	Janos Hahn	–	–
23	Nemanja Nikolic	2	0
20	Roland Sallai	3	0
24	Szabolcs Schön	2	0
9	Adam Szalai	3	1
19	Kevin Varga	2	0
17	Roland Varga	1	0

Trainer: Marco Rossi

PORTUGAL

	Name	Spiele	Tore*
12	Anthony Lopes	–	–
1	Rui Patrício	4	7
22	Rui Silva	–	–
20	Diogo Dalot	2	0
4	Rúben Dias	4	0
6	José Fonte	–	–
5	Raphaël Guerreiro	4	1
3	Pepe	4	0
2	Nélson Semedo	3	0
14	William Carvalho	2	0
11	Bruno Fernandes	4	0
19	Pedro Gonçalves	–	–
25	Nuno Mendes	–	–
8	João Moutinho	4	0
18	Rúben Neves	1	0
24	Sérgio Oliveira	2	0
26	João Palhinha	2	0
13	Danilo Pereira	4	0
16	Renato Sanches	4	0
10	Bernardo Silva	4	0
15	Rafa Silva	2	0
23	João Félix	1	0
17	Gonçalo Guedes	–	–
21	Diogo Jota	4	1
7	Cristiano Ronaldo	4	5
9	André Silva	3	0

Trainer: Fernando Santos

FRANKREICH

	Name	Spiele	Tore*
1	Hugo Lloris	4	6
23	Mike Maignan	–	–
16	Steve Mandanda	–	–
18	Lucas Digne	2	0
24	Léo Dubois	–	–
21	Lucas Hernández	2	0
3	Presnel Kimpembe	4	0
25	Jules Koundé	1	0
5	Clément Lenglet	1	0
2	Benjamin Pavard	3	0
4	Raphaël Varane	4	0
15	Kurt Zouma	–	–
13	N'Golo Kanté	4	0
8	Thomas Lemar	1	0
6	Paul Pogba	4	1
14	Adrien Rabiot	4	0
17	Moussa Sissoko	2	0
12	Corentin Tolisso	3	0
19	Karim Benzema	4	4
22	Wissam Ben Yedder	–	–
20	Kingsley Coman	2	0
11	Ousmane Dembélé	2	0
9	Olivier Giroud	2	0
7	Antoine Griezmann	4	1
10	Kylian Mbappé	4	0
26	Marcus Thuram	1	0

Trainer: Didier Deschamps

DEUTSCHLAND

	Name	Spiele	Tore*
12	Bernd Leno	–	–
1	Manuel Neuer	4	7
22	Kevin Trapp	–	–
4	Matthias Ginter	4	0
20	Robin Gosens	4	1
26	Christian Günter	–	–
3	Marcel Halstenberg	1	0
5	Mats Hummels	4	0
16	Lukas Klostermann	–	–
24	Robin Koch	–	–
2	Antonio Rüdiger	4	0
15	Niklas Süle	1	0
23	Emre Can	3	0
18	Leon Goretzka	3	1
21	Ilkay Gündogan	3	0
13	Jonas Hofmann	–	–
6	Joshua Kimmich	4	0
8	Toni Kroos	4	0
14	Jamal Musiala	2	0
17	Florian Neuhaus	–	–
10	Serge Gnabry	4	0
7	Kai Havertz	4	2
25	Thomas Müller	4	0
19	Leroy Sané	4	0
9	Kevin Volland	2	0
11	Timo Werner	3	0

Trainer: Joachim Löw

* bei Torhütern = Gegentore

EM-Fakten

Torrekord

142-mal zappelte der Ball bei diesem Turnier im Netz. Damit fielen **34 Treffer** mehr als bei der EM 2016! Der Torschnitt lag bei **2,78 pro Partie.** Keine EM seit Einführung der Gruppenphase 1980 war durchschnittlich so torreich.

Enge Spiele

In der K.o.-Runde wurde deutlich, wie eng es an der Spitze des europäischen Fußballs ist: **Acht – und damit über die Hälfte – der 15 K.o.-Spiele gingen mindestens in die Verlängerung**, vier sogar ins Elfmeterschießen. Nie zuvor bei einer EM ging es so oft über 120 Minuten zur Sache.

Rekord-Tag

Der 28. Juni 2021 ging in die Fußballgeschichte ein, als die Achtelfinal-Duelle zwischen Spanien und Kroatien (3:5 n. V.) sowie der Schweiz und Frankreich (3:3 n. V., 4:5 i. E.) nach mehreren Wendungen zu Torfestivals wurden. Erstmals fielen bei einer EM an einem Tag in zwei Spielen mindestens sechs Tore – **14 waren es am Ende!**

Viele Elfmeter

8 der 17 Strafstöße im Spiel wurden verschossen. Mehr Elfer und mehr Fehlschüsse gab es noch nie bei einer EM. Ohne die Elfmeterschießen wurden nur **53 Prozent verwandelt – die schlechteste EM-Quote**. Ausnahme: Ronaldo, der alle seine drei Elfmeter versenkte.

Wenige Standardtore

Der Anteil der Treffer nach ruhenden Bällen lag bei **23 Prozent**. Bei der spielerisch enttäuschenden WM in Russland lag diese Quote noch bei über 40 Prozent.

Wenig Kontertore

Nur 11 der 142 Tore fielen nach Kontern (7,7 Prozent). Bei der letzten WM lag diese Quote bei 14 Prozent, in der Bundesliga-Saison 2020/21 bei 13 Prozent. Das viel beschworene Umschaltspiel bekam keine Mannschaft wirklich effektiv hin.

Mehr Platzverweise

In den 36 Gruppenspielen wurden nur zwei Spieler vom Platz gestellt, in den 14 Partien der K.o.-Runde waren es dann vier Feldverweise. Insgesamt gab es im Turnier **nur einmal Gelb/Rot, aber fünfmal glatt Rot.** Mehr Platzverweise wurden bei einer EM nur 2000 ausgesprochen (10), mehr Rote Karten gab es noch nie.

Alte Mannschaften

Belgien stellte mit im Schnitt 29,7 Jahren das älteste Team der EM, **19 der 24 Teams hatten ein Durchschnittsalter von über 27 Jahren**. England kam mit dem zweitjüngsten Team bis ins Finale, Spanien zelebrierte mit dem viertjüngsten den schönsten Fußball.

Ein Unglück kommt selten allein …

Elfmal ins falsche Netz

Noch nie gab es so viele Eigentore wie bei der EM 2021

KROATIEN – SPANIEN Ein Albtraum für jeden Torhüter: Spaniens Unai Simón versucht, im Achtelfinale einen 45-Meter-Rückpass von Pedri zu stoppen – der Ball springt an seinen Fuß und kullert von dort ins Tor

TÜRKEI – ITALIEN Das erste Tor des Turniers war ein Eigentor: Türkei-Verteidiger Demiral (l.) lenkt im Eröffnungsspiel gegen Italien eine Flanke über die Linie

SPANIEN – SLOWAKEI I Einen Abpraller von der Latte will Slowakei-Torwart Dubravka (l.) über den Querbalken lenken, haut ihn aber ins eigene Tor

POLEN – SLOWAKEI Polens Keeper Szczesny lenkt den Flachschuss des Slowaken Mak (nicht im Bild) ins kurze Eck – das erste Torwart-Eigentor der EM-Geschichte

SPANIEN – SLOWAKEI II Der Slowake Kucka (3. v. l.) fälscht einen Kopfball von Pau Torres (Nr. 4) unglücklich ab ins eigene Netz

PORTUGAL – DEUTSCHLAND I Nach der Flanke von Gosens (nicht im Bild) will Dias (2. v. l.) vor Havertz (Nr.7) retten, schießt den Ball ins Tor der Portugiesen zum 1:1

SCHWEIZ – SPANIEN Zakaria (l.) spielt bei der EM erstmals von Beginn an für die Schweiz und fälscht einen Schuss von Alba (nicht im Bild) ins eigene Tor ab

PORTUGAL – DEUTSCHLAND II Das zweite Eigentor der Portugiesen: Guerreiro (Nr. 5) stolpert die Kugel vor Gnabry und Dias (l.) ins eigene Netz

FINNLAND – BELGIEN So ein Pech: Ein Kopfball prallte an die Latte, Torwart Hradecky lenkt den Abpraller mit der Hand zum 0:1 über die eigene Torlinie

FRANKREICH – DEUTSCHLAND Hummels (l.) trifft per Schienbein zum 1:0 für Frankreich. Torwart Neuer ist chancenlos, Mbappé (r.) jubelt

ENGLAND – DÄNEMARK Dänemark-Kapitän Kjær (Nr. 4) will vor Sterling retten, schießt den Ball ins eigene Tor. England gewinnt das Halbfinale mit 2:1 n.V.

Mit dem größten Team aller Zeiten trat Deutschland bei der EM an: Wegen Corona waren 26 Mann im Kader. Die Uefa erlaubte allen Mannschaften eine Aufstockung um drei Spieler. Die deutsche Nationalmannschaft:

Hintere Reihe v. l.: Christian Günter, Lukas Klostermann, Matthias Ginter, Antonio Rüdiger, Mats Hummels, Niklas Süle, Robin Koch, Kai Havertz, Leon Goretzka, Robin Gosens.

Mittlere Reihe v. l.: Direktor Oliver Bierhoff, Trainer Joachim Löw, Co-Trainer Marcus Sorg, Torwart-Trainer Andreas Köpke, Florian Neuhaus, Toni Kroos, Thomas Müller, Marcel Halstenberg, Kevin Volland, Jonas Hofmann, Emre Can, Athletik-Trainer Nicklas Dietrich, Krunoslav Banovcic, Shad Forsythe.

Vordere Reihe v. l.: Leroy Sané, Jamal Musiala, Timo Werner, Kevin Trapp, Manuel Neuer, Bernd Leno, Joshua Kimmich, Ilkay Gündogan, Serge Gnabry.

GERMANY
24
7
18
20
3
9
13
23
12
6
21
10
K.B.
S.F.

Joachim Löw setzte 19 seiner 26 Spieler ein. Hier sehen Sie, was sie geleistet haben

1 MANUEL NEUER (TOR)

Leistete sich keine schweren Fehler, aber vereitelte auch keine einzige Großchance. Solide, mehr aber auch nicht.

NOTE **3**

	Frankreich	Portugal	Ungarn	England	Summe
Minuten gespielt	90	90	90	90	360
ausgew./eingew.	0/0	0/0	0/0	0/0	0/0
Ballkontakte	34	35	33	48	150
Torschüsse aufs Tor	2	2	4	4	12
Gegentore	1	2	2	2	7
abgewehrt	1	0	2	2	5
davon festgehalten	0	–	2	1	3
anders abgewehrt	1	–	0	1	2
Großchancen vereitelt	0	0	0	0	0
Flanken abgefangen	1	0	1	1	3

2 ANTONIO RÜDIGER (ABWEHR)

Negative Zweikampfbilanz und an Gegentoren beteiligt. Leider nicht in der Form, die er bei Chelsea hatte.

NOTE **4**

	Frankreich	Portugal	Ungarn	England	Summe
Minuten gespielt	90	90	90	90	360
ausgew./eingew.	0/0	0/0	0/0	0/0	0/0
Ballkontakte	87	67	97	68	319
Zweikämpfe	8	12	10	5	35
gewonnen	1	4	7	4	16
verloren	7	8	3	1	19
Fouls begangen	0	2	1	1	4
Gefoult worden	0	0	0	1	1
Tore	0	0	0	0	0
Torschüsse gesamt	1	1	1	0	3
Vorlagen zu Toren	0	0	0	0	0
Torschuss-Vorlagen	0	0	0	0	0
Ecken/Flanken	0/0	0/0	0/1	0/0	0/1
Im Abseits	0	0	0	0	0

3 MARCEL HALSTENBERG (ABWEHR)

Kam nur gegen Portugal zu einem Kurzeinsatz. Gosens hat ihn als Linksverteidiger Nummer eins verdrängt

NOTE **4**

	Frankreich	Portugal	Ungarn	England	Summe
Minuten gespielt	–	29	–	–	29
ausgew./eingew.	-/-	0/1	-/-	-/-	0/1
Ballkontakte	–	13	–	–	13
Zweikämpfe	–	8	–	–	8
gewonnen	–	3	–	–	3
verloren	–	5	–	–	5
Fouls begangen	–	0	–	–	0
Gefoult worden	–	0	–	–	0
Tore	–	0	–	–	0
Torschüsse gesamt	–	0	–	–	0
Vorlagen zu Toren	–	0	–	–	0
Torschuss-Vorlagen	–	1	–	–	1
Ecken/Flanken	-/-	0/0	-/-	-/-	0/0
Im Abseits	–	0	–	–	0

4 MATTH

Bester Zweikämpfer im Te
agierte unglücklich, etwa i

Minuten gespielt
ausgew./eingew.
Ballkontakte
Zweikämpfe
gewonnen
verloren
Fouls begangen
Gefoult worden
Tore
Torschüsse gesam
Vorlagen zu Toren
Torschuss-Vorlag
Ecken/Flanken
Im Abseits

20 ROBIN GOSENS (ABWEHR)

Einer der wenigen Gewinner der EM. Viel Einsatz und Offensivgeist über links. Lohn: ein Tor und zwei Torvorlagen.

NOTE **2**

	Frankreich	Portugal	Ungarn	England	Summe
Minuten gespielt	87	61	81	86	315
ausgew./eingew.	1/0	1/0	1/0	1/0	4/0
Ballkontakte	73	46	55	37	211
Zweikämpfe	13	7	11	11	42
gewonnen	7	5	7	4	23
verloren	6	2	4	7	19
Fouls begangen	2	0	0	1	3
Gefoult worden	0	0	1	0	1
Tore	0	1	0	0	1
Torschüsse gesamt	1	3	1	1	6
Vorlagen zu Toren	0	2	0	0	2
Torschuss-Vorlagen	2	3	1	1	7
Ecken/Flanken	0/5	0/1	0/1	0/2	0/9
Im Abseits	0	0	0	0	0

8 TONI KROOS (MITTELFELD)

Der Pass-Maschine fehlte die Effektivität. War an keinem Tor beteiligt, obwohl er fast alle Standards ausführte.

NOTE **4**

	Frankreich	Portugal	Ungarn	England	Summe
Minuten gespielt	90	90	90	90	360
ausgew./eingew.	0/0	0/0	0/0	0/0	0/0
Ballkontakte	123	98	118	86	425
Zweikämpfe	27	23	15	18	83
gewonnen	10	12	11	10	43
verloren	17	11	4	8	40
Fouls begangen	2	2	0	1	5
Gefoult worden	1	3	0	3	7
Tore	0	0	0	0	0
Torschüsse gesamt	2	1	1	0	4
Vorlagen zu Toren	0	0	0	0	0
Torschuss-Vorlagen	1	1	3	0	5
Ecken/Flanken	2/0	3/0	4/1	3/1	12/2
Im Abseits	0	0	0	0	0

14 JAMAL MUSIALA (MITTELFELD)

Zeigte in nur neun Minuten gegen Ungarn, was für ein Riesentalent er ist. Leider von Löw zu wenig eingesetzt.

NOTE **–**

	Frankreich	Portugal	Ungarn	England	Summe
Minuten gespielt	–	–	9	1	10
ausgew./eingew.	-/-	-/-	0/1	0/1	0/2
Ballkontakte	–	–	10	0	10
Zweikämpfe	–	–	8	0	8
gewonnen	–	–	3	–	3
verloren	–	–	5	–	5
Fouls begangen	–	–	0	0	0
Gefoult worden	–	–	1	0	1
Tore	–	–	0	0	0
Torschüsse gesamt	–	–	0	0	0
Vorlagen zu Toren	–	–	0	0	0
Torschuss-Vorlagen	–	–	0	0	0
Ecken/Flanken	-/-	-/-	0/0	0/0	0/0
Im Abseits	–	–	0	0	0

7 KAI HAVERTZ (ANGRIFF)

Einziger Offensivspieler, der überzeugte. Gab die meisten Schüsse ab und traf als Einziger zweimal.

NOTE **2**

	Frankreich	Portugal	Ungarn	England	Summe
Minuten gespielt	73	72	66	90	301
ausgew./eingew.	1/0	1/0	1/0	0/0	3/0
Ballkontakte	50	29	37	44	160
Zweikämpfe	21	14	18	24	77
gewonnen	9	5	7	9	30
verloren	12	9	11	15	47
Fouls begangen	1	4	1	2	8
Gefoult worden	0	1	1	3	5
Tore	0	1	1	0	2
Torschüsse gesamt	1	3	4	2	10
Vorlagen zu Toren	0	0	0	0	0
Torschuss-Vorlagen	1	1	2	2	6
Ecken/Flanken	0/1	0/0	0/1	0/1	0/3
Im Abseits	0	0	0	0	0

9 KEVIN VOLLAND (ANGRIFF)

Hatte in nur zwölf Minuten keine echte Chance zu zeigen, wie wertvoll er sein kann.

NOTE **–**

	Frankreich	Portugal	Ungarn	England	Summe
Minuten gespielt	3	–	9	–	12
ausgew./eingew.	0/1	-/-	0/1	-/-	0/2
Ballkontakte	8	–	3	–	11
Zweikämpfe	1	–	5	–	6
gewonnen	1	–	2	–	3
verloren	0	–	3	–	3
Fouls begangen	0	–	0	–	0
Gefoult worden	0	–	0	–	0
Tore	0	–	0	–	0
Torschüsse gesamt	0	–	0	–	0
Vorlagen zu Toren	0	–	0	–	0
Torschuss-Vorlagen	0	–	0	–	0
Ecken/Flanken	0/0	-/-	0/0	-/-	0/0
Im Abseits	1	–	0	–	1

10 SERGE GNABRY (ANGRIFF)

Völlig von der Rolle. Vier Torschüsse und eine einzige Torschuss-Vorlage in 247 Spielminuten sind viel zu wenig.

NOTE **5**

	Frankreich	Portugal	Ungarn	England	Summe
Minuten gespielt	73	86	66	22	247
ausgew./eingew.	1/0	1/0	1/0	0/1	3/1
Ballkontakte	35	38	20	10	103
Zweikämpfe	11	18	12	4	45
gewonnen	5	5	5	0	15
verloren	6	13	7	4	30
Fouls begangen	0	2	1	0	3
Gefoult worden	0	0	0	0	0
Tore	0	0	0	0	0
Torschüsse gesamt	1	1	2	0	4
Vorlagen zu Toren	0	0	0	0	0
Torschuss-Vorlagen	1	0	0	0	1
Ecken/Flanken	0/0	0/1	0/0	0/1	0/2
Im Abseits	0	1	0	0	1

Kai Havertz gehör Spielern, die nicht schüssen und zwe gefährlichster An

…TER (ABWEHR)

…ber auch er … gen England.

NOTE **3**

Portugal	Ungarn	England	Summe
90	81	86	344
0/0	1/0	1/0	3/0
80	131	56	332
12	14	9	44
10	9	5	32
2	5	4	12
1	2	1	4
0	1	0	1
0	0	0	0
0	1	0	1
0	0	0	0
0	1	0	1
0/3	0/4	0/1	0/9
0	0	0	0

5 MATS HUMMELS (ABWEHR)

Viele gute Aktionen, zum Beispiel die Monster-Grätsche gegen Mbappé, aber auch unglückliche Situationen.

NOTE **3**

	Frankreich	Portugal	Ungarn	England	Summe
Minuten gespielt	90	61	90	90	331
ausgew./eingew.	0/0	1/0	0/0	0/0	1/0
Ballkontakte	90	42	130	93	355
Zweikämpfe	12	7	20	24	63
gewonnen	7	3	15	14	39
verloren	5	4	5	10	24
Fouls begangen	0	1	0	0	1
Gefoult worden	0	0	1	0	1
Tore	0	0	0	0	0
Torschüsse gesamt	1	0	2	0	3
Vorlagen zu Toren	0	0	1	0	1
Torschuss-Vorlagen	0	1	2	0	3
Ecken/Flanken	0/0	0/0	0/0	0/0	0/0
Im Abseits	0	0	0	0	0

6 JOSHUA KIMMICH (ABWEHR)

Auf der rechten Seite verschenkt, aber er machte das Beste draus. Kämpferisch top, viele Flanken, zwei Torvorlagen.

NOTE **2**

	Frankreich	Portugal	Ungarn	England	Summe
Minuten gespielt	90	90	90	90	360
ausgew./eingew.	0/0	0/0	0/0	0/0	0/0
Ballkontakte	85	60	86	55	286
Zweikämpfe	12	8	16	11	47
gewonnen	6	3	9	7	25
verloren	6	5	7	4	22
Fouls begangen	2	0	0	0	2
Gefoult worden	2	0	2	2	6
Tore	0	0	0	0	0
Torschüsse gesamt	0	0	1	0	1
Vorlagen zu Toren	0	2	0	0	2
Torschuss-Vorlagen	2	3	2	2	9
Ecken/Flanken	3/5	0/2	1/4	0/4	4/15
Im Abseits	0	0	0	1	1

15 NIKLAS SÜLE (ABWEHR)

Opfer der Rückkehr von Hummels. Kam nur zu 18 Minuten Einsatzzeit gegen Portugal.

NOTE **4**

	Frankreich	Portugal	Ungarn	England	Summe
Minuten gespielt	–	18	–	–	18
ausgew./eingew.	-/-	0/1	-/-	-/-	0/1
Ballkontakte	–	9	–	–	9
Zweikämpfe	–	1	–	–	1
gewonnen	–	1	–	–	1
verloren	–	0	–	–	0
Fouls begangen	–	0	–	–	0
Gefoult worden	–	0	–	–	0
Tore	–	0	–	–	0
Torschüsse gesamt	–	0	–	–	0
Vorlagen zu Toren	–	0	–	–	0
Torschuss-Vorlagen	–	0	–	–	0
Ecken/Flanken	-/-	0/0	-/-	-/-	0/0
Im Abseits	–	0	–	–	0

18 LEON GORETZKA (MITTELFELD)

Ging verletzt ins Turnier, zeigte aber sofort die richtige Körpersprache und Zug zum Tor, als er ins Spiel kam.

NOTE **3**

	Frankreich	Portugal	Ungarn	England	Summe
Minuten gespielt	–	18	33	90	141
ausgew./eingew.	-/-	0/1	0/1	0/0	0/2
Ballkontakte	–	17	17	54	88
Zweikämpfe	–	6	5	17	28
gewonnen	–	4	2	5	11
verloren	–	2	3	12	17
Fouls begangen	–	1	0	2	3
Gefoult worden	–	0	0	1	1
Tore	–	0	1	0	1
Torschüsse gesamt	–	1	1	3	5
Vorlagen zu Toren	–	0	0	0	0
Torschuss-Vorlagen	–	0	1	1	2
Ecken/Flanken	-/-	0/0	0/0	0/0	0/0
Im Abseits	–	0	0	0	0

21 ILKAY GÜNDOGAN (MITTELFELD)

Nur ein Torschuss und zwei Torschuss-Vorlagen, meilenweit entfernt von der Mega-Form bei Man City.

NOTE **5**

	Frankreich	Portugal	Ungarn	England	Summe
Minuten gespielt	90	72	57	–	219
ausgew./eingew.	0/0	1/0	1/0	-/-	2/0
Ballkontakte	83	67	45	–	195
Zweikämpfe	11	5	10	–	26
gewonnen	5	2	4	–	11
verloren	6	3	6	–	15
Fouls begangen	1	1	1	–	3
Gefoult worden	1	0	1	–	2
Tore	0	0	0	–	0
Torschüsse gesamt	1	0	0	–	1
Vorlagen zu Toren	0	0	0	–	0
Torschuss-Vorlagen	2	0	0	–	2
Ecken/Flanken	0/0	0/0	0/0	-/-	0/0
Im Abseits	0	0	1	–	1

23 EMRE CAN (MITTELFELD)

Ohne Startelf-Einsatz, wurde meist reingeworfen, wenn es brannte. Keine Patzer, aber auch nicht mehr als solide.

NOTE **4**

	Frankreich	Portugal	Ungarn	England	Summe
Minuten gespielt	3	29	–	4	36
ausgew./eingew.	0/1	0/1	-/-	0/1	0/3
Ballkontakte	11	28	–	10	49
Zweikämpfe	1	8	–	1	10
gewonnen	1	4	–	1	6
verloren	0	4	–	0	4
Fouls begangen	0	0	–	0	0
Gefoult worden	0	0	–	0	0
Tore	0	0	–	0	0
Torschüsse gesamt	0	0	–	0	0
Vorlagen zu Toren	0	0	–	0	0
Torschuss-Vorlagen	0	0	–	0	0
Ecken/Flanken	0/0	0/0	-/-	0/0	0/0
Im Abseits	0	0	–	0	0

11 TIMO WERNER (ANGRIFF)

Rettete mit der Torvorlage gegen Ungarn den Achtelfinaleinzug, aber vergab eine Riesenchance gegen England.

NOTE **4**

	Frankreich	Portugal	Ungarn	England	Summe
Minuten gespielt	17	–	24	68	109
ausgew./eingew.	0/1	-/-	0/1	1/0	1/2
Ballkontakte	9	–	16	20	45
Zweikämpfe	3	–	2	10	15
gewonnen	0	–	0	4	4
verloren	3	–	2	6	11
Foul begangen	0	–	0	0	0
Gefoult worden	0	–	0	0	0
Tore	0	–	0	0	0
Torschüsse gesamt	0	–	1	1	2
Vorlagen zu Toren	0	–	1	0	1
Torschuss-Vorlagen	0	–	1	1	2
Ecken/Flanken	0/1	-/-	0/1	0/0	0/2
Im Abseits	0	–	0	1	1

19 LEROY SANÉ (ANGRIFF)

Es war nichts zu sehen von seinen Super-Dribblings und der Schnelligkeit, die ihn bei Bayern auszeichnen.

NOTE **5**

	Frankreich	Portugal	Ungarn	England	Summe
Minuten gespielt	17	4	90	4	115
ausgew./eingew.	0/1	0/1	0/0	0/1	0/3
Ballkontakte	12	6	56	4	78
Zweikämpfe	5	4	21	0	30
gewonnen	2	1	13	–	16
verloren	3	3	8	–	14
Foul begangen	0	0	0	0	0
Gefoult worden	0	0	2	0	2
Tore	0	0	0	0	0
Torschüsse gesamt	1	0	0	0	1
Vorlagen zu Toren	0	0	0	0	0
Torschuss-Vorlagen	0	0	2	1	3
Ecken/Flanken	0/1	0/0	1/3	0/1	1/5
Im Abseits	0	0	1	0	1

25 THOMAS MÜLLER (ANGRIFF)

An keinem Tor beteiligt, und es lag nicht allein daran, dass Löw ihn falsch einsetzte – zu weit außen statt im Zentrum.

NOTE **5**

	Frankreich	Portugal	Ungarn	England	Summe
Minuten gespielt	90	90	24	89	293
ausgew./eingew.	0/0	0/0	0/1	1/0	1/1
Ballkontakte	63	56	20	41	180
Zweikämpfe	22	26	9	17	74
gewonnen	9	17	4	6	36
verloren	13	9	5	11	38
Foul begangen	2	1	0	1	4
Gefoult worden	2	1	0	0	3
Tore	0	0	0	0	0
Torschüsse gesamt	2	1	1	2	6
Vorlagen zu Toren	0	0	0	0	0
Torschuss-Vorlagen	1	1	0	1	3
Ecken/Flanken	0/4	0/0	0/2	0/0	0/6
Im Abseits	1	0	0	0	1

…wenigen deutschen …nten. Mit zehn Tor- …war er mit Abstand Team

1960 IN FRANKREICH EUROPAMEISTER UDSSR

HALBFINALE

Frankreich – **Jugoslawien**	4:5 (2:1)
Tschechoslowakei – **UdSSR**	0:3 (0:1)

SPIEL UM PLATZ 3

Tschechoslowakei – Frankreich	2:0 (0:0)

Die UdSSR wird erster Europameister. Igor Netto präsentiert den Pokal

FINALE

UdSSR – Jugoslawien 2:1 (0:1, 1:1) n. V.

So., 10. Juli 1960, in Paris (Stade Parc des Princes)

Zuschauer: 17 966

Schiedsrichter: Arthur Edward Ellis (England)

Tore: 0:1 Milan Galic (41.), 1:1 Slawa Metreweli (49.), 2:1 Viktor Ponedelnik (114.)

AUFSTELLUNGEN:

UdSSR: Lew Jaschin – Giwi Tschotscheli, Anatolij Krutikow – Juri Woinow, Anatolij Masljonkin, Igor Netto – Slawa Metreweli, Valentin Iwanow, Viktor Ponedelnik, Valentin Bubukin, Micheil Meschi.

Trainer: Gawril Katschalin.

Jugoslawien: Blagoje Vidinic – Vladimir Durkovic, Fahrudin Jusufi – Ante Zanetic, Jovan Miladinovic, Zeljko Perusic – Zeljko Matus, Drazen Jerkovic, Milan Galic, Dragoslav Sekularac, Bora Kostic.

Trainer: Aleksandar Tirnanic

Das deutsche Team 1972 gilt als das beste aller Zeiten. „Ramba-Zamba" wurde der Fußball genannt, den Beckenbauer, Netzer & Co. zelebrierten. Ballstafetten über viele Stationen und vorne Gerd Müller (Mitte), der eiskalt vollendete – hier im Finale gegen die UdSSR

1964 IN SPANIEN EUROPAMEISTER SPANIEN

HALBFINALE

UdSSR – Dänemark	3:0 (2:0)
Spanien – Ungarn	2:1 (1:0, 1:1) n. V.

SPIEL UM PLATZ 3

Ungarn – Dänemark	3:1 (1:0, 1:1) n. V.

Die Führung im Finale gegen die UdSSR: Jesús Pereda (l.) erzielt bereits in der 5. Minute das Tor zum 1:0 für Spanien

FINALE

Spanien – UdSSR 2:1 (1:1)

So., 21. Juni 1964, in Madrid (Santiago Bernabéu)

Zuschauer: 79 115

Schiedsrichter: Arthur Holland (England)

Tore: 1:0 Jesús Pereda (5.), 1:1 Galimzjan Chusainow (7.), 2:1 Marcelino Martinez (85.)

AUFSTELLUNGEN:

Spanien: José Iribar – Feliciano Rivilla, Fernando Olivella – Isacio Calleja, Ignacio Zoco, José Fusté – Amaro Amancio, Jesús Pereda, Marcelino Martínez, Luis Suárez, Carlos Lapetra.

Trainer: José Villalonga.

UdSSR: Lew Jaschin – Viktor Schustikow, Albert Schesternjow, Eduard Mudrik, Viktor Anichkin – Valeri Woronin, Andrej Kornejew – Igor Chislenko, Viktor Ponedelnik, Valentin Iwanow, Galimzjan Chusainow.

Trainer: Konstantin Beskow.

1968 IN ITALIEN EUROPAMEISTER ITALIEN

HALBFINALE

Jugoslawien – England	1:0 (0:0)
Italien – UdSSR	0:0 n. V., Losentscheid

SPIEL UM PLATZ 3

England – UdSSR	2:0 (1:0)

FINALE

Italien – Jugoslawien 1:1 (0:1, 1:1) n. V.

Sa., 8. Juni 1968, in Rom (Olimpico)

Zuschauer: 68 617

Schiedsrichter: Gottfried Dienst (Schweiz)

Tore: 0:1 Dragan Dzajic (39.), 1:1 Angelo Domenghini (80.)

Italien holt im Wiederholungsspiel gegen Jugoslawien den Titel: Kapitän Giacinto Facchetti präsentiert den Pokal

Es kam zum Wiederholungsspiel. Italien tauschte vor dem zweiten Finale fünf Spieler aus. Bei Jugoslawien musste nur Ilija Petkovic dem Ersatzspieler Idriz Hosic weichen.

WIEDERHOLUNGSSPIEL

Italien – Jugoslawien 2:0 (2:0)

Mo., 10. Juni 1968, in Rom (Olimpico)

Zuschauer: 32 886

Schiedsrichter: José María Ortiz de Mendibil (Spanien)

Tore: 1:0 Luigi Riva (13.), 2:0 Pietro Anastasi (33.)

AUFSTELLUNGEN:

Italien: Dino Zoff – Tarcisio Burgnich, Giacinto Facchetti, Roberto Rosato – Aristide Guarneri, Alessandro Salvadore – Angelo Domenghini, Sandro Mazzola, Giancarlo de Sisti, Pietro Anastasi, Luigi Riva.

Trainer: Ferruccio Valcareggi.

Jugoslawien: Ilja Pantelic – Mirsad Fazlagic, Milan Damjanovic – Blagoje Paunovic, Dragan Holcer, Idriz Hosic – Miroslav Pavlovic, Dobrivoje Trivic, Vahidin Musemic, Jovan Acimovic, Dragan Dzajic.

Trainer: Rajko Mitic .

1972 IN BELGIEN EU

HALBFINALE

UdSSR – Ungarn	1:0 (0:0)
Belgien – **Deutschland**	1:2 (0:1)

SPIEL UM PLATZ 3

Belgien – Ungarn	2:1 (2:0)

FINALE

Deutschland – UdSSR 3:0 (1:0)

So., 18. Juni 1972, in Brüssel (Roi Baudouin)

Zuschauer: 43 100

Schiedsrichter: Ferdinand Marschall (Österreich)

Tore: 1:0 Gerd Müller (28.), 2:0 Herbert Wimmer (52.), 3:0 Gerd Müller (57.)

AUFSTELLUNGEN:

Deutschland: Sepp Maier – Horst-Dieter Höttges, Franz Beckenbauer, Hans-Georg Schwarzenbeck, Paul Breitner – Uli Hoeneß, Günter Netzer, Herbert Wimmer – Jupp Heynckes, Gerd Müller, Erwin Kremers.

Trainer: Helmut Schön.

1976 IN JUGOSLAWIEN EU

HALBFINALE

Tschechoslowakei – Niederlande	3:1 (1:0, 1:1) n. V.
Jugoslawien – **Deutschland**	2:4 (2:0, 2:2) n. V.

SPIEL UM PLATZ 3

Jugoslawien – **Niederlande**	2:3 (1:2, 2:2) n. V.

FINALE

Tschechoslowakei – Deutschland 2:2 (2:1, 2:2) n. V., 5:3 i. E.

So., 20. Juni 1976, in Belgrad (Stadion Roter Stern)

Zuschauer: 30 790

Schiedsrichter: Sergio Gonella (Italien)

Tore: 1:0 Jan Svehlik (8.), 2:0 Karel Dobias (25.), 2:1 Dieter Müller (28.), 2:2 Bernd Hölzenbein (90.)

Elfmeterschießen: 1:0 Marian Masny, 1:1 Rainer Bonhof, 2:1 Zdenek Nehoda, 2:2 Heinz Flohe, 3:2 Anton Ondrus, 3:3 Hannes Bongartz, 4:3 Ladislav Jurkemik, Uli Hoeneß verschießt, 5:3 Antonin Panenka

EISTER DEUTSCHLAND

UdSSR: Jewgenij Rudakow – Revaz Dzodzvashwili, Murtas Churtsilawa, Wladimir Kaplichnij, Juri Istomin – Viktor Kolotow, Wladimir Troschkin, Anatoli Konkow (46. Oleg Dolmatow) – Anatolij Baidatschnij, Anatolij Banischewski (66. Eduard Kosinkewitsch), Wladimir Onischenko.
Trainer: Alexander Ponomarew.
Gelbe Karte: Wladimir Kaplichnij.

Gerd Müller (r.) trifft zum 3:0-Endstand gegen die UdSSR. Schon das erste Tor hatte der „Bomber" erzielt. Links: Georg „Katsche" Schwarzenbeck

EISTER TSCHECHOSLOWAKEI

AUFSTELLUNGEN:

Tschechoslowakei: Ivo Viktor – Jan Pivarnik, Anton Ondrus, Josef Capkovic – Koloman Gögh, Karol Dobias (94. Frantisek Vesely), Antonin Panenka, Josef Moder – Marian Masny, Jan Svehlik (80. Ladislav Jurkemik), Zdenek Nehoda.
Trainer: Vaclav Jezek.
Gelbe Karte: Dobias, Moder.

Deutschland: Sepp Maier – Berti Vogts, Hans-Georg Schwarzenbeck, Franz Beckenbauer, Bernard Dietz – Rainer Bonhof, Uli Hoeneß, Herbert Wimmer (46. Heinz Flohe) – Dieter Müller, Erich Beer (81. Hannes Bongartz), Bernd Hölzenbein.
Trainer: Helmut Schön.

Elfer-Drama im Finale gegen die CSSR: Uli Hoeneß (r.) verschießt als einziger Spieler, der Ball fliegt weit über das Tor

1980 IN ITALIEN EUROPAMEISTER DEUTSCHLAND

GRUPPE 1

Tschechoslowakei – Deutschland	0:1 (0:0)
Niederlande – Griechenland	1:0 (0:0)
Deutschland – Niederlande	3:2 (1:0)
Griechenland – Tschechoslowakei	1:3 (1:2)
Niederlande – Tschechoslowakei	1:1 (0:1)
Griechenland – Deutschland	0:0

	S	U	N	Tore	Punkte
1. Deutschland	2	1	0	4:2	5:1
2. Tschechoslowakei	1	1	1	4:3	3:3
3. Niederlande	1	1	1	4:4	3:3
4. Griechenland	0	1	2	1:4	1:5

GRUPPE 2

Belgien – England	1:1 (1:1)
Spanien – Italien	0:0
Belgien – Spanien	2:1 (1:1)
England – Italien	0:1 (0:0)
Spanien – England	1:2 (0:1)
Italien – Belgien	0:0

	S	U	N	Tore	Punkte
1. Belgien	1	2	0	3:2	4:2
2. Italien	1	2	0	1:0	4:2
3. England	1	1	1	3:3	3:3
4. Spanien	0	1	2	2:4	1:5

SPIEL UM PLATZ 3

Tschechoslowakei – Italien 1:1 (0:0, 1:1) n. V., 9:8 i. E.

Grenzenloser Jubel nach dem Finalsieg: Schumacher, Stielike, Hansi Müller, Schuster und Karl-Heinz Förster (v. l.)

FINALE

Deutschland – Belgien 2:1 (1:0)
So., 22. Juni 1980, in Rom (Olimpico)
Zuschauer: 47 860
Schiedsrichter: Nicolae Rainea (Rumänien)
Tore: 1:0 Horst Hrubesch (10.), 1:1 René Vandereycken (72. Foulelfmeter), 2:1 Horst Hrubesch (89.)

AUFSTELLUNGEN:

Deutschland: Harald Schumacher – Manfred Kaltz, Uli Stielike, Karlheinz Förster, Bernard Dietz – Bernd Schuster, Hans-Peter Briegel (56. Bernd Cullmann), Hans Müller – Karl-Heinz Rummenigge, Horst Hrubesch, Klaus Allofs.
Trainer: Jupp Derwall.
Gelbe Karte: Förster.

Belgien: Jean-Marie Pfaff – Erik Gerets, Walter Meeuws, Luc Millecamps, Michel Renquin – Julien Cools, René Vandereycken, Wilfried van Moer, Raymond Mommens – François van der Elst, Jan Ceulemans.
Trainer: Guy Thys.
Gelbe Karten: Millecamps, Vandereycken, van der Elst.

1984 IN FRANKREICH EUROPAMEISTER FRANKREICH

GRUPPE 1

Frankreich – Dänemark	1:0 (0:0)
Belgien – Jugoslawien	2:0 (2:0)
Frankreich – Belgien	5:0 (3:0)
Dänemark – Jugoslawien	5:0 (2:0)
Frankreich – Jugoslawien	3:2 (0:1)
Dänemark – Belgien	3:2 (1:2)

	S	U	N	Tore	Punkte
1. Frankreich	3	0	0	9:2	6:0
2. Dänemark	2	0	1	8:3	4:2
3. Belgien	1	0	2	4:8	2:4
4. Jugoslawien	0	0	3	2:10	0:6

GRUPPE 2

Deutschland – Portugal	0:0
Rumänien – Spanien	1:1 (1:1)
Deutschland – Rumänien	2:1 (1:0)
Portugal – Spanien	1:1 (0:0)
Deutschland – Spanien	0:1 (0:0)
Portugal – Rumänien	1:0 (0:0)

	S	U	N	Tore	Punkte
1. Spanien	1	2	0	3:2	4:2
2. Portugal	1	2	0	2:1	4:2
3. Deutschland	1	1	1	2:2	3:3
4. Rumänien	0	1	2	2:4	1:5

HALBFINALE

Frankreich – Portugal 3:2 (1:0, 1:1) n. V.
Dänemark – **Spanien** 1:1 (0:1, 1:1) n. V., 4:5 i. E.

1984 wird Frankreich um Superstar Michel Platini, der neun Tore erzielt, erstmals Europameister

FINALE

Frankreich – Spanien 2:0 (0:0)
Mi., 27. Juni 1984, in Paris (Stade Parc des Princes)
Zuschauer: 47 368
Schiedsrichter: Vojtech Christov (CSSR)
Tore: 1:0 Michel Platini (57.), 2:0 Bruno Bellone (90.)

AUFSTELLUNGEN:

Frankreich: Joël Bats – Patrick Battiston (73. Manuel Amoros), Yvon Le Roux, Maxime Bossis, Jean-François Domergue – Jean Tigana, Alain Giresse, Michel Platini – Bernard Lacombe (81. Bernard Genghini), Bruno Bellone, Luis Fernández.
Trainer: Michel Hidalgo.
Gelbe Karte: Fernández, Le Roux.
Rote Karte: Yvon Le Roux (85.).

Spanien: Luis Miguel Arconada, Santiago Urquiaga, Salva (86. Roberto), Ricardo Gallego, José Antonio Camacho, Victor Muñoz, Señor, Francisco, Julio Alberto (78. Manuel Sarabia), Santillana, Francisco Carrasco.
Trainer: Miguel Muñoz Mozun.
Gelbe Karten: Gallego, Carrasco, Francisco.

1988 IN DEUTSCHLAND EUROPAMEISTER NIEDERLANDE

GRUPPE 1

Deutschland – Italien	1:1 (0:0)
Dänemark – Spanien	2:3 (1:1)
Deutschland – Dänemark	2:0 (1:0)
Italien – Spanien	1:0 (0:0)
Deutschland – Spanien	2:0 (1:0)
Italien – Dänemark	2:0 (0:0)

	S	U	N	Tore	Punkte
1. Deutschland	2	1	0	5:1	5:1
2. Italien	2	1	0	4:1	5:1
3. Spanien	1	0	2	3:5	2:4
4. Dänemark	0	0	3	2:7	0:6

GRUPPE 2

England – Irland	0:1 (0:1)
Niederlande – UdSSR	0:1 (0:0)
England – Niederlande	1:3 (0:1)
Irland – UdSSR	1:1 (1:0)
England – UdSSR	1:3 (1:2)
Irland – Niederlande	0:1 (0:0)

	S	U	N	Tore	Punkte
1. UdSSR	2	1	0	5:2	5:1
2. Niederlande	2	0	1	4:2	4:2
3. Irland	1	1	1	2:2	3:3
4. England	0	0	3	2:7	0:6

HALBFINALE

Deutschland – **Niederlande**	1:2 (0:0)
UdSSR – Italien	2:0 (0:0)

Ruud Gullit (l.) erzielt im Finale in München das 1:0 für die Niederlande gegen die UdSSR

FINALE

Niederlande – UdSSR 2:0 (1:0)

Sa., 25. Juni 1988, in München (Olympiastadion)

Zuschauer: 72 300

Schiedsrichter: Michel Vautrot (Frankreich)

Tore: 1:0 Ruud Gullit (33.), 2:0 Marco van Basten (54.)

AUFSTELLUNGEN:

Niederlande: Hans van Breukelen – Ronald Koeman – Berry van Aerle, Frank Rijkaard, Adri van Tiggelen – Gerald Vanenburg, Jan Wouters, Arnold Mühren, Erwin Koeman – Ruud Gullit – Marco van Basten.
Trainer: Rinus Michels.
Gelbe Karten: Wouters, van Aerle.

UdSSR: Rinat Dassajew – Sergei Aleijnikow, Wagis Chidijatulin, Gennadi Litowtschenko, Anatoli Demjanenko – Sergej Gotsmanow (70. Sergej Baltatscha), Alexander Sawarow, Wasili Rats, Alexej Michailitschenko, Igor Belanow, Oleg Protassow (72. Viktor Pasulko).
Trainer: Waleri Lobanowski.
Gelbe Karten: Belanow, Litowtschenko, Chidijatulin.

1992 IN SCHWEDEN EUROPAMEISTER DÄNEMARK

GRUPPE 1

Schweden – Frankreich	1:1 (1:0)
Dänemark – England	0:0
Frankreich – England	0:0
Schweden – Dänemark	1:0 (0:0)
Schweden – England	2:1 (0:1)
Frankreich – Dänemark	1:2 (0:1)

	S	U	N	Tore	Punkte
1. Schweden	2	1	0	4:2	5:1
2. Dänemark	1	1	1	2:2	3:3
3. Frankreich	0	2	1	2:3	2:4
4. England	0	2	1	1:2	2:4

GRUPPE 2

Niederlande – Schottland	1:0 (0:0)
GUS – Deutschland	1:1 (0:0)
Schottland – Deutschland	0:2 (0:1)
Niederlande – GUS	0:0
Niederlande – Deutschland	3:1 (2:0)
Schottland – GUS	3:0 (2:0)

	S	U	N	Tore	Punkte
1. Niederlande	2	1	0	4:1	5:1
2. Deutschland	1	1	1	4:4	3:3
3. Schottland	1	0	2	3:3	2:4
4. GUS	0	2	1	1:4	2:4

HALBFINALE

Schweden – **Deutschland**	2:3 (0:1)
Dänemark – Niederlande	2:2 (2:1, 2:2) n. V., 5:4 i. E

FINALE

Dänemark – Deutschland 2:0 (1:0)

Fr., 26. Juni 1992, in Göteborg (Ullevi)

Zuschauer: 37 800

Schiedsrichter: Bruno Galler (Schweiz)

Tore: 1:0 John Jensen (19.), 2:0 Kim Vilfort (78.)

AUFSTELLUNGEN:

Dänemark: Peter Schmeiche – Lars Olsen, Torben Piechnik, Kent Nielsen – John Sivebæk (67. Claus Christiansen), Kim Vilfort, John Jensen, Kim Christofte – Henrik Larsen, Flemming Povlsen, Brian Laudrup.
Trainer: Richard Møller-Nielsen.
Gelbe Karte: Larsen.

Deutschland: Bodo Illgner – Stefan Reuter, Thomas Helmer, Jürgen Kohler, Andreas Brehme, Guido Buchwald – Thomas Häßler, Stefan Effenberg (81. Andreas Thom), Matthias Sammer (46. Thomas Doll) – Jürgen Klinsmann, Karl-Heinz Riedle.
Trainer: Berti Vogts.
Gelbe Karten: Effenberg, Häßler, Reuter, Doll, Klinsmann.

Brian Laudrup, damals in Diensten des FC Bayern, holte den Titel mit Dänemark

1996 IN ENGLA

30. Juni 1996, EM-Finale im Wembley-Stadion: Bedrängt vom tschechischen Abwehrspieler Karel Rada (verdeckt) zieht der eingewechselte Oliver Bierhoff ab und trifft zum 2:1-Sieg für Deutschland. Es war das erste Golden Goal der Fußballgeschichte, das Endspiel damit nach fünf Minuten in der Verlängerung beendet. Radek Bejbl, Stefan Kuntz und Marco Bode (v. r.) sehen zu

GRUPPE A

England – Schweiz	1:1 (1:0)
Niederlande – Schottland	0:0
Schweiz – Niederlande	0:2 (0:0)
Schottland – England	0:2 (0:0)
Schottland – Schweiz	1:0 (1:0)
Niederlande – England	1:4 (0:1)

	S	U	N	Tore	Punkte
1. England	2	1	0	7:2	7
2. Niederlande	1	1	1	3:4	4
3. Schottland	1	1	1	1:2	4
4. Schweiz	0	1	2	1:4	1

GRUPPE B

Spanien – Bulgarien	1:1 (0:0)
Rumänien – Frankreich	0:1 (0:1)
Bulgarien – Rumänien	1:0 (1:0)
Frankreich – Spanien	1:1 (0:0)
Frankreich – Bulgarien	3:1 (1:0)
Rumänien – Spanien	1:2 (1:1)

	S	U	N	Tore	Punkte
1. Frankreich	2	1	0	5:2	7
2. Spanien	1	2	0	4:3	5
3. Bulgarien	1	1	1	3:4	4
4. Rumänien	0	0	3	1:4	0

VIERTELFINALE

Frankreich – Niederlande	0:0 n. V., 5:4 i. E.
England – Spanien	0:0 n. V., 4:2 i. E.
Deutschland – Kroatien	2:1 (1:0)
Tschechien – Portugal	1:0 (0:0)

HALBFINALE

Tschechien – Frankreich	0:0 n. V., 6:5 i. E.
England – **Deutschland**	1:1 (1:1, 1:1) n. V., 5:6 i. E.

FINALE

Deutschland – Tschechien 2:1 (0:0, 1:1) GG* i. d. V.

So., 30. Juni 1996, in London (Wembley)

Zuschauer: 73 600 **Schiedsrichter:** Pierluigi Pairetto (Italien)

Tore: 0:1 Patrik Berger (59. Foulelfmeter), 1:1 Oliver Bierhoff (73.), 2:1 Oliver Bierhoff (95. Golden Goal)

JROPAMEISTER DEUTSCHLAND

GRUPPE C

Deutschland – Tschechien	2:0 (2:0)
Italien – Russland	2:1 (1:1)
Tschechien – Italien	2:1 (2:1)
Russland – Deutschland	0:3 (0:0)
Russland – Tschechien	3:3 (0:2)
Italien – Deutschland	0:0

	S	U	N	Tore	Punkte
1. Deutschland	2	1	0	5:0	7
2. Tschechien	1	1	1	5:6	4
3. Italien	1	1	1	3:3	4
4. Russland	0	1	2	4:8	1

GRUPPE D

Dänemark – Portugal	1:1 (1:0)
Türkei – Kroatien	0:1 (0:0)
Portugal – Türkei	1:0 (0:0)
Kroatien – Dänemark	3:0 (0:0)
Kroatien – Portugal	0:3 (0:2)
Türkei – Dänemark	0:3 (0:0)

	S	U	N	Tore	Punkte
1. Portugal	2	1	0	5:1	7
2. Kroatien	2	0	1	4:3	6
3. Dänemark	1	1	1	4:4	4
4. Türkei	0	0	3	0:5	0

AUFSTELLUNGEN:

Deutschland: Andreas Köpke – Thomas Strunz, Matthias Sammer, Markus Babbel, Thomas Helmer – Dieter Eilts (46. Marco Bode), Thomas Häßler, Christian Ziege, Mehmet Scholl (69. Oliver Bierhoff) – Jürgen Klinsmann, Stefan Kuntz.
Trainer: Berti Vogts.
Gelbe Karten: Helmer, Sammer, Ziege.

Tschechien: Petr Kouba – Michal Hornak, Miroslav Kadlec, Karel Rada, Jan Suchoparek – Radek Bejbl, Pavel Nedved, Jiri Nemec, Patrik Berger – Karel Poborsky (88. Pavel Smicer), Pavel Kuka
Trainer: Dusan Uhrin
Gelbe Karte: Michal Hornak

**GG = Golden Goal*

2000 IN HOLLAND UND BELGIEN EUROPAMEISTER FRANKREICH

GRUPPE A

Deutschland – Rumänien	1:1 (1:1)
Portugal – England	3:2 (2:2)
Rumänien – Portugal	0:1 (0:0)
England – Deutschland	1:0 (0:0)
England – Rumänien	2:3 (2:3)
Portugal – Deutschland	3:0 (1:0)

	S	U	N	Tore	Punkte
1. Portugal	3	0	0	7:2	9
2. Rumänien	1	1	1	4:4	4
3. England	1	0	2	5:6	3
4. Deutschland	0	1	2	1:5	1

GRUPPE B

Belgien – Schweden	2:1 (1:0)
Türkei – Italien	1:2 (0:0)
Italien – Belgien	2:0 (1:0)
Schweden – Türkei	0:0
Türkei – Belgien	2:0 (1:0)
Italien – Schweden	2:1 (1:0)

	S	U	N	Tore	Punkte
1. Italien	3	0	0	6:2	9
2. Türkei	1	1	1	3:2	4
3. Belgien	1	0	2	2:5	3
4. Schweden	0	1	2	2:4	1

GRUPPE C

Spanien – Norwegen	0:1 (0:0)
Jugoslawien – Slowenien	3:3 (0:1)
Slowenien – Spanien	1:2 (0:1)
Norwegen – Jugoslawien	0:1 (0:1)
Jugoslawien – Spanien	3:4 (1:1)
Slowenien – Norwegen	0:0

	S	U	N	Tore	Punkte
1. Spanien	2	0	1	6:5	6
2. Jugoslawien	1	1	1	7:7	4
3. Norwegen	1	1	1	1:1	4
4. Slowenien	0	2	1	4:5	2

GRUPPE D

Frankreich – Dänemark	3:0 (1:0)
Niederlande – Tschechien	1:0 (0:0)
Tschechien – Frankreich	1:2 (1:1)
Dänemark – Niederlande	0:3 (0:0)
Dänemark – Tschechien	0:2 (0:0)
Frankreich – Niederlande	2:3 (2:1)

	S	U	N	Tore	Punkte
1. Niederlande	3	0	0	7:2	9
2. Frankreich	2	0	1	7:4	6
3. Tschechien	1	0	2	3:3	3
4. Dänemark	0	0	3	0:8	0

VIERTELFINALE

Portugal – Türkei	2:0 (1:0)
Italien – Rumänien	2:0 (2:0)
Niederlande – Jugoslawien	6:1 (2:0)
Frankreich – Spanien	2:1 (2:1)

HALBFINALE

Frankreich – Portugal	2:1 (0:1, 1:1) GG* i. d. V.
Italien – Niederlande	0:0 n. V., 3:1 i. E.

FINALE

Frankreich – Italien 2:1 (0:0, 1:1) GG* i. d. V.
So., 2. Juli 2000, in Rotterdam (De Kuip)
Zuschauer: 48 200
Schiedsrichter: Anders Frisk (Schweden)
Tore: 0:1 Marco Delvecchio (55.), 1:1 Sylvain Wiltord (90.), 2:1 David Trézéguet (103. Golden Goal)

**GG = Golden Goal*

AUFSTELLUNGEN:

Frankreich: Fabien Barthez – Lilian Thuram, Marcel Desailly, Laurent Blanc, Bixente Lizarazu (86. Robert Pires) – Didier Deschamps, Patrick Vieira – Youri Djorkaeff (76. David Trezeguet), Zinédine Zidane, Thierry Henry – Christophe Dugarry (58. Sylvain Wiltord).
Trainer: Roger Lemerre.
Gelbe Karten: Thuram.

Italien: Francesco Toldo – Gianluca Pessotto, Fabio Cannavaro, Alessandro Nesta, Mark Iuliano, Paolo Maldini – Luigi Di Biagio (66. Massimo Ambrosini), Demetrio Albertini – Stefano Fiore (53. Alessandro Del Piero) – Francesco Totti, Marco Delvecchio (86. Vincenzo Montella).
Trainer: Dino Zoff.
Gelbe Karten: di Biagio, Cannavaro, Totti.

Die goldene Generation um Kapitän Didier Deschamps (Nr. 7, in der Mitte) gewann 2000 zwei Jahre nach der WM auch den EM-Titel. Heute ist Deschamps Trainer der Équipe Tricolore

2004 IN PORTUGAL EUROPAMEISTER GRIECHENLAND

Ottos Supercoup: Sensationell wurde Otto Rehhagel mit Außenseiter Griechenland Europameister. Im Finale besiegte sein Team EM-Gastgeber Portugal mit 1:0

GRUPPE A

Portugal – Griechenland	1:2 (0:1)
Spanien – Russland	1:0 (0:0)
Griechenland – Spanien	1:1 (0:1)
Russland – Portugal	0:2 (0:1)
Spanien – Portugal	0:1 (0:0)
Russland – Griechenland	2:1 (2:1)

	S	U	N	Tore	Punkte
1. Portugal	2	0	1	4:2	6
2. Griechenland	1	1	1	4:4	4
3. Spanien	1	1	1	2:2	4
4. Russland	1	0	2	2:4	3

GRUPPE B

Schweiz – Kroatien	0:0
Frankreich – England	2:1 (0:1)
England – Schweiz	3:0 (1:0)
Kroatien – Frankreich	2:2 (0:1)
Kroatien – England	2:4 (1:2)
Schweiz – Frankreich	1:3 (1:1)

	S	U	N	Tore	Punkte
1. Frankreich	2	1	0	7:4	7
2. England	2	0	1	8:4	6
3. Kroatien	0	2	1	4:6	2
4. Schweiz	0	1	2	1:6	1

GRUPPE C

Dänemark – Italien	0:0
Schweden – Bulgarien	5:0 (1:0)
Bulgarien – Dänemark	0:2 (0:1)
Italien – Schweden	1:1 (1:0)
Italien – Bulgarien	2:1 (0:1)
Dänemark – Schweden	2:2 (1:0)

	S	U	N	Tore	Punkte
1. Schweden	1	2	0	8:3	5
2. Dänemark	1	2	0	4:2	5
3. Italien	1	2	0	3:2	5
4. Bulgarien	0	0	3	1:9	0

GRUPPE D

Tschechien – Lettland	2:1 (0:1)
Deutschland – Niederlande	1:1 (1:0)
Lettland – Deutschland	0:0
Niederlande – Tschechien	2:3 (2:1)
Niederlande – Lettland	3:0 (2:0)
Deutschland – Tschechien	1:2 (1:1)

	S	U	N	Tore	Punkte
1. Tschechien	3	0	0	7:4	9
2. Niederlande	1	1	1	6:4	4
3. Deutschland	0	2	1	2:3	2
4. Lettland	0	1	2	1:5	1

VIERTELFINALE

Portugal – England	2:2 (0:1, 1:1) n. V., 6:5 i. E.
Frankreich – **Griechenland**	0:1 (0:0)
Niederlande – Schweden	0:0 n. V., 5:4 i. E.
Tschechien – Dänemark	3:0 (0:0)

HALBFINALE

Portugal – Niederlande	2:1 (1:0)
Griechenland – Tschechien	1:0 (0:0, 0:0) n. V.

FINALE

Griechenland – Portugal 1:0 (0:0)

So., 4. Juli 2004, 20.45 Uhr in Lissabon (Estádio da Luz)

Zuschauer: 62 865

Schiedsrichter: Markus Merk (Deutschland)

Tor: 1:0 Angelos Charisteas (57.)

AUFSTELLUNGEN:

Griechenland: Antonios Nikopolidis – Giourkas Seitaridis, Traianos Dellas, Mihalis Kapsis, Panagiotis Fyssas – Theodoros Zagorakis, Kostas Katsouranis, Angelos Basinas – Angelos Charisteas, Stylianos Giannakopoulos (77. Stelios Venetidis) – Zisi Vryzas (81. Dimitris Papadopoulos).
Trainer: Otto Rehhagel.
Gelbe Karten: Basinas (45.+2.), Seitaridis (63.), Fyssas (67.), Papadopoulos (85.).

Portugal: Ricardo – Miguel (43. Paulo Ferreira), Jorge Andrade, Ricardo Carvalho, Nuno Valente – Maniche, Costinha (60. Rui Costa) – Deco – Luís Figo, Pauleta (74. Nuno Gomes), Cristiano Ronaldo.
Trainer: Luiz Felipe Scolari.
Gelbe Karten: Costinha (12.), Nuno Valente (90.+3.).

2008 IN DER SCHWEIZ UND ÖSTI

Dieses Tor entschied das EM-Finale: Spaniens Fernando Torres (l.) enteilt Philipp Lahm und schiebt den Ball an Jens Lehmann vorbei ins Tor

GRUPPE A

Schweiz – Tschechien	0:1 (0:0)
Portugal – Türkei	2:0 (0:0)
Tschechien – Portugal	1:3 (1:1)
Schweiz – Türkei	1:2 (1:0)
Schweiz – Portugal	2:0 (0:0)
Türkei – Tschechien	3:2 (0:1)

	S	U	N	Tore	Punkte
1. Portugal	2	0	1	5:3	6
2. Türkei	2	0	1	5:5	6
3. Tschechien	1	0	2	4:6	3
4. Schweiz	1	0	2	3:3	3

GRUPPE B

Österreich – Kroatien	0:1 (0:1)
Deutschland – Polen	2:0 (1:0)
Kroatien – Deutschland	2:1 (1:0)
Österreich – Polen	1:1 (0:1)
Polen – Kroatien	0:1 (0:0)
Österreich – Deutschland	0:1 (0:0)

	S	U	N	Tore	Punkte
1. Kroatien	3	0	0	4:1	9
2. Deutschland	2	0	1	4:2	6
3. Österreich	0	1	2	1:3	1
4. Polen	0	1	2	1:4	1

VIERTELFINALE

Portugal – **Deutschland**	2:3 (1:2)
Kroatien – **Türkei**	1:1 (0:0, 0:0) n. V., 2:4 i. E.
Niederlande – **Russland**	1:3 (1:1, 0:0) n. V.
Spanien – Italien	0:0 n. V., 4:2 i. E.

HALBFINALE

Deutschland – Türkei	3:2 (1:1)
Russland – **Spanien**	0:3 (0:0)

FINALE

Deutschland – **Spanien** 0:1 (0:1)

So., 29. Juni 2008, 20.45 Uhr in Wien (Ernst-Happel-Stadion)

Zuschauer: 51 428

Schiedsrichter: Roberto Rosetti (Italien)

Tor: 0:1 Fernando Torres (33.)

ICH EUROPAMEISTER SPANIEN

GRUPPE C

Rumänien – Frankreich	0:0
Niederlande – Italien	3:0 (2:0)
Italien – Rumänien	1:1 (0:0)
Niederlande – Frankreich	4:1 (1:0)
Niederlande – Rumänien	2:0 (0:0)
Frankreich – Italien	0:2 (0:1)

	S	U	N	Tore	Punkte
1. Niederlande	3	0	0	9:1	9
2. Italien	1	1	1	3:4	4
3. Rumänien	0	2	1	1:3	2
4. Frankreich	0	1	2	1:6	1

GRUPPE D

Spanien – Russland	4:1 (2:0)
Griechenland – Schweden	0:2 (0:0)
Schweden – Spanien	1:2 (1:1)
Griechenland – Russland	0:1 (0:1)
Griechenland – Spanien	1:2 (1:0)
Russland – Schweden	2:0 (1:0)

	S	U	N	Tore	Punkte
1. Spanien	3	0	0	8:3	9
2. Russland	2	0	1	4:4	6
3. Schweden	1	0	2	3:4	3
4. Griechenland	0	0	3	1:5	0

AUFSTELLUNGEN:

Deutschland: Jens Lehmann – Arne Friedrich, Per Mertesacker, Christoph Metzelder, Philipp Lahm (46. Marcell Jansen) – Torsten Frings, Thomas Hitzlsperger (58. Kevin Kuranyi) – Bastian Schweinsteiger, Michael Ballack, Lukas Podolski – Miroslav Klose (79. Mario Gomez).
Trainer: Joachim Löw.
Gelbe Karten: Ballack (43.), Kuranyi (88.).

Spanien: Iker Casillas – Sergio Ramos, Carlos Marchena, Carles Puyol, Joan Capdevila – Marcos Senna – Andrés Iniesta, Xavi, Cesc Fàbregas (63. Xabi Alonso), David Silva (66. Santi Cazorla) – Fernando Torres (78. Daniel Güiza).
Trainer: Luis Aragonés.
Gelbe Karten: Casillas (43.), Torres (74.).

2012 IN POLEN/UKRAINE EUROPAMEISTER SPANIEN

2012 gelingt den Spaniern souverän die Titelverteidigung. Mit 4:0 überrennt das Team von Trainer Vicente del Bosque im Finale die Italiener

GRUPPE A

Polen – Griechenland	1:1 (1:0)
Russland – Tschechien	4:1 (2:0)
Griechenland – Tschechien	1:2 (0:2)
Polen – Russland	1:1 (0:1)
Tschechien – Polen	1:0 (0:0)
Griechenland – Russland	1:0 (1:0)

	S	U	N	Tore	Punkte
1. Tschechien	2	0	1	4:5	6
2. Griechenland	1	1	1	3:3	4
3. Russland	1	1	1	5:3	4
4. Polen	0	2	1	2:3	2

GRUPPE B

Niederlande – Dänemark	0:1 (0:1)
Deutschland – Portugal	1:0 (0:0)
Dänemark – Portugal	2:3 (1:2)
Niederlande – Deutschland	1:2 (0:2)
Portugal – Niederlande	2:1 (1:1)
Dänemark – Deutschland	1:2 (1:1)

	S	U	N	Tore	Punkte
1. Deutschland	3	0	0	5:2	9
2. Portugal	2	0	1	5:4	6
3. Dänemark	1	0	2	4:5	3
4. Niederlande	0	0	3	2:5	0

GRUPPE C

Spanien – Italien	1:1 (0:0)
Irland – Kroatien	1:3 (1:2)
Italien – Kroatien	1:1 (1:0)
Spanien – Irland	4:0 (1:0)
Kroatien – Spanien	0:1 (0:0)
Italien – Irland	2:0 (1:0)

	S	U	N	Tore	Punkte
1. Spanien	2	1	0	6:1	7
2. Italien	1	2	0	4:2	5
3. Kroatien	1	1	1	4:3	4
4. Irland	0	0	3	1:9	0

GRUPPE D

Frankreich – England	1:1 (1:1)
Ukraine – Schweden	2:1 (0:0)
Ukraine – Frankreich	0:2 (0:0)
Schweden – England	2:3 (0:1)
England – Ukraine	1:0 (0:0)
Schweden – Frankreich	2:0 (0:0)

	S	U	N	Tore	Punkte
1. England	2	1	0	5:3	7
2. Frankreich	1	1	1	3:3	4
3. Ukraine	1	0	2	2:4	3
4. Schweden	1	0	2	5:5	3

VIERTELFINALE

Tschechien – **Portugal**	0:1 (0:0)
Deutschland – Griechenland	4:2 (1:0)
Spanien – Frankreich	2:0 (1:0)
England – **Italien**	0:0 n. V., 2:4 i. E.

HALBFINALE

Portugal – **Spanien**	0:0 n. V., 2:4 i. E.
Deutschland – **Italien**	1:2 (0:2)

FINALE

Spanien – Italien 4:0 (2:0)
So., 1. Juli 2012, 20.45 Uhr in Kiew (Olympia-Stadion)
Zuschauer: 64 300 (ausverkauft)
Schiedsrichter: Proença (Portugal)
Tore: 1:0 Silva (14.), 2:0 Alba (41.), 3:0 Torres (84.), 4:0 Mata (88.).

AUFSTELLUNGEN:

Spanien: Iker Casillas – Jordi Alba, Sergio Ramos, Gerard Piqué, Álvaro Arbeloa – Xabi Alonso, Sergio Busquets, Xavi – Andrés Iniesta (86. Juan Mata), Cesc Fàbregas (75. Fernando Torres), David Silva (59. Pedro).
Trainer: Vicente del Bosque.
Gelbe Karte: Piqué (25.).

Italien: Gianluigi Buffon – Ignazio Abate, Andrea Barzagli, Leonardo Bonucci, Giorgio Chiellini (21. Federico Balzaretti) – Daniele De Rossi, Andrea Pirlo, Claudio Marchisio – Antonio Cassano (46. Antonio Di Natale), Riccardo Montolivo (57. Thiago Motta), Mario Balotelli.
Trainer: Cesare Prandelli.
Gelbe Karte: Barzagli (44.).

2016 IN FRANKREICH

GRUPPE A

Frankreich – Rumänien	2:1 (0:0)
Albanien – Schweiz	0:1 (0:1)
Rumänien – Schweiz	1:1 (1:0)
Frankreich – Albanien	2:0 (0:0)
Schweiz – Frankreich	0:0
Rumänien – Albanien	0:1 (0:1)

	S	U	N	Tore	Punkte
1. Frankreich	2	1	0	4:1	7
2. Schweiz	1	2	0	2:1	5
3. Albanien	1	0	2	1:3	3
4. Rumänien	0	1	2	2:4	1

GRUPPE B

Wales – Slowakei	2:1 (1:0)
England – Russland	1:1 (0:0)
Russland – Slowakei	1:2 (0:2)
England – Wales	2:1 (0:1)
Slowakei – England	0:0
Russland – Wales	0:3 (0:2)

	S	U	N	Tore	Punkte
1. Wales	2	0	1	6:3	6
2. England	1	2	0	3:2	5
3. Slowakei	1	1	1	3:3	4
4. Russland	0	1	2	2:6	1

GRUPPE C

Polen – Nordirland	1:0 (0:0)
Deutschland – Ukraine	2:0 (1:0)
Ukraine – Nordirland	0:2 (0:0)
Deutschland – Polen	0:0
Ukraine – Polen	0:1 (0:0)
Nordirland – Deutschland	0:1 (0:1)

	S	U	N	Tore	Punkte
1. Deutschland	2	1	0	3:0	7
2. Polen	2	1	0	2:0	7
3. Nordirland	1	0	2	2:2	3
4. Ukraine	0	0	3	0:5	0

GRUPPE D

Türkei – Kroatien	0:1 (0:1)
Spanien – Tschechien	1:0 (0:0)
Tschechien – Kroatien	2:2 (0:1)
Spanien – Türkei	3:0 (2:0)
Kroatien – Spanien	2:1 (1:1)
Tschechien – Türkei	0:2 (0:1)

	S	U	N	Tore	Punkte
1. Kroatien	2	1	0	5:3	7
2. Spanien	2	0	1	5:2	6
3. Türkei	1	0	2	2:4	3
4. Tschechien	0	1	2	2:5	1

GRUPPE E

Irland – Schweden	1:1 (0:0)
Belgien – Italien	0:2 (0:1)
Italien – Schweden	1:0 (0:0)
Belgien – Irland	3:0 (0:0)
Italien – Irland	0:1 (0:0)
Schweden – Belgien	0:1 (0:0)

	S	U	N	Tore	Punkte
1. Italien	2	0	1	3:1	6
2. Belgien	2	0	1	4:2	6
3. Irland	1	1	1	2:4	4
4. Schweden	0	1	2	1:3	1

GRUPPE F

Österreich – Ungarn	0:2 (0:0)
Portugal – Island	1:1 (1:0)
Island – Ungarn	1:1 (1:0)
Portugal – Österreich	0:0
Ungarn – Portugal	3:3 (1:1)
Island – Österreich	2:1 (1:0)

	S	U	N	Tore	Punkte
1. Ungarn	1	2	0	6:4	5
2. Island	1	2	0	4:3	5
3. Portugal	0	3	0	4:4	3
4. Österreich	0	1	2	1:4	1

Im Viertelfinale gegen Italien parierte Manuel Neuer im Elfmeterschießen die Schüsse von Leonardo Bonucci und Matteo Darmian. Mit 6:5 setzten sich die Deutschen am Ende durch. Jonas Hector verwandelte den letzten Elfer für das DFB-Team

EUROPAMEISTER PORTUGAL

ACHTELFINALE

Schweiz – **Polen**	1:1 (1:1, 0:1) n. V., 4:5 i. E.
Wales – Nordirland	1:0 (0:0)
Kroatien – **Portugal**	0:1 (0:0, 0:0) n. V.
Frankreich – Irland	2:1 (0:1)
Deutschland – Slowakei	3:0 (2:0)
Ungarn – **Belgien**	0:4 (0:1)
Italien – Spanien	2:0 (1:0)
England – **Island**	1:2 (1:2)

VIERTELFINALE

Polen – **Portugal**	1:1 (1:1, 1:1) n. V., 3:5 i. E.
Wales – Belgien	3:1 (1:1)
Deutschland – Italien	1:1 (1:1, 0:0) n. V., 6:5 i. E.
Frankreich – Island	5:2 (4:0)

HALBFINALE

Portugal – Wales	2:0 (0:0)
Deutschland – **Frankreich**	0:2 (0:1)

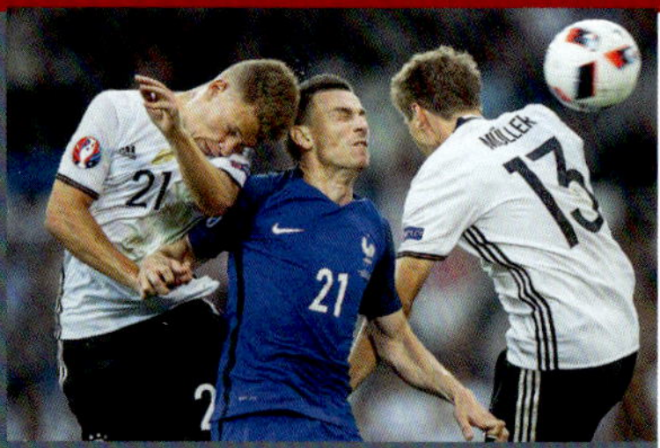

Für die deutsche Mannschaft war im Halbfinale Schluss. Im Foto kämpfen Joshua Kimmich, der Franzose Laurent Koscielny und Thomas Müller (v. l.) um den Ball. Man of the Match im Stade Velodrome in Marseille war Antoine Griezmann, der beim 2:0 beide Tore für die Équipe Tricolore erzielte

DIE TOP-TORJÄGER

Spieler (Nation)	Tore
1. Antoine Griezmann (Frankreich)	6
2. Cristiano Ronaldo (Portugal)	3
Olivier Giroud (Frankreich)	3
Dimitri Payet (Frankreich)	3
Gareth Bale (Wales)	3
Nani (Portugal)	3
Álvaro Morata (Spanien)	3

Antoine Griezmann wurde Torschützenkönig und zum besten Spieler des Turniers gewählt

FINALE

Portugal – Frankreich 1:0 (0:0, 0:0) n. V.

So., 10. Juli 2016, 21 Uhr in Paris Saint-Denis (Stade de France)

Zuschauer: 75 868 (ausverkauft)

Schiedsrichter: Mark Clattenburg (England)

Tor: 1:0 Éder (109.)

AUFSTELLUNGEN:

Portugal: Rui Patrício – Cédric, Pepe, José Fonte, Raphaël Guerreiro – William Carvalho – Renato Sanches (79. Éder), Adrien Silva (66. João Moutinho), João Mário – Nani, Cristiano Ronaldo (25. Ricardo Quaresma).
Trainer: Fernando Santos.
Gelbe Karte: Cédric (34.), Mário (62.), Guerreiro (95.), W. Carvalho (98.), Fonte (119.), Patrício (120.+3).

Frankreich: Hugo Lloris – Bacary Sagna, Laurent Koscielny, Samuel Umtiti, Patrice Evra – Moussa Sissoko (110. Anthony Martial), Paul Pogba, Blaise Matuidi, Dimitri Payet (58. Kingsley Coman) – Antoine Griezmann, Olivier Giroud (78. André-Pierre Gignac).
Trainer: Didier Deschamps.
Gelbe Karte: Umtiti (80.), Matuidi (97.), Koscielny (107.), Pogba (115.).

Meiste Endrunden-Einsätze

Pl.	Spieler	Land	Turniere	Spiele
1.	Cristiano Ronaldo	POR	2004, 2008, 2012, 2016, 2021	25
2.	João Moutinho	POR	2008, 2012, 2016, 2021	19
	Pepe	POR	2008, 2012, 2016, 2021	19
4.	Leonardo Bonucci	ITA	2012, 2016, 2021	18
	Bastian Schweinsteiger	GER	2004, 2008, 2012, 2016	18
6.	Gianluigi Buffon	ITA	2004, 2008, 2012, 2016	17
	Giorgio Chiellini	ITA	2008, 2012, 2016, 2021	17
8.	Jordi Alba	ESP	2012, 2016, 2021	16
	Cesc Fàbregas	ESP	2008, 2012, 2016	16
	Andrés Iniesta	ESP	2008, 2012, 2016	16
	Lilian Thuram	FRA	1996, 2000, 2004, 2008	16
	Edwin van der Sar	NED	1996, 2000, 2004, 2008	16

Meiste Endrunden-Tore

Pl.	Spieler	Land	Turniere	Tore
1.	Cristiano Ronaldo	POR	2004, 2008, 2012, 2016, 2021	14
2.	Michel Platini	FRA	1984	9
3.	Antoine Griezmann	FRA	2016, 2021	7
	Alan Shearer	ENG	1996, 2000	7
5.	Nuno Gomes	POR	2000, 2004, 2008	6
	Thierry Henry	FRA	2000, 2004, 2008	6
	Zlatan Ibrahimovic	SWE	2004, 2008, 2012	6
	Patrick Kluivert	NED	1996, 2000	6
	Romelu Lukaku	BEL	2016, 2021	6
	Álvaro Morata	ESP	2016, 2021	6
	Ruud van Nistelrooy	NED	2004, 2008	6
	Wayne Rooney	ENG	2004, 2012, 2016	6

Alle Turniere im Überblick

EM	Teams	Spiele	Tore	Tore pro Spiel	Zuschauer	Zuschauer pro Spiel
1960	4	4	17	4,25	78 958	19 740
1964	4	4	13	3,25	156 253	39 063
1968	4	5	7	1,40	192 119	38 424
1972	4	4	10	2,50	106 949	26 737
1976	4	4	19	4,75	106 087	26 522
1980	8	14	27	1,93	350 626	25 045
1984	8	15	41	2,73	599 655	39 977
1988	8	15	34	2,27	849 844	56 656
1992	8	15	32	2,13	429 241	28 616
1996	16	31	64	2,06	1 276 174	41 167
2000	16	31	85	2,74	1 101 650	35 537
2004	16	31	77	2,48	1 151 791	37 155
2008	16	31	77	2,48	1 143 393	36 884
2012	16	31	76	2,45	1 440 896	46 480
2016	24	51	108	2,12	2 427 303	47 594
2021	24	51	142	2,78	1 099 278	21 554

Die Jubiläumstore

Nr.	Spieler	Land	Paarung	Datum
1.	Milan Galic	JUG	Frankreich – Jugoslawien	6. 7. 60
100.	Alain Giresse	FRA	Frankreich – Belgien	16. 6. 84
200.	Kim Vilfort	DEN	Dänemark – Deutschland	26. 6. 92
250.	Jan Suchoparek	TCH	Tschechien – Russland	19. 6. 96
300.	Zlatko Zahovic	SLO	Slowenien – Spanien	18. 6. 00
400.	Thierry Henry	FRA	Schweiz – Frankreich	21. 6. 04
500.	Xavi	ESP	Russland – Spanien	26. 6. 08
600.	Nani	POR	Portugal – Island	14. 6. 16
700.	Michael Gregoritsch	AUT	Österreich – Nordmazed.	13. 6. 21
800.	Haris Seferovic	SUI	Frankreich – Schweiz	28. 6. 21

Michel Platini verlor seinen Titel als Rekordtorschütze bei EM-Endrunden an Cristiano Ronaldo. Dem Franzosen aber bleibt eine andere Bestmarke: Er war nur bei einer Europameisterschaft dabei, erzielte also die meisten Tore eines Spielers bei einer Endrunde. 1984 im eigenen Land holte er mit der Équipe Tricolore den Titel und wurde mit neun Treffern Torschützenkönig – als Mittelfeldspieler!

Rekorde

Jüngster Spieler
Der Pole Kacper Kozlowski 2021 mit 17 Jahren und 246 Tagen.

Ältester Spieler
Der Ungar Gabor Kiraly 2016 mit 40 Jahren und 86 Tagen.

Jüngster Torschütze
Der Schweizer Johan Vonlanthen 2004 mit 18 Jahren und 141 Tagen.

Ältester Torschütze
Der Österreicher Ivica Vastic 2008 mit 38 Jahren und 257 Tagen.

Meiste Duelle
Italien – Spanien
7 Spiele

Höchster Sieg
Niederlande – Jugoslawien 6:1 bei der EM 2000.

Torreichstes Spiel
Jugoslawien – Frankreich 5:4 bei der EM 1960.

Schnellstes Tor
Russlands Dimitri Kiritschenko 2004 gegen Griechenland nach 67 Sekunden.

Alle Torschützenkönige

EM	Spieler	Land	Tore
1960	Milan Galic	JUG	2
	François Heutte	FRA	2
	Walentin Iwanow	UdSSR	2
	Drazan Jerkovic	JUG	2
	Wiktor Ponedelnik	UdSSR	2
1964	Ferenc Bene	UNG	2
	Dezso Novak	UNG	2
	Jesús María Pereda	ESP	2
1968	Dragan Dzajic	JUG	2
1972	Gerd Müller	GER	4
1976	Dieter Müller	GER	4
1980	Klaus Allofs	GER	3
1984	Michel Platini	FRA	9
1988	Marco van Basten	NED	5
1992	Dennis Bergkamp	NED	3
	Tomas Brolin	SWE	3
	Henrik Larsen	DEN	3
	Karl-Heinz Riedle	GER	3
1996	Alan Shearer	ENG	5
2000	Patrick Kluivert	NED	5
	Savo Milosevic	JUG	5
2004	Milan Baros	TCH	5
2008	David Villa	ESP	4
2012	Mario Balotelli	ITA	3
	Alan Dzagoev	RUS	3
	Mario Gomez	GER	3
	Mario Mandzukic	CRO	3
	Cristiano Ronaldo	POR	3
	Fernando Torres	SPA	3
2016	Antoine Griezmann	FRA	6
2021	Cristiano Ronaldo	POR	5

Nur Deutschland stellte bereits fünfmal den Torschützenkönig. 1972 bis 1980 gelang es bei drei Endrunden in Folge. In diesen Turnieren schaffte es das DFB-Team auch jeweils bis ins Finale, 1972 und 1980 gelang der Titelgewinn

Ewige Endrunden-Tabelle

Pl.	Nation	Teiln.	Spiele	G	U	V	Tore	Pkt.
1.	Deutschland	13	53	27	13	13	78:55	94
2.	Italien	10	45	21	18	6	52:31	81
3.	Spanien	11	46	21	15	10	68:42	78
4.	Frankreich	10	43	21	12	10	69:50	75
5.	Niederlande	10	39	20	8	11	65:41	68
6.	Portugal	8	39	19	10	10	56:38	67
7.	England	10	38	15	13	10	51:37	58
8.	CSSR/Tschechien	10	37	15	7	15	48:47	52
9.	UdSSR/GUS/Russl.	12	36	13	7	16	40:52	46
10.	Dänemark	9	33	10	6	17	42:50	36
11.	Belgien	6	22	11	2	9	31:28	35
12.	Kroatien	6	22	9	6	7	30:28	33
13.	Schweden	7	24	7	7	10	30:28	28
14.	Griechenland	4	16	5	3	8	14:20	18
15.	Schweiz	5	18	3	8	7	16:24	17
16.	Wales	2	10	5	1	4	13:12	16
17.	Türkei	5	18	4	2	12	14:30	14
18.	Polen	4	14	2	7	5	11:15	13
19.	Jugoslawien	5	14	3	2	9	22:39	11
20.	Ungarn	4	11	2	4	5	14:20	10
21.	Island	1	5	2	2	1	8:9	8
22.	Österreich	3	10	2	2	6	7:12	8
23.	Schottland	3	9	2	2	5	5:10	8
24.	Rumänien	5	16	1	5	10	10:21	8
25.	Irland	3	10	2	2	6	6:17	8
26.	Slowakei	2	7	2	1	4	5:13	7
27.	Norwegen	1	3	1	1	1	1:1	4
28.	Bulgarien	2	6	1	1	4	4:13	4
29.	Nordirland	1	4	1	0	3	2:3	3
30.	Albanien	1	3	1	0	2	1:3	3
	Finnland	1	3	1	0	2	1:3	3
32.	Ukraine	3	11	3	0	8	8:19	3
33.	Slowenien	1	3	0	2	1	4:5	2
34.	Lettland	1	3	0	1	2	1:5	1
35.	Nordmazedonien	1	3	0	0	3	2:8	0

Berechnet nach der Drei-Punkte-Regel. Entscheidungen nach Elferschießen wurden als Remis gewertet. Tore im Elferschießen sind nicht berücksichtigt

STATISTIK

EM-KADER 1972

	Name	Verein	Spiele	Tore
Tor	Kleff	M'gladbach	–	–
	Maier	Bayern	2	0
Abwehr	Beckenbauer	Bayern	2	0
	Bella	Duisburg	–	–
	Breitner	Bayern	2	0
	Höttges	Bremen	2	0
	Schwarzenbeck	Bayern	2	0
	Vogts	M'gladbach	–	–
Mittelfeld	Bonhof	M'gladbach	–	–
	Hoeneß, U.	Bayern	2	0
	Köppel	Stuttgart	–	–
	Netzer	M'gladbach	2	0
	Wimmer	M'gladbach	2	1
Angriff	Grabowski	Frankfurt	1	0
	Heynckes	M'gladbach	2	0
	Kremers, E.	Schalke	2	0
	Löhr	Köln	–	–
	Müller, G.	Bayern	2	4

Trainer: Helmut Schön

Meister Bayern und die drittplatzierten Gladbacher stellten zusammen zwölf der 18 Spieler im Kader – jeweils sechs. Von Vizemeister Schalke war mit Erwin Kremers (Foto) nur ein einziger Spieler dabei.

EM-KADER 1976

	Name	Verein	Spiele	Tore
Tor	Kargus	HSV	–	–
	Maier	Bayern	2	0
Abwehr	Beckenbauer	Bayern	2	0
	Dietz	Duisburg	2	0
	Kaltz	HSV	–	–
	Nogly	HSV	–	–
	Schwarzenbeck	Bayern	2	0
	Vogts	M'gladbach	2	0
Mittelfeld	Beer	Hertha	2	0
	Bongartz	Schalke	1	0
	Bonhof	M'gladbach	2	0
	Danner	M'gladbach	1	0
	Flohe	Köln	2	1
	Hoeneß, U.	Bayern	2	0
	Wimmer	M'gladbach	2	0
Angriff	Hölzenbein	Frankfurt	2	1
	Müller, D.	Köln	2	4
	Worm	Duisburg	–	–

Trainer: Helmut Schön

Nur noch neun Spieler, die zwei Jahre zuvor Weltmeister wurden, standen im EM-Kader: Maier, Kapitän Beckenbauer, Schwarzenbeck, Vogts, Bonhof, Flohe, Hoeneß (Foto), Wimmer und Hölzenbein.

EM-KADER 1980

	Name	Verein	Spiele	Tore
Tor	Immel	Dortmund	–	–
	Junghans	Bayern	–	–
	Schumacher	Köln	4	0
Abwehr	Briegel	Kaiserslautern	4	0
	Dietz	Duisburg	3	0
	Förster, B.	Stuttgart	2	0
	Förster, K.	Stuttgart	4	0
	Kaltz	HSV	4	0
	Zimmermann	Köln	–	–
Mittelfeld	Bonhof	Valencia	–	–
	Cullmann	Köln	3	0
	Magath	HSV	2	0
	Matthäus	M'gladbach	1	0
	Memering	HSV	1	0
	Müller, H.	Stuttgart	4	0
	Schuster	Köln	2	0
	Stielike	Real Madrid	4	0
	Votava	Dortmund	1	0
Angriff	Allofs, K.	Düsseldorf	3	3
	Del'Haye	M'gladbach	1	0
	Hrubesch	HSV	3	2
	Rummenigge, K.-H.	Bayern	4	1

Trainer: Jupp Derwall

Lothar Matthäus war erst 19 Jahre alt, als er Europameister wurde. Er kam einmal zum Einsatz, beim 3:2 in der Vorrunde gegen die Niederlande.

EM-KADER 1984

	Name	Verein	Spiele	Tore
Tor	Burdenski	Bremen	–	–
	Roleder	Stuttgart	–	–
	Schumacher	Köln	3	0
Abwehr	Briegel	Kaiserslautern	3	0
	Förster, B.	Stuttgart	3	0
	Förster, K.	Stuttgart	3	0
	Stielike	Real Madrid	3	0
	Strack	Köln	–	–
Mittelfeld	Bommer	Düsseldorf	1	0
	Brehme	Kaiserslautern	3	0
	Bruns	M'gladbach	–	–
	Buchwald	Stuttgart	2	0
	Falkenmayer	Frankfurt	–	–
	Matthäus	M'gladbach	3	0
	Meier, N.	Bremen	2	0
	Rolff	HSV	2	0
Angriff	Allofs, K.	Köln	3	0
	Littbarski	Köln	2	0
	Rummenigge, K.-H.	Bayern	3	0
	Völler	Bremen	3	2

Trainer: Jupp Derwall

Mit Kapitän Karl-Heinz Rummenigge (Foto) stand nur ein Spieler des FC Bayern im EM-Kader. Einziger Profi eines Klubs im Ausland war Uli Stielike, der bereits 1977 zu Real Madrid gewechselt war.

EM-KADER 1988

	Name	Verein	Spiele	Tore
Tor	Illgner	Köln	–	–
	Immel	Stuttgart	4	0
Abwehr	Berthold	Hellas Verona	1	0
	Borowka	Bremen	4	0
	Brehme	Bayern	4	1
	Herget	Uerdingen	4	0
	Kohler	Köln	4	0
	Pflügler	Bayern	1	0
	Sauer	Bremen	–	–
Mittelfeld	Buchwald	Stuttgart	2	0
	Dorfner	Bayern	–	–
	Matthäus	Bayern	4	1
	Rolff	Leverkusen	3	0
	Thon	Schalke	4	1
	Wuttke	Kaiserslautern	1	0
Angriff	Eckstein	Nürnberg	1	0
	Klinsmann	Stuttgart	4	1
	Littbarski	Köln	4	0
	Mill	Dortmund	3	0
	Völler	AS Rom	4	2

Trainer: Franz Beckenbauer (Teamchef)

Das Turnier in Deutschland war die einzige EM, bei der Franz Beckenbauer (Foto) als Teamchef dabei war. Sein Team scheiterte im Halbfinale mit 1:2 am späteren Europameister Niederlande.

EM-KADER 1992

	Name	Verein	Spiele	Tore
Tor	Illgner	Köln	5	0
	Köpke	Nürnberg	–	–
Abwehr	Binz	Frankfurt	3	0
	Brehme	Inter Mailand	5	0
	Frontzeck	Stuttgart	1	0
	Helmer	Dortmund	3	0
	Kohler	Juventus Turin	5	0
	Reuter	Juventus Turin	4	0
	Schulz	Dortmund	1	0
	Wörns	Leverkusen	–	–
Mittelfeld	Buchwald	Stuttgart	4	0
	Effenberg	Bayern	5	1
	Häßler	AS Rom	5	2
	Möller	Frankfurt	3	0
	Sammer	Stuttgart	4	0
Angriff	Doll	Lazio Rom	4	0
	Klinsmann	Inter Mailand	5	1
	Riedle	Lazio Rom	5	3
	Thom	Leverkusen	1	0
	Völler	AS Rom	1	0

Trainer: Berti Vogts

Gleich acht Profis im Kader spielten bei Klubs in Italien – je zwei bei Inter, Juve, Lazio Rom und AS Rom. Mit Matthias Sammer (Foto), Andreas Thom und Thomas Doll waren erstmals Spieler aus der ehemaligen DDR dabei.

EM-KADER 1996

	Name	Verein	Spiele	Tore
Tor	Kahn	Bayern	–	–
	Köpke	Frankfurt	6	0
	Reck	Bremen	–	–
Abwehr	Babbel	Bayern	5	0
	Helmer	Bayern	6	0
	Kohler	Dortmund	1	0
	Reuter	Dortmund	4	0
	R. Schneider	Rostock	–	–
	Ziege	Bayern	6	1
Mittelfeld	Basler	Bremen	–	–
	Bode	Bremen	3	0
	Eilts	Bremen	6	0
	Freund	Dortmund	4	0
	Häßler	Karlsruhe	6	0
	Möller	Dortmund	5	1
	Sammer	Dortmund	6	2
	Scholl	Bayern	3	0
	Strunz	Bayern	5	0
	Todt	Freiburg	–	–
Angriff	Bierhoff	Udinese	3	2
	Bobic	Stuttgart	3	0
	Klinsmann	Bayern	4	3
	Kuntz	Besiktas	5	1

Trainer: Berti Vogts

Nachdem vier Jahre zuvor noch acht Spieler aus der Serie A im deutschen Kader standen, war es beim EM-Triumph 1996 mit Oliver Bierhoff nur einer. Der aber traf im Finale doppelt.

Mannschaftskapitäne in Rot

Im EM-Finale 1980 machte Horst Hrubesch das Spiel seines Lebens. Mit zwei Treffern schoss er Deutschland im Alleingang zum 2:1-Sieg gegen Belgien

ALLE DEUTSCHEN EM-KADER

EM-KADER 2008

	Name	Verein	Spiele	Tore
Tor	Adler	Leverkusen	–	–
	Enke	Hannover	–	–
	Lehmann	Arsenal	6	0
Abwehr	Friedrich	Hertha	4	0
	Fritz	Bremen	4	0
	Jansen	Bayern	5	0
	Lahm	Bayern	6	1
	Mertesacker	Bremen	6	0
	Metzelder	Real Madrid	6	0
	Westermann	Schalke	–	–
Mittelfeld	Ballack	Chelsea	6	2
	Borowski	Bremen	2	0
	Frings	Bremen	5	0
	Hitzlsperger	Stuttgart	5	0
	Odonkor	Betis Sevilla	1	0
	Rolfes	Leverkusen	2	0
	Schweinsteiger	Bayern	5	2
	Trochowski	HSV	–	–
Angriff	Gomez	Stuttgart	4	0
	Klose	Bayern	6	2
	Kuranyi	Schalke	3	0
	Neuville	M'gladbach	1	0
	Podolski	Bayern	6	3

Trainer: Joachim Löw

Die Spieler von Meister Bayern erzielten acht der zehn Tore der deutschen Mannschaft.

EM-KADER 2012

	Name	Verein	Spiele	Tore
Tor	Neuer	Bayern	5	0
	Wiese	Bremen	–	–
	Zieler	Hannover	–	–
Abwehr	Badstuber	Bayern	5	0
	Boateng	Bayern	4	0
	Höwedes	Schalke	–	–
	Hummels	Dortmund	5	0
	Lahm	Bayern	5	1
	Mertesacker	Arsenal	–	–
	Schmelzer	Dortmund	–	–
Mittelfeld	L. Bender	Leverkusen	3	1
	Götze	Dortmund	1	0
	Gündogan	Dortmund	–	–
	Khedira	Real Madrid	5	1
	Kroos	Bayern	4	0
	T. Müller	Bayern	5	0
	Özil	Real Madrid	5	1
	Reus	M'gladbach	2	1
	Schürrle	Leverkusen	2	0
	Schweinsteiger	Bayern	5	0
Angriff	Gomez	Bayern	5	3
	Klose	Lazio Rom	5	1
	Podolski	Köln	4	1

Trainer: Joachim Löw

2012 waren viele Spieler dabei, die noch heute aktiv sind, allen voran der aktuelle Kapitän Manuel Neuer.

EM-KADER 2000

	Name	Verein	Spiele	Tore
Tor	Butt	HSV	–	–
	Kahn	Bayern	3	0
	Lehmann	Dortmund	–	–
Abwehr	Babbel	Bayern	2	0
	Linke	Bayern	2	0
	Matthäus	MetroStars NY	3	0
	Nowotny	Leverkusen	3	0
	Rehmer	Hertha	2	0
Mittelfeld	Ballack	Leverkusen	2	0
	Bode	Bremen	2	0
	Deisler	Hertha	3	0
	Hamann	Liverpool	3	0
	Häßler	1860 München	2	0
	Jeremies	Bayern	2	0
	Ramelow	Leverkusen	–	–
	Scholl	Bayern	3	1
	Wosz	Hertha	–	–
	Ziege	Middlesbrough	2	0
Angriff	Bierhoff	AC Mailand	1	0
	Jancker	Bayern	2	0
	Kirsten	Leverkusen	2	0
	Rink	Leverkusen	3	0

Trainer: Erich Ribbeck

Lothar Matthäus war bei seiner letzten Turnier-Teilnahme bereits 39 Jahre alt. Nach der EM beendete er seine Karriere beim DFB. Mit 150 Länderspielen ist er Deutschlands Rekordspieler.

EM-KADER 2004

	Name	Verein	Spiele	Tore
Tor	Hildebrand	Stuttgart	–	–
	Kahn	Bayern	3	0
	Lehmann	Arsenal	–	–
Abwehr	Baumann	Bremen	2	0
	Friedrich	Hertha	3	0
	Hinkel	Stuttgart	–	–
	Lahm	Stuttgart	3	0
	Nowotny	Leverkusen	2	0
	Wörns	Dortmund	3	0
	Ziege	Tottenham	–	–
Mittelfeld	Ballack	Bayern	3	1
	Ernst	Bremen	1	0
	Frings	Dortmund	3	1
	Hamann	Liverpool	3	0
	Jeremies	Bayern	1	0
	Kehl	Dortmund	–	–
	B. Schneider	Leverkusen	3	0
	Schweinsteiger	Bayern	3	0
Angriff	Bobic	Hertha	2	0
	Brdaric	Hannover	1	0
	Klose	Kaiserslautern	2	0
	Kuranyi	Stuttgart	3	0
	Podolski	Köln	1	0

Trainer: Rudi Völler (Teamchef)

Wie schon vier Jahre zuvor erzielte keiner der Stürmer ein Tor. Und genau wie 2000 schied Deutschland bereits in der Vorrunde aus. Teamchef Rudi Völler trat nach dem Turnier zurück.

EM-KADER 2016

	Name	Verein	Spiele	Tore
Tor	Leno	Leverkusen	–	–
	Neuer	Bayern	6	0
	ter Stegen	FC Barcelona	–	–
Abwehr	Boateng	Bayern	6	1
	Can	Liverpool	1	0
	Hector	Köln	6	0
	Höwedes	Schalke	6	0
	Hummels	Dortmund	4	0
	Mustafi	Valencia	2	1
	Tah	Leverkusen	–	–
Mittelfeld	Draxler	Wolfsburg	5	1
	Khedira	Juventus Turin	5	0
	Kimmich	Bayern	4	0
	Kroos	Real Madrid	6	0
	T. Müller	Bayern	6	0
	Özil	Arsenal	6	1
	Schürrle	Wolfsburg	3	0
	Schweinsteiger	Man United	5	1
	Weigl	Dortmund	–	–
Angriff	Gomez	Besiktas	4	2
	Götze	Bayern	4	0
	Podolski	Galatasaray	1	0
	Sané	Schalke	1	0

Trainer: Joachim Löw

Löw setzte auf Kontinuität, nahm gleich 14 Weltmeister von 2014 mit nach Frankreich. Das Team schied im Halbfinale gegen das Team des Gastgebers Frankreich aus.

EM-KADER 2021

	Name	Verein	Spiele	Tore
Tor	Leno	Arsenal	–	–
	Neuer	Bayern	4	0
	Trapp	Frankfurt	–	–
Abwehr	Ginter	M'gladbach	4	0
	Gosens	Bergamo	4	1
	Günter	Freiburg	–	–
	Halstenberg	Leipzig	1	0
	Hummels	Dortmund	4	0
	Klostermann	Leipzig	–	–
	Koch	Leeds	–	–
	Rüdiger	Chelsea	4	0
	Süle	Bayern	1	0
Mittelfeld	Can	Dortmund	3	0
	Goretzka	Bayern	3	1
	Gündogan	Man City	3	0
	Hofmann	M'gladbach	–	–
	Kimmich	Bayern	4	0
	Kroos	Real Madrid	4	0
	Musiala	Bayern	2	0
	Neuhaus	M'gladbach	–	–
Angriff	Gnabry	Bayern	4	0
	Havertz	Chelsea	4	2
	T. Müller	Bayern	4	0
	Sané	Bayern	4	0
	Volland	Monaco	2	0
	Werner	Chelsea	3	0

Trainer: Joachim Löw

Erstmals durften bei der EM pro Team 26 Spieler nominiert werden.

Fünf Tore gelangen Jürgen Klinsmann bei seinen drei EM-Teilnahmen. 1988 und 1992 traf er jeweils einmal, beim Triumph 1996 in England schoss er als Kapitän der Mannschaft drei Tore. Gemeinsam mit Mario Gomez ist Klinsmann Rekordschütze Deutschlands bei EM-Endrunden

Meiste EM-Einsätze

Pl.	Spieler	Einsätze
1.	Bastian Schweinsteiger	18
2.	Thomas Müller	15
	Manuel Neuer	15
4.	Toni Kroos	14
	Philipp Lahm	14
6.	Mario Gomez	13
	Thomas Häßler	13
	Mats Hummels	13
	Jürgen Klinsmann	13
	Miroslav Klose	13
11.	Andreas Brehme	12
	Lukas Podolski	12
13.	Michael Ballack	11
	Lothar Matthäus	11
	Mesut Özil	11
16.	Jérôme Boateng	10
	Sami Khedira	10
	Jürgen Kohler	10
	Matthias Sammer	10

Europaweit liegt Bastian Schweinsteiger mit seinen 18 Partien auf Rang vier hinter den drei Portugiesen Cristiano Ronaldo, João Moutinho und Pepe

Durch seine vier Einsätze bei der EM 2021 rückte Thomas Müller auf Rang zwei der deutschen Rekordspieler bei Europameisterschaften auf. Aber während er bei WM-Endrunden in 16 Partien zehn Tore erzielte, blieb er bei EM-Turnieren in bisher 15 Spielen torlos

Meiste EM-Tore

Pl.	Spieler	Tore
1.	Mario Gomez	5
	Jürgen Klinsmann	5
3.	Dieter Müller	4
	Gerd Müller	4
	Lukas Podolski	4
	Rudi Völler	4
7.	Klaus Allofs	3
	Michael Ballack	3
	Miroslav Klose	3
	Karl-Heinz Riedle	3
	Bastian Schweinsteiger	3
12.	Oliver Bierhoff	2
	Thomas Häßler	2
	Kai Havertz	2
	Horst Hrubesch	2
	Philipp Lahm	2
	Mesut Özil	2
	Matthias Sammer	2

Oliver Bierhoff und Horst Hrubesch erzielten je zwei Tore bei EM-Endrunden. Beide trafen in einem Finale doppelt und schossen ihre Teams zum EM-Sieg. Nur Kai Havertz kam in dieser Rangliste neu hinzu

Rekorde

Meiste Endrunden-Teilnahmen
Lothar Matthäus, Lukas Podolski und Bastian Schweinsteiger waren je viermal dabei.

Höchste Siege
Im Finale 1972 gegen die Sowjetunion, in der Vorrunde 1996 gegen Russland und im Achtelfinale 2016 gegen die Slowakei siegte das DFB-Team jeweils mit 3:0.

Höchste Niederlage
2000 unterlag Deutschland im letzten Gruppenspiel Portugal mit 0:3 und schied aus.

Deutsche Torschützenkönige
1972 Gerd Müller mit vier Treffern
1976 Dieter Müller mit vier Treffern
1980 Klaus Allofs mit drei Treffern
1992 Karl-Heinz Riedle mit drei Treffern.

Rekordtrainer
Joachim Löw betreute das deutsche Team in 21 Partien bei einer EM-Endrunde. Das ist deutscher und Europa-Rekord.

Alle Spieler mit EM-Einsätzen

Name	Spiele	Tore	Endrunden
Klaus Allofs	6	3	1980, 1984
Markus Babbel	7	0	1996, 2000
Holger Badstuber	5	0	2012
Michael Ballack	11	3	2000, 2004, 2008
Frank Baumann	2	0	2004
Franz Beckenbauer	4	0	1972, 1976
Erich Beer	2	0	1976
Lars Bender	3	1	2012
Thomas Berthold	1	0	1988
Oliver Bierhoff	4	2	1996, 2000
Manfred Binz	3	0	1992
Jérôme Boateng	10	1	2012, 2016
Fredi Bobic	5	0	1996, 2004
Marco Bode	5	0	1996, 2000
Rudi Bommer	1	0	1984
Hannes Bongartz	1	0	1972, 1976
Rainer Bonhof	2	0	1976, 1980
Uli Borowka	4	0	1988
Tim Borowski	2	0	2008
Thomas Brdaric	1	0	2004
Andreas Brehme	12	1	1984, 1988, 1992
Paul Breitner	2	0	1972
Hans-Peter Briegel	7	0	1980, 1984
Guido Buchwald	8	0	1984, 1988, 1992
Emre Can	4	0	2016, 2021
Bernd Cullmann	3	0	1980
Dietmar Danner	1	0	1976
Sebastian Deisler	3	0	2000
Karl Del'Haye	1	0	1980
Bernard Dietz	5	0	1976, 1980
Thomas Doll	4	0	1992
Julian Draxler	5	1	2016
Dieter Eckstein	1	0	1988
Stefan Effenberg	5	1	1992
Dieter Eilts	6	0	1996
Fabian Ernst	1	0	2004
Heinz Flohe	2	1	1976
Bernd Förster	5	0	1980, 1984
Karlheinz Förster	7	0	1980, 1984
Steffen Freund	4	0	1996
Arne Friedrich	7	0	2004, 2008
Torsten Frings	8	1	2004, 2008
Clemens Fritz	4	0	2008
Michael Frontzeck	1	0	1992
Matthias Ginter	4	0	2021
Serge Gnabry	4	0	2021
Mario Gomez	13	5	2008, 2012, 2016
Leon Goretzka	3	1	2021
Robin Gosens	4	1	2021
Mario Götze	5	0	2012, 2016
Jürgen Grabowski	1	0	1972
Ilkay Gündogan	3	0	2021
Marcel Halstenberg	1	0	2021
Dietmar Hamann	6	0	2000, 2004
Thomas Häßler	13	2	1992, 1996, 2000
Kai Havertz	4	2	2021
Jonas Hector	6	0	2016
Thomas Helmer	9	0	1992, 1996
Matthias Herget	4	0	1988
Jupp Heynckes	2	0	1972

Bastian Schweinsteiger ist Deutschlands Rekordspieler bei EM-Endrunden. 18-mal kam er bei vier Turnieren zum Einsatz

Alle Spieler mit EM-Einsätzen

Name	Spiele	Tore	Endrunden
Thomas Hitzlsperger	5	0	2008
Uli Hoeneß	4	0	1972, 1976
Bernd Hölzenbein	2	1	1976
Horst-Dieter Höttges	2	0	1972
Benedikt Höwedes	6	0	2016
Horst Hrubesch	3	2	1980
Mats Hummels	13	0	2012, 2016, 2021
Bodo Illgner	5	0	1992
Eike Immel	4	0	1988
Carsten Jancker	2	0	2000
Marcell Jansen	5	0	2008
Jens Jeremies	3	0	2000, 2004
Oliver Kahn	6	0	2000, 2004
Manfred Kaltz	4	0	1976, 1980
Sami Khedira	10	1	2012, 2016
Joshua Kimmich	8	0	2016, 2021
Ulf Kirsten	2	0	2000
Jürgen Klinsmann	13	5	1988, 1992, 1996
Miroslav Klose	13	3	2004, 2008, 2012
Jürgen Kohler	10	0	1988, 1992, 1996
Andreas Köpke	6	0	1996
Erwin Kremers	2	0	1972
Toni Kroos	14	0	2012, 2016, 2021
Stefan Kuntz	5	1	1996
Kevin Kuranyi	6	0	2004, 2008
Philipp Lahm	14	2	2004, 2008, 2012
Jens Lehmann	6	0	2008
Thomas Linke	2	0	2000
Pierre Littbarski	6	0	1984, 1988
Felix Magath	2	0	1980
Sepp Maier	4	0	1972, 1976
Lothar Matthäus	11	1	1980, 1984, 1988, 2000
Norbert Meier	2	0	1984
Caspar Memering	1	0	1980
Per Mertesacker	6	0	2008, 2012
Christoph Metzelder	6	0	2008
Frank Mill	3	0	1988

Alle Spieler mit EM-Einsätzen

Name	Spiele	Tore	Endrunden
Andreas Möller	8	1	1992, 1996
Dieter Müller	2	4	1976
Gerd Müller	2	4	1972
Hansi Müller	4	0	1980
Thomas Müller	15	0	2012, 2016, 2021
Jamal Musiala	2	0	2021
Shkodran Mustafi	2	1	2016
Günter Netzer	2	0	1972
Manuel Neuer	15	0	2012, 2016, 2021
Oliver Neuville	1	0	2008
Jens Nowotny	5	0	2000, 2004
David Odonkor	1	0	2008
Mesut Özil	11	2	2012, 2016
Hans Pflügler	1	0	1988
Lukas Podolski	12	4	2004, 2008, 2012, 2016
Marko Rehmer	2	0	2000
Marco Reus	2	1	2012
Stefan Reuter	8	0	1992, 1996
Karl-Heinz Riedle	5	3	1992
Paulo Rink	3	0	2000
Simon Rolfes	2	0	2008
Wolfgang Rolff	5	0	1984, 1988
Antonio Rüdiger	4	0	2021
Karl-H. Rummenigge	7	1	1980, 1984
Matthias Sammer	10	2	1992, 1996
Leroy Sané	5	0	2016, 2021
Bernd Schneider	3	0	2004
Mehmet Scholl	6	1	1996, 2000
Michael Schulz	1	0	1992
Harald Schumacher	7	0	1980, 1984
André Schürrle	5	0	2012, 2016
Bernd Schuster	2	0	1980
Georg Schwarzenbeck	4	0	1972, 1976
Bastian Schweinsteiger	18	3	2004, 2008, 2012, 2016
Uli Stielike	7	0	1980, 1984
Thomas Strunz	5	0	1996
Niklas Süle	1	0	2021
Andreas Thom	1	0	1992
Olaf Thon	4	1	1988
Berti Vogts	2	0	1972, 1976
Kevin Volland	2	0	2021
Rudi Völler	8	4	1984, 1988, 1992
Mirko Votova	1	0	1980
Timo Werner	3	0	2021
Herbert Wimmer	4	1	1972, 1976
Christian Wörns	3	0	2004
Wolfram Wuttke	1	0	1988
Christian Ziege	8	1	1996, 2000

Lothar Matthäus nahm an vier EM-Endrunden teil, gewann den Titel 1980. Er kam damals als 19-Jähriger aber nur zu einem Kurzeinsatz in der Vorrunde beim 3:2 gegen die Niederlande

Der entscheidende (Fehl-)Schuss: Nachdem die ersten neun Schützen getroffen haben, scheitert Kylian Mbappé im Elfmeterschießen am Schweizer Torhüter Yann Sommer – das Aus im Achtelfinale für Weltmeister Frankreich. Mbappé traurig: „Ich wollte dem Team helfen, aber ich habe versagt. Das sind leider die Unwägbarkeiten dieses Sports, den ich so sehr liebe“

#EQUALGAME
Sommer
UEFA EURO 2020
TikTok
TikTok
TikTok

Trauriger Abschied: Robert Lewandowski winkt den polnischen Fans. Der Weltfußballer erzielte drei Tore, trotzdem scheiterte Polen als Gruppenletzter